## IFAC
国际会计师联合会出版物中文译本系列

# 运用国际审计准则执行中小企业审计指南

（第三版）

国际会计师联合会　制　　定
中国注册会计师协会　组织翻译

中国财政经济出版社

图书在版编目（CIP）数据

运用国际审计准则执行中小企业审计指南／国际会计师联合会发布；中国注册会计师协会组织翻译．—北京：中国财政经济出版社，2014.2

（国际会计师联合会出版物中文译本系列）

ISBN 978-7-5095-5059-5

Ⅰ．①运… Ⅱ．①国…②中… Ⅲ．①中小企业–审计 Ⅳ．①F239.6

中国版本图书馆 CIP 数据核字（2014）第 016948 号

责任编辑：王　飏　　　　　　　封面设计：郁　佳
版式设计：录文通

中国财政经济出版社 出版

URL：http：//www.cfeph.cn

E-mail：cfeph@cfeph.cn

（版权所有　翻印必究）

社址：北京市海淀区阜成路甲 28 号　邮政编码：100142
营销中心电话：88190406　北京财经书店电话：64033436　84041336
北京财经印刷厂印刷　各地新华书店经销
787×1092 毫米　16 开　34.75 印张　691 000 字
2014 年 6 月第 1 版　2014 年 6 月北京第 1 次印刷
定价：86.00 元
ISBN 978-7-5095-5059-5／F·4100
（图书出现印装问题，本社负责调换）
本社质量投诉电话：010-88190744
反盗版举报热线：010-88190492，88190446

This Guide to Using International Standards on Auditing in the Audits of Small － and Medium － Sized Entities, Third Edition of the Small and Medium Practices Committee, Published by the International Federation of Accountants (IFAC) in November 2011 in the English language, has been translated into Chinese by the Chinese Institute of Certified Public Accountants in March 2014, and is used with the permission of IFAC. IFAC assumes no responsibility for the accuracy and completeness of the translation or for actions that may ensue as a result thereof. The approved text of all IFAC publications is that published by IFAC in the English language.

English language text of Guide to Using International Standards on Auditing in the Audits of Small － and Medium － Sized Entities, Third Edition © 2011 by the International Federation of Accountants (IFAC). All rights reserved.

Chinese language text of Guide to Using International Standards on Auditing in the Audits of Small － and Medium － Sized Entities, Third Edition © 2014 by the International Federation of Accountants (IFAC). All rights reserved.

国际会计师联合会制定的《运用国际审计准则执行中小企业审计指南》（第三版）由国际会计师联合会于 2011 年 11 月以英文出版。经国际会计师联合会许可，中国注册会计师协会于 2014 年 3 月将其翻译成中文。国际会计师联合会对翻译的准确性、完整性或由此引发的行动不承担任何责任。国际会计师联合会所有出版物的正式文本都由国际会计师联合会以英文出版。

运用国际审计准则执行中小企业审计指南（第三版）英文版本 © 2011 由国际会计师联合会保留所有版权。

运用国际审计准则执行中小企业审计指南（第三版）中文版本 © 2014 由国际会计师联合会保留所有版权。

运用国际审计准则执行中小企业审计指南（第三版）：Guide to Using International Standards on Auditing in the Audits of Small － and Medium － Sized Entities, Third Edition
ISBN：978 －1 －60815 －099 －1

# 国际会计师联合会出版物译丛

# 序　言

　　党的十八大对我国改革开放作出了新的部署，要求我们始终把改革创新精神贯彻到治国理政各个环节，坚持社会主义市场经济的改革方向，坚持对外开放的基本国策，不断推进理论创新、科技创新、文化创新以及其他各方面创新，不断推进我国社会主义制度自我完善和发展。

　　改革开放是中国经济社会发展的动力。从某种意义上讲，开放又是改革的动力。对外开放，有助于我们学会怎样搞市场经济；对外开放，倒逼我们去调整不适合市场经济的法律规范；对外开放，引导我们调整主体行为，使之更加适应市场经济要求。

　　改革和开放的这一逻辑关系，也为我国会计行业的改革开放实践所证明。在改革开放初期，我们引进了国际会计公司，紧接着引进了国际会计执业标准。通过持续不断的学习和借鉴，与计划经济相适应的会计制度实现了转型，审计制度从恢复重建到逐渐成熟，建立起与社会主义市场经济相适应的，与国际执业标准趋同的会计、审计、职业道德和继续教育标准，使中国会计行业始终走在改革开放的前列，为经济发展和国际合作架设桥梁，为企业、资金、商品的交流提供信息支持和制度力量。中国会计审计制度的国际趋同是一个动态的过程，需要与时俱进。对国际会计执业标准的学习和研究，同样需要与时俱进。

　　国际会计师联合会（IFAC）是会计职业界的世界组织，成立于1977年，有来自全世界120多个国家的170多个成员组织，代表着250多万名分布于经济、行政、教育等各个领域的职业会计师。IFAC的宗旨是不断增强世界范围内的会计行业，维护公众利益。它通过制定高质量的执业准则，促进对这些准则的遵守，增进准则的国际趋同，支持国际经济的稳健发展。为此，IFAC设立了国际审计与鉴证准则理事会（IAASB）、国际会计师职业道德准则理事会（IESBA）、国际会计教育准则理事会（IAESB）以及国际公共部门会计准则理事会（IPSASB），分别制定国际

审计准则体系和国际职业会计师道德守则等执业标准,得到各国家和地区的广泛采用或借鉴。

为支持国际会计执业标准的引进和学习,服务中国会计执业标准国际趋同的进程,中国财政经济出版社发起国际会计师联合会出版物的全面译介工作,并邀请我和几位同行朋友担任这套出版物的翻译审核工作,我们为能参与这一光荣的事业感到自豪。

关于翻译,前辈们有过系统的总结和深刻的表达,其中,"信、达、雅"是最为后人推崇也是最应当为我们所遵循的原则。但是,原则总是抽象的,不同的人会有不同的理解和实践,特别是,"信、达、雅"是文学翻译家针对文学作品翻译而言的,具体到会计审计专业文献的翻译,在"信、达、雅"的实践上,则需要结合专业特性加以运用。从某种意义上讲,文学翻译是一件艺术工作,而专业文献的翻译(以下主要针对英文)是一件科学工作,科学工作需要遵循科学的原则。

关于"信"。"信"强调的是忠实于原文。文学讲意境,中外皆然。基于中国偏重"感性"的文化性格,中文在表达文学意境上有足够资源,所以,在文学翻译上做到"信",即,反映原文的意境,似乎不难。而会计审计标准讨论的是专业技术问题,它固然有意境上的要求,但更强调技术和实践上的精确性。在会计审计领域,由于我们在历史上没有过这样的技术和实践,也就没有创造出对应的中文词汇,这个问题曾经害苦了许多翻译者。ASSURANCE 是审计学的基础概念,ASSURANCE 的基本意义是保证、担保,甚至还有保险、自信的意义,如果片面强调"信",直接译成保证、担保,显然表达不了审计工作和审计报告所具有的合理保证这样的谨慎意义。正是因为如此,我们现在把 ASSURANCE 译成"鉴证"这样一个强调过程和行为而不是结果的词汇,尽管仍然差强人意,但是毕竟留下了进一步解释的空间,而回避了 ASSURANCE 在中文中对应的保证、担保这些容易引起强烈误解的一般译法。再如,PROBABLE 与 POSSIBLE 在表达可能性时的差异,WILL、WOULD、MAY 在表达意愿上的差异,真的很难以一个"信"字就能处理得了。

关于"达"。"达"强调的是通畅。在中文中,通畅的最高境界是"明白晓畅",要做到这一点,其实是很不容易的。要将一篇英语文献翻译得明白晓畅,就难上加难,其中的原因之一在于,中文与英文表达的构造方法不同。英文的表达是结构化的,普遍地通过介词、连词来引导,

# 序　言

有些类似于搭积木，句子的主要成份关系相对清晰，我把它称之为"物理"式的；中文中没有类似于英语中丰富的介词、连词储备，而是通过表达顺序来体现句子主要成份之间的关系，我把它称之为"化学"式的。从这个意义上讲，中文句子是不适合采用复杂结构的。所以，对于一个结构简单、没有多个从句的英文句子，翻译成通畅的中文相对比较容易，而要将一个带有较多从句的英文译成中文，要做到通畅就要困难得多。在会计审计专业文献中，这样的带有多个从句的句子往往非常普遍。所以，在翻译英语专业文献时要体现"达"的要求，就应当在句子结构分解、转换上作很大的努力。

关于"雅"。可以说的不多，权且作为我们执译同志的更高追求吧。

让我们共同努力，把这套丛书编好，为中国会计执业标准国际趋同事业作出应有的贡献。

陈毓圭

2013 年 8 月 12 日

# 译者说明

国际会计师联合会（IFAC）中小会计师事务所委员会（Small and Medium Practices Committee，以下简称SMP）致力于维护全球中小会计师事务所的形象，提高其执业水平和能力，其中，帮助中小会计师事务所理解和运用国际准则，是SMP的重要职责之一。SMP为此制定和开发了包括《运用国际审计准则执行中小企业审计指南》在内的一系列指南。

《运用国际审计准则执行中小企业审计指南》（第三版）由SMP和加拿大特许会计师协会（CICA）共同制定，于2011年11月发布。该指南分为两卷，第一卷侧重于对国际审计准则核心概念的解释，描述了一项审计业务的全貌，并就每一具体审计工作涉及的准则规定作出解释；第二卷侧重于实务指南，以两家典型被审计单位为例，按照审计业务流程进行案例指导，内容涵盖了从承接审计业务到出具审计报告的全方位实务操作示例。

目前，我国的审计准则已经实现了与国际审计准则的持续全面趋同。为了分享和借鉴国际会计职业界的最新成果，经IFAC授权，我会组织专家翻译了该指南，以期帮助我国广大中小会计师事务所执业人员在保证审计工作高质量的前提下更好地运用成本效益原则。

本书第一卷第1-6章、第二卷第1-5章由浙江财经学院副教授邓川翻译，第一卷第7-17章由中南财经政法大学副教授李璐翻译，第二卷第6-14章由南京理工大学副教授韩晓梅翻译，第二卷第15-25章由云南财贸大学副院长朱锦余翻译。中国注册会计师协会专业标准与技术指导部主任唐建华、副主任张革、副主任张文、赵际喆、李晨及中国东方资产管理公司陈龙伟对译本进行了审校。中国注册会计师协会副会长兼秘书长陈毓圭、副秘书长杨志国、副秘书长蔡晓峰对本书稿进行了审定。

中国注册会计师协会

2014年3月

卷 1　核心概念（3 页—228 页）

卷 2　实务指南（231 页—543 页）

卷 1

# 核心概念

# 目 录

前言
征求意见
免责声明

1. 如何使用本指南 ……………………………………………………（11）
   1.1 本指南的复制、翻译和改编 …………………………………（11）
   1.2 章节内容和结构 ………………………………………………（12）
   1.3 术语表 …………………………………………………………（13）
   1.4 本指南中使用的词语缩写 ……………………………………（15）

2. 国际审计准则 ………………………………………………………（17）
   2.1 ISA的索引和交叉引用 ………………………………………（18）
   2.2 审计流程 ………………………………………………………（21）

3. 道德、国际审计准则和质量控制 …………………………………（23）
   3.1 概况 ……………………………………………………………（25）
   3.2 质量控制制度 …………………………………………………（26）
   3.3 控制环境 ………………………………………………………（27）
   3.4 事务所的风险评估 ……………………………………………（28）
   3.5 信息系统 ………………………………………………………（30）
   3.6 控制活动 ………………………………………………………（32）
   3.7 监控 ……………………………………………………………（33）
   3.8 遵守相关的国际审计准则 ……………………………………（34）

4. 风险导向审计——概述 ……………………………………………（36）
   4.1 概况 ……………………………………………………………（37）
   4.2 审计风险 ………………………………………………………（39）
   4.3 如何实施风险导向审计 ………………………………………（42）

3

| | |
|---|---|
| 4.4 审计工作底稿 | （48） |
| 4.5 风险导向审计的优点 | （48） |
| 4.6 与小型被审计单位审计相关的准则 | （49） |

**5. 内部控制——目标和要素** （53）
- 5.1 概况 （54）
- 5.2 内部控制的目标 （54）
- 5.3 控制环境 （56）
- 5.4 风险评估 （60）
- 5.5 信息系统 （62）
- 5.6 控制活动 （65）
- 5.7 了解 IT 风险和控制 （68）
- 5.8 对控制的监督 （69）
- 5.9 了解与审计相关的内部控制 （70）
- 5.10 人工控制和自动化控制 （71）
- 5.11 广泛性控制 （72）
- 5.12 反舞弊控制 （75）

**6. 财务报表认定** （76）
- 6.1 概况 （76）
- 6.2 对认定的说明 （77）
- 6.3 认定的组合 （78）
- 6.4 在审计中使用认定 （79）

**7. 重要性和审计风险** （82）
- 7.1 概述 （83）
- 7.2 财务报表使用者 （84）
- 7.3 错报的性质 （84）
- 7.4 重要性与审计风险 （86）
- 7.5 重要性水平 （87）
- 7.6 关于重要性的审计工作底稿 （91）

**8. 风险评估程序** （92）
- 8.1 概述 （93）

8.2　审计证据 ………………………………………………（93）
　　8.3　三种风险评估程序 ……………………………………（95）
　　8.4　询问管理层和其他人员（包括与舞弊相关的询问） ……（95）
　　8.5　分析程序 ………………………………………………（97）
　　8.6　观察和检查 ……………………………………………（98）
　　8.7　内部控制的设计与执行 ………………………………（99）
　　8.8　有关风险的其它信息来源 ……………………………（99）

9. 对评估的风险采取的应对措施 …………………………（101）
　　9.1　概述 ……………………………………………………（102）
　　9.2　针对财务报表层次风险的总体应对措施 ……………（103）
　　9.3　针对评估的认定层次风险的应对 ……………………（106）

10. 进一步审计程序 …………………………………………（111）
　　10.1　概述 …………………………………………………（111）
　　10.2　实质性程序 …………………………………………（112）
　　10.3　函证 …………………………………………………（115）
　　10.4　实质性分析程序 ……………………………………（118）
　　10.5　控制测试 ……………………………………………（122）

11. 会计估计 …………………………………………………（131）
　　11.1　概述 …………………………………………………（132）
　　11.2　风险评估 ……………………………………………（133）
　　11.3　应对评估的风险 ……………………………………（136）
　　11.4　报告 …………………………………………………（138）

12. 关联方 ……………………………………………………（140）
　　12.1　概述 …………………………………………………（141）
　　12.2　风险评估 ……………………………………………（143）
　　12.3　风险应对 ……………………………………………（145）
　　12.4　报告 …………………………………………………（147）

13. 期后事项 …………………………………………………（149）
　　13.1　概述 …………………………………………………（150）

　　13.2　双重报告日期 …………………………………………………（154）

## 14. 持续经营 ………………………………………………………（156）
　　14.1　概述 ……………………………………………………………（157）
　　14.2　风险评估程序 …………………………………………………（157）
　　14.3　评价管理层的评估 ……………………………………………（159）
　　14.4　风险应对——识别出事项时 …………………………………（161）
　　14.5　报告 ……………………………………………………………（163）

## 15. 其他国际审计准则的要求汇总 ……………………………（165）
　　15.1　概述 ……………………………………………………………（165）
　　15.2　ISA250——财务报表审计中对法律法规的考虑 ……………（166）
　　15.3　ISA402——对被审计单位使用服务机构的审计考虑 ………（170）
　　15.4　ISA501——审计证据：对选取的项目的具体考虑 …………（177）
　　15.5　ISA510——首次审计业务涉及的期初余额 …………………（181）
　　15.6　ISA600——对集团财务报表审计的特殊考虑（包括组成部分审计师的工作） …………………………………………………（183）
　　15.7　ISA610——利用内部审计师的工作 …………………………（188）
　　15.8　ISA620——利用审计师的专家的工作 ………………………（191）
　　15.9　ISA720——审计师对含有已审计财务报表的文件中的其他信息的责任 …………………………………………………………（196）

## 16. 审计工作底稿 …………………………………………………（199）
　　16.1　概述 ……………………………………………………………（200）
　　16.2　审计档案的组织 ………………………………………………（201）
　　16.3　审计工作底稿的常见问题 ……………………………………（203）
　　16.4　特定的审计工作底稿要求 ……………………………………（204）
　　16.5　有经验的审计师 ………………………………………………（208）
　　16.6　电子文件 ………………………………………………………（208）
　　16.7　审计档案的完成 ………………………………………………（210）

## 17. 对财务报表形成审计意见 …………………………………（212）
　　17.1　概述 ……………………………………………………………（213）
　　17.2　财务报告框架 …………………………………………………（214）

# 目 录

17.3　形成审计意见 …………………………………………………（216）
17.4　审计报告的形式和措辞 ………………………………………（219）
17.5　其他报告要求 …………………………………………………（226）
17.6　与财务报表一同列报的补充信息 ……………………………（227）
17.7　按照国际审计准则和国家审计准则执行的审计工作 ………（227）
17.8　非无保留意见审计报告 ………………………………………（228）

# 前　言

欢迎使用由国际会计师联合会（IFAC）中小事务所委员会（Small and Medium Practices Committee，SMP）开发的《运用国际审计准则执行中小企业审计指南（第三版）》。

利用编写第三版的机会，我们改进了有关技术内容，并做出一些编写上的小修改。然而，考虑到很多使用者正在翻译本指南，因此我们尽量减少对第三版的修订。

本指南由中小事务所委员会与加拿大特许会计师协会（CICA）共同开发，2007年发布第一版。本指南通过解释或阐述性举例，旨在使执业人员更深入地理解如何按照国际审计准则执行审计工作。本指南为执业人员提供了"如何审计"的实务方法的指导，执业人员可以用于在中小企业中开展风险导向审计。最终，它可以帮助执业人员执行高质量的、符合成本效益原则的审计，从而更好地为中小企业和公众服务。

本指南为国际审计准则的运用提供了非权威性的指导。它不能取代阅读国际审计准则，而是作为国际审计准则的补充，帮助执业人员在中小企业审计中一致地执行这些准则。本指南未涉及国际审计准则的所有方面，因而不能用于确定或证明是否遵守了国际审计准则。

为了帮助会员组织最大化地利用本指南和相关出版物《中小事务所质量控制指南》，中小事务所委员会正在开发配套指南以及额外材料，以支持将本指南用于教育和培训目的。这个配套指南将为会员团体和会计师事务所提供如何最好地利用本指南以适应其自身需要和具体国家环境的建议。

最后，我们欢迎读者浏览国际会计师联合会网站的"中小事务所中心"部分（www.ifac.org/smp），了解中小事务所委员会的工作，获取其他的免费出版物和资源。

Sylvie Voghel<br>
IFAC 中小事务所委员会主席<br>
2011 年 11 月

# 征求意见

这是本指南的第三版。虽然我们认为本指南是有用的并且是高质量的，但仍可能有改进的空间。我们致力于定期更新本指南，以确保它反映了目前的最新标准并尽可能有用。

我们欢迎来自国家准则制定机构、IFAC 会员组织、执业人员和其他方的意见。我们尤其欢迎您对以下问题发表意见。

1. 您如何使用本指南？例如，您使用它作为培训的基础材料并且（或者）作为实务参考指南，或者以其他方式使用本指南？
2. 您认为本指南是否充分地适用于中小企业审计？
3. 您认为本指南是否方便阅读？如果不是，您建议如何改进？
4. 您认为在哪些方面可以改进本指南，从而让它更有用？
5. 您是否发现有任何衍生的产品（如培训材料、表格、检查清单或程序），是基于本指南开发出来的？如果有，请提供详细情况。

请将您的意见提交给我们的副总监 Paul Thompson，联系方式：

Email：paulthompson@ifac.org
Fax：+1 212-286-9570
Mail：Small and Medium Practices Committee
　　　International Federation of Accountants
　　　545 Fifth Avenue, 14th Floor
　　　New York, NY 10017, USA

## 免责声明

　　本指南旨在帮助执业人员在中小企业审计中运用国际审计准则，并不能取代国际审计准则本身。而且，执业人员应当运用职业判断并根据审计中的具体事实和情况使用本指南。IFAC 不承担由于使用本指南可能直接或间接产生的责任。

# 1. 如何使用本指南

本指南旨在为执业人员执行中小企业审计业务提供实务指南。然而，本指南中的任何材料都不能用来替代：

- **阅读和理解国际审计准则**

本指南假定执业人员已经阅读了《国际质量控制、审计、审阅、其他鉴证和相关服务公告手册》中的国际审计准则（International Standards on Auditing，ISAs）。该手册可以在 IFAC 的在线出版物和资源网页（www.ifac.org/publicationsresources/2010 – handbook – international – quality – control – auditing – review – other – assurance – a）免费下载。ISA200 第 19 段指出，审计师应当掌握国际审计准则的全部内容（包括应用和其他解释性材料）以理解其目标并恰当地遵守其要求。国际审计准则、常见问题解答（FAQs）以及其他支持性材料，可以从"明晰化中心"网页获得（www.ifac.org/auditing – assurance/clarity – center）。

- **运用职业判断**

为了有效地运用国际审计准则，注册会计师需要根据会计师事务所和每项特定业务涉及的特定事实和情况运用职业判断。

虽然预期中小事务所是一个重要的用户群体，但本指南也可帮助所有的执业人员在中小企业审计中运用国际审计准则。

本指南可用于：

- 深入了解按照国际审计准则执行的审计；
- 开发员工手册用于日常参考（必要时融入当地的要求和事务所自身的程序），以及作为培训、个人学习和讨论的基础材料；
- 有助于确保员工在计划和执行审计时采用一致的方法。

本指南经常提及审计项目组，这意味着一个以上的审计师参与审计业务。然而，相同的一般原则也同样适用于完全由一个执业人员执行的审计业务。

## 1.1 本指南的复制、翻译和改编

IFAC 鼓励复制、翻译和改编本指南，并提供便利。希望复制、翻译和改编本指

南的各方应当联系 permissions@ifac.org。

## 1.2 章节内容和结构

本指南并非只是按顺序汇总每项国际审计准则,而是分成以下两部分:
- 卷1 核心概念
- 卷2 实务指南

这是本指南的卷1,提供了一个完整的审计概况,并对关键的审计概念进行讨论,例如,重要性、认定、内部控制、风险评估程序、实施进一步审计程序以应对评估的风险。卷1还汇总了国际审计准则中的下列要求:
- 会计估计、关联方、期后事项、持续经营等特殊领域;
- 审计工作底稿要求;
- 对财务报表形成审计意见。

本指南卷2关注如何运用卷1列出的概念,按照执行审计的典型阶段来组织内容,从承接客户开始、计划审计工作、风险评估,然后是风险应对、评价获取的审计证据,最后是形成恰当的审计意见。

### 结构概况

在本指南的两卷中,每一章的结构如下所示:
- 章节标题
- 审计流程图——摘录

大多数章节包含审计流程图摘录(如适用),以突出显示本章涉及的特定活动。
- 章节内容

用于概述每章的内容和目的。
- 相关的国际审计准则

本指南大多数章节首先提供与该章节内容有关的国际审计准则摘录。这些摘录的内容包括相关要求,在某些情况下也包括目标(在该章主要关注一个特定准则时单独加以强调)、选定的定义以及应用材料。包括这些摘录内容并非表示不需要考虑准则中那些没有提及的其他资料,或者与该审计事项有关的其他准则。本指南中的摘录内容完全基于作者关于该内容对每一特定章节而言是否相关的判断。例如,在整个审计过程中都要运用ISA200、ISA220和ISA300的要求,但这些要求只在一两个章节中提及。
- 概述和每章材料

每章的概述提供以下信息:
——适用的国际审计准则摘录;

## 1. 如何使用本指南

——本章涉及的内容概述。

概述后面有一个对审计对象更详细的讨论以及如何一步一步地执行相关国际审计准则的实务性指导或方法。这部分可能包括引用一些适用的国际审计准则。虽然本指南完全关注于适用于历史财务信息审计的国际审计准则（800 系列的准则除外），但同时也索引到国际会计师职业道德准则理事会（IESBA）发布的《国际职业会计师道德守则》（IESBA Code），以及《会计师事务所对执行财务报表审计和审阅、其他鉴证和相关服务业务实施的质量控制》（ISQC 1）。

- **考虑要点**

本指南所有章节中都增加了考虑要点。这些考虑要点对那些容易被忽视的审计事项，或者当执业人员可能难以理解和执行某些概念时提供了实务指南。

- **示例性案例研究**

为了演示如何在实务中运用国际审计准则，本指南卷 2 包含了两个案例。在卷 2 的很多章的结束部分，指南讨论了两种可能的工作底稿记录方法用以记录运用国际审计准则要求的情况。请参考本指南卷 2 第 2 章了解案例的细节。

提供案例研究和工作底稿的目的仅仅是示例性的。所提供的审计工作底稿只是截取了典型审计档案的一小部分，并且仅列示了遵守国际审计准则要求的一种可能的方法。所提供的数据、分析和评论只代表审计师在某一特定审计中需要处理的一些情况和考虑事项。审计师必须一如既往地运用职业判断。

第一个案例研究基于一个名为 Dephta 家具公司的虚构企业。这是一个当地从事家具制造的家族企业，有 15 个全职员工。该企业治理结构简单，管理层级很少，交易处理简单。会计部门使用标准会计软件。

第二个案例研究基于一个名为 Kumar 公司的虚构企业。这是一个只有两个全职员工、一个兼职记账人员和业主本人的微型企业。

### IFAC 的其他出版物

本指南也可与《中小企业审计质量控制指南》一起阅读。读者可以在 IFAC 的在线出版物和资源网页上免费下载。网址是：http://web.ifac.org/publications/small-and-medium-practices-committee/implementation-guides。

### 1.3 术语表

本指南使用了大量国际职业会计师道德守则术语表和国际审计准则（包含在《国际质量控制、审计、审阅、其他鉴证业务以及相关服务准则手册》中）中已经定义的术语。合伙人和员工必须了解这些定义。

本指南也使用以下术语：

### 反舞弊控制

是指由管理层设计的、用以防止或发现由于舞弊导致的错报的控制。在管理层凌驾的情况下,这些控制可能不能防止舞弊的发生,但仍可作为一种威慑,使舞弊更难以掩饰。典型的例子有:

规定承担额外受托责任的政策和程序,例如,对会计分录的签字审批;

改进后的对敏感性数据和交易的访问控制;

无声报警;

差异和例外报告;

审计轨迹;

舞弊应急计划;

人力资源程序,例如,识别和监控舞弊风险高于平均水平的个人(如生活方式过度奢侈的人);

匿名报告潜在舞弊的机制。

### 企业层面控制

企业层面控制用以解决影响广泛的风险,有助于形成一个组织的"高层基调",确立对控制环境的预期。与交易层面控制相比,企业层面控制通常没那么明确,但对所有其他内部控制具有广泛和重要的影响。因此,企业层面控制构成了建立其他内部控制(如有)的至关重要的基础。企业层面控制的例子包括管理层对道德行为的承诺,对内部控制的态度,雇佣具备胜任能力的员工,反舞弊和期末财务报告。这些控制影响企业内部所有其他业务流程。

### 管理层

是指对被审计单位经营活动的执行负有经营管理责任的人员。对某些国家或地区的被审计单位而言,管理层包括部分或全部的治理层成员,如治理层中的执行董事,或业主兼经理。

### 治理层

是指对被审计单位战略方向以及管理层履行经营管理责任负有监督责任的人员或组织(如公司托管人)。治理层的责任包括监督财务报告过程。对某些国家或地区的被审计单位而言,治理层可能包括管理层,如私人部门或公共部门治理层中的执行成员,或业主兼经理。

### 业主兼经理

是指参与日常经营管理的业主。在大多数情况下,业主兼经理也是负责被审计单位治理的人。

## 中小事务所（SMP）

是指具备以下特征的会计师事务所：
- 客户大多是中小企业（SMEs）；
- 利用外部资源以弥补有限的内部技术资源；
- 雇佣有限的专业人员。

在不同的国家或地区，中小事务所的含义可能有所不同。

## 1.4 本指南中使用的词语缩写

AR　应收账款

Assertions　认定，包括：
　C ＝完整性
　E ＝存在
　A ＝准确性和截止
　V ＝计价

CAATs　计算机辅助审计技术

CU　货币单位（本指南中的标准货币单位是欧元"€"）

F/S　财务报表

HR　人力资源

IAASB　国际审计与鉴证准则理事会

IC　内部控制。内部控制的五个要素包括：
　CA ＝控制活动
　CE ＝控制环境
　IS ＝信息系统
　MO ＝监督
　RA ＝风险评估

IESBA Code　IESBA发布的《国际职业会计师道德守则》

IFAC　国际会计师联合会

IFRS　国际财务报告准则

ISAs　国际审计准则

ISAEs　国际鉴证业务准则

IAPSs　国际审计实务公告

ISQCs　国际质量控制准则

ISREs　国际审阅业务准则
ISRSs　国际相关服务业务准则
IT　信息技术
PC　个人电脑
R&D　研究与开发
RMM　重大错报风险
RAPs　风险评估程序
SME　中小企业
SMP　中小事务所
TOC　控制测试
TCWG　治理层
WP　工作底稿

# 2. 国际审计准则

## 国际审计准则的结构

每项国际审计准则都有以下结构:

| ISA 的要素 | 说明 |
| --- | --- |
| 引言 | 解释准则的制定目的和适用范围,包括本准则与其他准则的关系、规范的内容、对审计师和其他方的特定要求、准则的特定背景等。 |
| 目标 | 规范审计师执行准则的要求后应实现的目标。为了实现审计师的总体目标,审计师在计划和执行审计时应当使用相关准则中的目标,并认真考虑准则之间的相关性。《国际审计准则第 200 号——独立审计师的总体目标和按照国际审计准则执行审计工作》第 21 段(a)要求审计师:<br>(a)为了实现国际审计准则规定的目标,确定是否需要有必要实施除国际审计准则规定以外的审计程序;<br>(b)评估是否已经获取充分、适当的审计证据。 |
| 定义 | 描述准则中所包含术语的含义,以帮助审计师一致地运用和解释准则。这些定义无意于超越为其他目的而确定的定义,如包含在法律法规中的定义。除非特别说明,这些定义在整个国际审计准则中有相同的含义。 |
| 要求 | 列示对审计师的具体要求。所有要求都以"应当"表示。例如,《国际审计准则第 200 号——独立审计师的总体目标和按照国际审计准则执行审计工作》第 15 段包含以下要求:<br>"在计划和实施审计工作时,审计师应当保持职业怀疑,认识到可能存在导致财务报表发生重大错报的情形"。 |
| 应用和其他解释性材料 | 应用和其他解释性材料进一步解释准则的要求,为执行准则要求提供指引。具体而言,它可能:<br>● 更准确地解释某一要求的含义或旨在涵盖什么内容;<br>● 在适用时,包含对小型被审计单位的特别考虑;<br>● 包含了适用于某些情况下的程序的举例。然而,审计师需要根据被审计单位的具体情况以及评估的重大错报风险运用职业判断去选择具体程序。<br>虽然这一部分内容并不构成对审计师的要求,但它有助于审计师恰当运用准则的要求。应用和其他解释性材料也可以提供准则所涉及事项的背景信息。 |
| 附录 | 附录构成应用和其他解释性材料的一部分。附录的目的和用途在相关国际审计准则的主体部分或在附录本身的标题和引言部分介绍。 |

## 2.1 ISA 的索引和交叉引用

国际审计准则的框架如下图所示：

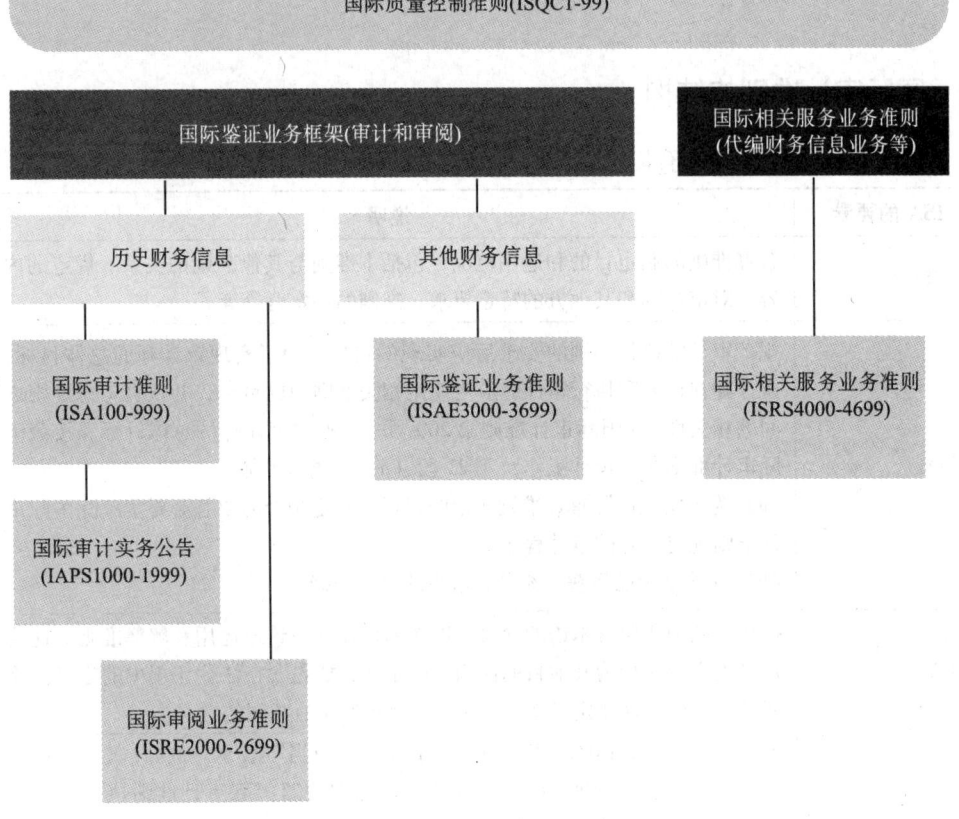

图 2.1 – 1

下表列示了国际审计准则、国际质量控制准则第 1 号（ISQC1）与本指南相应章节之间的关系。注意，本表只包括指南各章节与其相关准则的主要要求之间的交叉引用。其他章节中可能还涉及对特定国际审计准则的进一步引用。

| ISA /ISQC1 索引 | | 卷和章<br>V1 表示卷 1<br>V2 表示卷 2 |
|---|---|---|
| ISQC 1 | 会计师事务所对执行财务报表审计和审阅、其他鉴证和相关服务业务实施的质量控制 | V1 – 3, 16; V2 – 4 |
| ISA200 | 独立审计师的总体目标和按照国际审计准则执行审计工作 | V1 – 3, 4 |

## 2. 国际审计准则

续表

| ISA/ISQC1 索引 | | 卷和章<br>V1 表示卷 1<br>V2 表示卷 2 |
|---|---|---|
| ISA210 | 就审计业务约定条款达成一致意见 | V2－4 |
| ISA220 | 对财务报表审计实施的质量控制 | V1－16；V2－4,21 |
| ISA230 | 审计工作底稿 | V1－3,16；V2－18 |
| ISA240 | 财务报表审计中与舞弊相关的责任 | V1－8,9,16；<br>V2－7,8,9,10 |
| ISA250 | 财务报表审计中对法律法规的考虑 | V1－15 |
| ISA260 | 与治理层的沟通 | V2－16,22 |
| ISA265 | 向治理层和管理层通报内部控制缺陷 | V2－13 |
| ISA300 | 计划审计工作 | V1－9,16；<br>V2－4,5,7,10,16 |
| ISA315 | 通过了解被审计单位及其环境识别和评估重大错报风险 | V1－4,5,6,8,16；V2－7,8,9,10,11,12,14 |
| ISA320 | 计划和执行审计工作时的重要性 | V1－7,V2－6 |
| ISA330 | 审计师针对评估的风险采取的应对措施 | V1－4,9,10,16；<br>V2－16,17,21 |
| ISA402 | 对被审计单位使用服务机构的审计考虑 | V1－15 |
| ISA450 | 评价审计过程中识别出的错报 | V2－6,21,22 |
| ISA500 | 审计证据 | V1－9；V2－16,17,18 |
| ISA501 | 审计证据：对选取的项目的具体考虑 | V1－15 |
| ISA505 | 函证 | V1－10 |
| ISA510 | 首次审计业务涉及的期初余额 | V1－15 |
| ISA520 | 分析程序 | V1－10；V2－21 |
| ISA530 | 审计抽样 | V2－17 |
| ISA540 | 审计会计估计（包括公允价值会计估计）和相关披露 | V1－11；V2－21 |
| ISA550 | 关联方 | V1－12 |
| ISA560 | 期后事项 | V1－13 |
| ISA570 | 持续经营 | V1－14 |

续表

| ISA/ISQC1 索引 | | 卷和章<br>V1 表示卷 1<br>V2 表示卷 2 |
|---|---|---|
| ISA580 | 书面声明 | V2-19 |
| ISA600 | 对集团财务报表审计的特殊考虑（包括组成部分审计师的工作） | V1-15 |
| ISA610 | 利用内部审计师的工作 | V1-15 |
| ISA620 | 利用审计师的专家的工作 | V1-15 |
| ISA700 | 对财务报表形成审计意见和出具审计报告 | V1-4，17 |
| ISA705 | 在独立审计师报告中发表非无保留意见 | V2-23 |
| ISA706 | 在独立审计师报告中增加强调事项段和其他事项段 | V2-24 |
| ISA710 | 比较信息：对应数据和比较财务报表 | V2-25 |
| ISA720 | 审计师对含有已审计财务报表的文件中的其他信息的责任 | V1-15 |
| ISA800 | 对按照特殊目的框架编制的财务报表审计的特殊考虑 | 未涉及* |
| ISA805 | 对单一财务报表和财务报表特定要素、账户或项目审计的特殊考虑 | 未涉及* |
| ISA810 | 对简要财务报表出具报告的业务 | 未涉及* |

*考虑到 ISA 800、ISA805 和 ISA810 目前很少运用在中小企业审计中，因此本版指南未特别涉及这三个准则。

下表列示了本指南相应章节与主要国际审计准则之间的交叉引用关系。

**注**：本表只提供大体上的交叉引用关系。本指南很多章节涉及多个方面，非单一国际审计准则能够涵盖。

| 章节 | 标题 | ISA/ISQC1 索引 |
|---|---|---|
| V1-3 | 道德、国际审计准则和质量控制 | ISQC1，200，220 |
| V1-4 | 风险导向审计——概述 | 多个准则 |
| V1-5 | 内部控制——目标和要素 | 315 |
| V1-6 | 财务报表认定 | 315 |
| V1-7 | 重要性和审计风险 | 320 |

续表

| 章节 | 标题 | ISA/ISQC1 索引 |
|---|---|---|
| V1-8 | 风险评估程序 | 240, 315 |
| V1-9 | 对评估的风险采取的应对措施 | 240, 300, 330, 500 |
| V1-10 | 进一步审计程序 | 330, 505, 520 |
| V1-11 | 会计估计 | 540 |
| V1-12 | 关联方 | 550 |
| V1-13 | 期后事项 | 560 |
| V1-14 | 持续经营 | 570 |
| V1-15 | 其他国际审计准则的要求汇总 | 250, 402, 501, 510, 600, 610, 620, 720 |
| V1-16 | 审计工作底稿 | ISQC 1, 220, 230, 240, 300, 315, 330 |
| V1-17 | 对财务报表形成审计意见 | 700 |
| V2-4 | 客户接受与保持 | ISQC 1, 210, 220, 300 |
| V2-5 | 总体审计策略 | 300 |
| V2-6 | 确定和使用重要性 | 320, 450 |
| V2-7 | 审计项目组的讨论 | 240, 300, 315 |
| V2-8 | 固有风险——识别 | 240, 315 |
| V2-9 | 固有风险——评估 | 240, 315 |
| V2-10 | 特别风险 | 240, 315, 330 |
| V2-11 | 了解内部控制 | 315 |
| V2-12 | 评价内部控制 | 315 |
| V2-13 | 通报内部控制缺陷 | 265 |
| V2-14 | 完成风险评估阶段 | 315 |
| V2-15 | 风险应对——概述 | 330 |
| V2-16 | 风险应对审计计划 | 260, 300, 330, 500 |
| V2-17 | 确定测试范围 | 330, 500, 530 |
| V2-18 | 记录执行的工作 | 230, 500 |
| V2-19 | 书面声明 | 580 |
| V2-21 | 评价审计证据 | 220, 330, 450, 520, 540 |
| V2-22 | 与治理层的沟通 | 260, 450 |
| V2-23 | 发表非无保留意见 | 705 |
| V2-24 | 强调事项段和其他事项段 | 706 |
| V2-25 | 比较信息 | 710 |

## 2.2 审计流程

本指南列示的审计方法分成三个阶段——风险评估、风险应对和报告，如图2.2-1所示。对于每个审计阶段，表中列示了主要活动、目的和相应的工作底稿。

运用国际审计准则执行中小企业审计指南（第三版）

每一阶段要求的活动和工作底稿的进一步信息涵盖于本指南中，尤其是第二卷包含了一个典型的从开始到结束的审计过程。

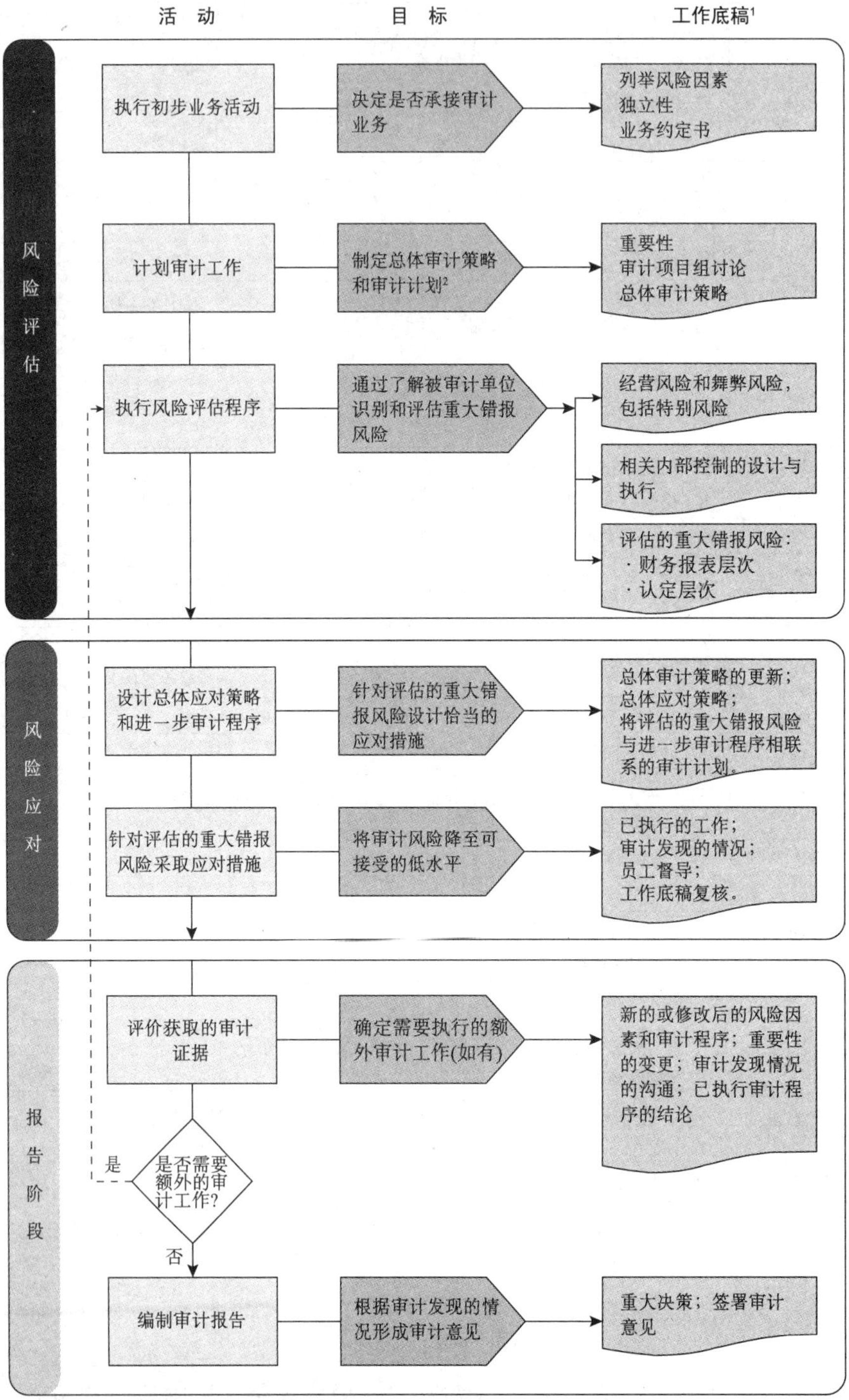

| 阶段 | 活动 | 目标 | 工作底稿[1] |
|---|---|---|---|
| 风险评估 | 执行初步业务活动 | 决定是否承接审计业务 | 列举风险因素；独立性；业务约定书 |
| | 计划审计工作 | 制定总体审计策略和审计计划[2] | 重要性；审计项目组讨论；总体审计策略 |
| | 执行风险评估程序 | 通过了解被审计单位识别和评估重大错报风险 | 经营风险和舞弊风险，包括特别风险；相关内部控制的设计与执行；评估的重大错报风险：·财务报表层次 ·认定层次 |
| 风险应对 | 设计总体应对策略和进一步审计程序 | 针对评估的重大错报风险设计恰当的应对措施 | 总体审计策略的更新；总体应对策略；将评估的重大错报风险与进一步审计程序相联系的审计计划 |
| | 针对评估的重大错报风险采取应对措施 | 将审计风险降至可接受的低水平 | 已执行的工作；审计发现的情况；员工督导；工作底稿复核 |
| 报告阶段 | 评价获取的审计证据 | 确定需要执行的额外审计工作(如有) | 新的或修改后的风险因素和审计程序；重要性的变更；审计发现情况的沟通；已执行审计程序的结论 |
| | 是否需要额外的审计工作？ 是→返回；否↓ | | |
| | 编制审计报告 | 根据审计发现的情况形成审计意见 | 重大决策；签署审计意见 |

图 2.2–1

# 3. 道德、国际审计准则和质量控制

| 本章内容 | 相关国际审计准则 |
|---|---|
| 在会计师事务所质量控制制度中需要解决的事项,以确保遵守道德要求(包括独立性)和国际审计准则。 | ISQC1,ISA200、220 |

```
会计师事务所的价值观和目标
领导责任(职责、工作委派和受托责任)

道德和独立性    客户接受和保持    业务执行    员工管理

工作底稿记录和持续的监督
(事务所的质量控制制度和业务文档)
```

图 3.0-1

| 条款 | ISQC1 和 ISAs 的目标 |
|---|---|
| ISQC1.11 | 会计师事务所的目标是建立并保持质量控制制度,以合理保证:<br>(a) 会计师事务所及其人员遵守职业准则和适用的法律法规的规定;<br>(b) 会计师事务所或项目合伙人出具适合具体情况的报告。 |
| ISA220.6 | 审计师的目标是,在业务层面实施质量控制程序,以合理保证审计师:<br>(a) 在审计工作中遵守职业准则和适用的法律法规的规定;<br>(b) 根据具体情况出具恰当的审计报告。 |

运用国际审计准则执行中小企业审计指南（第三版）

| 条款 | ISQC1 和 ISAs 相关条款摘录 |
|---|---|
| ISQC1.13 | 会计师事务所内部负责建立并保持质量控制制度的人员应当了解本国际质量控制准则的全部内容，包括其应用和其他解释性材料，以理解本国际质量控制准则的目标并正确运用其要求。 |
| ISQC1.18 | 会计师事务所应当制定政策和程序，培育以质量为导向的内部文化。这些政策和程序应当要求会计师事务所的首席执行官（或类似人员），或如适当，会计师事务所的合伙人管理委员会（或类似机构），对质量控制制度承担最终责任。（参见：第 A4 – A5 段） |
| ISQC1.19 | 会计师事务所应当制定政策和程序，使受会计师事务所首席执行官或合伙人管理委员会委派负责质量控制制度运作的人员具有足够、适当的经验和能力，以及必要的权限以履行其责任。（参见：第 A6 段）。 |
| ISQC1.29 | 会计师事务所应当制定政策和程序，合理保证拥有足够的具有胜任能力和必要素质并承诺遵守职业道德原则的人员，以：<br>(a) 按照职业准则和适用的法律法规的规定执行业务；<br>(b) 使会计师事务所或项目合伙人能够出具适合具体情况的报告。（参见：第 A24 – A29 段） |
| ISQC1.32 | 会计师事务所应当制定政策和程序，以合理保证按照职业准则和适用的法律法规的规定执行业务，使会计师事务所或项目合伙人能够出具适合具体情况的报告。这些政策和程序应当包括：<br>(a) 与促进业务执行质量一致性相关的事项；（参见：第 A32 – A33 段）<br>(b) 监督责任；（参见：第 A34 段）<br>(c) 复核责任。（参见：第 A35 段） |
| ISQC1.48 | 会计师事务所应当制定监控政策和程序，以合理保证与质量控制制度相关的政策和程序具有相关性和适当性，并正在有效运行。监控过程应当：<br>(a) 持续考虑和评价会计师事务所的质量控制制度，包括周期性地对每个项目合伙人至少检查一项已完成的业务；<br>(b) 要求委派一个或多个合伙人，或会计师事务所内部具有足够、适当经验和权限的其他人员负责监控过程；<br>(c) 要求执行业务或实施项目质量控制复核的人员不参与该项业务的检查工作。（参见：第 A64 – A68 段） |
| ISQC1.57 | 会计师事务所应当制定政策和程序，要求形成适当的工作记录，以对质量控制制度的每项要素的运行情况提供证据。（参见：第 A73 – A75 段） |
| ISA200.14 | 审计师应当遵守与财务报表审计相关的职业道德要求，包括遵守有关独立性的要求。（参见：第 A14 – A17 段） |

续表

| 条款 | ISQC1 和 ISAs 相关条款摘录 |
|---|---|
| ISA200.15 | 在计划和实施审计工作时,审计师应当保持职业怀疑,认识到可能存在导致财务报表发生重大错报的情形。(参见:第 A18 – A22 段) |
| ISA200.16 | 在计划和实施审计工作时,审计师应当运用职业判断。(参见:第 A23 – A27 段) |
| ISA220.17 | 在审计报告日或审计报告日之前,项目合伙人应当通过复核审计工作底稿和与项目组讨论,确信已获取充分、适当的审计证据,支持得出的结论和拟出具的审计报告。(参见:第 A18 – A20 段) |
| ISA220.18 | 项目合伙人应当:<br>(a) 对项目组就疑难问题或争议事项进行适当咨询承担责任;<br>(b) 确信项目组成员在审计过程中已就相关事项进行了适当咨询,咨询可能在项目组内部进行,或者在项目组与会计师事务所内部或外部的其他适当人员之间进行;<br>(c) 确信这些咨询的性质、范围以及形成的结论已由被咨询者认可;<br>(d) 确定这些咨询形成的结论已得到执行。(参见:第 A21 – A22 段) |
| ISA220.19 | 对于上市实体财务报表审计以及会计师事务所确定需要实施项目质量控制复核的其他审计业务,项目合伙人应当:<br>(a) 确定会计师事务所已委派项目质量控制复核人员;<br>(b) 与项目质量控制复核人员讨论在审计过程中遇到的重大事项,包括在项目质量控制复核过程中识别出的重大事项;<br>(c) 只有完成项目质量控制复核,才能签署审计报告。(参见:第 A23 – A25 段) |

## 3.1 概况

高质量的工作首先需要致力于高道德标准的会计师事务所和业务合伙人的强有力领导。

本章关注在事务所内部形成质量控制制度。它针对事务所在决定执行审计业务时需要考虑的事项提供实务指南。

提供高质量审计和相关服务对以下事项至关重要:
- 保护公众利益;
- 保持客户的满意度;
- 提供有价值的服务;

- 确保遵守职业准则；
- 创立和保持职业声誉。

IFAC《中小事务所质量控制指南》① 详细描述了质量控制准则，并就如何实施中小事务所质量控制制度提供了详细的指引。

IESBA 发布的《国际职业会计师道德守则》（2011 年 1 月 1 日起生效）可以在 IFAC 网站上下载。②

## 3.2 质量控制制度

会计师事务所的质量控制制度也可以像审计师在了解被审计单位时需要评价的五个内部控制要素一样分类。在一个事务所，这五个内部控制要素也适用于控制系统（除质量控制外），例如，时间和预算、办公室的工作流程、费用控制以及市场营销活动。

下表将 ISQC1 和 ISA220 中概括的质量控制要素归类为 ISA315 中的五个内部控制要素。卷 1 第 5 章将充分阐述这五个要素。

表 3.2–1

| 内部控制要素<br>（ISA315） | 事务所层面的质量控制要素<br>（ISQC1） | 业务层面的质量控制要素<br>（ISA220） |
|---|---|---|
| 控制环境<br>（高层的基调） | 事务所对质量的领导责任<br>相关的道德要求<br>人力资源 | 对审计质量的领导责任<br>相关的道德要求<br>项目组的委派 |
| 风险评估<br>（哪些地方会出错？） | 客户关系和具体业务的承接与保持 | 客户关系和审计业务的承接与保持<br>审计报告与具体情况不符的风险 |
| 信息系统<br>（追踪业务执行） | 质量控制制度的文件记录 | 审计工作底稿 |
| 控制活动<br>（预防或发现并纠正的控制） | 业务执行 | 业务执行 |
| 监督<br>（实现事务所或业务的目标了吗？） | 对事务所质量控制政策和程序的持续监控 | 将持续监控的结果运用到具体审计业务 |

---

① 网页链接 http：//web.ifac.org/publications/small-and-medium-practices-committee/implementation-guides

② 网页链接 www.ifac.org/publications-resources/2010-handbook-code-ethics-professional-accountants

## 3.3 控制环境

对专业的会计师事务所而言,提供高质量并符合成本效益原则的服务是成功的主要驱动力量。高质量的服务对于职业会计师履行公共利益责任也是至关重要的。

在事务所的经营战略中,提供高质量的服务应当一直是关键目标;这个目标及监控的结果需要定期向所有人员沟通。这需要对所承诺采取的措施加以领导并有相应的受托责任。低质量的质量控制可能导致发表不恰当的意见、糟糕的客户服务、诉讼以及声誉损失。

对强有力的高层基调的阻碍因素如下所示。

表 3.3-1

| 阻碍因素 | 描述 |
| --- | --- |
| 不良的态度 | 不良的态度是对质量的最大阻碍,包括以下态度(未必这么极端):<br>• 事务所一直在危机模式下运行;<br>• 业务和活动计划不好是常态;<br>• 不重视质量或遵守最高道德标准;<br>• 不关心公众和其他利益相关者对质量的期望;<br>• 认为审计准则的变化仅仅适用于大型被审计单位。改变一些实务或术语以表明遵守了审计准则,但实际上仍在继续老的审计实务;<br>• 相信事务所在小型审计业务中没有风险,因此所执行的工作应该最少;<br>• 审计工作根据收取的审计费用而定,而不是与风险相适应;<br>• 具有控制权的合伙人认为客户是完全值得信任的;<br>• 规避项目质量控制复核或将复核的工作量减少到最低水平;<br>• 认为由于客户为审计付费,因此客户必须得到他们想得到的;<br>• 合伙人因收费原因而保持或接受某一审计客户,即使该客户对事务所而言风险较高;<br>• 不愿采用标准的事务所质量控制政策。合伙人要使文档和工作底稿按照他的方法编制,而不考虑其他人的想法;<br>• 要求员工遵守事务所的政策,但自己不遵守(即"按我说的去做,而不是按我做的去做")。 |
| 不愿意在培训和发展上投入 | 开展高质量审计取决于能否吸引和留住合格的、具有专业胜任能力的人去执行工作。这要求在每一期间对所有的合伙人和专业员工开展持续的职业发展和合伙人或员工业绩评价。在员工身上的投入不足会导致员工流失。 |
| 缺乏惩戒 | 在合伙人或员工故意违反事务所的政策时未能予以惩戒,从而向事务所人员传递一个明确的信号:书面政策实际上没有那么重要。这会破坏对事务所所有政策的遵守,增加事务所的风险。 |

事务所的管理层和项目合伙人可以通过以下活动建立一个健康的高层基调。

表 3.3–2

| 建立高层基调 | 描述 |
| --- | --- |
| 确定事务所的目标、优先考虑事项和价值观 | 包括：<br>• 对质量和高道德标准的不动摇的重视；<br>• 在员工学习、培训和技能发展上的投入；<br>• 在需要的技术、人力资源和财务资源上的投入；<br>• 确保良好业务和财务管理的政策；<br>• 在决策中使用风险容忍度。 |
| 定期沟通 | 通过定期与员工口头和书面沟通，向他们强调事务所的价值观和承诺。沟通需要强调保持诚信、客观、独立性、职业怀疑、员工发展和对公众的责任。可以通过业绩评价制度、合伙人最新信息、电子邮件、办公会议和内部新闻简报等方式进行沟通。 |
| 更新质量控制手册 | 每个期间更新事务所的质量控制政策和程序以应对制度缺陷和新要求。 |
| 使员工承担责任 | 对质量控制部门明确分配工作职责（例如，独立性问题、咨询、文档复核等）。 |
| 提高员工的胜任能力，奖励高质量的工作 | 通过以下方式促进员工的发展：<br>• 明确工作职责以及书面记录每年的业绩评价，将高质量工作作为业绩评价时优先考虑的事项；<br>• 对高质量工作进行激励或奖励；<br>• 对故意违反事务所政策的行为采取惩戒措施。 |
| 持续改进 | 识别出缺陷时（如通过对事务所的项目档案进行监控，包括定期检查已完成的项目档案）立即采取措施予以纠正。 |
| 树立典型 | 合伙人为员工树立一个日常行为中的正面典型。例如，如果政策强调高质量工作的必要性，那么就不能批评一个有合理理由超过时间预算的员工。 |

## 3.4 事务所的风险评估

风险管理是一个持续的过程，它帮助事务所预测负面事件，制成有效的决策框架，有效地部署事务所的资源。

大多数事务所都存在一定形式的风险管理，通常是非正式和非书面化的。单个合伙人通常通过直接参与事务所活动以及与客户的交往来识别和应对风险。事务所将这些流程正规化和书面化对于风险评估而言是积极和更有效的方法。这未必是耗时和难以执行的。显然，有效地管理事务所的风险评估过程能够降低合伙人和员工的压力，节约时间和成本，提高实现事务所的目标的可能性。

简单的风险评估过程可以运用到任何规模的事务所，即使是独资所。它包含以下活动。

表 3.4-1

| 活动 | 描述 |
| --- | --- |
| 确定事务所的风险容忍度 | 风险容忍度可以是量化的金额，如对正在进行的工作成本允许的冲销金额，或者定性的因素，如事务所不能承接的客户的特征。一旦确定，这些容忍度为合伙人和员工提供有用的决策参考。 |
| 识别什么会出错 | 识别可能阻碍事务所实现既定目标的事件（即风险因素或敞口）。这一步骤意味着事务所已经确定了明确的目标并致力于开展高质量的审计工作。 |
| 优先处理风险 | 使用上述风险容忍度，根据对发生可能性和影响的评估，对识别出的事件进行优先处理排序。 |
| 需要采取什么应对措施 | 对评估的风险采取恰当的应对措施，将潜在的影响降至事务所可以接受的容忍度内。应当首先处理最高优先级的潜在事件（风险）。 |
| 分配职责 | 对于需要采取措施或监控的所有风险，委派具有相应职责的人员采取恰当的措施，负责日常的风险管理。 |
| 监督进展情况 | 要求代表事务所负责管理风险的每个人员作出定期（简单）的报告（这涉及遵守事务所质量控制程序、培训要求、员工评价以及独立性问题等事项）。 |

事务所风险评估表的示例如下：

表 3.4-2

事务所：_____ 编制人：_____
编制日期：_____

| 编号 | 事件——风险因素什么阻碍事务所实现目标 | 可能的结果 | 固有风险评估 | | | 事务所缓解或管理风险的应对措施 | 谁负责 | 剩余风险（高、中、低） | 需要采取的额外措施 | |
| --- | --- | --- | --- | --- | --- | --- | --- | --- | --- | --- |
| | | | 发生的可能性 | 后果 | 组合评分 | | | | 什么措施 | 由谁采取 |
| 1 | 事务所承接了一个高风险客户 | 不能收回审计费用或面临诉讼 | 4 | 4 | 16 | 质量控制手册列出标准，管理合伙人必须批准所有的新客户。 | 管理合伙人 | 低 | 否 | |

续表

| 编号 | 事件——风险因素什么阻碍事务所实现目标 | 可能的结果 | 固有风险评估 | | | 事务所缓解或管理风险的应对措施 | 谁负责 | 剩余风险（高、中、低） | 需要采取的额外措施 | |
|---|---|---|---|---|---|---|---|---|---|---|
| | | | 发生的可能性 | 后果 | 组合评分 | | | | 什么措施 | 由谁采取 |
| 2 | 可能在新客户或现有客户中没有识别出独立性问题 | 出具不恰当的意见，结果是在行业内声誉受损。 | 2 | 4 | 8 | 质量控制手册列出规则。员工签署年度声明，Jack Billing 处理产生的任何问题。 | Jack Billing | 低 | 否 | |
| 3 | 没有适当计划审计业务 | 员工时间浪费。遗漏了风险因素（如舞弊）以及审计应对措施不充分 | 4 | 5 | 20 | 要求所有的审计项目召开审计计划会议。Cindy 保留客户清单并记录会议时间，Joe Gisp 跟进合伙人。 | Joe Gisp | 低 | 否 | |
| 4 | 员工没有意识到新的明晰化准则已经生效 | 没有遵守准则的低质量工作 | 4 | 5 | 20 | Joe Gisp 召集员工参加适合他们需要的培训课程 | Joe Gisp | 中等 | Joe 开发程序跟踪员工是否实际参加了课程学习。 | Joe Gisp ××年1月1日 |

注：根据1-5的等级评估可能性（最不可能=1，不可能=2，可能=3，很可能=4，几乎确定=5）
根据1-5的等级评估后果（不重要=1，次要=2，中等=3，较重要=4，重要=5）
按低、中等或高评估剩余风险。这是在事务所采取应对措施后仍存在的风险。

## 3.5 信息系统

大多数事务所开发了良好的信息系统用以记录客户、时间和收费、费用、员工和业务档案管理。然而，追踪工作质量和遵守事务所质量控制手册情况的信息系统通常没有得到很好地开发。

作为风险评估过程的一部分，事务所还应设计信息系统以处理识别和评估的风险。

质量控制中需要记录和持续复核的部分包括记录下表中列出的事项。

## 3. 道德、国际审计准则和质量控制

表 3.5-1

| 记录 | 描述 |
|---|---|
| 事务所的风险敞口和员工对质量的重视 | • 客户承接和保持的评估；<br>• 所有负责某方面质量的人员提交的报告。这可能包括委员会的会议记录（如质量控制），解决的问题，或者没有事件需要报告；<br>• 事务所层面对质量问题的沟通；<br>• 最近的监控报告，对发现的每一缺陷需要采取的具体行动步骤或者做出的建议（谁，干什么，什么时间等）。行动步骤完成后的记录日期以及在必要时发出提醒；<br>• 任何客户或第三方对事务所工作或人员行为的投诉的细节。记录这些投诉如何被调查、调查结果、与投诉人的沟通、采取的任何行动。 |
| 道德和独立性 | • 禁止投资事项一览表；<br>• 识别出的对道德（包括独立性）产生不利影响的细节，为消除或至少减少这些不利影响而采取的防范措施。 |
| 人员 | • 提供工作；<br>• 对新员工个人证明材料进行检查的证据；<br>• 培训、指导新员工的措施；<br>• 员工每年对独立性和了解事务所质量控制手册的确认函的复印件和签署日期；<br>• 员工评价的证据，包括评价日期以及相应措施（如参加培训）等；<br>• 员工的时间安排，计划的安排与实际安排相比较；<br>• 内外部培训会议的日期、主题和参加者的名单；<br>• 任何惩戒措施的细节。 |
| 业务管理 | • 为所有审计业务安排计划工作会议的日期，并记录实际召开的日期；<br>• 什么文档需要项目质量控制复核，安排谁复核以及计划的日期。然后将计划与实际相比较，谁实际执行了复核，什么时候执行了复核，产生的问题及其解决情况；<br>• 任何偏离适用的准则要求的原因，以及为实现该要求而执行的替代审计程序；<br>• 向其他人咨询的细节，产生的审计或会计问题的解决情况（如有）；<br>• 业务延误的原因，以及这种延误情况如何得到解决。这包括员工的变化，获取信息的延误，无法接触客户员工，范围受限以及任何与客户管理层之间出现的分歧；<br>• 审计报告上签署的日期，以及最终业务档案60天归档建议的遵守情况；<br>• 督导人员的意见的解决情况。 |

## 3.6 控制活动

控制活动旨在确保遵守事务所既定的政策和程序。

设计、执行和监控质量控制的一个可能方法是采取 PDCA 过程（计划—执行—检查—行动）。每个要素如下表所示。

表 3.6 – 1

| 步骤 | 描述 |
| --- | --- |
| 计划 | 确定目标以及必要的质量控制流程，以实现要求的结果。 |
| 执行 | 可能时，经常小规模地采用新流程。 |
| 检查 | 检查新流程，将实际结果与预期结果比较以了解任何差异。 |
| 行动 | 分析差异以确定原因。每一项都可能是计划—执行—检查—行动这一过程中的一个或多个步骤。确定哪些地方需要改变（包括改进）。 |

例如，事务所的目标可能是直到所有的疑问和问题都被解决后才出具审计报告。规定的政策是，最终的业务报告只有得到某些设定的批准后才能发布、归档或者分发。这项政策的执行可以通过一个最终的发布流程控制，由一个人验证是否已经确实取得批准并有书面记录。可以通过定期检查批准字来检查该政策的效果。如果发现偏差，需要调查原因，采取恰当的措施，如惩戒、培训或者考虑修改政策。

期望控制活动涉及所有的政策和程序是不可能的，或是不符合成本效益原则的。事务所应当运用职业判断及其对风险的评估，确定需要实施哪些控制。以下内容可能需要考虑控制活动：

- 记录在事务所质量控制手册中的所有政策和程序；
- 事务所工作流程政策；
- 运营政策和程序；
- 其他与人员相关的政策和程序。

控制活动设计的范围涉及所有的质量控制、道德和独立性要求以及事务所遵守相关国际审计准则的情况。

# 3. 道德、国际审计准则和质量控制

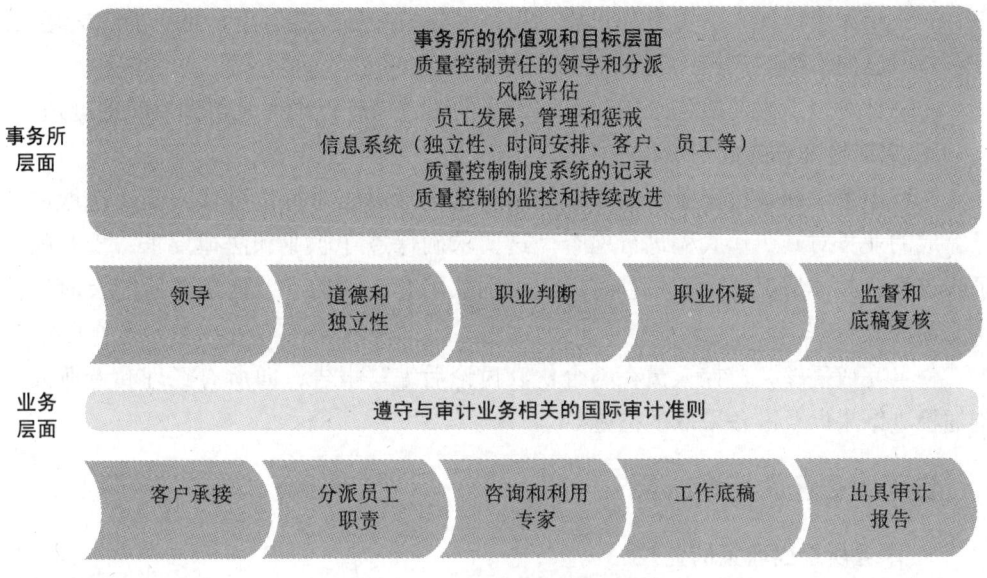

图 3.6－1　控制活动的可能范围

## 3.7　监控

控制系统中一个重要的要素是监控控制的适应性和运行有效性。这可以通过独立复核事务所层面和业务层面的政策和程序的运行有效性以及检查已完成的业务底稿来实现。

有效的监控过程有助于形成持续改进的文化。在这种文化中，合伙人和员工都致力于高质量的工作并且因业绩增长而获得奖励。

事务所监控过程可以分成以下两部分：

- **持续监控**（除定期的底稿检查外）

持续地（如每年）考虑和评价事务所的质量控制制度有助于确保所执行的政策和程序是相关的、充分的、运行有效的。当每年实施和记录监控过程时，对于事务所每年向员工沟通其提高业务质量计划这一要求，监控过程可以作为支持证据。持续监控的范围涉及每一质量控制要素，包括评估：

——事务所的质量控制手册已根据最新的要求和发展情况得到更新；

——事务所负责质量控制的人员（如有）已确实履行职责；

——已取得合伙人和员工的书面确认函，以确保每个人都遵守事务所在独立性和道德方面的政策和程序；

——对合伙人和员工有持续的职业发展计划；

——承接和保持客户关系和具体业务的决策遵守了事务所的政策和程序；

——遵守了职业道德守则；

——指派合格的人员负责项目质量控制复核,并且在签署审计报告前完成复核;
——已向恰当的人员沟通识别出的质量缺陷;
——针对识别出的质量缺陷,采取恰当的跟进措施以确保其得到及时地处理。

- **定期检查已完成的文档**

持续地考虑和评价事务所的质量控制制度包括定期对每位合伙人至少选取一项已完成的业务对其工作底稿进行检查。这要求确保遵守职业和法律要求,出具的鉴证报告符合具体情况。定期检查有助于识别缺陷和培训需求,使事务所能及时地做出必要的改变。

一旦完成复核,监控人员在与合伙人讨论后编写报告,向所有经理和专业人员沟通检查结果以及准备采取的措施。

### 谁可以委任为监控人员?

- **事务所层面政策的监控**

对遵守事务所政策的复核应由具有适当资格的人员负责,这些人员最好不负责管理或制定事务所的质量控制政策。然而,ISQC1 意识到在小型事务所这样做不太可能,因此自我监控也是可以接受的。或者,事务所外部的、具备作为项目合伙人的胜任能力和专业素质的人员也可被委任为监控人员,这可以提高事务所的独立性和客观性。

- **已完成工作底稿的检查**

被委任为检查已完成业务工作底稿的人员必须具有适当的资格,并且不能参与该业务的执行或项目质量控制复核。

## 3.8 遵守相关的国际审计准则

| 条款 | 国际审计准则相关内容摘录 |
| --- | --- |
| ISA200.18 | 审计师应当遵守与审计工作相关的所有国际审计准则。如果某项国际审计准则有效且所适用的情形存在,则该准则与审计工作相关。(参见:第 A53 - A57 段) |
| ISA200.22 | 根据第 23 段,审计师应当遵守国际审计准则的每项要求,除非审计中出现以下情形:<br>(a) 某项审计准则的全部内容与具体审计工作不相关;<br>(b) 由于审计准则的某项要求存在适用条件,而该条件并不存在,导致该项要求不适用。(参见:第 A72 - A73 段) |

续表

| 条款 | 国际审计准则相关内容摘录 |
|---|---|
| ISA200.23 | 在极其特殊的情况下,审计师可能认为有必要偏离某项国际审计准则的相关要求。这种情况下,审计师应当实施替代审计程序以实现相关要求的目的。只有当相关要求的内容是实施某项特定审计程序,而该程序无法在具体审计环境下有效地实现要求的目的时,审计师才能偏离该项要求。(参见:第A74段) |
| ISA230.12 | 在某些例外情况下,如果认为有必要偏离某项国际审计准则的相关要求,审计师应当记录实施的替代审计程序如何实现相关要求的目的以及偏离的原因。(参见:第A18–A19段) |

国际审计准则明确了审计师在执行审计时的责任和要求。如 ISA200 第 18、22、23 段所述,审计师应当遵守每项相关的要求(在国际审计准则的要求部分列示),除非在极其特殊的情况下,审计师需要实施替代审计程序以实现相关要求的目的。审计师需要注意以下事项:

表 3.8-1

| 国际审计准则 | 描述 |
|---|---|
| 效力 | 国际审计准则总体上为审计师实现总体目标时需要执行的工作提供了标准。国际审计准则既包括审计师的总体责任,也包括审计师将这些责任运用到具体问题时的进一步考虑事项。 |
| 相关性 | 某些国际审计准则及其要求可能与具体情况不相关(例如,内部审计或集团报表)。<br>某些国际审计准则包含有条件性的要求。这些要求仅在所设定的具体情况和条件存在时相关。<br>需要记录偏离相关国际审计准则要求的情况,以及执行的替代审计程序和偏离的原因。 |
| 当地法律 | 除了国际审计准则之外,审计师可能需要遵守具体国家或地区的某些法律、法规要求或其他审计准则。 |
| 其他 | 国际审计准则中明确了具体准则的适用范围、生效日期和具体运用限制。然而,国际审计准则的生效日期也可能受特定国家或地区的法律要求的影响。除非在国际审计准则中特别说明,审计师可以在设定的生效日期之前运用国际审计准则。 |

# 4. 风险导向审计——概述

| 本章内容 | 相关准则 |
|---|---|
| 审计目标，基本要素，实施风险导向审计的方法 | 多个准则 |

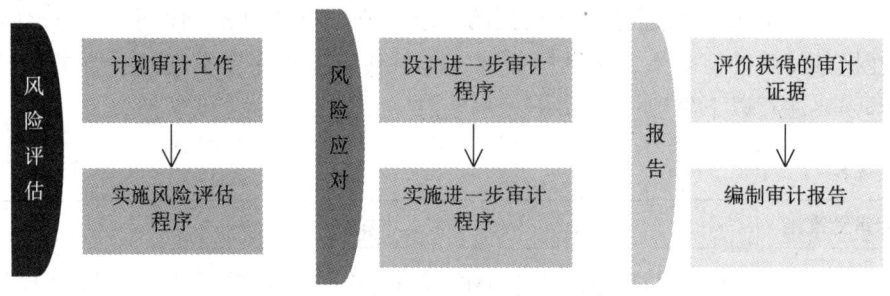

图 4.0-1

| 条款 | 国际审计准则的目标 |
|---|---|
| ISA200.11 | 在执行财务报表审计工作时，审计师的总体目标是：<br>(a) 对财务报表整体是否不存在由于舞弊或错误导致的重大错报获取合理保证，使得审计师能够对财务报表是否在所有重大方面按照适用的财务报告框架编制发表审计意见；<br>(b) 按照国际审计准则的规定，根据审计结果对财务报表出具审计报告，并与管理层和治理层进行沟通。 |

| 条款 | 国际审计准则相关内容摘录 |
|---|---|
| ISA200.3 | 审计的目的是提高财务报表预期使用者对财务报表的信赖程度。这一目的可以通过审计师对财务报表是否在所有重大方面按照适用的财务报告框架编制发表意见得以实现。就大多数通用目的框架而言，审计意见是针对财务报表是否按照财务报告框架在所有重大方面公允反映而发表。按照国际审计准则和相关职业道德要求执行审计工作，使得审计师能够形成这样的审计意见。（参见：第 A1 段） |

续表

| 条款 | 国际审计准则相关内容摘录 |
| --- | --- |
| ISA200.5 | 国际审计准则要求审计师对财务报表整体是否不存在由于舞弊或错误导致的重大错报获取合理保证,以作为发表审计意见的基础。合理保证是一种高水平的保证。当审计师获取充分、适当的审计证据将审计风险(即当财务报表存在重大错报时,审计师发表不恰当的审计意见的风险)降至可接受的低水平时,就获取了合理保证。然而,由于审计存在固有限制,审计师据以得出结论和形成审计意见的大多数审计证据是说服性的而非结论性的,因此,审计只能提供合理保证,不能提供绝对保证。(参见:第 A28-A52 段) |
| ISA200.A34 | 重大错报风险可能存在于下列两个层次:<br>• 财务报表层次;<br>• 各类交易、账户余额和披露的认定层次。 |
| ISA200.A40 | 国际审计准则通常不单独提及固有风险和控制风险,而仅提及重大错报风险(即两者综合评估的结果)。然而,审计师可以根据其偏好的审计技术或方法以及实务的考虑,单独或综合评估固有风险和控制风险。重大错报风险的评估结果可以用定量术语(如百分比)或非定量的术语表达。在任何情况下,作出适当的风险评估,要比评估所采用的具体方法更重要。 |
| ISA200.A45 | 不应期望审计师将审计风险降至零,事实上审计师也不可能将审计风险降至零,因此不能对财务报表不存在由于舞弊或错误导致的重大错报获取绝对保证。这是由于审计中存在固有限制,导致审计师据以得出结论和形成审计意见的大多数审计证据是说服性而非结论性的。审计的固有限制源于:<br>• 财务报告的性质;<br>• 审计程序的性质;<br>• 在合理的时间内以合理的成本完成审计的需要。 |

## 4.1 概况

如 ISA200 第 11 段所述,审计师的总体目标是:

- 对财务报表整体是否不存在由于舞弊或错误导致的重大错报获取合理保证,使得审计师能够对财务报表是否在所有重大方面按照适用的财务报告框架编制发表审计意见;
- 按照国际审计准则的规定,根据审计结果对财务报表出具审计报告,并与管理层和治理层进行沟通。

## 合理保证

合理保证是一种高水平保证而非绝对保证。当审计师获取充分、适当的审计证据将审计风险(当财务报表存在重大错报时,审计师发表不恰当审计意见的可能性)降至可接受的低水平时,就获取了合理保证。由于审计存在固有限制,审计师不能提供绝对保证。这是由于审计师据以得出结论和形成审计意见的大多数审计证据是说服性而非结论性的。

### 审计的固有限制

下表列示了执行审计工作的一些固有限制:

表 4.1-1

| 限制 | 原因 |
| --- | --- |
| 财务报告的性质 | 财务报告的编制涉及:<br>● 管理层在运用适用的财务报告框架时作出的判断;<br>● 管理层作出的主观决策或评估(如估计)存在一系列可接受的解释或判断。 |
| 可获得审计证据的性质 | 审计师在形成审计意见过程中所做的大多数工作是获取和评价审计证据。这些证据在性质上往往是说服性而非结论性的。<br>审计证据主要是审计师在审计过程中通过实施审计程序获取的,也包括从其他来源获得的信息,例如:<br>● 以前审计;<br>● 事务所在客户接受和保持过程中实施的质量控制程序;<br>● 被审计单位的会计记录;<br>● 被审计单位雇佣或聘请的专家编制的审计证据。 |
| 审计程序的性质 | 无论审计程序如何设计,都不能检查出每一个错报,原因如下:<br>● 任何少于100%总体的样本都会产生错报未被查出的风险;<br>● 管理层或其他人可能有意或无意地不提供需要的全部信息。舞弊可能涉及精心策划和蓄意实施以进行隐瞒;<br>● 用来收集证据的审计程序可能没有发现部分信息遗漏。 |
| 财务报告的及时性 | 财务信息的相关性或价值会随着时间的推移而降低,因此需要在信息的可靠性和成本之间做出权衡。<br>财务报表的使用者期望审计师在合理的时间内以合理的成本形成审计意见。因此,要求审计师处理所有可能存在的信息是不切实际的,基于信息存在错误或舞弊的假设而竭力追查每一个事项(除非能够提供反证)也是不切实际的。 |

### 审计的范围

审计师的工作范围和所提供的意见通常仅限于财务报表是否在所有重大方面按照适用的财务报告框架编制。因此无保留意见的审计报告并不对被审计单位未来的生存能力或者管理层管理被审计单位事务的效率和效果提供保证。

对基本审计责任的扩大，如当地法律或证券法规的规定，将要求审计师执行额外的工作并且相应修订或扩充审计报告。

### 重大错报

如果合理预期未更正错报和误导性（或遗漏的）披露单独或汇总起来可能影响财务报表使用者依据财务报表作出的经济决策，则表明存在重大错报。

### 认定

是指管理层在财务报表中作出的明确或隐含的表达，它们与财务报表中的各种要素（金额和披露）的确认、计量、列报和披露有关。例如，完整性认定与所有应当被记录而实际也被记录的交易或事项有关。审计师将认定用于考虑可能发生的不同类型的潜在错报。

## 4.2 审计风险

审计风险，是指当财务报表存在重大错报时，审计师发表不恰当审计意见的风险。审计目标是将审计风险降至可接受的低水平。

审计风险有两个基本要素，如下所示：

表 4.2－1

| 风险 | 性质 | 来源 |
|---|---|---|
| 固有风险和控制风险 | 财务报表可能包含重大错报。 | 被审计单位的目标和经营活动，管理层设计和执行的内部控制。 |
| 检查风险 | 审计师可能没有发现财务报表中的重大错报。 | 审计师实施的程序的性质和范围。 |

为了将审计风险降至可接受的低水平，审计师应当：

- 评估重大错报风险；
- 降低检查风险。这可以通过实施程序，应对评估的财务报表层次和各类交

易、账户余额和披露认定层次的重大错报风险来实现。

## 审计风险要素

审计风险的主要要素如下表所示：

表 4.2-2

| 性质 | 描述 | 说明 |
|---|---|---|
| 固有风险 | 是指在考虑相关的内部控制之前，某类交易、账户余额或披露的某一认定易于发生错报（该错报单独或连同其他错报可能是重大的）的可能性。 | 这包括可能导致财务报表发生由于错误或舞弊导致的错报的内外部事件或情况。风险可能来源于被审计单位的目标、经营性质和行业性质、监管环境、规模和复杂性，这类风险通常归类为经营风险或舞弊风险。 |
| 控制风险 | 是指某类交易、账户余额或披露的某一认定发生错报，该错报单独或连同其他错报可能是重大的，但没有被内部控制及时防止或发现并纠正的风险。 | 管理层设计控制以缓解特定的固有风险因素（经营风险或舞弊风险）。被审计单位评估其风险（风险评估），然后设计和执行恰当的控制将该风险敞口降至可接受的水平。<br>控制可能是：<br>• 在性质上是广泛的，例如，管理层对控制的态度，重视聘用有胜任能力的人，防范舞弊等。这些通常称为企业层面控制；<br>• 生成、处理或记录特定交易的具体控制，这些控制通常称为业务流程层面、活动层面控制或交易控制。 |
| 检查风险 | 检查风险，是指如果存在某一错报，该错报单独或连同其他错报可能是重大的，审计师为将审计风险降至可接受的低水平而实施程序后没有发现这种错报的风险。 | 审计师在财务报表层次和认定层次评估重大错报风险（固有风险和控制风险）。然后，审计师制定审计程序以将审计风险降至可接受的低水平。这包括考虑以下潜在风险：<br>• 选择不恰当的审计程序；<br>• 错误运用恰当的审计程序；<br>• 错误解释审计程序的结果。 |

注：国际审计准则定义的认定层次重大错报风险包含两个要素：固有风险和控制风险。因此，国际审计准则通常不会单独提及固有风险和控制风险，而仅提及重大错报风险（即两者综合评估的结果）。然而，审计师可以根据其偏好的审计技术或方法以及实务的考虑，单独或综合评估固有风险和控制风险。

# 4. 风险导向审计——概述

> **考虑要点**
>
> **经营风险和舞弊风险的区分**
>
> 许多固有风险可能同时导致经营风险和舞弊风险。例如，新的会计系统可能产生错误（经营风险），也可能为某些人操纵财务结果或盗用资金提供机会（舞弊风险）。
>
> 因此，在识别出经营风险时，审计师通常会考虑是否同时产生舞弊风险。如果确实如此，将舞弊风险因素与经营风险因素分开记录和评估。否则，审计应对措施有可能只针对经营风险因素而没有针对舞弊风险。
>
> **记录舞弊风险**
>
> 通常可以通过检查下列事项识别舞弊：
> - 交易或事项中的异常模式、例外情况或异常之处；
> - 有从事舞弊的动机、机会或合理化理由的人员。
>
> 如果在审计中发现这类事项，即使表面上看起来并不重大，审计师也应当将其记录和评估为舞弊风险。记录这些风险有助于确保审计师在形成审计应对措施时恰当地考虑这些风险。

## 审计风险要素概述

下表显示了风险和控制的关系。固有风险栏包含可能导致财务报表发生重大错报的所有经营风险和舞弊风险因素（在考虑内部控制之前）。控制风险栏反映公司管理层实施的、用于降低财务报表错报风险的广泛性和具体的控制程序。控制风险栏中没有完全消除的固有风险部分通常称为管理层的剩余风险、风险偏好或风险容忍度。

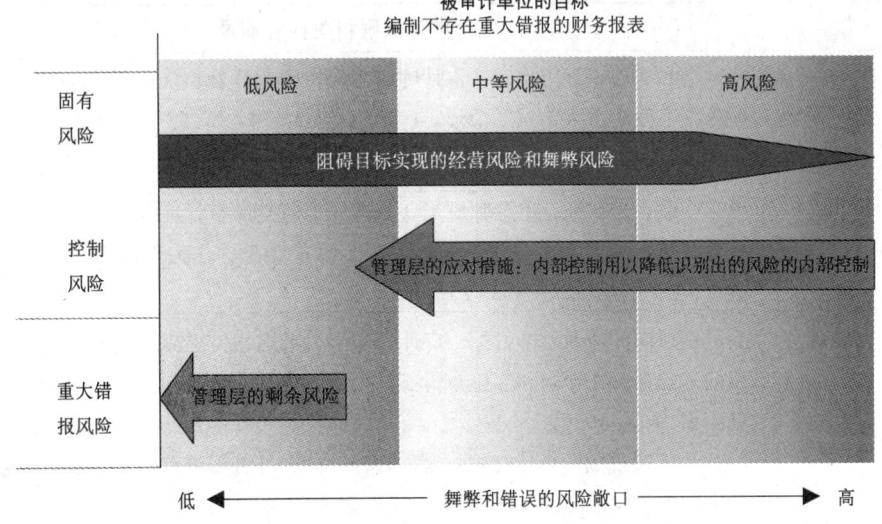

图 4.2－1

注：图中箭头的长度取决于特定情况和被审计单位的风险预测。

下图概括了审计师在评估财务报表重大错报风险,然后实施审计程序以将审计风险降至恰当的低水平中承担的角色。

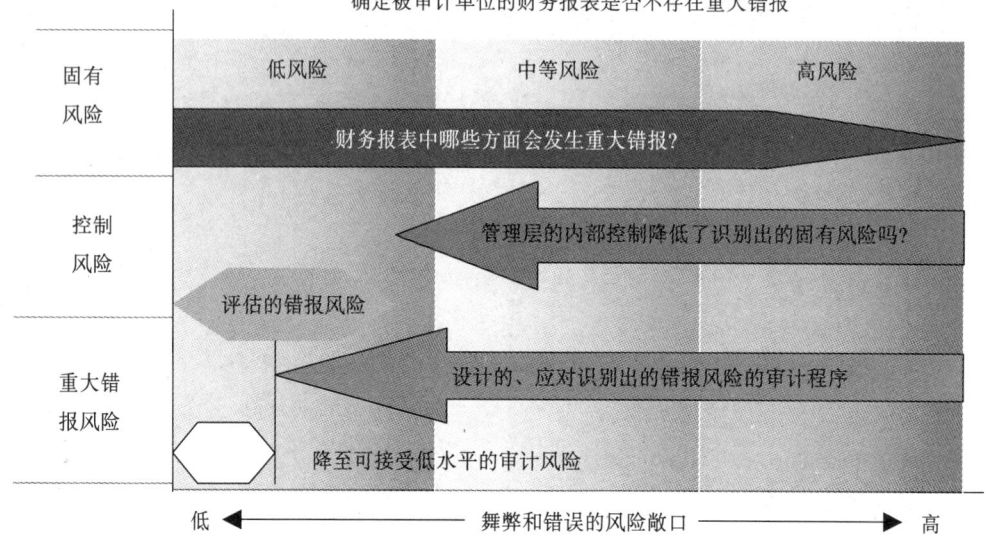

**图 4.2-2**

注:图中箭头的长度取决于特定情况和被审计单位的风险预测以及审计师采取应对措施的性质。

## 4.3 如何实施风险导向审计

| 条款 | 国际审计准则相关内容摘录 |
| --- | --- |
| ISA 200.15 | 在计划和实施审计工作时,审计师应当保持职业怀疑,认识到可能存在导致财务报表发生重大错报的情形。(参见:第 A18－A22 段) |
| ISA 200.16 | 在计划和实施审计工作时,审计师应当运用职业判断。(参见:第 A23－A27 段) |
| ISA 200.17 | 为了获取合理保证,审计师应当获取充分、适当的审计证据,以将审计风险降至可接受的低水平,使其能够得出合理的结论,作为形成审计意见的基础。(参见:第 A28－A52 段) |
| ISA 200.21 | 为了实现审计师的总体目标,审计师应当在考虑相关国际审计准则的相互关系的基础上,在计划和实施审计工作时运用相关国际审计准则的目标:(参见:第 A67－A69 段)<br>(a) 为了实现国际审计准则规定的目标,确定是否需要有必要实施除国际审计准则规定以外的审计程序;(参见:第 A70 段)<br>(b) 评估是否已经获取充分、适当的审计证据。(参见:第 A71 段) |

风险导向审计有以下三个关键步骤：

表 4.3 – 1

| 步骤（阶段） | 描述 |
|---|---|
| 风险评估 | 实施风险评估程序以识别和评估财务报表重大错报风险。 |
| 风险应对 | 设计和执行进一步审计程序，应对识别和评估的财务报表层次和认定层次重大错报风险。 |
| 报告 | 这包括：<br>• 根据获得的审计证据形成审计意见；<br>• 编制和出具与所得出结论相适应的审计报告。 |

下图简要说明了这三个步骤：

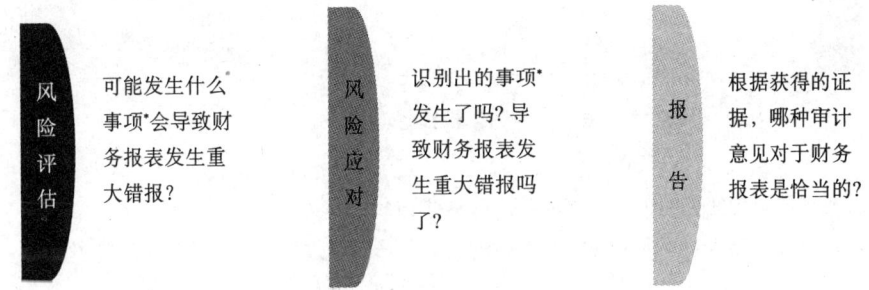

图 4.3 – 2

注："事项"仅指经营风险或舞弊风险因素（见表 4.2 – 2 的描述）。这也包括因缺少内部控制降低财务报表可能发生潜在重大错报的风险。

在这三个阶段中涉及的任务概括如下。本指南后续章节将更详细地讨论每一阶段。

## 风险评估

| 条款 | 国际审计准则的目标 |
|---|---|
| ISA315.3 | 审计师的目标是，通过了解被审计单位及其环境（包括被审计单位的内部控制），识别和评估财务报表层次和认定层次的重大错报风险（无论该错报由于舞弊或错误导致），从而为设计和实施针对评估的重大错报风险采取的应对措施提供基础。 |

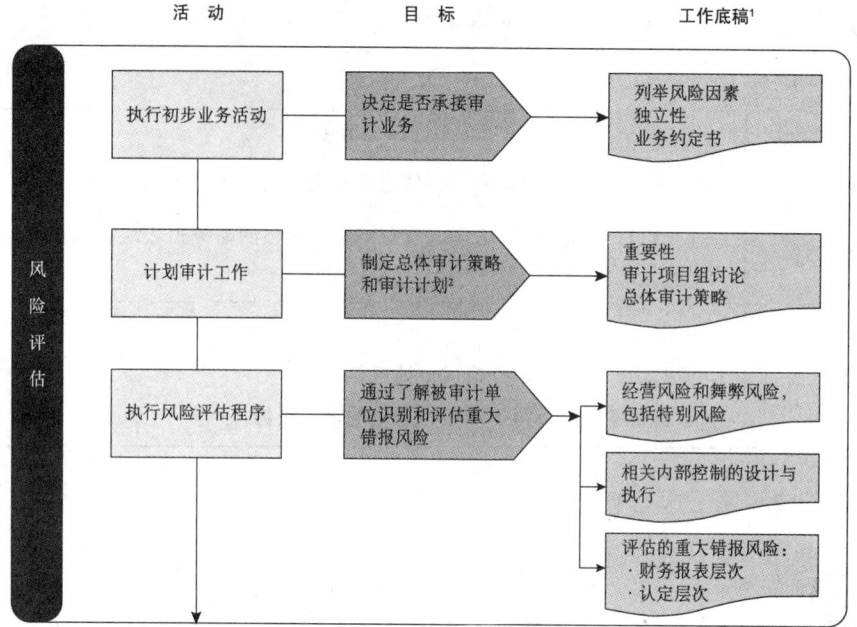

**图 4.3 – 3**

注：
1. 所要求的更为完整的工作底稿清单，请参见 ISA230。
2. 计划审计工作（ISA300）是一个持续的、不断修正的过程，贯穿于整个审计过程中。

**表 4.3 – 4**

| 要求 | 描述 |
| --- | --- |
| 审计项目组高级成员的提前参与 | 项目合伙人和项目组其他关键成员需要积极参与计划审计工作、计划和参与项目组成员之间的讨论。这可以确保在制定审计计划时利用他们的经验和见解。注意，国际审计准则中的审计师通常是指执行业务的人员。如果准则针对项目合伙人提出要求或施加责任，使用"项目合伙人"而非"审计师"。 |
| 强调"职业怀疑" | 虽然不能期望审计师忽视被审计单位管理层和治理层以往的诚实和诚信情况，然而，管理层和治理层是诚实和诚信的推断并不能减轻审计师保持职业怀疑的必要性，也不允许审计师在获取合理保证时满足于收集说服力低的审计证据。 |
| 计划 | 用于计划审计工作（制定总体审计策略和具体审计计划）的时间可以确保恰当达到审计目标以及审计人员的工作集中在收集最关键的潜在错报领域的审计证据。 |

续表

| 要求 | 描述 |
| --- | --- |
| 项目组讨论与持续沟通 | 有项目合伙人参加的项目组计划工作讨论或会议可以为以下工作提供很好的平台：<br>• 告知员工客户的总体情况，讨论潜在的风险领域；<br>• 讨论总体审计策略和具体审计计划的有效性，在必要时做出调整；<br>• 针对"舞弊可能会如何发生"开展"头脑风暴"式讨论，然后设计恰当的应对措施；<br>• 分配审计责任，确定时间安排。<br>审计项目组内部在整个审计期间保持持续的沟通也是重要的，例如，对审计问题、异常活动和可能的舞弊迹象进行讨论并加以处理。这有助于及时与管理层沟通以及在必要时修改审计策略和审计程序。 |
| 关注风险识别 | 风险评估阶段最重要的步骤是识别所有相关的风险。如果审计师没有识别出经营风险和舞弊风险，就不能对其评估或记录，也就不会设计恰当的审计应对措施。这就是为何精心设计的风险评估程序对于保证审计效果是如此重要的原因。这些风险评估程序也需要由恰当层次的员工实施。 |
| 有能力评价管理层的风险应对措施 | 风险评估程序的一个关键步骤是评价管理层为降低财务报表发生识别出的重大错报风险的应对措施（即设计和执行内部控制）的有效性。在小型企业中，审计师可能需要更多地依赖控制环境（如管理层的专业胜任能力和诚信），而较少依赖传统的控制活动（如职责分离）。 |
| 运用职业判断 | 国际审计准则要求审计师在整个审计过程中运用职业判断并记录作出的重大判断。在风险评估过程中运用职业判断的典型的例子包括：<br>• 决定客户的承接或保持；<br>• 制定总体审计策略；<br>• 确定重要性水平；<br>• 评估重大错报风险，包括识别特别风险和其他需要特别审计考虑的领域；<br>• 形成在执行分析程序时使用的预期值。 |

# 风险应对

| 条款 | 国际审计准则的目标 |
| --- | --- |
| ISA330.3 | 审计师的目标是，针对评估的重大错报风险，通过设计和实施适当的应对措施，获取充分、适当的审计证据。 |

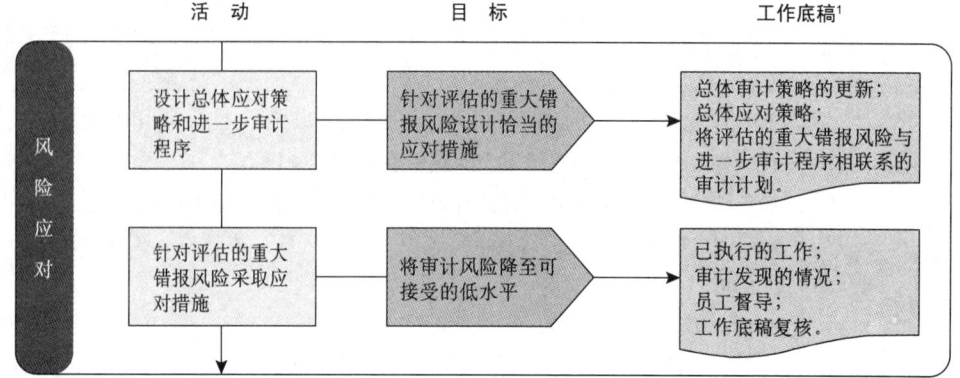

图 4.3 – 5

注：
1. 所要求的更为完整的工作底稿清单，请参见 ISA230。
2. 计划审计工作（ISA300）是一个持续的、不断修正的过程，贯穿于整个审计过程中。

在本阶段，审计师考虑在财务报表层次和各类交易、账户余额和披露等认定层次评估的风险的原因（固有风险和控制风险），并制定有针对性的审计程序。

审计师针对评估的重大错报风险采取的应对措施记录在审计计划中，该计划：
- 包含对识别出的财务报表层次风险的总体应对措施；
- 涉及财务报表中的重大领域；
- 包含为应对评估的认定层次重大错报风险，而专门设计的具体审计程序的性质、范围和时间安排。

总体应对措施针对财务报表层次评估的风险，通常包括：委派恰当的人员并加以督导，保持职业怀疑的必要性，需要管理层解释或声明的佐证程度，考虑拟实施的审计程序的类型，在支持重大交易时需要检查什么工作底稿。

进一步审计程序通常包括实质性程序（如细节测试、分析程序）和控制测试（当预期内部控制在被审计期间有效运行时实施）。

在计划恰当的审计程序组合以应对识别出的风险时，审计师考虑的一些事项包括：

- **控制测试的运用**

——识别相关内部控制，测试这些控制将降低实施其他实质性程序的范围。作为一般原则，控制测试的样本量通常显著小于交易流程的实质性程序的样本量。假定相关控制得到一致地执行并且未发生控制偏差，那么使用控制测试通常可以执行更少的测试。然而，没有必须测试内部控制（直接或间接）运行有效性的要求。

——识别不能单独由实质性测试加以证实的认定。例如，对于小企业销售收入的完整性认定以及交易高度自动化处理、很少或没有人工干预的情况（如网上销售）。

- **实质性分析程序**

利用实质性分析程序能根据获得的证据可靠地预测交易的总金额。预期值与会计记录中的实际金额进行比较，从而方便地识别出任何错报的范围（见卷1第10章）。在某些情况下，如果对某特定认定评估的风险为低水平（不考虑相关的控制），审计师可能确定仅实施实质性分析程序就足以提供充分、适当的审计证据。

- **不可预见性**

需要在执行的程序中融入不可预见性，如当应对由于可能的舞弊导致的重大错报风险时。例如，不宣布存货监盘的地点，或者在年度结束之前的某个未事先通知的时间执行某些程序。在确定向管理层提供多少关于计划的审计程序和执行时间的信息时，也需要考虑不可预见性。

- **管理层凌驾**

需要特别的审计程序处理管理层凌驾的可能性。

- **特别风险**

对识别出的特别风险采取的审计应对措施（见卷2第10章）。

## 报告

| 条款 | 国际审计准则的目标 |
|---|---|
| ISA700.6 | 审计师的目标是：<br>（a）在评价根据审计证据得出的结论的基础上，对财务报表形成审计意见；<br>（b）通过书面报告的形式清楚地表达审计意见，说明其形成基础。 |

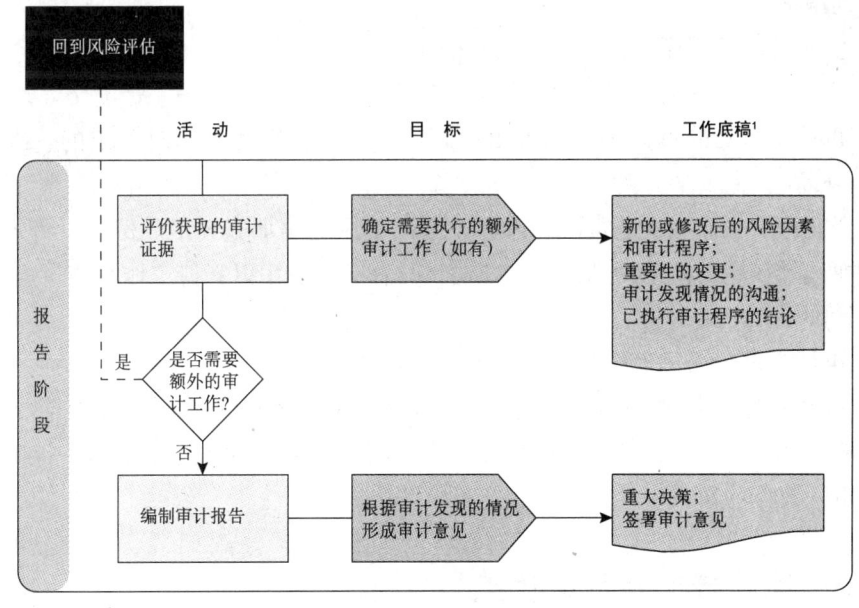

图 4.3-6

注：
1. 所要求的更为完整的工作底稿清单，请参见 ISA230。
2. 计划审计工作（ISA 300）是一个持续的、不断修正的过程，贯穿于整个审计过程中。

审计的最后阶段是评估取得的审计证据，确定其是否充分和适当以将审计风险降至可接受的低水平。

在审计的这个阶段，确定以下事项是重要的：
- 所评估风险水平的变化；
- 从所执行工作中得出的结论是否恰当；
- 是否遇到令人怀疑的情况；
- 之前未被识别的额外风险已被恰当的评估，并在必要时执行了进一步的审计程序。

审计项目组召开总结会议（在外勤结束或接近结束时）并非准则的具体要求，但对于审计人员讨论审计结果、识别舞弊迹象、确定是否需要执行进一步审计程序是有用的。

当执行完所有的程序并得出结论时：
- 应当向管理层和治理层报告审计发现；
- 应形成审计意见，决定审计报告中的恰当措辞。

## 4.4 审计工作底稿

充分的审计工作底稿应当可以使有经验的审计师在未曾接触审计工作的情况下，了解下列情况：
- 实施的审计程序的性质、时间安排和范围；
- 实施审计程序的结果和获取的审计证据；
- 审计中遇到的重大事项和得出的结论，以及在得出结论时作出的重大职业判断。

小企业审计工作底稿通常没有大企业审计工作底稿那么详细。例如，将审计的各个方面记录在一个简单的文件中，在适当时有交叉引用以支持工作底稿。

审计师不必记录：
- 审计中考虑的每个次要事项，或者做出的每一职业判断；
- 遵守了某些事项，而审计文档中包含的记录已经证明了该遵循情况。例如，文件中的审计计划证明已经计划了审计工作，已签署的业务约定书证明审计师已经同意了审计业务约定书中的条款。

## 4.5 风险导向审计的优点

风险导向审计的一些优点如下表所示：

## 4. 风险导向审计——概述

表 4.5-1

| 优点 | 描述 |
|---|---|
| 灵活安排需要执行的工作 | 由于风险评估程序不涉及详细测试交易和余额，在假定不发生重大经营改变的情况下，他们可以在期末前得到很好的执行。这有助于平衡审计人员在整个审计期间的工作量。这可以为客户预留时间应对识别出的内部控制缺陷，处理审计师在期末外勤工作开始前提出的协助要求。然而在中期财务信息不容易获得时，用作风险评估的分析程序可能不得不在更晚的时点执行。 |
| 审计项目组的工作集中在关键领域 | 通过了解财务报表重大错报风险可能发生的领域，审计师可以将审计项目组的工作投入到高风险领域，并可能降低在低风险领域的工作量。这也有助于确保有效地使用人力资源。 |
| 审计程序针对具体风险 | 设计的进一步审计程序用于应对评估的风险。因此，只应对一般意义上风险的细节测试可以大大减少甚至取消。 |
| 了解内部控制 | 需要执行的了解内部控制可以使审计师对是否测试内部控制运行有效性做出更为合理的决策。与只执行大范围的细节测试相比，控制测试通常工作量更少（一些控制可能只要求每三年测试一次）。（见卷2第17章）。 |
| 及时沟通管理层感兴趣的事项 | 更好的了解内部控制可以使审计师识别出以前未意识到的内部控制缺陷（如控制环境和信息技术一般控制方面的缺陷）。向管理层及时沟通这些缺陷可以使其采取恰当的措施，这符合管理层的利益。同时，这也可以节约执行审计的时间。 |

## 4.6 与小型被审计单位审计相关的准则

| 条款 | 应用和其他解释性材料相关内容摘录 |
|---|---|
| ISA200.A63 | 在适当的情况下，某些国际审计准则的应用和其他解释性材料中包括了对小型被审计单位和公共部门实体审计的特殊考虑。这些考虑有助于审计师在审计这些实体时执行国际审计准则的要求。然而，这并不限制或减轻审计师执行和遵守国际审计准则要求的责任。 |

续表

| 条款 | 应用和其他解释性材料相关内容摘录 |
| --- | --- |
| ISA200.A64 | 在阐述对小型被审计单位审计的额外考虑时,"小型被审计单位"是指在性质上具有下列典型特征的实体:<br>(a) 所有权和管理权集中于少数个体(通常是指单一个体——既可以是一个自然人,也可以是一个拥有该小型被审计单位所有权的其他实体,但前提是该所有者具有相关的定性特征);<br>(b) 具有下列一项或多项特征:<br>(i) 从事简单的交易;<br>(ii) 会计记录简单;<br>(iii) 业务类别较少并且业务类别中产品较少;<br>(iv) 内部控制较少;<br>(v) 较少层级的管理层负责广泛的控制活动;<br>(vi) 较少职员,其中多数人承担广泛的职责。<br>以上并未完全列举出小型被审计单位的特征,这些特征并不为小型被审计单位所独有,小型被审计单位也未必具有所有这些特征。 |
| ISA200.A65 | 国际审计准则中包含的对小型被审计单位的特殊考虑主要是针对非上市实体制定的。然而,其中的一些考虑也可能对审计小型上市实体有所帮助。 |
| ISA200.A66 | 在国际审计准则中,参与小型被审计单位日常经营管理的所有者称为"业主兼经理"。 |

国际审计准则没有对只有一个人的实体和雇佣上千人的全国性实体的审计方法加以区分。审计就是审计。因此,基本的审计方法不会仅因为实体规模小而发生改变。

"审计"一词向财务报表使用者传递了一个明确的信号,即审计师对财务报表是否不存在重大错报获取了合理保证,而无论被审计单位的规模或类型。

IAASB 在 2009 年 8 月发布的员工层面问题解答《根据被审计单位的规模和复杂程度"量体裁衣"地运用国际审计准则》[③] 中,解释了"量体裁衣"的问题。该文件旨在帮助审计师以一种符合成本效益原则的方式运用明晰化后的国际审计准则。对问题"国际审计准则如何处理小型被审计单位的特征显著不同于更大更复杂的实体的事实"的回答如下:

"审计师在审计不同规模和复杂程度的被审计单位时的目标是相同的。然而,这并不意味着按照完全相同的方法去计划和执行每一项审计业务。国际审计准则认识到,为实现审计师的目标以及遵守国际审计准则的要求,审计师使用的具体审计

---

③ 网址:http://www.ifac.org/publications-resources/applying-isas-proportionatelysize-and-complexity-entity-0

程序会因为被审计单位的规模大小以及业务是复杂还是简单而有相当大的差异。因此，准则的要求集中在审计师在审计中需要解决的事项，而非详细规定审计师应当执行的具体审计程序。

准则也指出设计和实施进一步审计程序的恰当审计方法取决于审计师的风险评估结果。例如，根据对被审计单位及其环境的了解，包括内部控制和评估的重大错报风险，审计师可能决定同时使用控制测试和实质性程序的综合性方案是该情况下应对评估的风险的有效方案。在其他情况下，例如审计中小企业时，由于中小企业没有很多能被审计师识别出的控制活动，审计师可能决定主要由实质性程序组成的进一步审计程序是有效率的。

需要指出的是，准则认识到恰当运用职业判断是适当执行审计的基础。为达到准则的要求和收集审计证据，职业判断对于确定审计程序的性质、时间安排和范围尤其必要。然而，虽然执行中小企业审计的审计师需要运用职业判断，但这并不意味着审计师可以决定不运用准则的要求，除非在极其特殊的情况下并且审计师实施替代审计程序实现该要求的目标。"

上述内容摘录的关键点概括如下：

- 任何规模被审计单位的审计目标都是相同的；
- 要求执行的具体审计程序可能根据被审计单位的规模和评估的风险的不同而显著不同；
- 国际审计准则关注审计师需要处理的事项，而非具体程序的细节；
- 进一步审计程序的设计取决于审计师的风险评估；
- 恰当实施职业判断对于调整程序以应对评估的风险是至关重要的；
- 不能以职业判断为由规避遵守准则的要求，除非在例外情况下。

此外，准则中也包含了一些条款解决中小企业的特殊考虑。本材料对在中小企业审计中运用具体准则要求提供了有用的指南。

下表提供了在小型业务中成功执行准则的一些建议。

表 4.6-1

| 1. 花时间阅读明晰化后的准则，培训员工 |
|---|
| 未能理解准则的要求可能导致：<br>- 审计的整个风险评估阶段变成其他实质性审计工作的"附属品"。风险评估应当有助于审计程序的选择，而不是将标准化的程序清单运用到每一被审计单位。风险评估的目的是将审计工作集中到财务报表重大错报风险更大的领域，相对较少关注风险较低的领域。<br>- 把一个本来简单的审计变成一个复杂、耗时的项目。这种情况产生于将审计精力集中在完成不必要的标准审计表格和清单，而不是根据被审计单位的规模、复杂性和涉及的风险运用职业判断去平衡整个审计工作。<br>- 未能遵守准则的要求。 |

续表

| 2. 花时间做好审计计划，不论这个业务多么小 |
|---|
| 花在审计计划上的一小时可以节省审计执行中的很多时间。有效的审计计划经常是时间保持在预算内的高质量审计与超出预算的低质量审计之间的一个差别。这并非必然意味着在办公室召开专门的审计项目组会议。在非常小的业务中，计划工作也可以通过在业务开始时或审计进行中进行简要讨论来实现。<br>需要在计划中涉及的关键领域：<br>• 鼓励员工找出相对错报风险而言似乎多余的常规审计程序；<br>• 花时间确保每位员工理解要求其完成的工作底稿的必要性和目的。员工完成其不理解的表格会浪费很多时间；<br>• 讨论舞弊的可能性。鼓励员工保持怀疑和质疑，授权他们提出问题、观察结果和不能解释的事项；<br>• 讨论已知的关联方以及交易的性质和规模；<br>• 考虑以前期间编制的审计工作底稿能否简单地根据发生的变化予以更新，而不是再全部编制一遍。工作底稿和对风险因素和相关内部控制的评估应足以使审计师在后续期间了解被审计单位，将关注点集中在新的行业趋势、新的固有风险和更新后的内部控制上。 |
| 3. 评价控制环境 |
| 花时间了解控制环境中广泛性的内部控制。影响广泛的控制与交易性控制显著不同，涉及诚信和道德，公司治理，员工的胜任能力，管理层对控制的态度，防范舞弊，风险管理以及对控制的监督。如果"高层的基调"不佳，管理层凌驾就很容易发生，那么即使在采购和销售等流程上设置最好的交易性控制也会被破坏。 |
| 4. 持续改进 |
| 一些审计师倾向于盲目遵从以前审计师的例子，导致审计工作底稿反映了以前年度的底稿。一个更好的方法是不断复核和挑战以前年度执行的工作，并识别出使审计更为有效果和效率的改变。 |

# 5. 内部控制——目标和要素

| 本章内容 | 相关国际审计准则 |
|---|---|
| 概述财务报告内部控制的目的、范围和性质,包括审计师需要评价的五个要素。 | ISA315 |

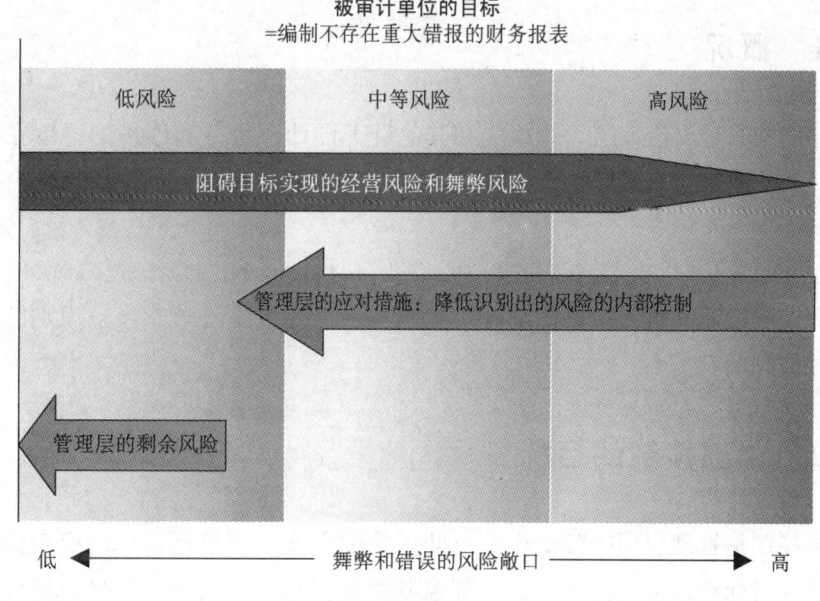

图 5.0-1

上图中的第一个箭头代表可能导致财务报表出现重大错报的所有经营风险和舞弊风险因素(在考虑内部控制之前)。第二个箭头反映了被审计单位管理层实施的、用来降低识别出的风险的控制程序。第二个箭头没有完全消除的固有风险部分通常称为管理层的剩余风险。

| 条款 | 国际审计准则相关内容摘录 |
| --- | --- |
| ISA315.4（c） | 内部控制，是指被审计单位为了合理保证财务报告的可靠性、经营的效率和效果以及对法律法规的遵守，由治理层、管理层和其他人员设计、执行和维护的过程。"控制"是指内部控制一个或多个要素的任何一个方面。 |
| ISA315.12 | 审计师应当了解与审计相关的内部控制。虽然大部分与审计相关的控制可能与财务报告相关，但并非所有与财务报告相关的控制都与审计相关。确定一项控制单独或连同其他控制是否与审计相关，需要审计师作出职业判断。（参见：第 A42 – A65 段） |
| ISA315.13 | 在了解与审计相关的控制时，审计师除询问被审计单位内部人员外，还应执行其他程序，以评价这些控制的设计并确定其是否得到执行。（参见：第 A66 – A68 段） |

## 5.1 概况

内部控制，是由治理层、管理层和其他员工设计、执行和维护的，旨在处理识别出的、威胁被审计单位实现既定目标（如财务报告可靠性）的经营风险和舞弊风险。

注：控制总是用来应对（降低）可能的风险的。不针对风险的控制显然是多余的。

评价控制设计的第一步是识别需要控制去降低的风险。第二步是识别已有什么控制应对该风险。

## 5.2 内部控制的目标

内部控制是管理层用来降低识别出的风险因素或实现控制目标的应对措施。被审计单位的目标和保证目标实现的内部控制之间存在直接关系。一旦目标确定，才有可能识别和评估那些可能阻碍目标实现的潜在事件（风险）。管理层据此才能形成恰当的应对措施，包括内部设计控制。

内部控制的目标通常可以分成四类：

- 支持被审计单位远景目标的战略性的、高层次目标；
- 财务报告（财务报告内部控制）；
- 经营（经营控制）；
- 遵守法律法规。

# 5. 内部控制——目标和要素

与审计相关的内部控制主要与财务报告有关。这涉及被审计单位编制对外财务报表的目标。

经营控制,如生产和人事安排、质量控制以及遵守员工健康和安全要求,通常与审计无关,除非:

- 生成的信息用于分析程序;或者
- 要求在财务报表披露中这些信息。

例如,如果生产过程中的统计数据用来作为分析程序的基础,那么确保这些数据准确性的控制将是相关的。如果未遵守有关法律法规对财务报表有直接和重大的影响,那么检查和报告这种违反法规行为的控制将是相关的。

## 内部控制的要素

在 ISA315 中使用的术语"内部控制"比职责分离、授权和账户调节等控制活动的含义更为广泛。内部控制包括五个关键要素:

- 控制环境;
- 风险评估过程;
- 与财务报告相关的信息系统和沟通,包括相关的业务流程;
- 与审计相关的控制活动;
- 对内部控制的监督。

与被审计单位财务报告目标相关的这些要素阐述如下:

## 内部控制的五个要素

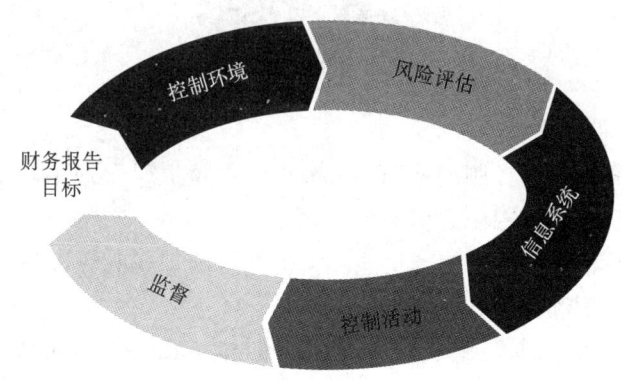

图 5.2 – 1

将内部控制分成这五个要素为审计师了解被审计单位的内部控制系统的不同方面提供了一个有用的框架。然而,应当注意的是:

- 设计和执行内部控制的方式根据被审计单位的规模和复杂程度有所不同。小

型被审计单位经常使用相对没那么正式的方式和更简单的流程和程序实现其目标。内部控制的五个要素之间可能没有如此明确的界限；然而他们的基本目的是同样有效的。例如，一个业主在没有其他员工的情况下可能执行属于几个内部控制要素的多个职能。

- 可以使用不同于 ISA315 的术语或框架去描述内部控制的各个方面及其对审计的影响，但必须在审计中涉及这五个要素。
- 审计师的主要考虑是：一个具体控制能否以及如何防止或发现并纠正各类交易、账户余额或披露及其相关认定的重大错报。

对五个内部控制要素的介绍如下。

## 5.3 控制环境

| 条款 | 国际审计准则相关内容摘录 |
|---|---|
| ISA315.14 | 审计师应当了解控制环境。作为了解控制环境的一部分，审计师应当评价：<br>（a）管理层在治理层的监督下，是否营造并保持了诚实守信和合乎道德的文化；<br>（b）控制环境总体上的优势是否为内部控制的其他要素奠定了适当的基础，以及这些其他要素是否未被控制环境中存在的缺陷所削弱。（参见：第 A69 – A78 段） |

控制环境是有效内部控制的基础，为被审计单位提供了规则和架构。它设定了组织的基调，影响员工的控制意识。

控制环境包括治理功能和管理功能。它也包括治理层和管理层对内部控制及其重要性的态度、认识和措施。

注：控制环境在性质上通常是广泛的。它们并不直接防止或发现并纠正重大错报。但它们构成了其他所有控制的重要基础。

图 5.3 – 1 概括了审计师需要考虑的控制环境的各种要素。需要注意的是这些要素的重要性和优先考虑程度在不同被审计单位将不可避免地有所不同。

## 5. 内部控制——目标和要素

图 5.3–1

控制环境的控制将影响审计师对销售、采购交易等具体领域的具体控制活动的有效性的评价。例如，如果管理层对控制持消极态度，这将破坏其他控制（如销售流程控制）的有效性，即使这些控制设计良好。

审计师对被审计单位控制环境设计的评价通常包括以下要素：

表 5.3–1

| 关键要素 | 描述 |
| --- | --- |
| 对诚信和其他道德价值观的沟通与落实 | 诚信和道德价值观是控制环境的重要（基础性的）组成部分，影响到其他控制的设计、运行和监督。 |
| 对胜任能力的重视 | 管理层对于特定工作所需的胜任能力水平的考虑，以及如何将该水平转化成所必需的能力和知识。 |
| 治理层的参与程度 | 治理层的特征有：<br>• 治理层相对于管理层的独立性；<br>• 成员的经验和品德；<br>• 对活动的参与程度以及获得的信息范围，对活动的监督情况；<br>• 治理层行为的适当性，包括治理层提出问题并且管理层对所提出问题跟进的程度，治理层与内部审计人员和审计师的互动的程度。 |
| 管理层的理念与经营风格 | 管理层承担和管理经营风险的方法，管理层对财务报告、信息处理和会计职能和人员的态度和措施。 |
| 组织结构 | 组织为实现目标而计划、执行、控制及评价其活动的框架。 |
| 职权与责任的分配 | 如何分配经营活动的职权与责任，如何建立报告关系和职权等级。 |
| 人力资源政策与实务 | 招聘、入职、培训、评价、咨询、晋升、薪酬和补救措施。 |

上述控制对整个被审计单位的影响是广泛的，对它们的评价也比传统的控制活动（如职责分离）更主观。因此，审计师在评价时需要运用职业判断。

在某些情况下，控制环境优势可以弥补甚至替代薄弱的交易类控制。然而，控制环境的缺陷可以破坏甚至抵消内部控制设计良好的其他要素。例如，如果没有诚实和有道德行为的文化，审计师将不得不仔细考虑，为了发现财务报表重大错报，什么类型的（额外）审计程序是有效的。在一些情况下，审计师可能认为内部控制已经无效，唯一的选择是解除业务约定。

### 小型被审计单位的控制环境

小型被审计单位的控制环境不同于较大型被审计单位，但同样重要。当被审计单位没有人员或资源去执行传统的控制活动（如职责分离）时尤其如此。

在小型被审计单位，一个有胜任能力的业主兼经理的积极参与（控制环境的优势）可以很大程度上减少实施其他控制活动（如职责分离）的需要。因此，控制环境的优势可以间接地防止或发现并纠正某些类型的错报。例如，在每笔交易完成之前由业主兼经理复核和批准，这可以防止或发现并纠正某些具体错误或舞弊。然而，这种控制环境的优势不能降低其他风险，如管理层凌驾于内部控制之上。

在小型被审计单位，通常可以获取较少的文件记录支持控制环境。因此，管理层（如业主兼经理）的态度、认识和措施通常构成评价控制设计和执行的依据。例如，较大型被审计单位可能向员工提供行为规范，规定可接受的行为和违反规范或规则的后果。小型被审计单位可能通过口头沟通或通过管理层以身作则方式传递类似的价值观和可接受的行为。

当特定控制没有支持性文件时，审计师可以编制备忘录。例如，在涉及是否沟通和执行了诚信和有道德行为的价值观时，审计师可以：

- 通过与管理层讨论，识别被审计单位的价值观、可接受的行为以及惩罚措施，然后审计师可以评估这些证据对于评价控制设计是否足够；
- 询问一到两名员工，他们认为的被审计单位的价值观、可接受的行为以及惩罚措施是什么。这些会谈可以解决管理层的价值观和可接受行为是否得到沟通和执行。这将解决控制的执行。

> **考虑要点**
>
> 小型被审计单位通常不愿意记录非正式运行的内部控制。然而，花时间记录重要的政策和程序对管理层是有益的。这些政策和程序可以用于提供给加入被审计单位的新员工。与不得不每期询问员工相比，这样做可以节省审计时间。在上述举例中，即便是最小的被审计单位也可以编制一份价值观、可接受行为的声明，然后提供给员工，供问题出现时参考。

## 5. 内部控制——目标和要素

在评价小型被审计单位的控制环境时包含的一些关键领域如下表所示：

表 5.3–2

| 控制环境 | 关键问题 | 可能的控制 |
| --- | --- | --- |
| 对诚信和道德价值观的沟通与落实 | 管理层采取什么措施用于消除或降低可能导致员工从事不诚实、非法的或不道德行为的动机或诱惑？ | • 管理层通过言谈举止不断表现出对高道德标准的重视；<br>• 管理层消除或降低可能导致员工从事不诚实或不道德行为的动机或诱惑；<br>• 存在一套行为规范或类似规范，制定了预期的道德标准和道德行为；<br>• 员工清楚了解什么行为是可接受和不可接受的，知道当他们遇到不当行为时应该做什么；<br>• 在必要时采取惩罚行为。 |
| 对胜任能力的重视 | 员工是否有必要的知识和技能去完成他们的工作？ | • 管理层采取必要的措施确保员工具有完成某一职位工作所需的知识和能力；<br>• 有工作职位说明并且有效地加以使用；<br>• 管理层为员工提供获取相关主题的培训的机会；<br>• 在开始时以及后续期间持续地将员工技能与其工作职位说明相比对。 |
| 治理层（TCWG）的参与程度（当管理层不属于治理层时） | 对被审计单位经营活动的治理有效吗？ | • 大多数治理层成员独立于管理层；<br>• 治理层有恰当的经验、品德和财务专长；<br>• 重大问题和财务结果及时与治理层沟通；<br>• 治理层对管理层的活动提供有效的监督，这包括提出难以回答的问题，并予以跟进；<br>• 治理层定期开会，会议纪要定期流转。 |
| 管理层的理念与经营风格 | 管理层对财务报告的态度和措施是什么？ | • 管理层对以下事项表现出积极的态度并采取措施：<br>——良好的财务报告内部控制（包括针对管理层凌驾和舞弊的控制）；<br>——恰当选择和运用会计政策；<br>——信息处理控制；<br>——会计人员的待遇。<br>• 管理层建立了程序以阻止未经授权的接触或破坏资产、文件和记录。<br>• 管理层分析经营风险并采取恰当的措施。 |

续表

| 控制环境 | 关键问题 | 可能的控制 |
|---|---|---|
| 组织结构 | 建立相关的组织结构了吗? | • 组织结构对于实现被审计单位的目标、经营功能和满足法规要求是恰当的;<br>• 管理层清楚地了解其对经营活动的职责权限,拥有必要的经验和知识水平以恰当地履行其职责;<br>• 被审计单位的组织结构有助于将可靠和及时的信息提供给恰当的人员以计划和控制经营活动;<br>• 不相容的职责尽量分离。 |
| 职权与责任的分配 | 关键领域的职权与责任是否已恰当分离? | • 对交易的授权和批准有适当的政策和程序;<br>• 存在恰当的报告线和受托责任(与被审计单位的规模和活动性质相适应);<br>• 工作描述包括了与控制相关的责任。 |
| 人力资源政策与实务 | 是否制定什么标准以确保:招聘最有胜任能力和最值得信任的人?提供培训以确保员工能够履行其职责?根据业绩评价结果确定晋升? | • 管理层建立和实施了招聘最合格人员的标准;<br>• 招聘过程包括面试、背景调查,以及价值观、预期行为和管理层经营风格的沟通;<br>• 定期评价工作绩效,复核每一员工的评价结果,并采取恰当的措施;<br>• 培训政策涉及预期的角色和责任,预期业绩水平以及随后的需要。 |

## 5.4 风险评估

| 条款 | 国际审计准则相关内容摘录 |
|---|---|
| ISA315.15 | 审计师应当了解被审计单位是否已建立风险评估过程,包括:<br>(a) 识别与财务报告目标相关的经营风险;<br>(b) 估计风险的重要性;<br>(c) 评估风险发生的可能性;<br>(d) 决定应对这些风险的措施。(参见:第 A79 段) |
| ISA315.16 | 如果被审计单位已建立风险评估过程,审计师应当了解风险评估过程及其结果。如果识别出管理层未能识别出的重大错报风险,审计师应当评价是否存在这类风险,即审计师预期被审计单位风险评估过程应当识别出而未识别出的风险。如果存在这类风险,审计师应当了解风险评估过程未能识别出的原因,并评价风险评估过程是否适合具体情况,或者确定与风险评估过程相关的内部控制是否存在值得关注的内部控制缺陷。 |
| ISA315.17 | 如果被审计单位未建立风险评估过程,或具有非正式的风险评估过程,审计师应当与管理层讨论是否识别出与财务报告目标相关的经营风险以及如何应对这些风险。审计师应当评价缺少记录的风险评估过程是否适合具体情况,或确定是否表明存在值得关注的内部控制缺陷。(参见:第 A80 段) |

# 5. 内部控制——目标和要素

风险评估

风险评估过程为管理层提供所需的信息,以决定应当管理哪些经营风险和舞弊风险以及需要采取的行动(如有)。管理层可能拟定计划、方案或行动以处理具体风险,或者可能出于成本或其他考虑决定接受某一风险。

如果被审计单位的风险评估过程对于具体情况是恰当的,将有助于审计师识别重大错报风险。风险评估过程通常解决以下事项:
- 经营环境的改变;
- 新的高级员工;
- 新的或更新的信息系统;
- 快速增长;
- 新技术;
- 新经营模式、产品或活动;
- 公司重组(包括剥离和收购);
- 扩大国外经营业务;
- 新的会计准则。

在小型被审计单位,正式的风险评估过程可能不存在,审计师可以与管理层讨论如何识别和处理经营风险。

审计师需要考虑的事项是管理层如何:
- 识别与财务报告相关的风险;
- 估计风险的重要程度;
- 评估风险发生的可能性;
- 决定采取管理风险的措施。

如果识别出管理层未能识别的重大错报风险,审计师应当考虑:
- 为什么管理层的风险评估过程失效?
- 风险评估过程对于具体情况适用吗?

如果在被审计单位的风险评估过程中存在值得关注的内部控制缺陷,或者完全没有风险评估过程,审计师应当向管理层和治理层通报。

## 可能表明存在重大错报风险的情况和事件

ISA315 的附录 2 包含了一个可能表明存在重大错报风险的情况和事件的有用清单。

## 5.5 信息系统

| 条款 | 国际审计准则相关内容摘录 |
|---|---|
| ISA315.18 | 审计师应当从下列方面了解与财务报告相关的信息系统（包括相关业务流程）：<br>（a）在被审计单位经营过程中，对财务报表具有重大影响的各类交易；<br>（b）在信息技术和人工系统中，被审计单位的交易生成、记录、处理、必要的更正、结转至总账以及在财务报表中报告的程序；<br>（c）用以生成、记录、处理和报告（包括纠正不正确的信息以及信息如何结转至总账）交易的会计记录、支持性信息和财务报表中的特定账户。这些记录可以是手工或电子形式；<br>（d）被审计单位的信息系统如何获取除交易以外的对财务报表重大的事项和情况；<br>（e）用于编制被审计单位财务报表（包括作出的重大会计估计和披露）的财务报告过程；<br>（f）与会计分录相关的控制，这些分录包括用以记录非经常性的、异常的交易或调整的非标准会计分录。（参见：第 A81 – A85 段） |
| ISA315.19 | 审计师应当了解被审计单位如何沟通与财务报告相关的人员的角色和职责以及与财务报告相关的重大事项。这种沟通包括：（参见：第 A86 – A87 段）<br>（a）管理层与治理层之间的沟通；<br>（b）外部沟通，如与监管机构的沟通。 |

管理层和治理层需要可靠的信息，以便：
- 管理被审计单位（例如，计划、预算、绩效监控、分配资源、定价以及为报告目的编制财务报表）；
- 实现目标；
- 识别、评估和应对风险因素。

这要求识别、捕捉相关信息，并及时向被审计单位各个层次的需要作出决策的

## 5. 内部控制——目标和要素

员工沟通或传递。

信息系统包括基本设施（实物和硬件组成部分）、软件、人员、程序和数据。许多信息系统大量使用信息技术。这些信息系统识别、捕捉、处理和传递支持实现财务报告和内部控制目标的信息。

与财务报告目标相关的信息系统包括被审计单位的业务流程和会计系统，如下表所示。

表 5.5－1

| 业务流程<br>（销售、采购、工资等） | 业务流程是结构化的成套的活动，用以生产设定的产出。在业务流程中，交易由信息系统记录、处理和报告。 |
|---|---|
| 会计系统 | 这包括会计软件、电子表格以及用来编制定期财务报告和期末财务报表及披露的政策和程序。 |

信息系统包括程序、政策和记录（人工的和自动的），用以处理以下事项：

投入　　　　交易、事项和情况

业务流程
- 生成、记录、处理和报告交易(包括事项和情况)以及对相关资产、负债和权益履行受托责任(保护、分类、计量等)。
- 解决不正确的交易处理。
- 处理和记录凌驾系统或规避控制的情况。

会计系统
- 将信息从交易处理系统过入总账。
- 收集除交易外的相关事项或情况的信息(资产摊销、存货的计价、应收账款等)。
- 收集、记录、处理、汇总和恰当报告需要在财务报表中披露的其他信息。
- 使用标准的和其他形式的分录记录交易、估计事项和调整事项。

产出　　　　财务报表(包括披露)

图 5.5－1

在大型公司中，信息系统可能是复杂的、自动的和高度整合的。小公司通常依赖人工的、单独的信息技术应用程序。

> **考虑要点**
>
> 许多主流的会计软件包（即使只是小型会计软件）会同时包含各种嵌入式的应用控制，可用来改进财务报告上的控制。这些控制包括自动调节一致，报告异常情况供管理层审核，确保财务报告的总体一致性。

在了解信息系统（包括业务流程）时，审计师通常涉及以下事项：

表 5.5-2

| 识别 | 处理 |
|---|---|
| 所使用信息的来源 | 什么类型的交易对于财务报表是重要的？<br>被审计单位的业务流程如何生成交易？<br>存在什么会计记录（电子或人工的）？<br>系统如何捕捉对于财务报表而言重要的事项和情况（除交易类别外）？ |
| 如何捕捉和处理信息 | 采用什么财务报告过程用以：<br>• 生成、记录、处理和报告交易和非标准交易（如关联方交易）；<br>• 编制财务报表，包括重大会计估计和披露？<br>实施什么程序处理：<br>• 与不恰当的凌驾于控制之上有关的重大错报风险，包括使用标准的和非标准的会计分录；<br>• 凌驾或暂停自动化控制；<br>• 识别异常情况并报告已采取的行动以补救该情况？ |
| 如何使用生成的信息 | 被审计单位如何沟通财务报告功能、责任以及与财务报告相关的重大事项？<br>信息系统定期生成什么报告，如何用于管理被审计单位？<br>管理层向治理层（如果不同于管理层）提供什么信息？向外部利益相关方（如监管机构）提供什么信息？ |

## 沟通

沟通是成功信息系统的关键要素之一。因此，如果信息拟用于决策以及方便内部控制发挥作用，就需要及时地向恰当的内外部人员沟通。

有效的内部沟通有助于被审计单位员工清楚了解内部控制目标，使用的业务流程以及他们各自的职能与责任。同时也有助于他们了解自己的工作与其他人的工作之间的关联程度以及向被审计单位内部恰当的更高层级报告异常情况的方式。

沟通方式可能是非正式（口头）或正式的（如记录在政策和财务报告手册中）。在小型公司，由于层级较少、员工数量少以及高级管理人员经常在公司出现，高级管理层与员工之间的内部沟通通常更容易并且相对没那么正式。

有效的外部沟通确保影响财务报告目标实现的事项得以向相关外部方沟通，如关键利益相关者、金融机构、监管机构以及政府部门。

## 缺少 IT 系统书面记录

小型被审计单位的沟通系统和书面记录可能没那么复杂和完全书面化。如果管理层没有对会计程序、复杂会计记录或者书面政策作出的大量描述，审计师将需要更多地通过询问和观察而不是复核书面资料去了解信息系统。

## 5.6 控制活动

| 条款 | 国际审计准则相关内容摘录 |
|---|---|
| ISA315.20 | 审计师应当了解与审计相关的控制活动。与审计相关的控制活动，是审计师为评估认定层次重大错报风险并设计进一步审计程序应对评估的风险而认为有必要了解的控制活动。审计并不要求了解与财务报表中每类重大交易、账户余额和披露或与其每项认定相关的所有控制活动。（参见：第 A88 – A94 段） |
| ISA315.21 | 在了解被审计单位控制活动时，审计师应当了解被审计单位如何应对信息技术导致的风险。（参见：第 A95 – A97 段） |

控制活动是指有助于确保管理层的指令得以执行的政策和程序。例如，通过控制确保商品不被发往一个信用风险很高的顾客，采购只有经过授权才能执行。这些控制针对可能威胁被审计单位目标实现的风险。

信息系统或人工系统中的控制活动旨在降低日常活动（如交易的处理（销售、采购以及工资等业务流程）和保护资产安全）中的风险。

业务流程是结构化的成套的活动，用以生产设定的产出。业务流程控制通常可以分为预防性控制、检查性和纠正性控制，补偿性控制以及指导性控制，具体如下表所示：

表 5.6 – 1

| 控制的分类 | 描述 |
|---|---|
| 预防性控制 | 避免错误或违规。 |
| 检查性控制 | 在错误或违规发生后加以识别，以便采取纠正行动。 |
| 补偿性控制 | 在资源限制阻碍了其他更直接的控制时提供一些保证。 |
| 指导性控制（如政策） | 指导行动朝向预定的目标。 |

业务流程控制的性质会因涉及的风险和具体应用的不同而有所不同。

业务流程层面的典型控制包括以下事项：

表 5.6 – 2

| 控制 | 描述 | 举例 |
| --- | --- | --- |
| 职责分离 | 这类控制可以降低一个人处于犯错误后又能掩盖错误或舞弊的岗位的机会。 | 负责应收账款处理的员工不能接触现金收款。 |
| 授权控制 | 这类控制规定谁有权批准各种常规和非常规的交易和事项。 | 分派职责以授权：<br>• 雇佣新员工；<br>• 投资；<br>• 订购商品和服务；<br>• 向某一客户延长信用。 |
| 账户调节 | 包括定期编制和复核账户调节表，采取必要的纠正措施。 | 银行账户、销售交易、公司间往来款余额、暂记账户等的调节表。 |
| IT 应用控制 | 这类控制通过编程进入销售或采购等 IT 应用程序中，包括完全自动化和部分自动化的控制。 | 检查记录的计算准确性，发票的定价，输入数据的编辑检查，数字序号检查并生成异常报告供经理复核。 |
| 实际结果复核 | 这类控制涉及定期复核和分析实际结果与预算、预测和前期业绩之间的差异。它还涉及将不同的经营或财务数据予以定级，将内部数据与外部信息比较。进一步调查未预期差异并采取纠正措施。 | 分析经营结果，将实际结果与预算比较并调查差异。 |
| 实物控制 | 这类控制与实物资产的安全以及允许接触或进入被审计单位的经营场所、会计记录、计算机程序和数据文件有关。 | 这类控制包括资产安全（房间上锁，限制接触存货和记录）以及定期将现金、证券和存货的实物与会计记录进行比较。 |

### 小型被审计单位

控制活动旨在直接阻止重大错报发生或者在重大错报发生后予以发现并纠正。在小型被审计单位中，控制活动的基本概念与大型被审计单位是类似的，但对审计师的相关性可能有很大差别。考虑下列事项。

## 5. 内部控制——目标和要素

表 5.6-3

| 小型被审计单位的控制活动 | 说明 |
|---|---|
| 非正式和有限的书面记录 | 许多控制的运行是非正式的，可能没有很好的记录下来。例如，向顾客授信可能更依赖于经理的判断和知识，而不是预先确立的信用额度。 |
| 有限的范围 | 控制活动可能与销售、采购以及员工费用等主要的交易循环有关。 |
| 可能由控制环境降低的风险<br>（见卷1的第5章第3节部分） | 某些类型的控制活动可能因为由高级管理层执行的控制而变得不相关。例如，管理层批准重大交易可能对重要账户余额和交易提供了强有力的控制，减轻甚至消除更详细控制活动的需要。一些交易性错报（在更大的被审计单位通常由控制活动处理）可以通过以下方式得以降低：<br>• 强调控制的重要性的企业文化；<br>• 雇佣具有高胜任能力的员工；<br>• 根据既定的预算监控收入和支出；<br>• 所有重大的交易要求高级管理层批准；<br>• 监督关键的绩效指标；<br>• 在员工之间分派职责，以便尽可能运用职责分离控制。 |

与审计相关的控制活动可以潜在地降低以下风险：
- **特别风险**

审计师根据判断，识别和评估的需要特别审计考虑的重大错报风险。（参见：卷2第10章）

- **不容易被实质性程序应对的风险**

对这些识别和评估的重大错报风险，仅实施实质性程序不能提供充分、适当的审计证据。

- **其他重大错报风险**

审计师对控制活动是否与审计相关的判断受以下因素影响：
- 对其他内部控制要素中存在或不存在相关控制活动的了解情况。如果某一特定风险已得到恰当应对（如通过控制环境、信息系统等），那么没必要识别可能存在的额外控制。
- 存在实现同一目标的多个控制。当存在以下情况时，当存在实现同一目标的多个控制活动时，没必要了解与该目标相关的每一控制活动。
- 测试某些关键控制的运行有效性可以提高审计效率，这一原则适用于：
  ——通过测试控制的运行有效性获取审计证据比执行实质性程序可能更符合成本效益原则。控制测试的样本量通常小于实质性程序的样本量。如果是自动化控制，那么一个样本量可能就足以满足要求（假定存在良好的

IT 一般控制)。此外，如果控制系统和相关人员与以前相比没有改变，在某些情况下可能仅需每三年测试一次控制的运行有效性（参见：卷2 第17章）。

——仅实施实质性程序不足以提供认定层次充分、适当的审计证据。例如，销售收入的完整性认定很难（有时几乎不可能）单独通过实质性程序解决。在这种情况下，识别出应对该风险和相关认定的内部控制是有价值的。如果预期内部控制运行有效，那么可以通过测试该控制的运行有效性获取必要的审计证据。

## 5.7 了解 IT 风险和控制

现在，大多数被审计单位使用信息技术（IT）管理、控制和报告至少一部分活动。IT 的运行通常由一个中央支持小组（Central Support Team）管理以确保日常用户（员工）能够在履行其职责时使用相关的硬件、软件和应用程序。在小型被审计单位，IT 管理可能只是一个人（甚至是一个兼职的或外包的人员）的职责。

无论被审计单位的规模大小，与 IT 管理和应用有关的一些风险因素依然存在，如果不加以应对，将导致财务报表出现重大错报。

有两类 IT 控制一起作用，以确保信息处理完整和准确：

- **IT 一般控制**

这类控制在所有应用程序中运行，通常包含自动化控制（嵌入到计算机程序中）和人工控制（如 IT 预算，与服务提供商签订合同）的组合；

- **IT 应用控制**

这类控制是自动化控制，具体与某一应用程序相关（如销售处理或工资系统）。

第三类控制同时有人工和 IT 的成分，可以称为依赖 IT 的控制。这些控制由人工执行，但其效果取决于 IT 应用程序生成的信息。例如，财务经理复核由会计系统生成的月度、季度财务报表并调查差异。

下表概括了 IT 一般控制的范围。

表 5.7–1

| IT 一般控制 | |
|---|---|
| 标准、计划、政策等<br>（**IT 控制环境**） | IT 治理结构。<br>如何识别、降低和管理 IT 风险。<br>要求的信息系统、战略计划和预算。<br>IT 政策、程序和标准。<br>组织结构和职责分离。<br>应急计划。 |

## 5. 内部控制——目标和要素

续表

| IT 一般控制 | |
|---|---|
| 数据安全、IT 基础设施和日常运行 | IT 基础设施的购买、安装、配置、整合和维护。<br>向使用者提供信息。<br>第三方提供者的管理。<br>系统软件、安全软件、数据库管理系统和设备程序的使用。<br>事故追踪，系统日志，监控部门。 |
| 接入程序和应用数据 | 用户密码和身份的发放、取消和安全。<br>网络防火墙和远程访问控制。<br>数据加密和解密键（Data encryption and cryptographic keys）。<br>用户账号和访问权限控制。<br>允许或限制访问的用户特征。 |
| 程序开发和修改 | 新应用程序的购置和实施。<br>系统开发和质量保证的方法。<br>已有应用程序的维护，包括对修改程序的控制。 |
| 对 IT 运行的监督 | 用于保证下列事项的政策、程序、检查和例外报告：<br>• 信息使用者收到准确的信息用于决策；<br>• 持续地遵守 IT 一般控制；<br>• IT 为被审计单位的需要服务，符合经营的要求。 |

### IT 应用控制

IT 应用控制与用于业务流程层面的特定软件程序有关。应用控制在性质上可能是预防性的或检查性的，旨在确保会计处理的可靠性。

典型的应用控制与用于生成、记录、处理、报告交易或其他财务数据的程序相关。这些程序确保发生的交易经过授权，得到完整和准确地记录和处理。例如，在录入数据时检查输入数据的准确性，对数字序号进行检查并跟进例外报告。

## 5.8 对控制的监督

| 条款 | 国际审计准则相关内容摘录 |
|---|---|
| ISA315.22 | 审计师应当了解被审计单位用于监督与财务报告相关的内部控制的主要活动，包括了解针对与审计相关的控制活动的监督，以及被审计单位如何对控制缺陷采取补救措施。（参见：第 A98 – A100 段） |
| ISA315.24 | 审计师应当了解被审计单位监督活动所使用信息的来源，以及管理层认为信息对于实现目的足够可靠的依据。（参见：第 A104 段） |

监督用于评估内部控制在一段时间内的执行效果,目标是确保控制恰当运行,并在未恰当运行时采取必要的纠正措施。

针对用以降低风险的内部控制系统的下列方面,监督向管理层提供反馈信息:

- 在处理既定的控制活动方面是否有效;
- 员工是否恰当执行和理解了内部控制;
- 在日常经营活动中是否被使用并遵守;
- 是否需要修订或改进以体现情况的变化。

管理层可以通过持续的活动、专门的评价或两者相结合,来实现对控制的监督。

小型被审计单位的持续监督活动通常是非正式的,并且融入正常的重复发生的业务活动中。这包括常规的管理和监督工作,以及复核由信息系统生成的例外报告。当管理层密切参与经营活动时,他们通常识别财务数据中偏离预期的重大差异和不准确情况,并采取纠正措施以修订或改进控制。

定期的监督(单独评价被审计单位内部的具体领域,如在更大公司中由内部审计部门实施),在小型被审计单位中并不常见。然而,定期评价关键流程可以由不直接参与该流程的合格员工或者雇佣外部的适当资格的人员来执行。

管理层的监督活动也可以包括使用从外部取得的、显示需要改进的问题或重点领域的信息。这些信息包括:

- 顾客的投诉;
- 来自特许权授予机构、金融机构、监管机构的意见;
- 审计师和咨询人员就内部控制进行的相关沟通。

### 用于监督活动的信息来源

用于监督活动的很多信息都由被审计单位的信息系统产生。管理层可能倾向于认为这些信息是准确的。如果信息是不准确的,那么就存在管理层从监督活动中得出错误的结论并因此做出不佳决策的风险。

因此,当评价对控制的监督时,审计师需要了解:

- 与被审计单位监督活动相关的信息来源;
- 管理层认为该信息具有可靠性的依据。

## 5.9 了解与审计相关的内部控制

下表概括了了解与审计相关的内部控制的步骤。

# 5. 内部控制——目标和要素

表 5.9-1

| 识别 | 处理 |
| --- | --- |
| 需要降低的特定重大错报风险 | 与重大类别的交易、账户余额和财务报表披露相关的认定层次的潜在重大错报风险。例如：<br>• 常规的日常交易风险；<br>• 舞弊风险，如管理层凌驾和盗用资产；<br>• 披露风险（不完整或遗漏信息）；<br>• 特别风险；<br>• 非常规风险（如实施一套新会计系统）；<br>• 判断风险（会计估计、估值等）。 |
| 管理层对识别出的重大错报风险的应对措施 | 实施什么具体控制活动（人工控制或 IT 应用控制）单独或共同防止、发现并纠正重大错误和舞弊。<br>本步骤不要求审计师识别出所有存在的控制活动。例如，被审计单位可能实施 15 个控制程序以应对某一特定风险。如果审计师认为识别出的前 3 个控制程序足以降低该风险，那么审计师不必继续执行审计工作去识别和记录其他 12 个控制程序。 |
| 值得关注的缺陷 | 管理层未能降低重大错报风险将可能导致值得关注的缺陷。这时应向管理层报告并且制定审计应对措施。 |
| 相关控制的执行 | 这涉及实施程序用以确定识别出的相关控制确实存在并由被审计单位使用。可通过在某一时点（如在某一天）追踪一项交易通过系统的情况来实现。这不是控制测试，因为控制测试旨在评价某一控制是否在整个审计期间都有效运行。 |

## 5.10 人工控制和自动化控制

对于多数被审计单位，内部控制包括人工控制和自动化控制的组合。不同类型控制的风险和优点概括如下。

表 5.10-1

| 优 点 | |
| --- | --- |
| 人工控制 | 自动化控制 |
| • 用来监督自动化控制的有效性。<br>• 适合处理大额、异常或偶发的交易，需要进行判断和裁量的领域。<br>• 当存在难以定义或预见的错误时更有用。<br>• 为应对情况的变化，需要在现有的自动化控制范围之外采取控制措施。 | • 在处理大量的交易或数据时，一贯运用事先确定的业务规则并进行复杂运算。<br>• 提高信息的及时性、准确性及可获得性。<br>• 有助于对信息的深入分析。<br>• 提高对被审计单位的活动、政策和程序执行情况的监督能力。<br>• 降低内部控制被规避的风险。<br>• 通过对应用程序系统、数据库系统和操作系统实施接入或访问控制，提高不相容职务分离的有效性。 |

| 风 险 | |
|---|---|
| 人工控制 | 自动化控制 |
| • 因为由人执行，人工控制的可靠性比自动化控制差。<br>• 更容易被规避、忽视或凌驾。<br>• 容易产生简单的错误或失误。<br>• 人工控制可能不具有一贯性。<br>• 对于大量或重复发生的交易而言，人工控制相对没么适当，自动化控制将更有效率。<br>• 对于执行控制活动的具体方法能得到充分设计和自动化处理的活动而言，人工控制相对没么适当。 | • 系统或程序未能正确处理数据，或处理了不正确的数据，或两种情况同时并存，而信赖了该系统或程序。<br>• 在未得到授权的情况下访问数据，可能导致数据的毁损或对数据不恰当的修改，包括记录未经授权或不存在的交易，或不正确地记录了交易（当多个用户访问一个共用数据库时可能产生特别风险）。<br>• 信息技术人员可能获得超越其职责以外的数据访问权限，破坏了系统应有的职责分离。<br>• 未经授权改变主文档的数据。<br>• 未经授权改变系统或程序。<br>• 未能对系统或程序做出必要的修改。<br>• 不恰当的人为干预。<br>• 数据损失的风险或不能访问所需要的数据。 |

**考虑要点**

当被审计单位有人工控制和自动化控制的组合时，需要识别谁负责每一控制的运行。例如，假定仓库经理负责发出商品。仓库经理人工输入数据到销售系统中，该系统有一应用控制将发货与原始订单进行核对。如果在核对过程中出现错误，那么是仓库经理、IT部门还是会计部门的责任？除非某一人负责整个流程，否则人们在出错时会不可避免地相互指责。

当没有分派责任时，考虑：
• 财务报表中出现潜在错报的可能性和大小；
• 恰当的审计应对措施；
• 是否应向管理层报告该事项。

## 5.11 广泛性控制

| 条款 | 国际审计准则相关内容摘录 |
|---|---|
| ISA315.14（b） | 审计师应当……评价：<br>(b) 控制环境总体上的优势是否为内部控制的其他要素奠定了适当的基础，以及这些其他要素是否未被控制环境中存在的缺陷所削弱。（参见：第 A69 – A78 段） |

## 5. 内部控制——目标和要素

本章已经包括了内部控制的五个要素。一些要素在性质上具有广泛影响，并且只能间接防止错报的发生，或者在发生后发现和纠正错报。其他控制与具体交易风险（如工资、销售和采购）有关，并且专门用于防止或发现并纠正错报。

下表显示了针对交易的两个层面的控制的相互作用。交易首先被生成和处理（交易层面），然后通过会计记录（企业层面），最后到财务报表。注意，五个内部控制要素中至少有三个主要由广泛性的控制组成。

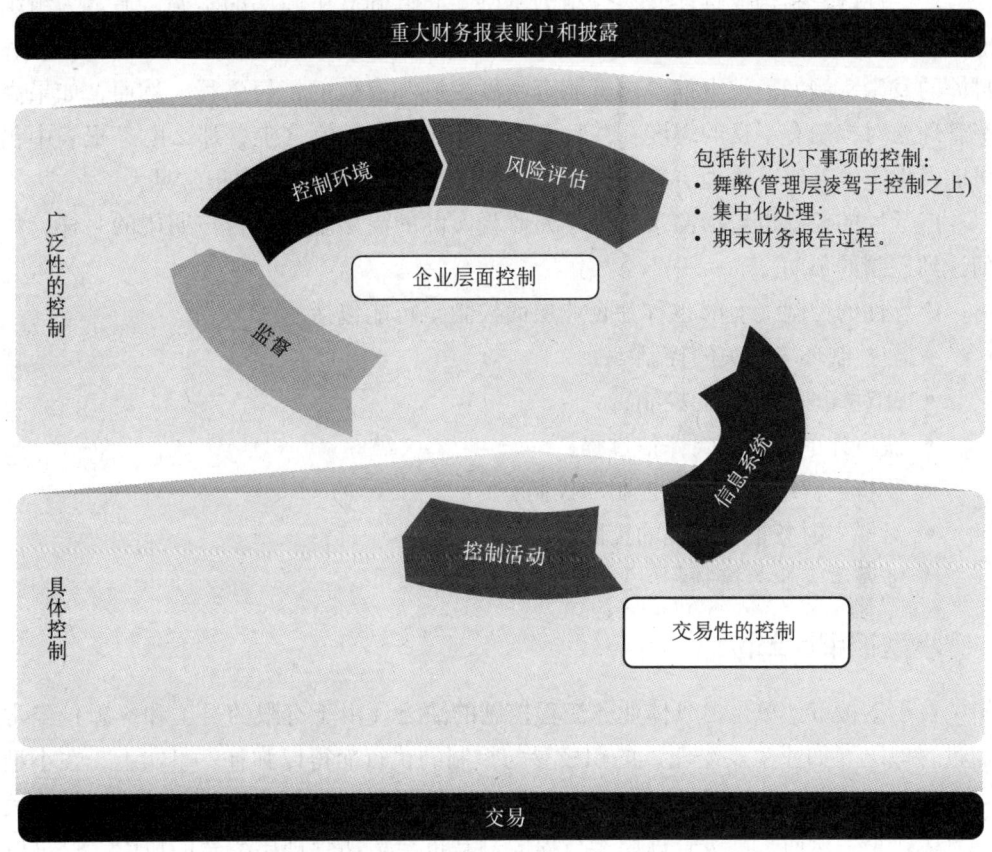

图 5.11-1

注：

1. 以上是一般指南。在一些情况下，广泛性的控制可以设计为在一个精确度上运行，从而可以防止或发现在业务流程层面的具体错报。例如，管理层可能使用由治理层批准的详细预算以检查未经授权的行政支出。另一方面，控制活动和信息系统的一部分也可能与企业层面的活动相关。

2. 企业层面控制（如对胜任能力的重视）可能没有业务流程层面的控制（如将收到的商品与采购订单核对）具体，但对于防止或发现舞弊和错误同样重要。

3. 期末财务报告流程包括用来处理以下活动的程序：
- 将交易总额过入总分类账；
- 选择和运用会计政策；

- 生成、授权、记录和处理总分类账中的分录；
- 将经常发生和偶然发生的调整分录记入财务报表；
- 编制财务报表和相关披露。

4. IT 一般控制与企业层面的控制类似，除了它们针对被审计单位如何管理 IT 运行（如组织、人员安排、数据可靠性）。

5. IT 应用控制与交易控制类似。它们与如何在业务流程层面处理具体交易有关。

广泛性的控制构成具体交易控制的基础。它们确立了高层的基调，通常为组织的控制环境建立了总体预期。设计不佳的广泛性控制可能事实上鼓励了各种错误和舞弊的发生。例如，被审计单位可能有高度控制和有效的销售流程，然而，如果高级管理层对控制有不良的态度，并且有时凌驾于这些控制之上，那么财务报表中仍可能发生重大差错。管理层凌驾和糟糕的高层基调在公司丑闻中很常见。

广泛性的控制也包括监督控制，如监督实际的高层基调是否与期望的一样，如何达到控制的预期。

广泛性的控制（有时也称为企业层面控制）可能包括：

- 与控制环境有关的控制；
- 针对管理层凌驾的控制；
- 被审计单位的风险评估过程；
- 监督经营结果和其他控制的控制；
- 对期末财务报告过程的控制；
- 涉及重大业务控制和风险管理实务的政策。

### 小型被审计单位

在小型被审计单位，具体业务流程控制的缺乏（由于有限的员工和资源）经常通过管理层（如业主兼经理）的积极参与控制的执行而得以弥补。事实上，在小型被审计单位中，一些广泛性的控制通常在一定精确度上运行，从而实际上防止或发现具体错报。然而，高级管理层参与程度过高也会增加管理层凌驾的风险。这可以通过进一步审计程序和设计恰当的反舞弊控制来解决（参见：卷1第5章第12节）。

### 广泛性的控制缺陷

虽然广泛性控制中的缺陷通常不会导致财务报表中立即出现缺陷或差错，但它们仍对业务流程控制层面的错报发生的可能性具有重大影响。缺乏好的广泛性控制可能严重破坏其他业务流程控制，因此，这些控制中值得关注的缺陷应当向管理层和治理层报告。

## 5.12 反舞弊控制

在过去的几年,一种新的内部控制开始出现,有时被称为反舞弊控制。由于大多数大的舞弊案件往往涉及高级管理层,因此在大型企业建立强有力的反舞弊程序和控制被认为是健全控制环境的一部分。反舞弊控制可以比喻为路上的减速带,旨在降低交通速度但又不至于让车停下来。反舞弊控制旨在抑制不良行为的发生,但不能完全杜绝该行为。

反舞弊控制对于大型被审计单位尤其相关,但也可用来防范小型被审计单位的舞弊。它们不能杜绝舞弊的发生,但他们提供了一种强有力的威慑。它们让舞弊者仔细思考他们行为的后果。

反舞弊控制可以涉及所有五个内部控制要素。然而,对于财务报表中的重大错报风险而言,需要特别强调被审计单位高层的基调。这包括管理层对控制的态度和措施,并且是控制环境中影响所有员工的控制意识的一个部分。好的高层基调是最有效的反舞弊控制。

适用于小型被审计单位的反舞弊控制包括:

- **会计分录**

管理层经常利用非常规交易分录从事舞弊。一个可以在任何规模企业实施的简单反舞弊控制是,高于设定金额的非常规分录必须提供解释和经理的签字(表明批准)。这样一个政策授权会计人员总是要求经理提供解释和批准。虽然这未必阻止一个高级经理要求会计人员做出一个不恰当的分录,但想到不得不记录该批准并且提供一个解释,这可能足以抑制经理本来会提出的不当要求。如果没有抑制经理的要求,审计师可能注意到该分录没有被批准并询问原因。这可能导致进一步的调查。

- **职责分离**

在小型被审计单位,会计人员或记账人员经常处于受信任的地位,有很少的监督并因此有大量的机会从事舞弊。一个可能但有一定成本的反舞弊控制是雇佣一个兼职的记账人员至少在一年中的一周或更多时间接替这个人的工作,例如当该会计人员休假或执行其他任务时。雇佣一个接替人员的政策可以防范记账人员舞弊,如果已经发生了舞弊,该政策可能提供发现舞弊的机会。

# 6. 财务报表认定

| 本章内容 | 相关国际审计准则 |
|---|---|
| 在审计中利用管理层的认定 | ISA315 |

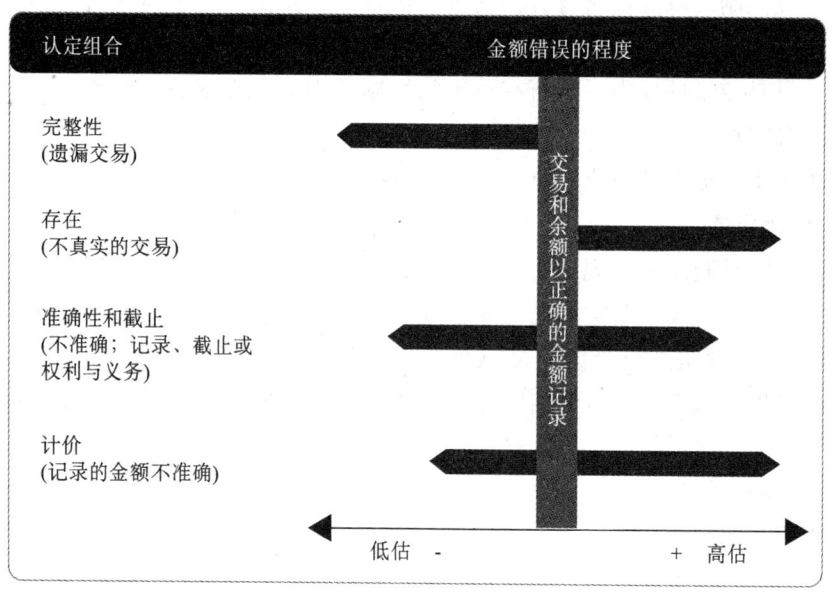

图 6.0－1

## 6.1 概况

| 条款 | 国际审计准则相关内容摘录 |
|---|---|
| ISA315.4（a） | 认定，是指管理层在财务报表中作出的明确或隐含的表达，审计师将其用于考虑可能发生的不同类型的潜在错报。 |

当管理层向审计师声明"财务报表整体上按照适用的财务报告框架公允反映"时，该声明实际上包含了一些认定。

管理层的这些认定与财务报表中各种要素（金额与披露）的确认、计量、列报和披露有关。

管理层的认定的例子包括：
- 财务报表中的所有资产都存在；
- 所有销售交易已经计入恰当的期间；
- 存货按照恰当的价值列报；
- 应付款项恰当代表了被审计单位的义务；
- 所有已记录的交易确实发生；
- 所有金额在财务报表中恰当地列报和披露。

这些认定通常可以概括为完整性、存在、发生、准确性、计价等。例如，管理层可能向审计师声称，会计记录中的销售收入金额包含了所有的销售交易（完整性认定），交易确实发生并且是真实的（发生认定）以及交易已经恰当地计入会计记录中，并且记录于恰当的会计期间（准确性和截止认定）。

## 6.2 对认定的说明

ISA315 第 A111 段阐述了审计师可以用来考虑各种潜在错报的认定类型。这些类型如下表所示：

表 6.2-1

| | 认定 | 描述 |
|---|---|---|
| 审计期间交易类别和事项 | 发生 | 记录的交易和事项已发生且与被审计单位有关。 |
| | 完整性 | 所有应当记录的交易和事项均已记录。 |
| | 准确性 | 与交易和事项有关的金额及其他数据已恰当记录。 |
| | 截止 | 交易和事项已记录于正确的会计期间。 |
| | 分类 | 交易和事项已记录于恰当的账户。 |

| | 认定 | 描述 |
|---|---|---|
| 期末账户余额 | 存在 | 资产、负债和所有者权益是存在的。 |
| | 权利与义务 | 资产由被审计单位拥有或控制，负债是被审计单位应当履行的偿还义务。 |
| | 完整性 | 所有应当记录的资产、负债和所有者权益均已记录。 |
| | 计价与分摊 | 资产、负债和所有者权益以恰当的金额包括在财务报表中，与之相关的计价或分摊调整已恰当记录。 |

| 认定 | | 描述 |
|---|---|---|
| 列报与披露 | 发生，权利与义务 | 披露的交易、事项和其他情况已发生，且与被审计单位有关。 |
| | 完整性 | 所有应当包括在财务报表中的披露均已包括。 |
| | 分类与可理解性 | 财务信息已被恰当地列报和描述，且披露内容表述清楚。 |
| | 准确性与计价 | 财务信息和其他信息已公允披露，且金额恰当。 |

认定在财务报表领域的运用如下表所示：

表 6.2-2

| 认定 | 交易类别 | 账户余额 | 列报与披露 |
|---|---|---|---|
| 存在/发生 | √ | √ | √ |
| 完整性 | √ | √ | √ |
| 权利与义务 | | √ | √ |
| 准确性/分类 | √ | | √ |
| 截止 | √ | | |
| 分类与可理解性 | √ | | √ |
| 计价/分摊 | | √ | √ |

## 6.3 认定的组合

ISA315 允许审计师如上表一样使用认定，或者采用不同的方式表示，只要涵盖了上述各个方面。

为了将认定更容易地运用到小型被审计单位审计中，本指南组合了一些认定，以使其能在所有三种类型（交易、余额和披露）中运用。这四种组合后的认定和单个认定如下表所示。

表 6.3-1

| 组合认定 | 交易类别 | 账户余额 | 列报与披露 |
|---|---|---|---|
| 完整性（C） | 完整性 | 完整性 | 完整性 |
| 存在（E） | 发生 | 存在 | 发生 |
| 准确性与截止（A） | 准确性<br>截止<br>分类 | 权利与义务 | 准确性<br>权利与义务<br>分类和可理解性 |
| 计价（V） | | 计价与分摊 | 计价 |

注：当审计师选择使用上表中的组合认定时，记住"准确性与截止"认定也包括"权利与义务"、"分类和可理解性"。

下表阐述了本指南中使用的四个组合认定。

表 6.3-2

| 组合认定 | 描述 |
|---|---|
| 完整性（C） | 所有应当记录和披露的事项都已包括在财务报表中。<br>没有未记录或披露的资产、负债、交易或事项。<br>没有遗漏或不完整的财务报表附注。 |
| 存在（E） | 所有已在财务报表中记录和披露的事项在恰当的日期存在并且应当包括在财务报表中。<br>记录的资产、负债、已记录的交易和纳入财务报表附注的其他事项确实存在、发生且与被审计单位有关。 |
| 准确性与截止（A） | 所有负债、收入、费用项目以及对资产的权利（持有或控制）是被审计单位的权利或义务，已按恰当的金额记录，并分配在恰当的期间（截止）。这也包括财务报表中金额和披露的恰当分类。 |
| 计价（V） | 资产、负债和所有者权益以恰当的金额包括在财务报表中（计价）。<br>根据其性质或适用的会计原则做出的计价或分摊调整已恰当记录。 |

## 6.4 在审计中使用认定

| 条款 | 国际审计准则相关内容摘录 |
|---|---|
| ISA315.25 | 审计师应当在下列两个层次识别和评估重大错报风险，为设计和实施进一步审计程序提供基础：<br>（a）财务报表层次；（参见：第 A105–A108 段）<br>（b）各类交易、账户余额和披露的认定层次。（参见：第 A109–A113 段） |

如上文所述，财务报表包含一系列认定。审计师可以在评估财务报表层次和认定层次风险时使用认定。

表 6.4-1

| 评估风险 | 说明 |
|---|---|
| 财务报表层次 | 财务报表层次的重大错报风险往往是广泛性的，因而涉及所有认定。例如，如果高级会计人员不能胜任所分派的工作，那么财务报表中很可能会产生错误。然而，这种错误的性质通常不仅局限于单个账户余额、交易或披露。此外，错误也可能不局限于单个认定（如销售收入的完整性认定），更可能与准确性、存在和计价等其他认定有关。 |

续表

| 评估风险 | 说明 |
|---|---|
| 认定层次 | 认定层次的风险与特定时点（如期末）的单个账户余额、交易类别（期间）和财务报表中的列报和披露有关。<br>每一认定与单个账户余额（或交易类别、列报与披露）的相关性因账户余额和重大错报的潜在风险的特点而异。例如，当考虑计价认定时，审计师可能将应付款项的错误风险评估为低水平；然而，由于过时是存货的一个重要考虑因素，审计师可能将计价风险评估为高水平。另一个例子是，存货余额的完整性（存货项目丢失）产生的重大错报风险是低水平，但与销售收入相关的是高水平。 |

两个层次的风险评估之间的差异部分如下表所示：

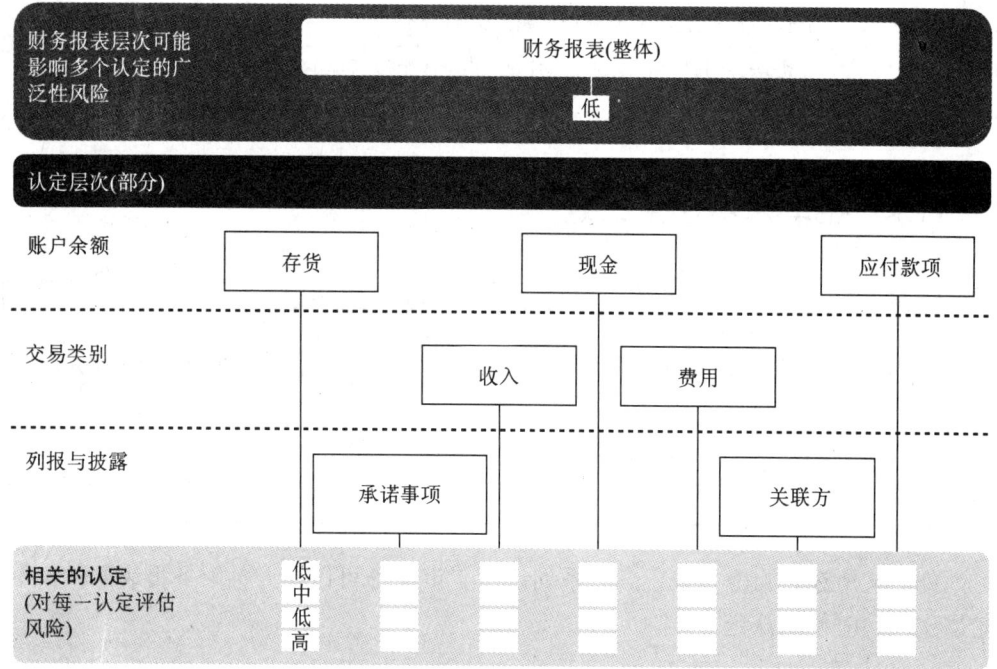

图 6.4-1

注：本表使用了卷1第6章第3节部分描述的组合认定。审计师可将认定用于：
- 考虑可能发生的不同类型的潜在错报；
- 评估重大错报风险；
- 设计进一步审计程序以应对评估的风险。

## 6. 财务报表认定

表 6.4-2

| 认定的使用 | 程序 |
|---|---|
| 考虑潜在错报的类型 | 这包括实施风险评估程序以识别重大错报的潜在风险。例如，审计师可能询问以下问题：<br>• 资产存在吗？（存在）<br>• 被审计单位拥有它吗？（权利与义务）<br>• 所有的销售交易已恰当记录了吗？（完整性）<br>• 存货余额是否已对周转率低和过时的项目进行调整？（计价）<br>• 应付款项余额包括了期末所有已知的负债吗？（完整性）<br>• 交易被记录在正确的期间了吗？（截止）<br>• 财务报表恰当地列报和披露金额了吗？（准确性） |
| 评估重大错报风险 | 重大错报风险是固有风险和控制风险的组合。评估过程包括：<br>• 固有风险<br>识别潜在的错报和相关认定，然后评估风险发生的可能性和可能的后果。<br>• 控制风险<br>识别和评估用以降低评估的风险和相关认定的内部控制。 |
| 设计审计程序 | 最后一步是设计审计程序应对评估的认定层次风险。例如，如果应收款项高估（存在认定）的风险高，则应当设计审计程序具体针对存在认定。如果销售收入完整性存在风险，审计师可以设计控制测试以针对完整性认定。 |

# 7. 重要性和审计风险

| 本章内容 | 相关国际审计准则 |
|---|---|
| 在计划和执行审计工作时恰当地运用重要性概念 | ISA320 |

| 条款 | 国际审计准则的目标 |
|---|---|
| ISA320.8 | 审计师的目标是，在计划和执行审计工作时恰当地运用重要性概念。 |

表 7.0－1　　　　　　　　重要性在审计工作中的运用

**风险评估**
确定：
- 财务报表整体的重要性
- 实际执行的重要性

计划拟实施的风险评估程序
识别和评估重大错报风险

**风险应对**
确定进一步审计程序的性质、时间安排和范围
根据审计过程中情况的变化修改重要性

**报告**
评价未更正错报的影响
形成审计意见

| 条款 | 国际审计准则相关内容摘录 |
|---|---|
| ISA320.9 | 就国际审计准则而言，实际执行的重要性，是指审计师确定的低于财务报表整体的重要性的一个或多个金额，旨在将未更正和未发现错报的汇总数超过财务报表整体的重要性的可能性降至适当的低水平。如果适用，实际执行的重要性还指审计师确定的低于特定类别的交易、账户余额或披露的重要性水平的一个或多个金额。 |

续表

| 条款 | 国际审计准则相关内容摘录 |
| --- | --- |
| ISA320.10 | 在制定总体审计策略时,审计师应当确定财务报表整体的重要性。根据被审计单位的特定情况,如果存在一个或多个特定类别的交易、账户余额或披露,其发生的错报金额虽然低于财务报表整体的重要性,但合理预期可能影响财务报表使用者依据财务报表作出的经济决策,审计师还应当确定适用于这些交易、账户余额或披露的一个或多个重要性水平。(参见:第 A2–A11 段) |
| ISA320.11 | 审计师应当确定实际执行的重要性,以评估重大错报风险并确定进一步审计程序的性质、时间安排和范围。(参见:第 A12 段) |

## 7.1　概述

重要性说明财务报表信息对使用者依据财务报表作出的经济决策的重要意义。由重要性概念可知,某些事项单独或汇总起来对依据财务报表作出经济决策的人们而言是重要的。例如,是否向某企业进行投资、并购、贸易往来或者贷款等决策。

本章阐述重要性在审计过程中的一般运用。本指南第 2 卷第 6 章将提供如何正确确定重要性具体金额的补充指导。

如果一项错报(或全部错报的汇总数)重要到足以改变或影响消息灵通人士的决策,则说明存在重大错报。低于该临界值的错报通常被认为不重要。如果高于临界值,则财务报表存在重大错报,该临界值被称为"财务报表整体的重要性"。本指南中,将该术语简称为"整体重要性"。

注:

"财务报表整体的重要性"(本指南中简称为"整体重要性")并非基于审计风险的评估而确定。它的确定完全取决于财务报表使用者。而且通常与财务报表编制者所使用的重要性相同。

假定财务报表中的 10 000 欧元错报可能影响财务报表使用者整体。对于编制者和审计师而言,这就是财务报表整体的重要性(或整体重要性)。任何超过 10 000 欧元的单项错报或者单项不重大但汇总数超过 10 000 欧元的错报,都会导致财务报表出现重大错报。

审计师的责任是将财务报表中未更正和未识别错报的汇总数超过财务报表整体的重要性的可能性降至适当的低水平。如果审计师仅计划实施旨在识别 10 000 欧元以上单项错报的审计程序,则存在这样一种风险,即在审计工作中未识别出的单项不重大错报的汇总数可能超过 10 000 欧元的重要性临界值。因此审计师需要执行额外的工作,旨在足以为可能未发现的错报提供安全边际或缓冲。实际执行的重要性的目的就是为了提供这样的缓冲。

实际执行的重要性有助于审计师确定能够反映财务报表各部分风险评估结果的重要性金额（该金额依据整体重要性确定但是更低）。这些较低的金额，在旨在确定拟实施审计程序的性质和范围的重要性（即实际执行的重要性）与整体重要性之间，提供一个安全缓冲。

在上述例子中，审计师运用职业判断可能决定，在设计拟实施审计程序的范围时，使用 6 000 欧元 的实际执行的重要性。实际执行的重要性与整体重要性之间的 4 000 欧元（10 000 欧元 – 6 000 欧元），为可能存在的任何未发现错报提供安全边际。

## 7.2 财务报表使用者

财务报表的编制和审计工作都要运用重要性。财务报表整体的重要性（即整体重要性）通常可以用下列术语进行解释（例如在财务报告框架中）：

表 7.2 – 1

| 对作出经济决策的影响 | 如果合理预期错报（包括漏报）单独或汇总起来可能影响财务报表使用者依据财务报表作出的经济决策，则通常认为错报是重大的。 |
| --- | --- |
| 具体环境 | 对重要性的判断是根据具体环境作出的，并受错报的金额或性质的影响，或受两者共同作用的影响。 |
| 使用者的共同需求 | 判断某事项对财务报表使用者是否重大，是在考虑财务报表使用者整体共同的财务信息需求的基础上作出的。由于不同财务报表使用者的需求可能差异很大，因此不考虑错报对个别财务报表使用者可能产生的影响。 |

审计师根据其对使用者需求的认识确定重要性。在运用职业判断时，审计师针对财务报表使用者作出下列假定是合理的：

- 拥有经营、经济活动和会计方面的**适当知识**，并有意愿认真研究财务报表中的信息；
- **理解**财务报表是在运用重要性水平基础上编制和审计的；
- 认可建立在对估计和判断的应用以及对未来事项的考虑的基础上的会计计量具有固有的**不确定性**；
- 依据财务报表中的信息作出**合理的经济决策**。

## 7.3 错报的性质

错报的产生可能有多种原因，并且受到下列因素的影响：
- 金额——涉及的货币数量（定量）；

- 事项的性质（定性）；以及
- 错报发生的环境。

表 7.3-1

| 典型的错报 | • 识别出的在财务报表编制过程中发生的错误和舞弊；<br>• 偏离适用的财务报告框架；<br>• 员工或管理层实施的舞弊；<br>• 管理层错误；<br>• 作出不正确或不恰当的估计；<br>• 对会计政策或附注披露作出不恰当或不完整的描述。 |
| --- | --- |

重要性不是一个绝对数字。它体现了很可能重要与很可能不重要之间的灰色区域。因此，重要性的评估通常是一个职业判断问题。

在某些情况下，某事项即使远低于定量的重要性水平，但鉴于其性质或相关环境，可能依然被确认为重大。例如：

- 有信息表明存在大量关联方交易，可能对依据财务报表作出决策的人们而言是非常重要的。
- 管理层舞弊行为（虽然不重大）的存在，可能对财务报表使用者而言是重大的；以及
- 一系列单独不重大的项目汇总起来很可能变成重大。

**注：**

审计师应当在审计过程中累积错报，除非错报明显微小。"明显微小"不等同于"不重大"。无论单独或汇总起来，无论从规模、性质或其发生的环境来看，微小的事项都是明显微不足道的。

图 7.3-1

## 7.4 重要性与审计风险

重要性(前面讨论过的)与审计风险有关联,两者需要在整个审计过程中被合并考虑。

审计风险,是指当财务报表存在重大错报时,审计师发表不恰当审计意见的可能性。

表 7.4-1

| | 审计风险的组成要素 |
|---|---|
| **重大错报风险(RMM)** | 重大错报风险是指财务报表在审计工作开始前存在重大错报的风险。重大错报风险分为财务报表层次的重大错报风险(通常是广泛性风险,影响多个认定)以及认定层次的重大错报风险(与某类交易、账户余额或披露有关)。重大错报风险由固有风险(IR)和控制风险(CR)组成,可以概括为 IR × CR = RMM |
| **检查风险** | 检查风险是指某一认定存在重大错报,而审计师未能发现该错报的可能性。检查风险(DR)可以通过下列措施予以应对:<br>• 制定恰当的审计计划;<br>• 执行旨在应对识别出的重大错报风险的审计程序;<br>• 分派合适的审计人员;<br>• 保持职业怀疑;<br>• 监督和复核已执行的审计工作。<br>由于执行的审计程序、所需的人为判断(职业的)以及所检查证据的性质存在固有局限,检查风险永远不可能降至零。 |

因此,审计风险(AR)可以概括为:

$AR = RMM \times DR$

对重要性和审计风险的考虑贯穿于审计过程的下列方面:

- 识别和评估重大错报风险;
- 确定进一步审计程序的性质、时间安排和范围;
- 在审计过程中获知了新信息,而该信息可能导致审计师确定与原来不同的一个或多个金额,从而确定对重要性(整体的和实际执行的)进行修改;以及
- 评价未更正错报(如存在)对财务报表以及审计意见的影响。

以田径运动中的跳高作一个简单类比,重要性好比是运动员需要越过的杆的高度。审计风险相当于跨越特定高度(RMM)的固有难度水平,以及作出错误跳高策略或错误执行策略的额外风险(检查风险)的组合。

## 7.5 重要性水平

| 条款 | 国际审计准则相关内容摘录 |
| --- | --- |
| ISA320.12 | 如果在审计过程中获知了某项信息,而该信息可能导致审计师确定与原来不同的财务报表整体重要性或者特定类别交易、账户余额或披露的一个或多个重要性水平(如适用),审计师应当予以修改。(参见:第 A13 段) |
| ISA320.13 | 如果认为运用低于最初确定的财务报表整体的重要性和特定类别的交易、账户余额或披露的一个或多个重要性水平(如适用)是适当的,审计师应当确定是否有必要修改实际执行的重要性,并确定进一步审计程序的性质、时间安排和范围是否仍然适当。 |
| ISA320.14 | 审计师应当在审计工作底稿中记录下列金额以及在确定这些金额时考虑的因素:<br>(a) 财务报表整体的重要性;<br>(b) 特定类别的交易、账户余额或披露的一个或多个重要性水平(如适用);<br>(c) 实际执行的重要性;<br>(d) 随着审计过程的推进,对本段第 (a) - (c) 项内容作出的任何修改。 |

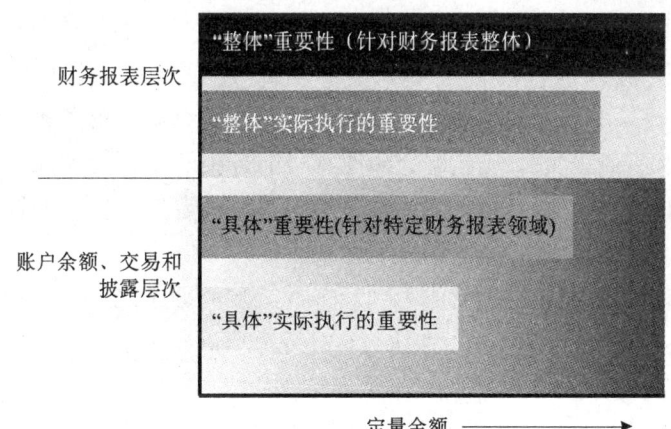

图 7.5 - 1

注:上图和下文中的术语"整体"和"具体"仅在本指南中使用,不是国际审计准则使用的术语。整体重要性是指财务报表整体的重要性;具体重要性与特定的交易类别、账户余额或披露有关。

在开始审计时,审计师需要就可能被认为重大的错报的金额和性质作出判断。这包括确定下表列出的重要性金额。

运用国际审计准则执行中小企业审计指南(第三版)

## 确定重要性金额

表 7.5 – 1

| 整体重要性 | 整体重要性与财务报表整体有关。它是基于合理预期什么样的错报可能影响财务报表使用者依据财务报表作出的经济决策而确定。如果在审计过程中获知某信息,而该信息可能导致审计师确定与原来不同的一个或多个金额,则需要修改整体重要性。 |
|---|---|
| 整体实际执行的重要性 | 实际执行的重要性比整体重要性的金额设定的更低。实际执行的重要性有助于审计师应对特定的风险评估(而不改变整体重要性),并且将未更正和未发现错报的汇总数超过财务报表整体的重要性的可能性降至适当的低水平。实际执行的重要性可能根据审计发现(如在修改风险评估结果时)而被修改。 |
| 具体重要性 | 具体重要性是针对各类交易、账户余额或披露而确定的,这些项目存在金额低于整体重要性的错报,但合理预期可能影响财务报表使用者依据财务报表作出的经济决策。 |
| 具体实际执行的重要性 | 具体实际执行的重要性比具体重要性的金额设定的更低。它有助于审计师应对特定的风险评估,并且为可能存在的未发现错报以及汇总起来达到重大金额的非重大错报留有余地。 |

## 财务报表整体的重要性

财务报表整体的重要性(整体重要性)是基于审计师对财务报表使用者的财务信息需求的认识而确定的。确定的金额通常与财务报表编制者使用的金额相同。通过运用职业判断,审计师可能将不影响财务报表使用者经济决策的错报的最高金额设定为重要性。

一旦被确定,整体重要性就成为判断审计成败的因素之一。例如,假设整体重要性被设定为金额20 000欧元。在执行审计程序以后,可能出现下列情形:

- 没有识别出错报——提供无保留审计意见;
- 识别出一些小错报(不重大)而且没有更正——提供无保留审计意见;
- 发现超过重要性(2 000 欧元)的未更正错报而且管理层不愿作出必要的调整——需要提供保留或否定意见;
- 财务报表存在超过重要性(2 000 欧元)的未更正错报但未被审计师发现——则可能出具不恰当的无保留审计意见。

在评价获取的审计证据时如何运用重要性,请参见第 2 卷第 21 章的指导。

如果重大错报风险评估为高,审计师有时倾向于调低整体重要性的金额。但是,如果整体重要性能够满足财务报表使用者的需求并且不涉及审计风险水平,这种做

# 7. 重要性和审计风险

法就是不恰当的。

如果审计风险是设定整体重要性的因素之一，针对规模类似的被审计单位，高风险审计业务的整体重要性金额应当比低风险审计业务的金额更低。在不考虑审计风险的情况下，假设财务报表使用者的信息需求一致，将整体重要性的金额设定为较低水平可能导致：

- 为财务报表使用者提供一种预期，即审计师将识别出财务报表中存在的更小错报（与实际需要相比）；以及
- 额外的审计工作，以确保将审计风险已经降至适当的低水平。

由于整体重要性的确定与财务报表使用者的需求相关，因此其不会因为审计发现以及评估的风险的变化而改变。如果获知某信息，而该信息可能导致审计师确定与原来不同的一个或多个金额，则需要对整体重要性进行更新。

在审计工作结束时，整体重要性将被用于评价识别出的错报对财务报表的影响以及审计意见的恰当性。

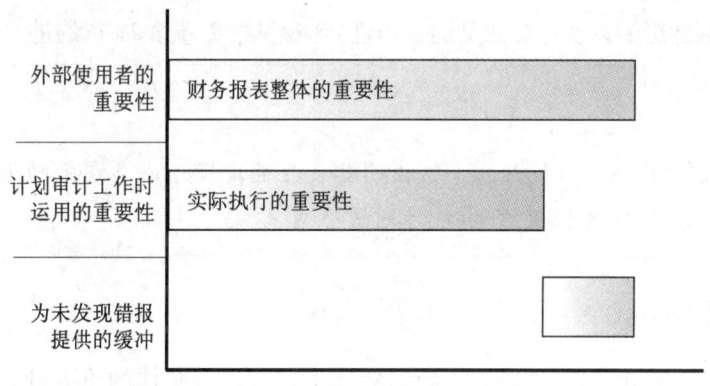

图 7.5 – 2

### 实际执行的重要性

实际执行的重要性可以在不改变整体重要性的情况下，帮助审计师应对账户余额、交易和披露中的错报风险。实际执行的重要性有助于审计师根据整体重要性确定重要性金额，但其应当设定为较低的金额，以反映无法发现错报的风险以及风险评估的结果。这些较低的一个或多个金额，在旨在确定测试的性质和范围的重要性（即实际执行的重要性）与整体重要性之间，提供一个安全缓冲。

给实际执行的重要性设定一个恰当的金额，有助于确保实施更多的工作，以提升识别出错报（如存在）的可能性。例如，假设整体重要性是 20 000 欧元并且设计了旨在发现所有超过 20 000 欧元错误的审计程序，那么诸如 8 000 欧元的错误很可能不会被发现。假设存在 3 个这样的错误，合计 24 000 欧元，则财务报表存在重大错报。但是，如果实际执行的重要性确定为 12 000 欧元，极有可能发现一个或全部

8 000 欧元的错误。即使三个错误中仅有一个被识别和更正，剩下的 16 000 欧元错报也低于整体重要性，财务报表整体不存在重大错报。

给实际执行的重要性确定一个恰当的金额涉及职业判断的运用，并非简单机械的计算，例如整体重要性水平的某百分比（如 75%）。但是，根据被审计单位的具体情况，实际执行的重要性可能被确定为针对财务报表整体的一个金额，或者是针对特定账户余额、交易和披露的多个单独的金额。

根据下列审计风险的影响因素，运用职业判断以确定实际执行的重要性：

- 对被审计单位的了解以及实施风险评估程序的结果；
- 前期审计工作中识别出的错报的性质和范围；以及
- 针对本期可能出现的错报的预期。

实际执行的重要性，无论是整体的还是单个账户余额、交易和披露的，都可能在审计过程中随时被修改（不影响整体重要性），以反映修正的风险评估结果、审计发现以及获取的新信息。在审计工作结束时，整体重要性将被用于评价识别出的错报对财务报表的影响以及审计意见的恰当性。（参见第 2 卷第 21 章的进一步指引）

> **考虑要点**
>
> 如果识别出某一可能错报，请说明其发生的环境，以及在重新考虑实际执行的重要性之前对风险评估/审计计划的影响。

### 具体重要性

存在这样一些情形，错报的金额虽然低于财务报表整体的重要性，但合理预期将影响财务报表使用者依据财务报表作出的经济决策。

表 7.5－2

| 影响决策的因素 | 可能的例子 |
| --- | --- |
| 法律法规和会计框架的要求 | • 敏感的财务报表披露，例如管理层和治理层的薪酬；<br>• 关联方交易；<br>• 违反贷款协议、合同约定、监管规定以及法定监管报告要求的情形；<br>• 某些类型的支出，例如非法支付或行政费用。 |
| 关键的行业披露 | • 采矿企业的储备和勘探成本；<br>• 制药企业的研究和开发成本。 |
| 重大事件以及重要业务变更的披露 | • 最近的企业收购或业务扩张；<br>• 终止经营；<br>• 异常的事件或或有事项（例如诉讼）；<br>• 推出新的产品和服务。 |

审计师将考虑一个或多个特定类别的交易、账户余额或披露是否存在上述事项。审计师也可能发现了解管理层和治理层的看法和预期是有用的。

### 具体实际执行的重要性

这与前面讨论的实际执行的重要性一样,区别仅在于它与具体重要性的金额设定相关。具体实际执行的重要性金额应该比具体重要性设定的更低,以确保实施足够的审计工作,将未更正和未发现错报的汇总数超过具体重要性的可能性降至适当的低水平。

## 7.6 关于重要性的审计工作底稿

| 条款 | 国际审计准则相关内容摘录 |
| :---: | :--- |
| ISA320.14 | 审计师应当在审计工作底稿中记录下列金额以及在确定这些金额时考虑的因素:<br>(a) 财务报表整体的重要性;<br>(b) 特定类别的交易、账户余额或披露的一个或多个重要性水平(如适用);<br>(c) 实际执行的重要性;<br>(d) 随着审计过程的推进,对本段第(a)-(c)项内容作出的任何修改。 |

因为重要性的金额是基于审计师的职业判断,所以正确记录在确定各种重要性水平时所涉及的因素和金额是很重要的。通常涉及下列情形:
- 在计划阶段,针对所需工作的范围作出决策时。
- 在审计过程中,根据审计发现修改整体重要性或特定类别的交易、账户余额或披露的实际执行的重要性时。

工作底稿需要涉及:

1. 财务报表使用者;
2. 用于确定下列问题的因素:
- 财务报表整体的重要性以及特定类别的交易、账户余额或披露的一个或多个重要性水平(如适用);
- 实际执行的重要性;以及
3. 随着审计过程的推进,对上述第2点中重要性金额的任何修改。

# 8. 风险评估程序

| 本章内容 | 相关国际审计准则 |
|---|---|
| 审计师旨在识别与评估重大错报风险的风险评估程序的性质及运用。 | ISA240、315 |

下图列示了ISA315规定的三种风险评估程序。

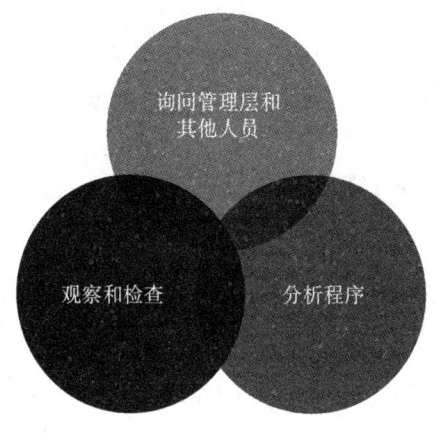

图 8.0 - 1

| 条款 | 国际审计准则相关内容摘录 |
|---|---|
| ISA315.5 | 审计师应当实施风险评估程序，为识别和评估财务报表层次和认定层次的重大错报风险提供基础。但是，风险评估程序本身并不能为形成审计意见提供充分、适当的审计证据。（参见：第A1-A5段） |
| ISA315.6 | 风险评估程序应当包括：<br>(a) 询问管理层、适当的内部审计职能部门人员（如有）以及被审计单位内部其他人员，这些人员是审计师根据判断认为可能知悉某些信息的人员，这些信息有助于识别由于舞弊或错误导致的重大错报风险；（参见：第A6段）<br>(b) 分析程序；（参见：第A7-A10段）<br>(c) 观察和检查。（参见：第A11段） |

续表

| 条款 | 国际审计准则相关内容摘录 |
|---|---|
| ISA315.11 | 审计师应当了解下列方面：<br>（a）相关行业状况、法律环境和监管环境及其他外部因素，包括适用的财务报告框架；（参见：第A17－A22段）<br>（b）被审计单位的性质，包括下列事项，以使审计师了解预期在财务报表中反映的交易类别、账户余额和披露：<br>（ⅰ）经营活动；<br>（ⅱ）所有权和治理结构；<br>（ⅲ）正在实施和计划实施的投资（包括对特殊目的实体的投资）的类型；<br>（ⅳ）组织结构和筹资方式。（参见：第A23－A27段）<br>（c）被审计单位对会计政策的选择和运用，包括变更会计政策的原因。审计师应当根据被审计单位的经营活动，评价会计政策是否适当，并与适用的财务报告框架、相关行业使用的会计政策保持一致；（参见：第A28段）<br>（d）被审计单位的目标、战略以及可能导致重大错报风险的相关经营风险；（参见：第A29－A35段）<br>（e）对被审计单位财务业绩的衡量和评价。（参见：第A36－A41段） |
| ISA315.12 | 审计师应当了解与审计相关的内部控制。虽然大部分与审计相关的控制可能与财务报告相关，但并非所有与财务报告相关的控制都与审计相关。确定一项控制单独或连同其他控制是否与审计相关，需要审计师作出职业判断。（参见：第A42－A65段） |

## 8.1 概述

风险评估程序的目的是识别和评估重大错报风险。这是通过了解被审计单位及其环境（包括内部控制）来实现的。信息可能是从外部来源获取，例如互联网和贸易出版物，也可能是从内部来源获取，例如与关键人员的讨论。了解被审计单位是一个连续和动态的更新与分析信息的过程，贯穿于整个审计过程的始终。

## 8.2 审计证据

风险评估程序提供审计证据，以支持财务报表层次和认定层次的风险评估。但是，此证据不是孤立的。进一步审计程序（应对识别出的风险），例如控制测试和/或实质性程序，将为风险评估程序所获取的证据提供补充。

### 规定的程序

审计师运用职业判断确定拟实施的风险评估程序以及需要了解被审计单位的范围或程度。在审计师对被审计单位实施审计的第一年，旨在获取和记录这些信息的工作通常需要大量的时间。但是，如果第一年获取的信息被恰当地记录，以后年度更新这些信息所需要的时间将大大少于第一年所需要的时间。

审计师需要实施充分的风险评估程序，以识别可能导致重大错报的经营和舞弊风险因素。这包括考虑可能对被审计单位持续经营能力产生重大疑虑的事项或情况。

ISA315 的第 11 段和第 12 段规定了要求对被审计单位获取了解的范围和程度。审计师获取的总体了解的程度，要低于管理层在管理被审计单位时所获取的了解的程度。

**考虑要点**

在设计拟实施风险评估程序的性质和范围时，请记住某些国际审计准则已经提出的需要考虑的特定事项。下面是一些举例：

**ISA240.16　财务报表审计中的舞弊**

当按照 ISA315 的规定实施风险评估程序和相关活动，以了解被审计单位及其环境（包括内部控制）时，审计师应当实施 ISA240 中第 17－24 段列示的审计程序，以获取用以识别由于舞弊导致的重大错报风险所需的信息。

**ISA540.8　审计会计估计**

当实施 ISA 315 要求的风险评估程序和相关活动，以了解被审计单位及其环境（包括内部控制）时，审计师应当了解下列内容，作为识别和评估会计估计重大错报风险的基础：
(a) 与会计估计（包括相关披露）相关的适用的财务报告框架的规定；
(b) 管理层如何识别可能需要作出会计估计并将其在财务报表中确认或披露的交易、事项和情况。在进行了解时，审计师应当向管理层询问可能导致新的会计估计或需要修改现有的会计估计的环境变化；
(c) 管理层如何作出会计估计，以及会计估计所依据的数据，包括：
(i) 用以作出会计估计的方法，包括模型（如适用）；
(ii) 相关控制；
(iii) 管理层是否利用专家的工作；
(iv) 会计估计所依据的假设；
(v) 用以作出会计估计的方法是否已经发生或应当发生不同于上期的变化，以及变化的原因；
(vi) 管理层是否评估以及如何评估估计不确定性的影响。

**ISA550.11　关联方**

作为 ISA315 和 ISA240 要求审计师在审计过程中实施的风险评估程序和相关工作的一部分，审计师应当实施 ISA 550 中第 12－17 段规定的审计程序和相关工作，以获取识别与关联方关系及其交易相关的重大错报风险的信息。

## 8. 风险评估程序

续表

| ISA570.10 持续经营 |
|---|
| 在按照 ISA 315 的规定实施风险评估程序时,审计师应当考虑是否存在可能导致对被审计单位持续经营能力产生重大疑虑的事项或情况。 |

在小型被审计单位,所需要的识别这些风险的程序可能很少,但是在更大规模和更复杂的企业中,这些程序将被广泛地应用。

### 8.3 三种风险评估程序

三种风险评估程序的每一种都应当在审计过程中实施,但不一定用于所需要了解的各个方面。在很多情况下,实施一种审计程序的结果可能导致另一种审计程序的实施。例如,在采访销售经理的过程中可能发现一份异常但重大的销售合同。接下来将检查实际的销售合同并且分析其对销售边际的影响。又如,针对预期经营结果实施分析程序的发现可能引起对管理人员的几个提问。这些问题的答案又可能导致对某些凭证的检查或者某些活动的观察。

下面介绍这三种程序的性质及运用。

### 8.4 询问管理层和其他人员(包括与舞弊相关的询问)

| 条款 | 国际审计准则相关内容摘录 |
|---|---|
| ISA240.17 | 审计师应当向管理层询问:<br>(a) 管理层对财务报表可能存在由于舞弊导致的重大错报风险的评估,包括评估的性质、范围和频率等;(参见:第 A12 – A13 段)<br>(b) 管理层对舞弊风险的识别和应对过程,包括管理层识别出的或注意到的特定舞弊风险,或可能存在舞弊风险的各类交易、账户余额或披露;(参见:第 A14 段)<br>(c) 管理层就其对舞弊风险的识别和应对过程与治理层的沟通(如有);<br>(d) 管理层就其经营理念和道德观念与员工的沟通(如有)。 |

续表

| 条款 | 国际审计准则相关内容摘录 |
|---|---|
| ISA 240.18 | 审计师应当询问管理层和被审计单位内部的其他人员（如适用），以确定其是否知悉任何影响被审计单位的舞弊事实、舞弊嫌疑或舞弊指控。（参见：第 A15 – A17 段） |
| ISA 240.20 | 除非治理层全部成员参与管理被审计单位，审计师应当了解治理层如何监督管理层对舞弊风险的识别和应对过程，以及管理层为降低舞弊风险而建立的内部控制。（参见：第 A19 – A21 段） |
| ISA 240.21 | 除非治理层全部成员参与管理被审计单位，审计师应当询问治理层，以确定其是否知悉任何影响被审计单位的舞弊事实、舞弊嫌疑或舞弊指控。治理层对这些询问的答复，可在一定程度上作为管理层答复的佐证信息。 |

审计师将询问和其他风险评估程序结合使用以识别重大错报风险。问题的焦点在于获取对 ISA315 第 11、12 段所要求的各方面的了解。

通常情况下，通过询问获取的大部分信息来自于管理层和负责财务报告的人员。但是，询问被审计单位内部的其他人员以及不同层级的员工，为识别可能被遗漏的重大错报风险提供不同的视角以及额外的有用信息。例如，与销售经理的讨论可能揭示某些销售交易（临近期末）被匆忙处理而未按照被审计单位的收入确认政策予以记录。

下表概括了询问的范围。

表 8.4 – 1

| 访谈的对象 | 询问的内容 |
|---|---|
| 治理层（TCWG）（如果没有参与管理被审计单位） | • 编制财务报表的环境；<br>• 对管理层旨在识别和应对被审计单位舞弊或错误风险的流程以及管理层为降低这些风险所建立的内部控制的监督；<br>• 对影响被审计单位的舞弊事实、舞弊嫌疑和舞弊指控的了解；<br>• 对参加治理层会议并且阅读以往会议纪要的考虑。 |
| 管理层和负责财务报告的人员 | • 管理层对财务报表因舞弊或错误而发生重大错报的风险评估，包括这些评估的性质、范围和频率；<br>• 管理层就其对商业惯例和道德行为的看法与员工的沟通（如存在）；<br>• 被审计单位的文化（价值观和道德观）；<br>• 管理层的经营风格；<br>• 管理层的激励计划；<br>• 管理层凌驾于控制之上的可能性；<br>• 对舞弊或舞弊嫌疑的了解；<br>• 会计估计是如何作出的；<br>• 财务报表的编制和复核过程；<br>• 管理层与治理层的沟通（如存在）。 |

续表

| 访谈的对象 | 询问的内容 |
| --- | --- |
| 关键员工（采购、薪酬、会计等） | • 经营趋势和异常事件；<br>• 复杂或异常交易的发起、处理或记录；<br>• 管理层凌驾于控制之上的程度（即这些员工曾经被要求凌驾于内部控制之上吗？）；<br>• 所使用会计政策的适当性/具体运用。 |
| 营销或销售人员 | • 营销策略和销售趋势；<br>• 销售业绩激励计划；<br>• 与客户的合同安排；<br>• 管理层凌驾于控制之上的程度（即这些员工曾经被要求凌驾于内部控制或者收入确认会计政策之上吗？）。 |

**考虑要点**

不要将你的提问（尤其是在小型企业审计中）局限于业务经理和会计人员。向被审计单位内部的其他人员（如存在），如销售经理、生产经理或其他员工等，询问趋势、异常事项、重大经营风险、内部控制的运行，以及任何管理层凌驾于控制之上的情况。

如果发现可能的舞弊涉及高层管理人员或治理层，应当立即向项目合伙人咨询，并就如何继续工作考虑征询法律意见。此外，应当对该信息予以保密，以确保恰当地遵守隐私和保密要求。还要查看道德守则的额外要求和指南。

## 8.5 分析程序

用作风险评估程序的分析程序，有助于识别具有财务报表和审计影响的事项。例如异常的交易或事项、金额、比率和趋势。

除了作为风险评估程序之外，分析程序还可以在下列方面用作进一步审计程序：
- 获取有关财务报表认定的证据。这是实质性分析程序，将在本指南第1卷第

10 章中讨论进一步细节；以及
- 在审计结束或临近审计结束时，实施财务报表的整体复核。

大多数分析程序并非十分具体或复杂。这些程序通常使用高度汇总的数据，意味着结果可能仅初步显示是否存在重大错报。

实施分析程序涉及的步骤如下表所示。

表 8.5 – 1

| 做什么 | 怎么做 |
| --- | --- |
| 识别数据内部的关系 | 对不同类型信息之间合理预计可能存在的内在关系作出预期。如可能，尽量使用独立来源（即不是来源于内部）的信息。<br>财务和非财务信息可能包括：<br>• 以前可比较期间的财务报表；<br>• 预算、预测和推断，包括根据中期或年度数据所作的推断；<br>• 有关被审计单位所处行业以及当前经济状况的信息。 |
| 比较 | 将预期值与已记录金额或根据已记录金额得出的比率进行比较。 |
| 评价结果 | 评价比较的结果。<br>如果发现异常或未预期的关系，考虑潜在的重大错报风险。 |

这些分析程序的结果应当与所收集的其他信息合并考虑，旨在：
- 识别与财务报表重大项目包含的认定相关的重大错报风险；
- 帮助设计进一步审计程序的性质、时间安排和范围。

注：一些小型被审计单位可能无法给审计师提供用于实施分析程序的当前财务信息，例如中期或月度财务信息。在这些情况下，虽然能够通过询问获取一些信息，但具体的询问要等到可以获得财务报表草稿的时候。

## 8.6 观察和检查

观察与检查程序旨在：
- 支持对管理层和其他人员的询问结果；以及
- 提供有关被审计单位及其环境的额外信息。

观察和检查程序通常包括一个程序和一个应用，如下表所示。

表 8.6–1

| 程序 | 应用举例 |
| --- | --- |
| 观察 | 考虑观察下列方面：<br>• 被审计单位的经营方式和组织结构；<br>• 被审计单位的经营场所和厂房设施；<br>• 管理层的经营风格以及对待内部控制的态度；<br>• 各种内部控制程序的运行情况；以及<br>• 关键政策的遵循情况。 |
| 检查 | 考虑检查下列文档：<br>• 商业计划、策略和计划书；<br>• 行业研究和有关被审计单位的媒体报道；<br>• 重大合同和承诺；<br>• 监管要求以及与监管方的往来信函；<br>• 与律师、银行和其他利益相关方的往来信函；<br>• 会计政策和记录；<br>• 内部控制手册；<br>• 管理层编制的报告（如业绩数据和中期财务报表）；以及<br>• 其他报告，如治理层的会议纪要、咨询报告等。 |

## 8.7 内部控制的设计与执行

风险评估程序还包括在评价相关内部控制的设计和执行时涉及的程序。这些程序将在第 2 卷第 11 章中做更详细的说明。

## 8.8 有关风险的其他信息来源

审计师实施的其他程序也可能用于风险评估的目的。下表列示了一些典型例子。

表 8.8–1

| 来源 | 描述 |
| --- | --- |
| 客户的接受或保持 | 执行初步程序所获取的信息。 |
| 以前的工作 | 从以前的业务和为被审计单位实施的其他类型业务中获取的相关经验。这可能包括：<br>• 以前审计中的问题领域；<br>• 内部控制的缺陷；<br>• 组织结构、业务流程以及内部控制系统的变化；<br>• 以往的错报情况以及错报是否及时得到纠正。 |

续表

| 来源 | 描述 |
|---|---|
| 外部的信息 | • 询问被审计单位的外部法律顾问或评估专家；<br>• 检查银行或评级机构编制的报告；<br>• 从因特网搜索、贸易与经济方面的期刊、法规与金融出版物获取的行业信息以及经济状况的信息。 |
| 项目组讨论 | 有关被审计单位财务报表发生重大错报（包括舞弊）的可能性的小组讨论结果。 |

# 9. 对评估的风险采取的应对措施

| 本章内容 | 相关国际审计准则 |
|---|---|
| 针对评估的风险设计和实施恰当的应对措施 | ISA240、300、330、500 |

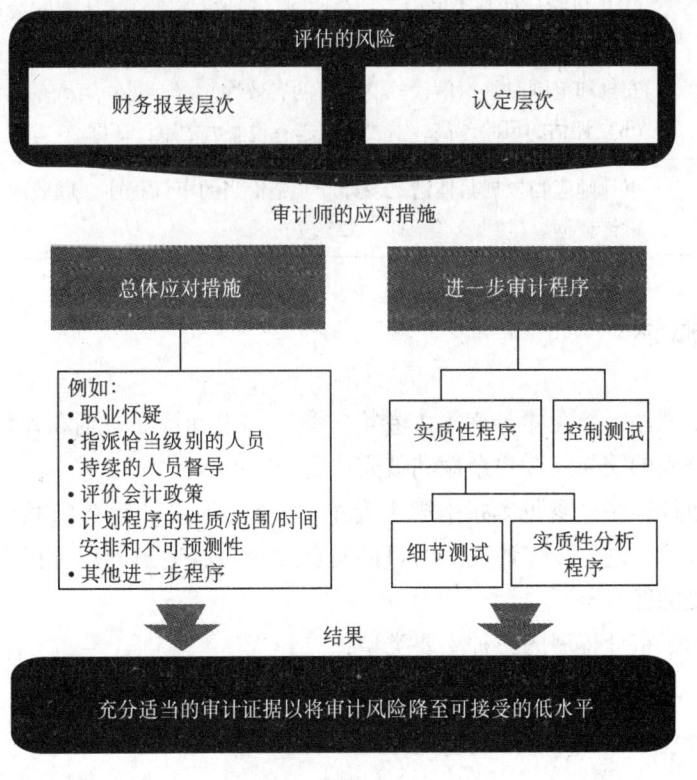

图 9.0-1

| 条款 | 国际审计准则相关内容摘录 |
|---|---|
| ISA330.3 | 审计师的目标是,针对评估的重大错报风险,通过设计和实施适当的应对措施,获取充分、适当的审计证据。 |
| ISA300.9 | 审计师应当制定具体审计计划,具体审计计划应当包括下列内容:<br>(a) 按照 ISA315 的规定,计划实施的风险评估程序的性质、时间安排和范围;<br>(b) 按照 ISA330 的规定,在认定层次计划实施的进一步审计程序的性质、时间安排和范围;<br>(c) 根据 ISA 的规定,计划应当实施的其他审计程序。(参见:第 A12 段) |
| ISA330.7 | 在设计拟实施的进一步审计程序时,审计师应当:<br>(a) 考虑形成某类交易、账户余额和披露的认定层次重大错报风险评估结果的依据,这些依据包括:<br>(i) 因相关交易类别、账户余额或披露的具体特征而导致重大错报的可能性(即固有风险);<br>(ii) 风险评估是否考虑了相关控制(即控制风险),从而要求审计师获取审计证据以确定控制是否有效运行(即审计师在确定实质性程序的性质、时间安排和范围时,拟信赖控制运行的有效性)。(参见:第 A9－A18 段)<br>(b) 评估的风险越高,需要获取越有说服力的审计证据。(参见:第 A19 段) |
| ISA500.6 | 审计师应当根据具体情况设计和实施恰当的审计程序,以获取充分、适当的审计证据。(参见:第 A1－A25 段) |

## 9.1 概述

风险评估程序(参见本指南第 1 卷第 8 章)的设计旨在识别和评估财务报表层次以及重大类别的交易、账户余额和披露认定层次的风险。

进一步审计程序(参见本指南第 1 卷第 10 章)的设计旨在应对评估的认定层次重大错报风险。进一步审计程序的目的是获取充分、适当的审计证据以将审计风险降至可接受的低水平。

下图列示了审计程序的三种主要类型:

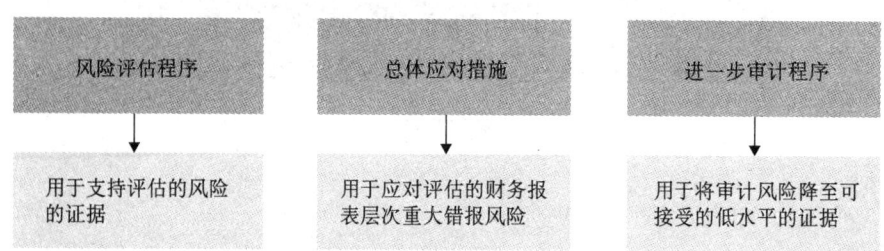

图 9.1－1

# 9. 对评估的风险采取的应对措施

评估的财务报表层次风险具有广泛性，需要采取总体应对措施。例如，确定指派执行工作的人员的经验、所需要的督导水平以及对计划审计程序的性质和范围的任何必要修改。

评估的认定层次风险与特定的账户余额、交易和披露相关。应对措施是实施进一步审计程序，包括细节测试、控制测试和实质性分析程序。

进一步审计程序的设计受到下列因素的影响：
- 实施风险评估程序的结果以及由此得到的认定层次风险的评估结果。
- 针对评估的财务报表层次重大错报风险制定的总体应对措施。

## 9.2 针对财务报表层次风险的总体应对措施

| 条款 | 国际审计准则相关内容摘录 |
|---|---|
| ISA330.5 | 审计师应当针对评估的财务报表层次重大错报风险设计和实施总体应对措施。（参见：第 A1–A3 段） |

财务报表层次重大错报风险，是指广泛地与财务报表整体相关、进而潜在影响多项认定的风险。因此，这些风险（例如管理层不重视控制）可能间接作用于认定层次重大错报风险。例如，如果被审计单位的会计人员不具备专业胜任能力，就会出现多个财务报表账户余额、交易或披露发生错误或舞弊的机会。因此，财务报表层次风险通常不能通过实施具体审计程序来解决，而是需要采取总体应对措施。

ISA 240 和 330 给出了针对识别的财务报表层次风险的一些可能的总体应对措施。下面是一些例子。

**表 9.2–1**

| | 针对评估的财务报表层次风险的可能的总体应对措施 |
|---|---|
| 项目管理 | 向项目组强调保持职业怀疑的必要性。<br>指派更有经验的人员或具有特殊技能的人员，例如法律、评估和 IT 专家。<br>在人员执行工作的过程中提供更多的持续性督导。 |
| 在选择进一步审计程序时融入不可预见性 | 在选择拟实施的进一步审计程序的性质、时间安排和范围时，融入不可预见的因素。这在应对舞弊风险的时候尤为重要，因为被审计单位内部的人员可能熟悉通常实施的审计程序，进而更加易于隐藏虚假财务报告。<br>下列方法可以增加不可预见性：<br>• 对以前未测试的低于设定的重要性水平或风险较小的选定账户余额和认定实施实质性程序；<br>• 调整实施审计程序的时间安排，使其超出预期；<br>• 不同的审计抽样方法；以及<br>• 选择不同的地点实施审计程序，或不预先告知选定的测试地点（如存货盘点）。 |

续表

| 针对评估的财务报表层次风险的可能的总体应对措施 | |
|---|---|
| 修改计划的审计程序 | 对审计程序的性质、时间安排或范围作出修改。例如：<br>• 在期末而非期中实施实质性程序；<br>• 对特定资产进行实地观察或检查。<br>• 进一步复核库存记录，以识别异常项目、未预期数量以及其他需要实施跟进程序的项目。<br>• 实施进一步工作以评价管理层估计及其所依据的判断和假设的合理性；<br>• 扩大样本规模或采用更详细的数据实施分析程序；<br>• 在下列方面运用计算机辅助审计技术（CAATs）：<br>——针对重大账户或电子交易文档所包含的数据收集更多的证据；<br>——对电子交易和账户文档实施更广泛的测试；<br>——从关键电子文档中选择交易样本；<br>——根据特定特征对交易进行分类；以及<br>——测试整个总体而非样本。<br>• 要求在函证中增加信息。例如，在应收账款函证中，审计师可能要求对方证实销售协议的细节，包括日期、退货权利和交货条款；以及<br>• 修改审计程序的性质和范围以获取更多的实质性审计证据。 |
| 改变审计方案 | 考虑所获取的对控制环境的了解。<br>如果控制环境有效，审计师可能对内部控制和被审计单位内部生成的审计证据更有信心。这将意味着：<br>• 在期中而非期末实施更多的审计程序；<br>• 采取将控制测试和实质性程序结合使用的审计方案（综合性方案）。<br>如果控制环境无效，将导致：<br>——在期末而非期中实施更多的审计程序；<br>——通过实施实质性程序获取更广泛的审计证据；以及<br>——增加拟纳入审计范围的经营地点的数量。 |
| 检查正在使用的会计政策 | 评价被审计单位会计政策的选择和使用，特别是那些与主观衡量以及复杂交易相关的会计政策，是否表明存在由管理层盈余管理操作而引起的虚假财务报告。 |

**考虑要点**

**时间安排**

总体应对措施可以在计划阶段制定，进而融入总体审计策略。在新业务中，总体应对措施可以在计划阶段根据初步业务活动而制定，然后根据风险评估的结果予以证实或修改。

## 9. 对评估的风险采取的应对措施

> **审计工作底稿**
> 在小型被审计单位中，确定总体应对措施和审计策略不是一项复杂或费时的工作。在某些情况下，这两个步骤可以通过前期审计结束时编制简要的备忘录来完成（假设其涵盖了要求的全部事项），然后可以根据与管理层的讨论予以更新。

## 管理层凌驾于控制之上

| 条款 | 国际审计准则相关内容摘录 |
|---|---|
| ISA240.26 | 在识别和评估由于舞弊导致的重大错报风险时，审计师应当基于收入确认存在舞弊风险的假定，评价哪些类型的收入、收入交易或认定导致舞弊风险。如果审计师认为收入确认存在舞弊风险的假定不适用于业务的具体情况，从而未将收入确认作为由于舞弊导致的重大错报风险领域，审计师应当按照ISA240 第47 段的规定形成相应的审计工作底稿。（参见：第 A28 – A30 段） |
| ISA 240.32 | 无论对管理层凌驾于控制之上的风险的评估结果如何，审计师都应当设计和实施审计程序，用以：<br>（a）测试日常会计核算过程中作出的会计分录以及编制财务报表过程中作出的其他调整是否适当。在为该类测试设计和实施审计程序时，审计师应当：<br>（i）向参与财务报告过程的人员询问与处理会计分录和其他调整相关的不恰当或异常的活动；<br>（ii）选择在报告期末作出的会计分录和其他调整；<br>（iii）考虑是否有必要测试整个会计期间的会计分录和其他调整。（参见：A41 – A44 段）<br>（b）复核会计估计是否存在偏向，并评价产生这种偏向的环境是否表明存在由于舞弊导致的重大错报风险。在执行这一复核时，审计师应当：<br>（i）评价管理层在进行财务报表相关的会计估计时所作出的判断和决策是否反映出管理层的某种偏向（即使判断和决策单独看起来是合理的），从而可能表明存在由于舞弊导致的重大错报风险。如果存在偏向，审计师应当从整体上重新评价会计估计；<br>（ii）追溯复核与以前年度财务报表反映的重大会计估计相关的管理层判断和假设。（参见：第 A45 – A47 段）<br>（c）对于超出被审计单位正常经营过程的重大交易，或基于对被审计单位及其环境的了解以及在审计过程中获得的其他信息而显得异常的重大交易，审计师应当评价其商业原理（或缺乏商业原理）是否表明被审计单位从事交易的目的是为了对财务信息作出虚假报告或掩盖侵占资产的行为。（参见：第 A48 段） |
| ISA 240.33 | 当按照第 32 段的要求实施的程序无法涵盖特定的管理层凌驾于控制之上的其他风险时，审计师还应当确定除了上述审计程序外，是否有必要实施其他审计程序，以应对识别出的管理层凌驾于控制之上的风险。 |

管理层凌驾于控制之上和虚假的收入确认被认定为特别风险（参见本指南第 2 卷第 10 章），并且需要予以应对。因此，某些审计程序需要在每次审计中都实施。前面引用的 ISA 相关内容摘录已经给出了这些审计程序，下面将作补充说明。

表 9.2 – 2

| 针对管理层凌驾于控制之上实施的程序 | |
| --- | --- |
| 会计分录 | 根据下列因素识别、选择、测试会计分录和其他调整：<br>• 对被审计单位财务报告流程以及内部控制设计和执行情况的了解。<br>• 对下列内容的考虑：<br>——虚假会计分录或其他调整的特征；<br>——是否存在与特定类别的会计分录和其他调整相关的舞弊风险因素；<br>——向参与财务报告流程的人员询问不恰当或异常的活动。 |
| 估计 | 复核与特定交易和余额相关的估计以识别管理层可能存在的偏向。进一步程序包括：<br>• 重新对估计进行整体考虑；<br>• 追溯复核与以前年度重大会计估计相关的管理层判断和假设；以及<br>• 确定是否对财务报表的重大错报产生累积影响。 |
| 重大交易 | 针对异常或超出正常经营过程的重大交易，获取对其商业理由的了解。这包括评价是否存在下列迹象：<br>• 管理层更强调采用某种特定的会计处理的需要，而不是交易的经济实质；<br>• 交易的形式显得过于复杂；<br>• 管理层与治理层就此类交易的性质和会计处理进行过讨论；<br>• 交易涉及以往未识别出的关联方，或涉及在没有被审计单位帮助的情况下不具备物质基础或财务能力完成交易的第三方；<br>• 对于涉及不纳入合并范围的关联方（包括特殊目的实体）的交易，治理层未进行适当的审核与批准；<br>• 存在充分的记录。 |
| 收入确认 | 实施实质性分析程序。考虑运用计算机辅助审计技术以识别异常的或未预期的收入关系或交易。<br>向客户函证相关的合同条款（接受标准、交货与付款条件）以及是否存在补充协议（退货权利、保证的转销金额等）。 |

## 9.3　针对评估的认定层次风险的应对

| 条款 | 国际审计准则相关内容摘录 |
| --- | --- |
| ISA330.6 | 审计师应当针对评估的认定层次重大错报风险，设计和实施进一步审计程序，包括审计程序的性质、时间安排和范围。（参见：第 A4 – A8 段） |

# 9. 对评估的风险采取的应对措施

## 适当的审计方案

设计和实施进一步审计程序的审计方案,是基于对识别出的财务报表层次和认定层次风险的评估结果。

由于重大类别的交易、账户余额和披露之间评估的风险差异很大,最有效的审计方案也会有所不同。例如,针对销售的完整性认定实施控制测试、针对其他认定采用实质性程序可能就是恰当的。关键是制定能够恰当应对识别出的风险的审计程序。

下图列示了在为账户余额或交易制定恰当的审计方案时需要考虑的一些问题:

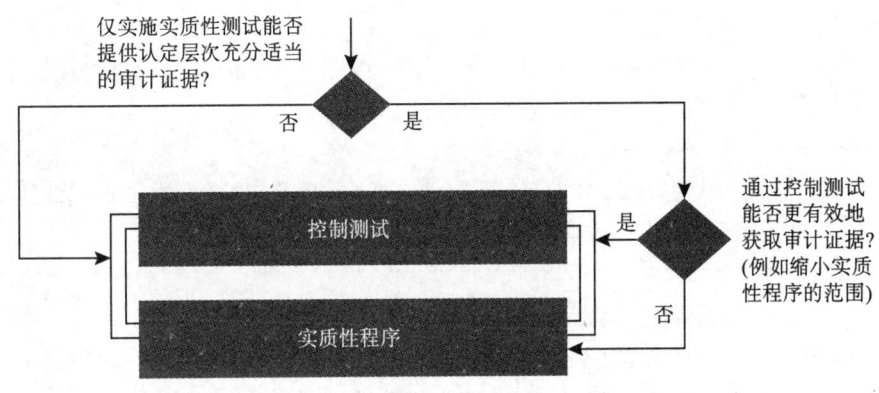

图 9.3 – 1

注:在小型被审计单位,可靠的控制活动可能根本没有或者数量有限。在这些情况下,实质性方案可能是唯一的选择。

## 设计和实施进一步审计程序

审计师根据并且针对评估的认定层次重大错报风险,确定进一步审计程序的性质、时间安排和范围。这使得审计师的进一步审计程序与风险评估结果之间具备明确的对应关系。

第一步是复核截止当前所获取的信息,这些信息为设计进一步审计程序提供基础。这些信息包括:

- 评估的财务报表层次和认定层次风险(如经营风险和舞弊风险)的性质和原因;
- 对财务报表影响重大的账户余额、交易或披露;
- 实施控制测试的需求(如存在)。这发生在仅实施实质性程序不足以提供认定层次充分、适当的审计证据时;

- 审计师对控制环境和控制活动的了解。特别是在已经识别出一些相关内部控制的情形下，经过测试，这些控制能够有效应对评估的某认定的重大错报风险；以及
- 一些 ISA 或者地方法规规章所要求的特定审计程序的性质和范围。

基于上述信息，审计师可以设计拟实施的程序的性质与范围。在设计过程中需要考虑下列问题：

图9.3-2

| 考虑的问题 | 对审计程序设计的影响 |
|---|---|
| 所针对认定的性质 | 针对特定认定的最恰当审计程序是什么？考虑下列因素：<br>• 有效性<br>针对销售完整性的证据可能最好通过控制测试来获取，然而支持存货估价的审计证据则很可能通过实质性程序来获取。<br>• 所获取证据的可靠性<br>为认定提供更加可靠的证据。与仅仅检查发票或实施分析程序相比，旨在确定存在性的应收账款函证可以提供更好的证据。 |
| 评估的风险的依据 | 风险评估结果的内在理由是什么？<br>这包括考虑财务报表领域的特征、识别和评估的固有风险以及相关内部控制。如果评估的风险因为相关内部控制的设计和执行而显得较低，可以考虑实施控制测试以证实评估的风险，并缩小原本需要的实质性程序的范围。 |
| 评估的风险的水平 | 某些评估的风险是否需要更加可靠和相关的审计证据？<br>可能需要扩大现有程序的范围或者结合不同类型的审计程序，以提供所需要的保证程度。例如，为确保高价值存货项目的存在性，除检查支持性凭证以外还需要进行实物检查。 |
| 所使用信息的来源 | 计划的审计程序是否依赖被审计单位信息系统生成的非财务信息？<br>如果是，应当获取有关信息准确性和完整性的证据。例如，在一个高层公寓，可能将出租单元的数量和每月租金的乘积与总收入作比较。如果是这样的话，确保租赁单元的数量是真实的并且每月租金与签署的租赁合同一致就很重要。 |
| 双重目的测试的可能性 | 针对同一交易同时实施控制测试和细节测试是否有效？<br>例如，一张发票正在被检查，以寻找经过授权的证据（控制测试），它还可以同时被检查以证实交易的其他方面（细节测试）。 |

## 运用认定选择拟测试总体

在设计程序时,审计师需要仔细考虑与获取的证据相关的认定的性质。证据的性质将决定拟检查证据的类型、程序的性质以及拟从中选择样本的总体。

例如,**存在认定**的证据将通过选择财务报表金额中已经包含的项目而获取。选择应收账款进行函证将提供应收账款余额存在的证据。但是,选择已经包含于财务报表金额中的项目不能提供有关完整性的证据。

针对**完整性认定**,项目的选择需要根据这样的证据,即表明该项目应当包含于财务报表金额。为了确定销售的完整性(即不存在未记录的销售),选择发运单并将其与销售发票进行比对(受制于发运单的完整性)就可以提供销售遗漏的证据。

## 程序的时间安排

时间安排是指审计师何时实施审计程序,或审计证据适用的期间或时点。

## 期末之前还是期末?

在大多数情况下(尤其是小型被审计单位),审计程序将在期末和期后实施。此外,重大错报风险越高,实质性程序越可能在接近期末或期后实施。

某些情况下,在期末之前实施审计程序可能有一些好处。例如:

- 有助于在早期识别出重大事项。这为解决问题并实施进一步审计程序提供了时间;
- 通过将繁忙季节的一些程序转移到时间更充裕的期间,平衡会计师事务所的工作量;
- 通过减少期后为了回答审计询问且提供被要求证据和计划所需要的时间,平衡客户的工作量;以及
- 未经通知或在不可预测的时间实施审计程序。

在确定是否在期中实施审计程序时,需要考虑下表列示的因素:

图 9.3 – 3

| | 考虑的因素 |
|---|---|
| **在期末之前实施的审计程序** | 总体控制环境如何?如果控制环境不好,在期中进行存货盘点然后根据存货移动情况(进入和发出)更新盘点数可能是不够的;<br>正在考虑的账户余额或类别交易的特定控制怎么样?<br>能否得到实施测试所需要的证据?电子文档以后可能被覆盖,所观察的程序可能仅在特定时点发生。<br>期末之前的程序能否应对所涉及风险的性质和实质?<br>期中的程序能否应对与审计证据相关的期间或时点?<br>自程序的实施时点至期末的剩余期间内需要多少额外的证据? |

第1卷第10章第5节提供有关控制测试时间安排的进一步信息。

**期末之后**

某些审计程序只能在期末或期后实施。这些程序包括截止测试（对内部控制的依赖程度很低）、期末调整和期后事项。

# 10. 进一步审计程序

| 本章内容 | 相关国际审计准则 |
|---|---|
| 进一步审计程序的特点和运用 | ISA330、505、520 |

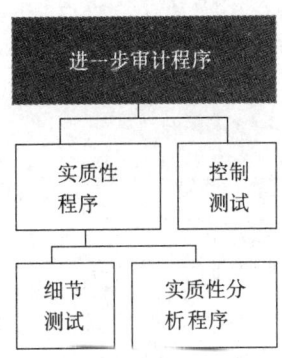

图 10.0-1

| 条款 | 国际审计准则相关内容摘录 |
|---|---|
| ISA330.4 | 就国际审计准则而言，对下列术语给予以下定义：<br>（a）实质性程序——是指用于发现认定层次重大错报的审计程序。实质性程序包括下列两类程序：<br>（i）（对各类交易、账户余额和披露的）细节测试；<br>（ii）实质性分析程序。<br>（b）控制测试——是指用于评价内部控制在防止或发现并纠正认定层次重大错报方面的运行有效性的审计程序。 |

## 10.1 概述

本章概述针对评估的认定层次风险的进一步审计程序的特征和运用。

### 实质性程序

审计师实施实质性程序的目的是：
- 收集账户余额和交易中包含的支撑性认定的证据；以及
- 发现重大错报。

典型的实质性程序包括选择账户余额或有代表性的交易样本，以执行下列工作：
- 重新计算已记录金额以确认准确性；
- 确认余额的存在（应收款项、银行账户、投资等）；
- 确保交易记录于正确的期间（截止测试）；
- 将不同期间的数字进行比较或与预期进行比较（分析程序）；
- 检查支持性文件（如发票或销售合同）；
- 观察已记录资产是否存在实物（存货盘点）；以及
- 复核价值减值损失计提的充分性（可疑的账户和废弃的存货）。

### 控制测试

审计师实施控制测试以收集下列关于内部控制程序运行有效性的证据：
- 针对拟依赖控制的特定认定；
- 防止或发现/纠正重大错误或舞弊的发生。

典型的控制测试包括选择有代表性的交易样本或支持性文件，以实施下列工作：
- 观察正在执行的内部控制程序的运行情况；
- 检查控制程序已得到执行的证据；
- 询问控制程序执行的方式和时间；
- 重新执行控制程序的运行过程（例如在电子化信息系统下）。

还可以运用计算机辅助审计技术（CAATs）来收集控制运行的证据。

## 10.2 实质性程序

| 条款 | 国际审计准则相关内容摘录 |
| --- | --- |
| ISA330.18 | 无论评估的重大错报风险结果如何，审计师都应当针对所有重大类别的交易、账户余额和披露，设计和实施实质性程序。（参见：第 A42 - A47 段） |
| ISA330.19 | 审计师应当考虑是否将函证程序用作实质性程序。（参见：第 A48 - A51 段） |
| ISA330.20 | 审计师实施的实质性程序应当包括下列与财务报表编制完成阶段相关的审计程序：<br>(a) 将财务报表与其所依据的会计记录进行核对或调节；<br>(b) 检查财务报表编制过程中作出的重大会计分录和其他调整。（参见：第 A52 段） |

续表

| 条款 | 国际审计准则相关内容摘录 |
|---|---|
| ISA330.21 | 如果认为评估的认定层次重大错报风险是特别风险,审计师应当专门针对该风险实施实质性程序。如果针对特别风险实施的程序仅为实质性程序,这些程序应当包括细节测试。(参见:第 A53 段) |
| ISA330.22 | 如果在期中实施了实质性程序,审计师应当针对剩余期间实施下列程序之一,以将期中测试得出的结论合理延伸至期末:(参见:第 A54 – A57 段)<br>(a) 结合对剩余期间实施的控制测试,实施实质性程序;<br>(b) 如果认为对剩余期间拟实施的实质性程序是充分的,仅实施实质性程序。 |
| ISA330.23 | 如果在期中检查出审计师在评估重大错报风险时未预期到的错报,审计师应当评价是否需要修改相关的风险评估结果以及针对剩余期间拟实施的实质性程序的性质、时间安排或范围。(参见:第 A58 段) |

审计师设计实质性程序以发现认定层次重大错报风险。实质性程序有两种类型,如下表所示。

表 10.2 – 1

| 程序 | 描述 |
|---|---|
| 细节测试 | 是指收集旨在证实财务报表金额的证据的程序。这些程序用来获取有关存在、准确和计价认定的审计证据。 |
| 实质性分析程序 | 是指借助财务与非财务数据之间的可预期关系来证实财务报表金额的程序。这些程序经常用于一段期间内可预测的大量交易。 |

## 细节测试

在设计实质性程序应对评估的风险时,审计师需要考虑下列问题。

表 10.2 – 2

| 内容 | 描述 |
|---|---|
| 每个重大的账户余额、交易和披露 | 无论评估的重大错报风险结果如何,都应当设计和实施实质性程序。 |
| 必要的审计程序 | 必须实施一些特定的程序,以遵守国际审计准则和地方规定。第 1 卷第 11 – 15 章概括了一些这样的程序。必要的程序包括:<br>• 检查财务报表编制过程中作出的重大会计分录和其他调整;<br>• 应对管理层凌驾于控制之上的风险(参见第 1 卷第 9 章第 2 节);以及<br>• 将财务报表与所依据的会计记录进行核对。 |

续表

| 内容 | 描述 |
|---|---|
| 对函证程序的需求 | 考虑是否需要针对与账户余额及其要素（银行存款、投资、应收账款等）相关的认定或下列事项获取询证函：<br>• 协议和合同的条款；<br>• 被审计单位和其他方之间的交易；以及<br>• 表明某些条件不存在的证据（如销售合同中没有"背后协议"）。另请参阅下文有关函证的讨论。 |
| 特别风险 | 设计和实施实质性程序（细节测试）以专门应对识别出的风险并且提供所需要的高水平审计保证。 |
| 时间安排 | 如果在期末之前实施了程序，需要针对剩余期间合并实施实质性程序和控制测试或实施进一步实质性程序，以将期中测试得出的结论合理延伸至期末。如果期中检查出未预期到的错报，需要考虑修改针对剩余期间拟实施的程序。 |

在确定何种实质性程序应对评估的风险最有效时，审计师可以：
- 仅实施细节测试；
- 如果不存在特别风险，仅实施实质性分析程序；
- 将细节测试与实质性分析程序结合使用。

在实施实质性分析程序时，审计师应当确定其对已记录金额或比率得出预期所依据的数据是否可靠。

### 在期中实施实质性程序

如果实质性程序在期中实施，审计师应当针对剩余期间实施进一步实质性程序或将实质性程序与控制测试相结合。这为将期中测试得出的结论延伸至期末提供了合理基础，并且降低了期末存在错报而未被发现的风险。但是，如果仅实施实质性程序不充分，还应当对相关控制进行测试。

### 针对期中和期末之间期间的程序

在设计实质性程序或者结合控制测试实施实质性程序时，针对期中至期末之间的期间，审计师需要考虑下列问题：
- 将期末信息与期中可比信息进行对比；
- 识别显示异常的金额。应当针对剩余期间实施进一步实质性分析程序或细节测试，以调查这些金额。

- 在计划实质性分析程序时，考虑特定类别交易的期末累计发生额或期末账户余额在金额、相对重要性和构成方面能否被合理预期。
- 考虑被审计单位在期中对此类交易或账户余额进行分析和调整的程序及确保截止正确的程序是否恰当。

### 利用以前期间实施的实质性程序

利用以前期间实施的实质性程序所获取的审计证据可能对审计计划有用，但是（除非与本期持续相关，如固定资产的成本价或合同细节）对本期只有很弱的证据效力或没有证据效力。

## 10.3 函证

| 条款 | 国际审计准则的目标 |
| --- | --- |
| ISA505.5 | 在使用函证程序时，审计师的目标是设计和实施函证程序，以获取相关、可靠的审计证据。 |

| 条款 | 国际审计准则相关内容摘录 |
| --- | --- |
| ISA505.7 | 当实施函证程序时，审计师应当对询证函保持控制，包括：<br>（a）确定需要确认或填列的信息（参见：第 A1 段）；<br>（b）选择适当的被询证者（参见：第 A2 段）；<br>（c）设计询证函，包括确定询证函的致送对象正确，并包含被询证者直接向审计师回函的地址信息；（参见：第 A3–A6 段）<br>（d）发出询证函并予以跟进，必要时再次向被询证者寄发询证函。（参见：第 A7 段） |
| ISA505.8 | 如果管理层不允许寄发询证函，审计师应当：<br>（a）询问管理层不允许寄发询证函的原因，并就其原因的正当性及合理性收集审计证据；（参见：第 A8 段）<br>（b）评价管理层不允许寄发询证函对评估的相关重大错报风险（包括舞弊风险），以及其他审计程序的性质、时间安排和范围的影响；（参见：第 A9 段）<br>（c）实施替代程序，以获取相关、可靠的审计证据。（参见：第 A10 段） |
| ISA505.9 | 如果认为管理层不允许寄发询证函的原因不合理，或实施替代程序无法获取相关、可靠的审计证据，审计师应当按照 ISA 260 的规定，与治理层进行沟通。根据 ISA 705 的规定，审计师还应当确定其对审计工作和审计意见的影响。 |

续表

| 条款 | 国际审计准则相关内容摘录 |
| --- | --- |
| ISA505.10 | 如果存在对询证函回函的可靠性产生疑虑的因素,审计师应当进一步获取审计证据以消除这些疑虑。(参见:第 A11 – A16 段) |
| ISA505.11 | 如果认为询证函回函不可靠,审计师应当评价其对评估的相关重大错报风险(包括舞弊风险)以及其他审计程序的性质、时间安排和范围的影响。(参见:第 A17 段) |
| ISA505.12 | 在未回函的情况下,审计师应当实施替代程序以获取相关、可靠的审计证据。(参见:第 A18 – A19 段) |
| ISA505.13 | 如果审计师认为取得积极式函证回函是获取充分、适当的审计证据的必要程序,则替代程序不能提供审计师所需要的审计证据。在这种情况下,如果未获取回函,审计师应当按照 ISA705 的规定,确定其对审计工作及审计意见的影响。(参见:第 A20 段) |
| ISA505.14 | 审计师应当调查不符事项,以确定是否表明存在错报。(参见:第 A21 – A22 段) |
| ISA505.15 | 消极式函证比积极式函证提供的审计证据的说服力低。除非同时满足下列条件,审计师不应将消极式函证作为应对认定层次重大错报风险的唯一实质性审计程序:(参见:第 A23 段)<br>(a) 审计师将重大错报风险评估为低水平,并已就与认定相关的控制运行的有效性获取了充分、适当的审计证据;<br>(b) 需要实施消极式函证程序的总体由大量小额、同质的账户余额、交易或事项构成;<br>(c) 预期不符事项的发生率很低;<br>(d) 没有迹象表明接收询证函的人员或机构不认真对待函证。 |
| ISA505.16 | 审计师应当评价实施函证程序的结果是否提供了相关、可靠的审计证据,或是否有必要获取进一步审计证据。(参见:第 A24 – A25 段) |

函证通常用于为负债的完整性和资产的存在提供审计证据。函证还可以为金额是否在恰当的会计期间(截止)准确地记录于会计记录(准确性)提供证据。函证在针对计价问题如应收账款的可回收性或持有资产的减损方面的相关性并不高。

函证程序提供相关审计证据的典型情况包括:

- 银行存款、借款及与金融机构往来的其他重要信息;
- 应收账款余额和条款;
- 委托第三方加工或保管的存货;

# 10. 进一步审计程序

- 由律师或金融机构保管或作为担保的产权证书；
- 第三方保管的，或通过股票经纪人购买的但未于资产负债表日交付的投资；
- 欠款金额，包括偿还条款和限制性协议；以及
- 应付账款余额和条款。

审计师需要考虑下表中列示的问题。

表 10.3-1

| 名称 | 描述 |
| --- | --- |
| 双重目的测试 | 是否有机会同时获取其他重要事项的审计证据（如合同条款等）？ |
| 证实被询证者对函证事项的了解 | 如果被询证者了解函证事项，其提供的回复的可靠性更高。 |
| 被询证者回复函证的能力或意愿 | 如果被询证者出现以下情形，考虑所获取证据的可靠性：<br>- 不愿意承担责任；<br>- 认为回复询证函成本太高或消耗太多时间；<br>- 担心可能存在的法律责任；<br>- 被询证者可能以不同币种核算交易；或<br>- 未认真对待函证请求。 |
| 被询证者的客观性 | 如果被询证者是被审计单位的关联方，则考虑所获取证据的可靠性。在这种情况下，审计师应当考虑：<br>- 证实函证事项的额外细节，如销售协议的条款，包括日期、退货权利和发运条款；<br>- 向非财务人员询问函证事项的情况（如销售协议和发运条款的变更），以为函证提供补充信息。 |

尽管存在例外情形（参见 ISA500 第 A31 段），但如果审计证据是从被审计单位以外的独立来源获取，通常被认为可靠性更高。因此，直接从无关第三方收到的询证函书面回复可能有助于将相关认定重大错报风险降至可接受的低水平。

有关函证的规定可以概括如下：

表 10.3-2

| 内容 | 描述 |
| --- | --- |
| 对函证过程保持控制 | 包括：<br>- 确定需要确认或填列的信息；<br>- 选择适当的被询证者；<br>- 评估管理层不允许寄发询证函的原因。这包括考虑不允许寄发询证函对评估的风险、舞弊的可能性以及需要哪些进一步审计程序的影响；<br>- 设计询证函；<br>- 确定正确填列被询证者的姓名和地址以及被询证者直接向审计师回函的地址；<br>- 发出询证函并予以跟进，必要时再次向被询证者寄发询证函。 |

续表

| 内容 | 描述 |
|---|---|
| 回函可靠吗？ | 如果存在对询证函回函的可靠性产生疑虑的因素，审计师应当：<br>• 进一步获取审计证据以消除或证实这些疑虑；<br>• 考虑舞弊的可能以及对评估的风险的其他影响；<br>• 调查不符事项以确定是否表明存在错报。 |
| 未收到回函的情况 | 实施替代审计程序（如可能）以获取相关、可靠的审计证据。 |
| 评价总体结果 | 函证程序的结果是否提供了所需要的相关、可靠的审计证据？ |

## 10.4 实质性分析程序

| 条款 | 国际审计准则相关内容摘录 |
|---|---|
| ISA520.5 | 在设计和实施实质性分析程序时，无论单独使用或与细节测试结合使用，按照 ISA330 的有关规定，审计师应当：（参见：A4 – A5 段）<br>(a) 考虑针对所涉及认定评估的重大错报风险和实施的细节测试（如有），确定特定实质性分析程序对于这些认定的适用性；（参见：第 A6 – A11 段）<br>(b) 考虑可获得信息的来源、可比性、性质和相关性以及与信息编制相关的控制，评价在对已记录的金额或比率作出预期时所使用数据的可靠性；（参见：第 A12 – A14 段）<br>(c) 对已记录的金额和比率作出预期，并评价预期值是否足够精确以准确地识别重大错报（包括单项重大的错报和单项虽不重大但连同其他错报可能导致财务报表产生重大错报的错报）；（参见：第 A15 段）<br>(d) 确定已记录金额与预期值之间可接受的，且无需按本国际审计准则第 7 段的要求作进一步调查的差异额。（参见：第 A16 段） |

实质性分析程序涉及将财务报表中的金额或关系与根据对被审计单位的了解和其他审计证据中获取的信息作出的预期进行比较。

如果某类交易的固有风险较低，仅实施实质性分析程序可能能够提供充分、适当的审计证据。但是，如果评估的风险较低是因为存在相关的内部控制，审计师就还要对这些控制进行测试。在应对特别风险时，分析程序应当与其他实质性程序或控制测试结合使用。

如果将分析程序用作实质性程序，审计师应当恰当设计程序以将未发现相关认定存在重大错报的风险降至可接受的低水平。这意味着根据已记录金额作出的预期值应当足够精确，以表明存在单独或汇总重大错报的可能性。

# 10. 进一步审计程序

> **考虑要点**
>
> 出于计划审计工作的目的,实质性分析程序可以根据所获取的保证水平划分为三个不同的层次,具体说明如下。

表 10.4-1

| 对降低审计风险的影响 | 描述 |
| --- | --- |
| 高度有效<br>(已记录的金额发生错报的风险为低) | 该程序是搜集财务报表认定证据的主要来源。它"有效地"证明已记录的金额。但是,如果涉及的风险是特别风险,还要结合其他相关程序使用。 |
| 中等有效 | 该程序仅用于佐证其他程序获取的证据。获取的是中等保证水平。 |
| 有限的 | 属于基本程序,例如将本期数额与前期进行对比,虽然有用但仅提供有限的保证水平。 |

## 技术

有一些方法可以用来实施分析程序。目的是选择最恰当的方法以提供预期的保证水平和准确程度。这些技术包括:

- 比率分析;
- 趋势分析;
- 盈亏平衡分析;
- 模式分析;
- 回归分析。

每种技术都有特定的优缺点,审计师在设计分析程序时需要加以考虑。如回归分析这样的复杂技术可以针对已记录金额提供统计可靠的结论。但是,简单技术,例如将公寓数量与认可的租金水平相乘再根据实际空置率进行调整,也可以提供租金收入的可靠、准确的估计。

表 10.4-2

| 需要考虑的因素 | |
| --- | --- |
| 设计实质性分析程序 | 对于特定性质认定的适用性。 |
| | 根据已记录金额或比率作出的预期所依据信息(内部或外部)的可靠性。这需要对所依据信息的准确性、存在和完整性进行测试,例如控制测试或实施其他特定审计程序,可能包括运用计算机辅助审计技术(CAATs)。 |
| | 作出的预期是否足以精确到识别既定保证水平的重大错报。 |
| | 已记录金额与预期值之间的差异额是可接受的。 |

续表

| 需要解决的问题 | |
|---|---|
| 确定信息之间的意义关系 | 这些关系是否来自于稳定的环境？<br>• 在动态或不稳定的环境中可能无法作出可靠、精确的预期。 |
| | 是否在具体层次考虑这些关系？<br>• 金额的分解能够比加总层次提供更加可靠、准确的预期。 |
| | 高度汇总的要素之间是否存在抵消因素或复杂情形而可能掩盖重大错报？ |
| | 关系中是否存在受管理层处置影响的项目？<br>• 如果是，这些关系可能提供可靠程度或准确性较低的预期。 |

用以作出预期的数据的可靠程度需要与分析程序预期获取的保证水平、精确程度一致。可能还需要实施其他实质性程序以确定所依据的数据是否足够可靠。针对其他认定，如数据的完整性、存在和准确性，也可以考虑实施控制测试。非财务信息的内部控制经常结合其他控制测试予以检查。

表 10.4-3

| 需要解决的问题 | |
|---|---|
| 数据是否足够可靠以实现审计目标？ | 数据是从被审计单位内部来源获取还是从被审计单位外部独立来源获取？<br>• 如果审计证据是从被审计单位外部的独立来源获取，其可靠性将提升（有一些例外）。 |
| | 数据是否来源于被审计单位内部不直接负责其准确性的人员？<br>• 如果是，考虑实施进一步审计程序以检查准确性。 |
| | 数据是否在具有充分内部控制的可靠系统下得出？ |
| | 是否存在可与被审计单位数据进行比较的普遍性行业数据？ |
| | 数据是否接受过本期或前期的审计测试？ |
| | 审计师有关已记录金额的预期是否由多个来源作出？ |

为避免无根据地信赖所使用的一种数据来源，审计师应当对所依据的数据实施实质性测试以确定其是否足够可靠，或者测试与数据完整性、存在或准确性相关的内部控制是否运行有效。

在某些情况下，实施分析程序可以使用非财务数据（如已生产产品的数量和品种）。因此，审计师需要恰当的依据以确定非财务数据是否足够可靠，能够用以实施实质性程序。

### 与预期值的差异

如果识别出已记录金额与审计师的预期之间存在差异，审计师应当考虑分析程序所计划提供的保证水平以及实际执行的重要性。在任何情况下,可接受的、无需作进一步调查的差异额要小于实际执行的重要性。

用作调查的程序可能包括:
- 重新考虑形成预期时的方法和因素;
- 向管理层询问审计师的预期出现差异的原因,结合在审计过程中获取的对被审计单位的了解,评价管理层的回复;
- 实施其他审计程序以证实管理层的解释。

根据调查结果,审计师可能得出下列结论:
- 审计师预期值与已记录金额之间的差异不代表错报;或
- 差异可能代表错报,需要实施进一步审计程序以获取错报是否存在的充分、适当的审计证据。

## 有效的实质性分析程序举例

表 10.4 – 4

| 财务报表金额 | 关系和程序 |
| --- | --- |
| 销售 | 适用于已发运数量的销售单价。 |
| 摊销费用 | 考虑了增加和处置的影响后,适用于资本资产余额的摊销率。 |
| 存货的间接费用部分 | 将实际的间接费用与实际的直接人工或产量相联系。 |
| 工资费用 | 适用于员工数量的工资率。 |
| 佣金费用 | 适用于销售的佣金率。 |
| 应计工资 | 适用于应计天数的日工资率。 |

## 其他分析程序

可以采取下列形式进行分析:
- **将当期财务报表或财务数据与前期或当前的经营预算进行详细比较**

应收账款增加但销售额未相应增加可能表明应收账款的可回收性存在问题。职业组织中员工数量增加可能使审计师预期工资费用增加以及专业费用收入的相应增加。
- **有关不同种类的已销售产品或顾客类型的比较数据**

这可能有助于解释销售额在各月份或各期间的波动。
- **比率分析**

比率可以为当期财务报表提供支持(例如,可以与行业正常水平或前期结果进行比较)或提供讨论要点。某些机构,例如银行和贸易协会,提供基于全行业的财务数据。这些数据可以用于与被审计单位的经营数据作比较,以及出现偏离行业趋

势时进行询问。

- **图形**

考虑使用图形来描述程序的结果。图形直观地表现了各月份或各期间的差异。

## 在形成意见时运用分析程序

| 条款 | 国际审计准则相关内容摘录 |
| --- | --- |
| ISA520.6 | 在临近审计结束时,审计师应当设计和实施分析程序,帮助其对财务报表形成总体结论,以确定财务报表是否与其对被审计单位的了解一致。(参见:第 A17 – A19 段) |

在审计工作基本完成的时候,审计师应当运用分析程序以帮助其评价财务报表的总体列报。

在审计结束或临近结束时运用分析程序的目的是为了确定财务报表整体是否与审计师对被审计单位的了解一致。

这些程序将解决下列问题:

- **实施这些程序得出的结论是否佐证了在审计财务报表各个组成部分或各个要素过程中形成的结论?**

分析程序可能发现,某些财务报表项目与审计师根据其在审计过程中对被审计单位经营情况的了解以及其他累积信息所形成的预期不同。需要运用前面描述的审计程序对这些差异进行调查。调查可能表明需要改变财务报表的列报或披露。

- **是否存在以前未识别出的重大错报风险?**

如果识别出额外风险,审计师可能需要重新评价计划的审计程序以恰当地予以应对。

## 10.5 控制测试

| 条款 | 国际审计准则相关内容摘录 |
| --- | --- |
| ISA330.8 | 当存在下列情形之一时,审计师应当设计和实施控制测试,针对相关控制运行的有效性,获取充分、适当的审计证据:<br>(a) 在评估认定层次重大错报风险时,预期控制的运行是有效的(即审计师拟信赖控制的运行有效性来确定实质性程序的性质、时间安排和范围);<br>(b) 仅实施实质性程序并不能够提供认定层次充分、适当的审计证据。(参见:第 A20 – A24 段) |
| ISA330.9 | 在设计和实施控制测试时,对控制有效性的信赖程度越高,审计师应当获取越有说服力的审计证据。(参见:第 A25 段) |

## 10. 进一步审计程序

续表

| 条款 | 国际审计准则相关内容摘录 |
|---|---|
| ISA330.10 | 在设计和实施控制测试时，审计师应当：<br>（a）将询问与其他审计程序结合使用，以获取有关控制运行有效性的审计证据，包括：<br>（i）控制在所审计期间的相关时点是如何被执行的；<br>（ii）控制是否得到一贯执行；<br>（iii）控制由谁或以何种方式执行。（参见：第 A26 – A29 段）<br>（b）确定拟测试的控制是否依赖其他控制（间接控制）。如果依赖其他控制，确定是否有必要获取支持这些间接控制有效运行的审计证据。（参见：第 A30 – A31 段） |
| ISA330.11 | 审计师应当按照本国际审计准则第 12 和第 15 段的规定，测试其拟信赖的特定时点或整个期间的控制，为预期信赖程度提供恰当的依据。（参见：第 A32 段） |

## 目的

控制测试是旨在获取有关控制运行有效性的审计证据的测试。控制能够防止认定层次发生重大错报，或者在重大错报发生以后发现并纠正。选定的拟测试控制是那些为相关认定提供必要审计证据的控制。

> **考虑要点**
>
> 旨在确定控制是否已执行的穿行测试不是控制测试。它是一种风险评估程序，该程序的结果可以确定控制测试是否有用，如有用，应怎样设计。

出现下列情况时审计师考虑实施控制测试：
- 风险评估是基于内部控制有效运行的预期；或
- 仅实施实质性程序不能够提供认定层次充分、适当的审计证据。如果销售是在网上通过 IT 系统进行、没有生成或保存交易文档，就属于这种情况。

第 2 卷第 17 章有关测试的范围部分，阐述了控制测试样本量的选择问题。

控制测试是为了获取下列方面的审计证据：
- 内部控制程序在所审计期间的整个过程或相关时点是如何运行的。如果在所审计期间的不同时期使用了显著不同的控制，审计师要分别考虑不同时期的控制；
- 内部控制程序是否得到一贯执行；以及
- 控制由谁或以何种方式执行。

**考虑要点**

在审计小型被审计单位时,由于被审计单位职责分离有限等原因而假定对现有控制活动进行测试可能无效,审计师通常计划实施实质性程序。在匆忙得出此结论之前,需要考虑:

- 控制环境和其他内部控制要素的优势;
- 如果通过控制测试获取审计证据更加有效,有关认定的控制活动的存在性;以及
- 仅实施实质性程序不能够将重大错报风险降至可接受的低水平。例如,收入完整性可能就是如此。

### 设计控制测试

控制测试被用于获取内部控制全部五个要素的控制运行有效性证据。请看下面的图示以及本指南第1卷第5章中有关五个内部控制要素的额外信息。

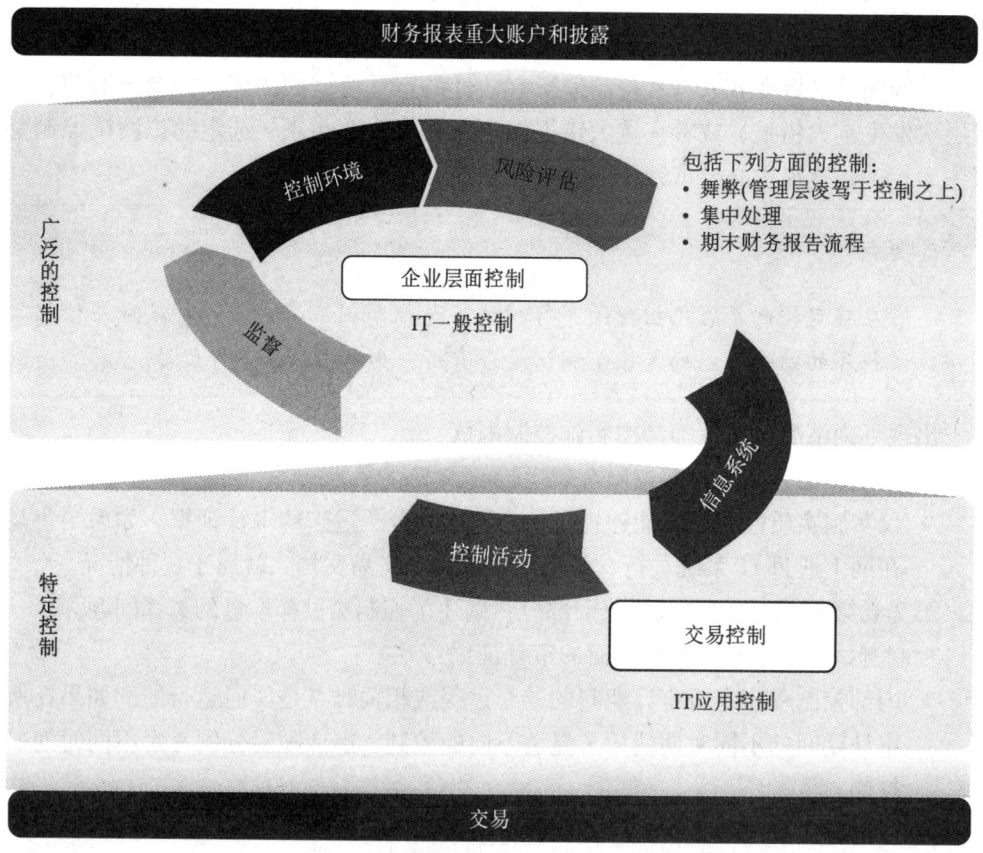

图 10.5 – 1

# 10. 进一步审计程序

特定控制（如控制活动）直接应对错报的防止、发现和纠正，而广泛的控制则为特定的控制提供基础并影响它们的运行。

在小型被审计单位，一些广泛的控制（如控制环境）可能也有助于应对相关认定的特定重大错报风险（如高级管理人员直接参与日常交易的监督和审批）。在这种情况下，如果测试广泛的控制并发现其运行有效，就不需要测试与所涉及特定风险相关的其他控制（如控制活动）。

> **考虑要点**
>
> 所有管理工作由单独一个人承担并不意味着内部控制较差或根本不存在。事实上，有胜任能力的业主兼经理参与具体的日常经营可能是一个重要的控制环境优势。管理层凌驾于控制之上的机会仍然存在，但是可以通过执行一些简单的反舞弊控制而将其降至某种水平（在任何规模的被审计单位）。（参见第1卷第5章）

在其他情况下，广泛的控制与特定的控制之间的联系更加直接。例如，某些监督型控制可能识别出特定（业务流程）控制的控制故障。测试这些监督型控制的有效性可以降低（但不会消除）对更多特定控制进行测试的需求。

对广泛的控制实施的测试（通常指企业层面控制和一般IT控制）通常比较主观（如评价诚信承诺或专业胜任能力），因此比企业流程层面的特定内部控制（例如检查支付是否得到授权）更加难以记录。因此，对企业层面控制和一般IT控制的测试通常采用备忘录的形式记录了文档，解释所采取的方法、行动步骤（例如员工访谈、评估、查阅人事档案等）以及支持性证据。

下面的例子说明了这种方法：

表 10.5－1

*测试广泛的（企业层面）控制*

| 控制要素 = 控制环境 | |
| --- | --- |
| 应对的风险 | 没有强调对诚信和道德价值观的需求。 |
| 识别的控制 | 管理层要求所有新进员工在一份表格上签字，声明他们同意企业的基本价值观并且了解违背价值观的后果。 |
| 控制设计 | 阅读员工已签字的表格并确保它确实针对诚信和道德价值观问题。 |
| 控制执行 | 检查一份员工档案以确信存在一份签字的表格，并且考虑存在哪些证明该员工实际践行价值观的证据（例如惩戒）。这可以基于对员工进行简短采访。 |
| 控制有效性的测试 | 选择一个员工档案的样本并确保档案中存在协议表格且已由员工签字。通过询问样本中的员工一些有关声明的企业政策的问题来进行补充。 |
| 审计工作底稿 | 编制一份备忘录，提供所选择的员工档案的细节、采访形成的笔记（包括人员的姓名和日期）以及得出的结论。 |

在设计控制测试时,审计师需要考虑下列关键因素:

表 10.5–2

| 内容 | 描述 |
| --- | --- |
| 应对的是什么重大错报风险和认定? | 识别拟通过实施控制测试应对的重大错报风险和相关认定。然后考虑能否通过实施控制测试或实质性程序以最有效地获取相关认定的审计证据。 |
| 控制的可靠性 | 一般原则是,可能被证明无效的控制是不值得测试的,因为控制测试通常使用的小样本规模是基于不会发现偏差的假设。如果下列任何一个因素是重大的,实施实质性程序可能更加有效:<br>• 出错的历史。<br>• 交易数量或性质的变化。<br>• 依赖的企业层面和一般 IT 控制薄弱。<br>• 管理层可以(或已经)凌驾于控制之上。<br>• 控制运行不频繁。<br>• 人员变动或执行控制的人员的专业胜任能力。<br>• 控制中有很多易于出错的人工成分。<br>• 控制的运行较复杂并且涉及重大判断。 |
| 间接控制的存在性 | 控制是否依赖其他控制的有效运行?<br>这可能包括单独的流程生成的非财务信息、对例外情况的处置以及定期检查管理层报告。 |
| 旨在实现目标的测试的性质 | 控制测试通常涉及下列方法的结合使用:<br>• **咨询**适当的人员;<br>• **检查**相关文档;<br>• **观察**企业的运行;以及<br>• **重新执行**控制的应用。<br>请注意询问本身并不足以为控制有效性的结论提供充分、适当的证据。例如,测试现金收入内部控制的运行有效性,审计师可能观察邮箱开启和处理现金收入的程序。由于观察仅与发生的时点相关,审计师应当结合对被审计单位人员的询问并且检查这些内部控制在其他时点运行情况的文档。 |

> **考虑要点**
>
> **确定什么构成控制偏差**。
>
> 在设计控制测试时,请花时间准确定义什么是错误或例外。这将帮助审计人员在确定一个看似微小的例外情况(如不正确的电话号码)是否构成控制偏差时节省时间。

## 10. 进一步审计程序

### 自动化控制

控制活动有时由计算机执行，不存在支持性文档。这些情况下，审计师可能不得不重新执行一些控制以确信软件应用控制按照设计运行。另一种方法是使用计算机辅助审计技术（CAATs）。CAAT 的一个例子是能够导入数据文件（如销售和应付款）再对其进行测试的软件包。这种程序可以分析客户数据以提供所需要的审计证据。此外，他们还提供对电子交易和账户文件进行更广泛测试的机会。下面列示了 CAATs 的一些可能的应用：

表 10.5–3

| CAATs 的使用 | |
|---|---|
| 典型程序的类型 | 选取超过一定金额的特定记录（如支付记录）或既定时间之前的交易。 |
| | 选取数据库中的第一条和最后一条记录。 |
| | 识别遗漏和重复的记录。 |
| | 确定可能的舞弊（使用 Benford 法律）。 |
| | 从电子文件中选出符合预定参数或标准的交易样本。 |
| | 按照某种特征对交易进行分类。 |
| | 测试全部总体而非样本。 |
| | 重新计算（加总）文件（如存货文件）中各条记录的加总货币金额，并且检查定价等延伸问题。 |
| | 对信息进行分层、汇总和账龄分析。 |
| | 比对各文件中的数据。 |

小型被审计单位通常使用未经修改的应用程序包等形式的会计和相关软件。然而，许多软件包其实包含经过验证的应用控制，被审计单位能够用来缩小错误的范围并且可能威慑舞弊。审计师可能打算询问他们的客户是否正在使用这些控制，如果没有，询问这些控制的使用是否有价值。

### 控制测试的时间安排

| 条款 | 国际审计准则相关内容摘录 |
|---|---|
| ISA330.11 | 审计师应当按照本国际审计准则第 12 和第 15 段的规定，测试其拟信赖的特定时点或整个期间的控制，为预期信赖程度提供恰当的依据。（参见：第 A32 段） |
| ISA330.12 | 如果已获取有关控制在期中运行有效性的审计证据，审计师应当：<br>（a）获取这些控制在剩余期间发生重大变化的审计证据；<br>（b）确定针对剩余期间还需获取的补充审计证据。（参见：第 A33 – A34 段） |
| ISA330.15 | 如果确定评估的认定层次重大错报风险是特别风险，并拟信赖针对该风险实施的控制，审计师应当在本期审计中测试这些控制运行的有效性。 |

控制测试可以提供有关控制在下列时间有效运行的证据:
- 在特定时点（如实地库存盘点），或
- 在一段时间内，如所审计的期间。

如果控制测试在期末之前实施，审计师需要考虑针对剩余期间还需获取的补充审计证据。这些证据可以通过在剩余期间进行延伸测试或者测试被审计单位对内部控制的监督而获取。

表 10.5 – 4

| 考虑的因素 | |
|---|---|
| 控制测试和期末之间的间隔 | 评估的认定层次重大错报风险的重要程度。 |
| | 期中测试的特定控制。 |
| | 期中获取的有关控制运行有效性审计证据的程度。 |
| | 剩余期间的长短。 |
| | 在信赖控制的基础上拟减少进一步实质性程序的范围。 |
| | 控制环境。 |
| | 内部控制自期中测试后发生的重大变动，包括在信息系统、流程和人员方面发生的变动。 |

**考虑要点**

如果有效，请考虑在评价控制设计和执行的同时对内部控制的运行有效性进行测试。

## 利用以前审计获取的审计证据

| 条款 | 国际审计准则相关内容摘录 |
|---|---|
| ISA330.13 | 在确定利用以前审计获取的有关控制运行有效性的审计证据是否适当，以及再次测试控制的时间间隔时，审计师应当考虑下列因素：<br>(a) 内部控制其他要素的有效性，包括控制环境、被审计单位对控制的监督以及被审计单位的风险评估过程；<br>(b) 控制特征（人工控制还是自动化控制）产生的风险；<br>(c) 信息技术一般控制的有效性；<br>(d) 控制设计及其运行的有效性，包括在以前审计中发现的控制运行偏差的性质和程度，以及是否发生对控制运行产生重大影响的人员变动；<br>(e) 是否存在由于环境发生变化而特定控制缺乏相应变化导致的风险；<br>(f) 重大错报风险和对控制的信赖程度。（参见：第 A35 段） |

续表

| 条款 | 国际审计准则相关内容摘录 |
| --- | --- |
| ISA330.14 | 如果拟利用以前审计获取的有关控制运行有效性的审计证据,审计师应当通过获取这些控制在以前审计后是否发生重大变化的审计证据,确定以前审计获取的审计证据是否与本期审计持续相关。审计师应当通过实施询问并结合观察或检查程序,获取这些控制是否发生重大变化的审计证据,以确认对这些控制的了解,并根据下列情况作出不同处理:<br>(a) 如果已发生变化,且这些变化对以前审计获取的审计证据的持续相关性产生影响,审计师应当在本期审计中测试这些控制运行的有效性;(参见:第 A36 段)<br>(b) 如果未发生变化,审计师应当每三年审计中至少对控制测试一次,并且在每年审计中测试部分控制,以避免将所有拟信赖控制的测试集中于某一年审计,而在之后的两年审计中不进行任何测试。(参见:第 A37 – A39 段) |
| ISA330.29 | 如果拟利用在以前审计中获取的有关控制运行有效性的审计证据,审计师应当记录信赖这些控制的结论。 |

### 滚动控制测试

在使用以前审计获取的审计证据之前,需要确定这些证据在各期的持续相关性。这包括借助下列方法确认对特定控制的了解:

- 向管理层和其他人员询问控制的变化;
- 观察或检查内部控制以确定其是否持续执行。

当出现下列情形时,禁止使用以前年度实施的控制测试:

- 需要信赖旨在降低"特别风险"的控制;
- 本期内部控制的运行已经发生变化;和/或
- 旨在通过控制降低的风险已经发生变化;

根据审计师的职业判断,其他因素的存在也可能排除滚动测试的使用(或至少缩短控制测试之间的时间间隔),例如:

- 控制环境薄弱;
- 对控制的持续监督薄弱;
- 相关控制运行中的人工成分较多;
- 发生对控制运行产生重大影响的人事变动;
- 环境的变化表明需要对控制运行作出相应的变动;和/或
- 信息技术一般控制薄弱或无效。

如果一些控制存在以前审计获取的可利用证据,不能马上予以信赖而要在每次

审计中对内部控制实施一些测试。在每次审计中测试一些控制还可以为控制环境的持续有效性提供佐证信息。

一般情况下，重大错报风险越高或者对内部控制的拟信赖程度越高，两次控制测试之间的时间间隔就越短。

# 11. 会计估计

| 本章内容 | 相关国际审计准则 |
|---|---|
| 有关财务报表中会计估计（包括公允价值会计估计）和相关披露的审计程序 | ISA540 |

**风险评估：**
需要哪些估计？
估计是怎样作出的？
估计的重要程度如何？
需要利用专家工作吗？
上期估计的准确程度如何？
有无管理层偏向的证据？
涉及的估计不确定性程度有多大？

**风险应对：**
是否按照一致性方法恰当地作出估计？
支持性证据是否可靠？
有无舞弊的证据？

**报告：**
会计估计的财务报表披露是否符合财务报表框架？
如果存在特别风险，是否披露了估计不确定性？
获取管理层书面声明。

图 11.0-1

| 条款 | 国际审计准则的目标 |
|---|---|
| ISA540.6 | 审计师的目标是，获取充分、适当的审计证据以确定：<br>（a）根据适用的财务报告框架，财务报表中确认或披露的会计估计（包括公允价值会计估计）是否合理；<br>（b）根据适用的财务报告框架，财务报表中的相关披露是否充分。 |

续表

| 条款 | 国际审计准则的目标 |
|---|---|
| ISA540.7 | 就国际审计准则而言,对下列术语给予以下定义:<br>(a) 会计估计——在缺乏精确计量手段的情况下,采用的某项金额的近似值。会计估计一般包括存在估计不确定性时以公允价值计量的金额,以及其他需要估计的金额。当仅针对涉及公允价值计量的会计估计时,本国际审计准则采用"公允价值会计估计"的术语;<br>(b) 审计师的点估计或区间估计——从审计证据中得出的、用以评价管理层点估计的金额或金额区间;<br>(c) 估计不确定性——会计估计和相关披露在计量方面对固有不精确性的敏感性;<br>(d) 管理层偏向——管理层在编制和列报信息时缺乏中立性;<br>(e) 管理层的点估计——管理层在财务报表中确认或披露一项会计估计而选择的金额;<br>(f) 会计估计的结果——需要作出会计估计的交易、事项或情况得以解决时实际发生的货币金额。 |

## 11.1 概述

当审计会计估计时,审计师的目标是获取充分、适当的审计证据以确定:
- 财务报表中确认或披露的会计估计(包括公允价值会计估计)是否合理;
- 根据适用的财务报告框架,财务报表中的相关披露是否充分。

某些财务报表项目不能准确地计量,只能进行估计。这些会计估计的范围从简单的(如存货和应收账款的可实现净值)延伸至比较复杂的(如根据长期合同以及有关产品承诺和担保的未来债务计算出需要记录的收入)。会计估计通常涉及对历史和当前数据的大量分析,以及对未来事项(如销售交易)的预测。

会计估计的计量可能因适用的财务报告框架和涉及的报表项目而存在差异。例如,会计估计的计量目标可能是:

- 预测一项或多项交易、事项或导致会计估计情况的结果;或者
- 按照计量日普遍存在的状况(如对某一特定资产或负债估计的市场价格)确定某一当前交易或财务报表项目的价值。

会计估计导致的重大错报风险通常取决于涉及的估计不确定性的程度。下表列示了需要考虑的一些因素。

**表 11.1–1**

| 涉及的会计估计不确定性水平 ||
|---|---|
| **低度不确定性水平（较低的 RMM）** | **高度不确定性水平（较高的 RMM）** |
| 经营活动不复杂。 | 高度依赖判断，如诉讼的结果、未来现金流量的金额和时间都取决于未来很多年后的不确定事项。 |
| 与常规交易有关的。 | 不能采用被认可的计量方法计算。 |
| 从容易获取的数据中（这些数据在公允价值会计被称为"可观察到的"）得出，例如公布的利率或证券交易价格。 | 审计师对上期财务报表中类似会计估计进行复核的结果表明最初会计估计与实际结果存在很大差异。 |
| 适用的财务报告框架规定的计量方法简单且容易使用。 | 非公开交易的衍生金融工具的公允价值会计估计。 |
| 在模型的假设或输入数据是可观察到的情况下，采用广为人知或普遍认可的计量模型作出的公允价值会计估计。 | 采用高度专业化的、由被审计单位自主开发的模型，或采用难以在市场上观察到的假设或输入数据作出的公允价值会计估计。 |

注：审计师应当运用职业判断确定识别出的具有高度估计不确定性的会计估计是否导致特别风险。如果识别出特别风险，审计师还应当获取对被审计单位的控制（包括控制活动）的了解。

根据获取的审计证据，审计师评价估计的合理性以及任何识别出的错报的程度：
- 当证据支持点估计的情况下，审计师的点估计和管理层的点估计之间的差异构成错报。
- 当审计师认为使用其合理性的区间估计能够提供充分、适当的审计证据时，在审计师区间估计之外的管理层点估计得不到审计证据的支持。在这种情况下，错报不小于管理层的点估计与审计师区间估计之间的最小差异。

会计估计的结果与财务报表中原来已确认或披露的金额存在差异，并不必然表明财务报表存在错报。这对于公允价值会计估计而言尤其如此，因为任何已观察到的结果不可避免地受到作出会计估计的时点后所发生事项或情况的影响。

## 11.2 风险评估

| 条款 | 国际审计准则相关内容摘录 |
|---|---|
| ISA540.8 | 当实施 ISA315 所要求的风险评估程序和相关活动，以了解被审计单位及其环境（包括内部控制）时，审计师应当了解下列内容，作为识别和评估会计估计重大错报风险的基础：（参见：第 A12 段）： |

续表

| 条款 | 国际审计准则相关内容摘录 |
|---|---|
| ISA540.8 | （a）与会计估计（包括相关披露）相关的适用的财务报告框架的规定；（参见：第 A13 – A15 段）<br><br>（b）管理层如何识别可能需要作出会计估计并将其在财务报表中确认或披露的交易、事项和情况。在进行了解时，审计师应当向管理层询问可能导致新的会计估计或需要修改现有的会计估计的环境变化；（参见：第 A16 – A21 段）<br><br>（c）管理层如何作出会计估计以及会计估计所依据的数据，包括：（参见：第 A22 – A23 段）<br><br>（i）用以作出会计估计的方法，包括模型（如适用）；（参见：第 A24 – A26 段）<br><br>（ii）相关控制；（参见：第 A27 – A28 段）<br><br>（iii）管理层是否利用专家的工作；（参见：第 A29 – A30 段）<br><br>（iv）会计估计所依据的假设；（参见：第 A31 – A36 段）<br><br>（v）用以作出会计估计的方法是否已经发生或应当发生不同于上期的变化以及变化的原因；（参见：第 A37 段）<br><br>（vi）管理层是否评估以及如何评估估计不确定性的影响。（参见：第 A38 段） |
| ISA540.9 | 审计师应当复核上期财务报表中会计估计的结果，或者复核管理层在本期财务报表中对上期会计估计作出的后续重新估计（如适用）。在确定复核的性质和范围时，审计师应当考虑会计估计的性质，以及复核时获取的信息是否可能与识别和评估本期财务报表中会计估计的重大错报风险相关。但是，审计师复核的目的不是质疑上期依据当时可获得的信息而作出的判断。（参见：第 A39 – A44 段） |
| ISA540.10 | 当按照《国际审计准则第 315 号——通过了解被审计单位及其环境识别和评估重大错报风险》的规定识别和评估重大错报风险时，审计师应当评价与会计估计相关的估计不确定性的程度。（参见：第 A45 – A46 段） |
| ISA540.11 | 审计师应当根据职业判断确定识别出的具有高度估计不确定性的会计估计是否会导致特别风险。（参见：第 A47 – A51 段） |

在小型被审计单位中，由于业务活动通常有限且交易较为简单，作出估计所涉及的工作并不复杂。通常由一个人（如业主兼经理）确定是否有必要作出会计估计，因此，审计师可对其进行重点询问。但是，小型被审计单位也可能缺乏能够运用经验和胜任能力作出所需要的点估计的专家。在这些情况下，重大错报风险实际上可能增加，当然聘请专家的情况除外。

# 11. 会计估计

> **考虑要点**
>
> 如果利用管理层的专家将极大有助于作出估计的过程,应在审计过程中尽可能早地与被审计单位管理层讨论这种需求以便采取适当的行动。

下表列示了审计师需要考虑的重点领域。

表 11.2-1

| 内容 | 描述 |
| --- | --- |
| 如何识别作出估计的需求? | 正在使用的财务报告框架的要求、可能需要作出会计估计并在财务报表中确认或披露的交易、事项和情况,可能产生估计的需求。 |
| 管理层作出估计的流程 | 复核和评价管理层作出评估的流程,包括依据假设的提出、使用的数据的可靠性以及任何内部批准或复核过程。如适用,该过程还可能包括对管理层的专家的利用。<br>下列情况可能需要利用管理层的专家:<br>• 需要作出会计估计的事项具有特殊性质;<br>• 满足适用的财务报告框架相关要求的模型(如对某些公允价值计量采用的模型)具有一定的技术含量;<br>• 需要作出会计估计的情况、交易或事项具有异常性或偶发性。 |
| 前期作出的估计的结果 | 复核前期估计的结果并且了解前期估计与实际结果之间产生差异的原因。这将有助于了解:<br>• 管理层作出估计的流程的有效性(或无效性);<br>• 是否存在可能的管理层偏向(ISA240还要求估计可能的舞弊);<br>• 是否存在相关的审计证据;<br>• 涉及的估计不确定性的程度,可能要求在财务报表中予以披露。 |
| 涉及的估计不确定性的程度 | 考虑下列因素:<br>• 对管理层判断的依赖程度;<br>• 对假设变化的敏感性;<br>• 是否存在可以降低估计不确定性的经认可的计量技术;<br>• 预测期的长度和使用数据的相关性;<br>• 是否能够从外部来源获得可靠数据;<br>• 会计估计依据可观察到的或不可观察到的输入数据的程度;<br>• 偏见的敏感性。<br>注:确定存在高估计不确定性的会计估计是否同时也是审计师需要应对的"特别风险"。 |
| 估计的重要程度 | 在评估重大错报风险时,审计师考虑的事项包括:<br>• 本表前面提及的事项;<br>• 估计的实际或预期的重要程度;<br>• 会计估计是否为特别风险。见上述"估计不确定性程度"。 |

## 11.3 应对评估的风险

| 条款 | 国际审计准则相关内容摘录 |
| --- | --- |
| ISA540.12 | 基于识别的重大错报风险,审计师应当确定:(参见:第 A52 段)<br>(a) 管理层是否恰当地应用与会计估计相关的适用的财务报告框架的规定;(参见:第 A53 – A56 段)<br>(b) 作出会计估计方法是否恰当,并得到一贯应用以及会计估计或作出会计估计的方法不同于上期的变化是否适合于具体情况。(参见:第 A57 – A58 段) |
| ISA540.13 | 当按照 ISA330 的规定应对评估的重大错报风险时,审计师应当考虑会计估计的性质,并实施下列一项或多项程序:(参见:第 A59 – A61 段)<br>(a) 确定截至审计报告日发生的事项是否提供有关会计估计的审计证据;(参见:第 A62 – A67 段)<br>(b) 测试管理层如何作出会计估计以及会计估计所依据的数据。在进行测试时,审计师应当评价:(参见:第 A68 – A70 段)<br>(i) 采用的计量方法在具体情况下是否恰当;(参见:第 A71 – A76 段)<br>(ii) 根据适用的财务报告框架确定的计量目标,管理层使用的假设是否合理。(参见:第 A77 – A83 段)<br>(c) 测试与管理层如何作出会计估计相关的控制的运行有效性,并实施恰当的实质性程序;(参见:第 A84 – A86 段)<br>(d) 作出审计师的点估计或者区间估计,以评价管理层的点估计。<br>针对此目的:(参见:第 A87 – A91 段)<br>(i) 如果使用有别于管理层的假设或方法,审计师应当充分了解管理层的假设或方法,以确定审计师在作出点估计或区间估计时已考虑了相关变量,并评价与管理层的点估计存在的任何重大差异;(参见:第 A92 段)<br>(ii) 如果认为使用区间估计是恰当的,审计师应当基于可获得的审计证据来缩小区间估计,直至该区间估计范围内的所有结果均可被视为合理。(参见:第 A93 – A95 段) |
| ISA540.14 | 在确定第 12 段规定的事项,或者根据第 13 段的规定以应对评估的重大错报风险时,审计师应当考虑是否需要具备与会计估计的一个或多个方面相关的专业技能或知识,以获取充分、适当的审计证据。(参见:第 A96 – A101 段) |

续表

| 条款 | 国际审计准则相关内容摘录 |
|---|---|
| ISA540.15 | 对导致特别风险的会计估计，除实施 ISA330 规定的其他实质性程序外，审计师还应当：（参见：第 A102 段）<br>（a）评价管理层如何考虑替代性的假设或结果，以及拒绝采纳的原因，或者在管理层没有考虑替代性的假设或结果的情况下，评价管理层在作出会计估计时如何处理估计不确定性；（参见：第 A103 – A106 段）<br>（b）评价管理层使用的重大假设是否合理；（参见：第 A107 – A109 段）<br>（c）当管理层实施特定措施的意图和能力与其使用的重大假设的合理性或适用的财务报告框架的恰当应用相关时，评价这些意图和能力。（参见：第 A110 段） |
| ISA540.16 | 如果根据职业判断认为管理层没有适当处理估计不确定性对导致特别风险的会计估计的影响，审计师应当在必要时作出用于评估会计估计合理性的区间估计。（参见：第 A111 – A112 段） |

在小型被审计单位，管理层可能积极参与财务报告流程（包括作出会计估计的流程）。因此，有关会计估计的流程可能不存在，或即使存在也不是规范运行。因此，审计师可能采用实质性方案应对评估的风险，实施下表中的一项或多项其他应对措施。

表 11.3 – 1

| 内容 | 描述 |
|---|---|
| 会计估计是否恰当地作出？ | • 测试管理层如何作出会计估计以及会计估计所依据的数据。评价：<br>——采用的计量方法在具体情况下是否恰当；<br>——根据适用的财务报告框架确定的计量目标，管理层使用的假设是否合理。<br>• 测试与管理层作出会计估计相关的控制的运行有效性（如存在），并实施恰当的实质性程序。<br>• 作出审计师的点估计或区间估计，以评价管理层的点估计。如果使用有别于管理层的假设或方法，审计师应当充分了解管理层的假设或方法，以确定审计师在作出点估计或区间估计时已考虑了相关变量。还要评价与管理层的点估计存在的任何重大差异。如果认为使用区间估计是恰当的，审计师应当基于可获得的审计证据来缩小区间估计，直至该区间估计范围内的所有结果均可被视为合理。 |

续表

| 内容 | 描述 |
|---|---|
| 支持性证据是否可靠? | 考虑会计估计的性质、获取的审计证据的性质以及评估的重大错报风险（包括评估的风险是否为特别风险），审计师实施下列一项或多项程序。<br>复核期后事项以确信这些事项支持管理层的估计。这对于某些业主亲自管理的小型被审计单位，特别是当管理层没有针对会计估计建立正式的控制程序时尤其如此。<br>● 测试使用的信息、控制（如存在）、方法和假设。<br>● 基于可获取的证据以及与管理层的讨论，作出独立的点估计或合理性区间，以与被审计单位的估计进行比较。管理层的估计与审计师点估计之间的差异或者在审计师的合理性区间以外，都被视为一项错报。<br>● 当财务报告日与审计报告日之间相隔较长时间时，审计师对该期间事项的复核可能是应对除公允价值会计估计外的其他会计估计的有效措施。 |
| 可能的管理层偏向 | ● 识别是否可能存在管理层偏向的迹象。这可能包括改变估计的计算方法、选择带有乐观或悲观倾向的点估计。这种情况是指，估计持续性地处于审计师合理性区间的一端，或者在后续期间偏向从区间的一端转至另外一端。例如，管理层为了出售而将业务做大，并且将盈余目标从税收最小化转为盈余最大化。<br>● 考虑在管理层作出会计估计的过程中偏向的累积影响。 |

当估计很复杂或涉及专门的方法时，审计师可能考虑是否利用专家的工作（参见第 1 卷第 15.8 章（ISA620）有关利用审计师的专长开展工作的指引）。

## 11.4 报告

| 条款 | 国际审计准则相关内容摘录 |
|---|---|
| ISA540.19 | 审计师应当获取充分、适当的审计证据，以确定与会计估计相关的财务报表披露是否符合适用的财务报告框架的规定。（参见：第 A120 – A121 段） |
| ISA540.20 | 对导致特别风险的会计估计，审计师还应当评价在适用的财务报告框架下，财务报表对估计不确定性的披露的充分性。（参见：第 A122 – A123 段） |

最后需要确定的是：

● 是否获取了充分、适当的审计证据。如果不能获取充分、适当的审计证据，或者审计证据否定管理层的估计时，审计师需要与管理层讨论其结论，并考虑是否需要改变风险评估结果且实施进一步审计程序；

- 根据财务报告框架，会计估计是否合理或者存在错报；
- 财务报表有关会计估计的披露：
  ——是否符合适用的财务报告框架的要求；
  ——对导致特别风险的会计估计，是否充分披露其估计不确定性。

## 书面声明

审计师需要向管理层获取有关重大假设合理性的书面声明。

还要考虑获取这样一份声明，即当管理层实施特定措施的意图和能力与公允价值计量或披露相关时，使用的假设是否恰当地反映了这些意图或能力。

# 12. 关联方

| 本章内容 | 相关国际审计准则 |
|---|---|
| 与关联方及其交易相关的审计程序 | ISA550 |

**风险评估**
识别关联方，包括自上期以来发生的变化。
了解交易的性质、范围和目的。
考虑舞弊的潜在可能。
在整个审计过程中对关联方交易保持警觉。
考虑特别风险。

**风险应对**
审计师是否识别出表明涉及关联方的情形？
获取证据以支持管理层有关交易的性质、范围和目的的认定。
如果超出正常经营过程，考虑交易的重要性。
考虑交易及其余额的计量和确认。
考虑可能的舞弊。

**报告**
是否已获取充分、适当的证据？
是否存在重大错报？
财务报表的披露是否充分？
获取管理层的书面声明。
报告任何的审计发现。

图 12.0–1

| 条款 | 国际审计准则的目标 |
|---|---|
| ISA550.9 | 审计师的目标是：<br>（a）无论适用的财务报告框架是否对关联方作出规定，充分了解关联方关系及其交易，以便能够：<br>（i）确认由关联方关系及其交易产生的、与识别和评估由于舞弊导致的重大错报风险相关的舞弊风险因素（如有）；<br>（ii）根据获取的审计证据，就财务报表受关联方关系及其交易的影响而言，确定财务报表是否：<br>①实现公允列报（在公允列报框架下）；<br>②不存在误导（在遵循性框架下）。<br>（b）此外，如果适用的财务报告框架对关联方作出规定，获取充分、适当的审计证据，确定关联方关系及其交易是否已按照适用的框架在财务报表中得到恰当识别、会计处理和披露。 |

## 12. 关联方

| 条款 | 国际审计准则相关内容摘录 |
|---|---|
| ISA550.10 | 就国际审计准则而言,对下列术语给予以下定义:<br>(a) 公平交易——按照互不关联、各自独立行事且追求自身最大利益的自愿的买方和自愿的卖方达成的条款和条件进行的交易;<br>(b) 关联方——为下列任何一方:(参见:第 A4 – A7 段)<br>(i) 适用的财务报告框架中所定义的关联方;<br>(ii) 如果适用的财务报告框架对关联方作出很少规定或没有对关联方作出规定:<br>①通过一家或多家中间机构,直接或间接地对报告主体具有控制或重大影响的个人或其他主体;<br>②通过一家或多家中间机构,报告主体直接或间接地对另一主体具有控制或重大影响;<br>(c) 通过以下方式与报告主体受同一控制的另一主体:<br>(i) 具有同一控制股东;<br>(ii) 所有者为关系密切的家庭成员;<br>(iii) 具有同一关键管理层。<br>但是,同受国家(如全国、区域或地方政府)控制的主体不被认为是关联方,除非这些主体进行重大交易或共享众多资源。 |

### 12.1 概述

由于关联方之间彼此不独立,关联方交易通常比非关联方交易具有更高的重大错报风险。此外,财务报告框架通常对关联方关系及其交易的会计处理和披露作出了规定。这些规定旨在促使财务报表使用者了解这些交易/余额的性质以及实际或潜在的影响。

下表列示了一些与关联方交易相关的潜在风险因素。

表 12.1 –1

| | 描述 |
|---|---|
| 过于复杂的交易。 | 关联方可能通过广泛而复杂的关联方关系和组织结构进行运作。 |
| 未识别出的关系及交易。 | • 关联方关系可能被掩饰,因为这些关系为管理层的串谋、隐瞒或操纵提供更多机会。<br>• 信息系统可能无法有效识别或汇总被审计单位与关联方之间的交易和未结算项目的金额。<br>• 管理层可能不知悉所有关联方关系及其交易的存在。 |
| 不是在正常经营过程中发生。 | 关联方交易可能未按照上述正常的市场交易条款和条件进行;低于公允价值;甚至没有相应的对价。 |

管理层的责任是识别和披露关联方关系并对其交易进行会计处理。该责任要求管理层实施足够的内部控制以确保关联方交易能够被正确地识别且记录于信息系统,并在财务报表中予以披露。

审计师的责任是在审计过程中检查记录或文件时对关联方信息保持警觉。这包括检查某些关键文件,但不要求对记录和文件进行广泛调查以专门识别关联方关系。

在小型被审计单位,这些程序可能不太复杂而且是非正式的。管理层可能没有现成的关联方信息(未设计会计系统以识别关联方),因此审计师可能需要询问并且检查在账户会计记录和披露之外的与特定方的账户等。

### 财务报告框架

由于关联方之间彼此并不独立,许多财务报告框架对关联方关系、交易及其余额的会计处理和披露作出了规定。这有助于财务报表使用者了解关联方关系及其交易的性质,以及关联方关系及其交易对财务报表的实际或潜在影响。

在适用的财务报告框架对关联方会计处理和披露作出规定的情况下,审计师有责任实施审计程序,以识别、评估和应对被审计单位未能按照适用的财务报告框架对关联方关系及其交易进行恰当会计处理或披露导致的重大错报风险。

即使适用的财务报告框架对关联方作出很少的规定或没有作出规定,审计师仍然需要充分了解被审计单位的关联方关系及其交易,使其能够对财务报表是否受到关联方关系及其交易的影响得出下列结论:

- 实现公允反映(公允列报框架);或
- 不存在误导(遵循性框架)。

如果识别出表明管理层以前未识别出或披露的关联方关系或交易的信息,审计师应当确定相关情况是否能够证实关联方关系或关联方交易的存在。

ISA550 提供了有关关联方关系及其交易的审计师责任和审计程序的指导。

表 12.1 – 2

| 审计师的责任 | 描述 |
| --- | --- |
| 如果适用的财务报告框架作出很少的规定或没有作出规定 | 了解被审计单位的关联方关系及其交易,以足以:<br>• 识别关联方关系及其交易导致的舞弊风险因素(如有),这些因素与舞弊导致的重大错报风险的识别和评估有关;以及<br>• 根据获取的审计证据,就财务报表是否受关联方关系及其交易的影响、实现公允反映(公允列报框架)或不存在误导(遵循性框架)得出结论。 |
| 如果适用的财务报告框架作出规定 | 除上述步骤以外,获取关联方关系、交易和余额遵循特定会计处理和披露要求的充分、适当的审计证据。 |

## *12.* 关联方

## 12.2 风险评估

| 条款 | 国际审计准则相关内容摘录 |
|---|---|
| ISA550.11 | 作为 ISA315 和 ISA240 中就审计师在审计过程中实施的风险评估程序和相关工作的相关规定的一部分,审计师应当实施第 12-17 段规定的审计程序和相关工作,以获取识别与关联方关系及其交易相关的重大错报风险的信息。(参见:第 A8 段) |
| ISA550.12 | ISA315 和 ISA240 要求项目组的讨论,应当特别考虑由于被审计单位的关联方关系及其交易导致的舞弊或错误使得财务报表存在重大错报的可能性。 |
| ISA550.13 | 审计师应当向管理层询问下列事项:<br>(a) 被审计单位关联方的识别,包括关联方自上期以来发生的变化;(参见:第 A11-A14 段)<br>(b) 被审计单位与关联方之间关系的性质;<br>(c) 被审计单位在本期是否与关联方发生交易,如发生,交易的类型和目的。 |
| ISA550.14 | 如果管理层建立了下列控制,审计师应当询问管理层和被审计单位内部其他人员,实施其他适当的风险评估程序,以获取对相关控制的了解:(参见:第 A15-A20 段)<br>(a) 按照适用的财务报告框架,对关联方关系及其交易进行识别、会计处理和披露;<br>(b) 授权和批准与关联方的重大交易与安排;(参见:第 A21 段)<br>(c) 授权和批准超出正常经营过程的重大交易与安排。 |
| ISA550.15 | 某些安排或其他信息可能表明存在管理层以前未识别或未向审计师披露的关联方关系或关联方交易,在审计过程中检查记录或文件时,审计师应当对这些安排或其他信息保持警惕。(参见:第 A22-A23 段)<br>特别地,审计师应当检查下列文件,以确定是否存在管理层以前未识别或未向审计师披露的关联方关系或关联方交易:<br>(a) 审计师在实施审计程序时获取的银行和律师的询证函回函;<br>(b) 股东会和治理层会议的纪要;<br>(c) 审计师认为必要的其他记录或文件。 |
| ISA550.16 | 在实施第 15 段规定的审计程序或其他审计程序识别出被审计单位超出正常经营过程的重大交易时,审计师应当向管理层询问下列事项:(参见:第 A24-25 段)<br>(a) 这些交易的性质;(参见:第 A26 段)<br>(b) 是否涉及关联方。(参见:第 A27 段) |

续表

| 条款 | 国际审计准则相关内容摘录 |
|---|---|
| ISA550.17 | 审计师应当与项目组其他成员分享获取的与被审计单位关联方相关的信息。（参见：第 A28 段） |
| ISA550.18 | 在按照 ISA315 的规定识别和评估重大错报风险时，审计师应当识别和评估与关联方关系及其交易相关的重大错报风险，并确定这些风险是否为特别风险。在确定时，审计师应当将识别出的、超出被审计单位正常经营过程的重大关联方交易确定为特别风险产生的来源。 |
| ISA550.19 | 如果在实施与关联方有关的风险评估程序和相关工作中识别出舞弊风险因素（包括与存在具有支配性影响的关联方有关的情形），审计师应当按照 ISA240 的规定，在识别和评估由于舞弊导致的重大错报风险时考虑这些信息。（参见：第 A6 段及第 A29－A30 段） |

为识别和评估与关联方关系及其交易相关的重大错报风险，审计师应当考虑下列事项。

表 12.2－1

| 识别风险 | 描述 |
|---|---|
| **针对关联方关系及其交易的存在、性质和影响** | 询问下列情况：<br>• 关联方的名称和性质，包括自上期以来的变化；<br>• 被审计单位与关联方之间关系的性质；<br>• 关联方交易的类型和目的；<br>• 管理层建立的下列方面的控制（如有）；<br>• 按照适用的财务报告框架，关联方关系及其交易的识别、会计处理和披露；<br>• 授权和批准重大关联交易和安排；<br>• 授权和批准超出正常经营过程的重大交易和安排。 |
| **考虑可能的舞弊** | 在项目组中讨论由于关联方关系及其交易导致的舞弊或错误使得财务报表存在重大错报的可能性。<br>审计师还应当考虑管理层是否由一人或少数人控制且缺乏补偿性控制的情形。支配性影响的迹象包括：<br>• 关联方否决管理层或治理层作出的重大经营决策；<br>• 重大交易需经关联方的最终批准；<br>• 对关联方提出的业务建议，管理层和治理层未曾或很少进行讨论；<br>• 对涉及关联方（或与关联方关系密切的家庭成员）的交易，极少进行独立复核和批准。 |

续表

| 识别风险 | 描述 |
|---|---|
| 考虑可能的舞弊 | 如果关联方在被审计单位的设立和日后管理中均发挥主导作用，也可能表明存在支配性影响。<br>如果识别出舞弊风险因素，应当对重大错报风险进行评估。如果确实存在重大错报风险，制定适当的审计应对措施。 |
| 在检查记录或文件时保持警觉 | 当检查记录或文件时，审计师通常对未披露的关联方关系或交易保持警觉。特别是在检查下列记录和文件以识别以前未识别或未披露的关联方时：<br>• 获取的银行和律师询证函；<br>• 股东大会和治理层会议的纪要；<br>• 其他根据情况认为必要的记录或文件。<br>审计师通常与项目组其他成员分享获取的可能的关联方的信息。 |
| 识别特别风险 | 超出正常经营过程的重大关联方交易会导致特别风险。 |

> **考虑要点**
>
> 在小型被审计单位中，通常难以识别关联方交易。如果客户使用标准软件包来记录交易，审计师需要考虑获取交易的电子备份信息并将其导入电子表格。通过使用分类功能并且设置选择标准，审计师可以获取交易次数不多但金额较大的客户/供应商的信息，或者交易规模重大或性质异常的客户/供应商的信息。

## 12.3 风险应对

| 条款 | 国际审计准则相关内容摘录 |
|---|---|
| ISA550.20 | 作为 ISA330 中就审计师应对评估的风险的相关规定的一部分，审计师针对评估的、与关联方关系及其交易相关的重大错报风险，设计和实施进一步的审计程序，以获取的充分、适当的审计证据。这些审计程序应当包括第 21–24 段的要求。（参见：第 A31–A34 段） |
| ISA550.21 | 如果识别出表明存在管理层以前未识别出或未向审计师披露的关联方关系或关联方交易的安排或信息，审计师应当确定相关情况是否能够证实关联方关系或关联方交易的存在。 |

续表

| 条款 | 国际审计准则相关内容摘录 |
|---|---|
| ISA550.22 | 如果识别出管理层以前未识别出或未向审计师披露的关联方或重大关联方交易,审计师应当:<br>(a) 立即将相关信息向项目组其他成员通报;(参见:第 A35 段)<br>(b) 在适用的财务报告框架对关联方作出规定的情况下:<br>(i) 要求管理层识别与新识别出的关联方之间的所有交易,以便审计师作出进一步评价;<br>(ii) 询问被审计单位对关联方关系及其交易相关的控制为何未能识别出或披露该关联方关系或关联方交易。<br>(c) 对新识别出的关联方关系或重大关联方交易实施恰当的实质性审计程序;(参见:第 A36 段)<br>(d) 重新考虑可能存在管理层以前未识别出或未向审计师披露的其他关联方或重大关联方交易的风险,如有必要,实施追加的审计程序;<br>(e) 如果管理层不披露关联方关系或交易看似是有意的(因而显示可能存在由于舞弊导致的重大错报风险),评价这一情况对审计的影响。(参见:第 A37 段) |
| ISA550.23 | 对于识别出的超出被审计单位正常经营过程的重大关联方交易,审计师应当:<br>(a) 检查相关合同或协议(如有),并评价:<br>(i) 交易的商业理由(或缺乏商业理由)是否表明从事交易的目的可能是为了对财务报表作出虚假报告或为了隐瞒侵占资产的行为;(参见:第 A38 – A39 段)<br>(ii) 交易条款是否与管理层的解释一致;<br>(iii) 交易是否按照适用的财务报告框架得到恰当的会计处理和披露。<br>(b) 获取交易已经恰当授权和批准的审计证据。(参见:第 A40 – A41 段) |
| ISA550.24 | 如果管理层在财务报表中作出有关关联方交易是按照等同于公平交易中通行的条款执行的认定,审计师应当就该项认定获取充分、适当的审计证据。(参见:第 A42 – A45 段) |

在应对识别出的与关联方关系及其交易相关的重大错报风险时,审计师需要考虑下列事项:

## 12. 关联方

表 12.3 – 1

| 应对内容 | 描述 |
|---|---|
| 审计师识别出表明存在关联方关系或交易的安排或信息 | • 确定相关情况是否能够证实关联方关系或关联方交易的存在；<br>• 立即将信息向项目组通报；<br>• 要求管理层识别出所有的关联方交易；<br>• 如果以前未识别出关联方，询问原因。并且考虑：<br>　——关联方识别控制的失效，以及<br>　——舞弊（管理层看似有意不披露）；<br>• 重新考虑存在未披露的其他关联方或重大关联方交易的风险，如有必要，实施追加的审计程序；<br>• 实施适当的实质性审计程序。 |
| 超出正常经营过程的重大关联方交易 | • 检查相关合同或协议（如存在），并且评价：<br>　——商业理由是否表明可能存在虚假财务报告或隐瞒侵占资产的情形；<br>　——交易条款是否与管理层的解释一致；<br>　——关联方交易是否已按照适用的财务报告框架得到恰当会计处理和披露；<br>• 确保交易已经恰当授权和批准。 |
| 管理层的认定 | 就管理层有关关联方交易的性质和范围的认定获取充分、适当的审计证据。<br>考虑函证关联方交易的余额能否提供可靠的证据。<br>考虑期末余额的可回收性和计价。 |

## 12.4 报告

| 条款 | 国际审计准则相关内容摘录 |
|---|---|
| ISA550.25 | 当按照 ISA700 的规定对财务报表形成审计意见时，审计师应当评价：（参见：第 A46 段）<br>（a）识别出的关联方关系及其交易是否已按照适用的财务报告框架得到恰当会计处理和披露；（参见：第 A47 段）<br>（b）关联方关系及其交易的影响是否：<br>（i）使财务报表未实现公允反映（在公允列报框架下）；<br>（ii）使财务报表产生误导（在遵循性框架下）。 |

续表

| 条款 | 国际审计准则相关内容摘录 |
| --- | --- |
| ISA550.26 | 如果适用的财务报告框架对关联方作出规定,审计师应当向管理层及治理层(如适用)获取下列书面声明:(参见:第 A48 – A49 段)<br>(a) 已经向审计师披露了全部已知的被审计单位的关联方的名称和特征、关联方关系及其交易;<br>(b) 已经按照适用的财务报告框架的规定,对关联方关系及其交易进行了恰当的会计处理和披露。 |
| ISA550.27 | 审计师应当与治理层沟通在审计过程中发现的与被审计单位关联方相关的重大事项,除非治理层全部成员参与管理被审计单位。(参见:第 A50 段) |
| ISA550.28 | 审计师应当就识别出的关联方的名称和关联方关系的性质形成审计工作底稿。 |

审计师应当考虑下列事项:

表 12.4 – 1

| 应对内容 | 描述 |
| --- | --- |
| 记录和报告 | • 记录识别出的关联方名称和关联方关系的性质;以及<br>• 与治理层沟通在审计工作中发现的与关联方相关的重大事项。 |
| 获取管理层的书面声明 | 向管理层(以及治理层)获取下列书面声明:<br>• 已经披露了全部的关联方关系及其交易;<br>• 已经在财务报表中对关联方关系及其交易进行了恰当的会计处理和披露。 |
| 确定是否需要发表非无保留审计意见 | 如果出现下列情况,发表非无保留审计意见:<br>• 无法获取有关关联方关系及其交易的充分、适当的审计证据;<br>• 管理层在财务报表中的披露(按照财务报告框架的规定)不够充分。 |

# 13. 期后事项

| 本章内容 | 相关国际审计准则 |
|---|---|
| 审计师有关期后事项的责任 | ISA560 |

| 条款 | 国际审计准则的目标 |
|---|---|
| ISA560.4 | 审计师的目标是：<br>(a) 获取充分、适当的审计证据，以确定财务报表日至审计报告日之间发生的、需要在财务报表中调整或披露的事项是否已经按照适用的财务报告框架在财务报表中得到恰当反映；<br>(b) 恰当应对在审计报告日后审计师知悉的、且如果在审计报告日知悉可能导致审计师修改审计报告的事实。 |

| 条款 | 国际审计准则相关内容摘录 |
|---|---|
| ISA560.5 | 就国际审计准则而言，对下列术语给予以下定义：<br>(a) 财务报表日——是指财务报表涵盖的最近期间的截止日期；<br>(b) 财务报表批准日——是指构成财务报表的所有报表（包括相关附注）已编制完成，并且经认可的有权机构已经认可其对财务报表负责的日期；（参见：第 A2 段）<br>(c) 审计报告日——是指审计师按照《国际审计准则第 700 号——对财务报表形成审计意见和出具审计报告》的规定在对财务报表出具的审计报告上签署的日期；（参见：第 A3 段）<br>(d) 财务报表报出日——是指审计报告和已审计财务报表提供给第三方的日期；（参见：第 A4 – A5 段）<br>(e) 期后事项——是指财务报表日至审计报告日之间发生的事项，以及审计师在审计报告日后知悉的事实。 |

## 13.1 概述

本准则就审计师有关期后事项的责任提供指导。

期后事项发生在财务报表日（期间截止日）以后。下表列示了在财务报表编制、审计、发布过程中的其他关键日期：

表 13.1－1

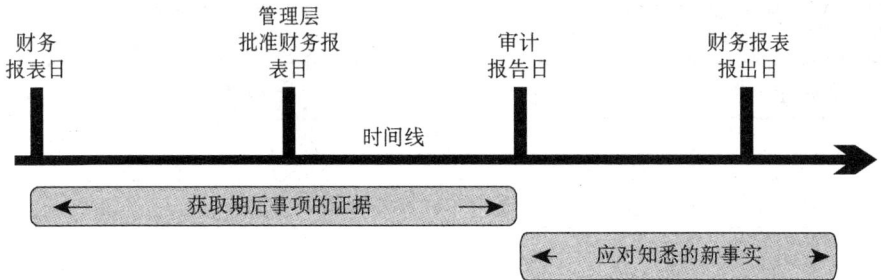

"期后事项"是指：
- 财务报表日至审计报告日之间发生的事项；
- 审计师在审计报告日后知悉的事实。

| 条款 | 国际审计准则相关内容摘录 |
| --- | --- |
| ISA560.6 | 审计师应当设计和实施审计程序，获取充分、适当的审计证据，以确定所有在财务报表日至审计报告日之间发生的、需要在财务报表中调整或披露的事项均已得到识别。但是，审计师并不需要对之前已实施审计程序并已得出满意结论的事项执行追加的审计程序。（参见：第 A6 段） |
| ISA560.7 | 审计师应当实施第 6 段所要求的程序以涵盖财务报表日至审计报告日（或尽可能接近审计报告日）之间的期间。在确定审计程序的性质和范围时，审计师应当考虑其风险评估，这些程序应包括：（参见：第 A7－A8 段）<br>（a）了解管理层为确保识别期后事项而建立的程序；<br>（b）询问管理层和治理层（如适用），确定是否已发生可能影响财务报表的期后事项；（参见：第 A9 段）<br>（c）查阅被审计单位的所有者、管理层和治理层在财务报表日后举行会议的纪要（如有），在不能获取会议纪要的情况下，询问此类会议讨论的事项；（参见：第 A10 段）<br>（d）查阅被审计单位最近的中期财务报表（如有）。 |
| ISA560.8 | 在实施第 6 和第 7 段所述程序后，如果审计师识别出需要在财务报表中调整或披露的事项，应当确定这些事项是否按照适用的财务报告框架在财务报表中得到恰当反映。 |

## 13. 期后事项

续表

| 条款 | 国际审计准则相关内容摘录 |
| --- | --- |
| ISA560.9 | 审计师应当按照 ISA580 的规定，要求管理层和治理层（如适用）提供书面声明，确认所有在财务报表日后发生的、按照适用的财务报告框架应予调整或披露的事项均已得到调整或披露。 |
| ISA560.10 | 在审计报告日后，审计师没有义务对财务报表实施任何审计程序。但是，如果在审计报告日后至财务报表报出日前，审计师知悉了某事实，且若在审计报告日知悉可能导致修改审计报告，审计师应当：（参见：第 A11 段）<br>(a) 与管理层和治理层（如适用）讨论该事项；<br>(b) 确定是否需要修改财务报表，<br>(c) 如果需要修改财务报表，询问管理层将如何在财务报表中处理该事项。 |
| ISA560.11 | 如果管理层修改财务报表，审计师应当：<br>(a) 根据具体情况对有关修改实施必要的审计程序；<br>(b) 除非第 12 段所述的情形适用：<br>(i) 将第 6 段和第 7 段所述的审计程序延伸至新的审计报告日；<br>(ii) 针对修改后的财务报表出具新的审计报告。新的审计报告日不应早于修改后的财务报表被批准的日期。 |
| ISA560.12 | 在有关法律法规或财务报告框架并未禁止的情况下，如果管理层对财务报表的修改仅限于反映导致修改的期后事项的影响，且负责批准财务报表的人士也仅对有关修改进行批准，审计师可以仅针对有关修改执行第 11 段第（b）项第（i）段所要求的对期后事项实施的审计程序。在这种情况下，审计师应当选用下列处理方式这一：<br>(a) 修改审计报告以包括仅针对有关修改的补充报告日期，从而表明审计师对期后事项实施的程序仅针对财务报表相关附注所述的对财务报表的修改；或者（参见：第 A12 段）<br>(b) 出具新的或经修改的审计报告，增加强调事项段或其他事项段，说明审计师对期后事项实施的程序仅针对财务报表相关附注所述的对财务报表的修改。 |
| ISA560.13 | 在某些司法管辖区，有关法律法规或财务报告框架可能不要求管理层报出经修改的财务报表，相应地，审计师也无需出具经修改的或新的审计报告。但是，如果认为管理层应当修改财务报表而没有修改，审计师应当分别以下情况予以处理：（参见：第 A13–A14 段）<br>(a) 如果审计报告尚未提交给被审计单位，审计师应当按照《国际审计准则第 705 号——在审计报告中发表非无保留意见》的规定修改审计意见，然后再提交审计报告；<br>(b) 如果审计报告已提交给被审计单位，审计师应当通知管理层和治理层（除非治理层全部成员均参与管理被审计单位）在财务报表作出必要修改之前不要向第三方报出。如果财务报表在未经必要修改的情况下仍被报出，审计师应当采取适当措施，以设法防止财务报表使用者信赖该审计报告。（参见：第 A15–A16 段） |

续表

| 条款 | 国际审计准则相关内容摘录 |
|---|---|
| ISA560.14 | 在财务报表报出后,审计师没有义务对财务报表实施任何审计程序。但是,在财务报表报出后,如果审计师知悉了某事实,且若在审计报告日知悉可能导致修改审计报告,审计师应当:<br>(a) 与管理层和治理层(如适用)讨论该事项;<br>(b) 确定是否需要修改财务报表;<br>(c) 如果需要修改财务报表,询问管理层将如何在财务报表中处理该事项。 |
| ISA560.15 | 如果管理层修改了财务报表,审计师应当:(参见:第 A17 段)<br>(a) 根据具体情况对有关修改实施必要的审计程序;<br>(b) 复核管理层采取的措施以确保所有收到原财务报表和审计报告的人士了解这一情况;<br>(c) 除非第 12 段所述的情形适用:<br>(i) 将第 6 和第 7 段所述的审计程序延伸至新的审计报告日。新的审计报告日不应早于修改后的财务报表被批准的日期;<br>(ii) 针对修改后的财务报表提供新的审计报告。<br>(d) 如果第 12 段所述的情形适用,应当按照第 12 段的规定修改审计报告或提供新的审计报告。 |
| ISA560.16 | 审计师应当在新的或经修改的审计报告中增加强调事项段或其他事项段,提及对原财务报表修改原因作详细说明的财务报表附注和审计师提供的较早审计报告。 |
| ISA560.17 | 如果管理层既没有采取必要措施确保所有收到原财务报表的人士了解这一情况,也没有在审计师认为需要修改的情况下修改财务报表,审计师应当通知管理层和治理层(除非治理层全部成员均参与管理被审计单位),审计师将设法防止财务报表使用者信赖该审计报告。如果审计师已通知管理层或治理层,而管理层或治理层没有采取必要措施,审计师应当采取适当措施,以设法防止财务报表使用者信赖该审计报告。(参见:第 A18 段) |

## 财务报表批准日

该日期可以根据下表确定:

表 13.1-2

| 报告日期 | 拥有公认权限的人员执行下列行为的较早日期:<br>• 确定构成整套财务报表的所有报表(包括相关附注)已经编制完成;以及<br>• 认可其对财务报表负责。 |
|---|---|

## 13. 期后事项

续表

| | |
|---|---|
| 公认权限 | • 法律法规规定的遵循必要的财务报表批准程序的个人；以及<br>• 被审计单位自身规定的遵循其自有财务报表批准程序的个人。 |
| 对股东批准的需求 | 股东的最终批准并非审计师认为已获取充分、适当审计证据的必要条件。 |

在确定期后事项是否存在且评估其影响时，审计师可以采用下列步骤：

表 13.1–3

| 程序 | 描述 |
|---|---|
| 识别期后事项 | 实施审计程序以识别任何需要在财务报表中调整或披露的期后事项。这包括：<br>• 了解管理层识别期后事项的程序（如存在）；<br>• 向管理层（或治理层）询问：<br>——是否已发生新的承诺、借款或担保；<br>——是否已出售或购置资产，或者计划出售或购置资产；<br>——是否已增加资本或发行债务工具；<br>——是否已签订合并或清算协议；<br>——资产是否已被政府征用或因不可抗力（如火灾或洪水）而遭受损失；<br>——是否发生诉讼、索赔和偶然性事项；<br>——是否已作出或考虑作出异常的会计调整；<br>——是否已经发生或可能发生影响持续经营假设或其他会计政策适当性的事项；<br>——是否已发生与财务报表中会计估计或准备计提相关的事项；以及<br>——是否已发生与资产可回收性相关的事项。<br>• 查阅被审计单位的所有者、管理层和治理层在财务报表日后举行会议的纪要，在不能获取会议纪要的情况下，询问此类会议讨论的事项；以及<br>• 查阅期末之后编制的财务报告（如存在）。 |
| 获取书面声明 | 考虑是否需要旨在支持其他审计证据的涵盖特定期后事项的书面声明，从而获取充分、适当的审计证据。 |
| 审计师知悉的事实（审计报告日后至财务报表报出日前） | • 与管理层（和治理层）讨论该事项；<br>• 确定财务报表是否需要修改，如需要修改：<br>——询问管理层将如何在财务报表中处理该事项；<br>——实施任何必要的进一步审计程序；<br>——针对修改后的财务报表出具新的审计报告。这可能还包括针对修改部分签署双重报告日期（参见第1卷第13.2章）或在审计报告中增加强调事项段；<br>• 如果管理层不修改财务报表，审计师将发表非无保留意见。<br>• 如果审计报告已经公布，通知管理层（和治理层）在财务报表作出必要修改前不要向第三方报出。<br>• 如果已经通知但财务报表仍被报出，审计师应当采取适当的行动（如征询法律顾问意见后）以防止财务报表使用者信赖该审计报告。 |

续表

| 程序 | 描述 |
|---|---|
| 审计师知悉的事实（财务报表报出后） | • 与管理层（和治理层）讨论该事项；<br>• 确定财务报表是否需要修改，如果需要修改，询问管理层将如何在财务报表中处理该事项；<br>• 如果管理层修改了财务报表：<br>——延伸期后事项审计程序至新的审计报告日期，除非审计报告经修改增加一个限于特定修改的日期（参见第1卷第13.2章），<br>——实施任何必要的进一步审计程序，<br>——复核管理层采取的措施能否确保所有收到原财务报表和审计报告的人士了解这一情况，以及<br>——针对修改的财务报表出具新的审计报告；<br>• 出具新的或经修改的包括强调事项段的审计报告（参见第1卷第13.2章）。如果管理没有采取措施确保所有收到原财务报表和审计报告的人士了解这一情况：<br>——通知管理层（和治理层），审计师将采取适当行动设法防止财务报表使用者信赖该审计报告；以及<br>• 如果已经通知管理层而管理层没有采取必要措施，审计师应当采取适当的行动（如征询法律顾问意见）以防止财务报表使用者信赖审计报告。|

> **考虑要点**
>
> 及时完成必要的工作以出具审计报告符合审计师和被审计单位双方的利益。这将最大程度地缩小在财务报表中识别、评估以及披露期后事项的工作范围。

## 13.2 双重报告日期

审计报告日后知悉的期后事项经常导致需要进行额外的审计工作，从而影响财务报表的账户余额、会计估计、计提准备和其他披露。在这种情况下，可以出具新的审计报告，新的审计报告日不应早于修改后的财务报表被批准的日期。

但是，对于某些期后事项，所需要的额外审计工作可能仅限于财务报表相关附注中所述的财务报表修改。在这种情况下（如果当地法律法规允许），原审计报告保持不变但增加一个新的日期（双重报告日期），以告知财务报表使用者自原审计报告日之后实施的审计程序仅针对财务报表的后续修改。

## 13. 期后事项

涉及双重报告日期情形的一个例子：
- 原审计报告日是20××年9月15日；
- 20××年10月22日，被审计单位宣布出售一项重要的业务。管理层在财务报表中采用新附注（Y）描述该事项；
- 20××年11月3日，审计师针对附注（Y）实施的工作已完成。

为在审计报告上签署双重日期而将措辞修改为：

"除附注Y所述事项的日期为20××年9月15日之外，20××年11月3日。"

# 14. 持续经营

| 本章内容 | 相关国际审计准则 |
|---|---|
| 针对管理层在财务报表中运用持续经营假设以及管理层对被审计单位持续经营能力作出的评估，审计师的责任。 | ISA570 |

**风险评估**
考虑并且询问管理层是否存在可能导致对被审计单位持续经营能力产生疑虑的事项或情况。
复核管理层对可能的事项或情况进行的评估以及任何应对措施或计划。
在整个审计过程中对可能的事项或情况保持警觉。

**风险应对**
如果识别出事项或情况：
- 询问管理层的行动计划；
- 评价管理层的行动计划；
- 评价现金流量预测中使用数据的可靠性以及假设的支持证据。

询问管理层超出评估期间的事项或情况。
考虑获取的其他事实或信息。

**报告**
考虑：
- 识别出的事项或情况是否存在重大不确定性；
- 持续经营假设的运用是否恰当。

财务报表是否充分描述持续经营事项或情况并且披露重大不确定性？
获取管理层的书面声明。

图 14.0－1

| 条款 | 国际审计准则的目标 |
|---|---|
| ISA570.9 | 审计师的目标是：<br>（a）就管理层编制财务报表时运用持续经营假设的适当性，获取充分、适当的审计证据；<br>（b）根据获取的审计证据，就可能导致对被审计单位持续经营能力产生重大疑虑的事项或情况是否存在重大不确定性得出结论；<br>（c）确定对审计报告的影响。 |

# 14. 持续经营

## 14.1 概述

持续经营假设对财务报表的编制至关重要。

ISA570 规范审计师在审计过程中与持续经营假设以及管理层对被审计单位持续经营能力的评估相关的责任。

| 条款 | 国际审计准则相关内容摘录 |
| --- | --- |
| ISA570.2 | 在持续经营假设下,被审计单位被视为在可预见的将来会继续经营下去。通用目的财务报表是在持续经营基础上编制的,除非管理层计划将被审计单位予以清算或终止经营,或者除此之外没有其他现实可行的选择。特殊目的财务报表可以按照(或不按照)以持续经营为基础的财务报告框架编制(例如,在特定司法管辖区,持续经营基础与某些按照计税基础编制的财务报表无关)。如果运用持续经营假设是适当的,则被审计单位对其资产和负债的记录,是建立在正常经营过程中能够变现资产、清偿债务的基础上的。(参见:第 A1 段) |

在持续经营假设下,被审计单位通常被视为在可预见的将来会继续经营下去,没有清算、停止交易或者根据法律法规寻求债权人保护的意图或必要。相应的,被审计单位对其资产和负债的记录是建立在正常经营过程中能够变现资产、清偿债务的基础上的。

## 14.2 风险评估程序

| 条款 | 国际审计准则相关内容摘录 |
| --- | --- |
| ISA570.10 | 在按照 ISA315 的规定实施风险评估程序时,审计师应当考虑是否存在可能导致对被审计单位持续经营能力产生重大疑虑的事项或情况。在考虑时,审计师应当确定管理层是否已经对被审计单位持续经营能力作出初步评估,并:(参见:第 A2–A5 段)<br>(a) 如果管理层已对被审计单位持续经营能力作出初步评估,审计师应当与管理层讨论,并确定管理层是否已识别出单独或汇总起来可能导致对被审计单位持续经营能力产生重大疑虑的事项或情况。如果管理层已识别出这些事项或情况,审计师应当与其讨论应对计划;<br>(b) 如果管理层未对持续经营能力作出初步评估,审计师应当与管理层讨论其拟运用持续经营假设的基础,询问管理层是否存在单独或汇总起来可能导致对被审计单位持续经营能力产生重大疑虑的事项或情况。 |
| ISA570.11 | 针对有关可能导致对被审计单位持续经营能力产生重大疑虑的事项或情况的审计证据,审计师应当在整个审计过程中保持警觉。(参见:第 A6 段) |

将这些要求概括起来如下图所示：

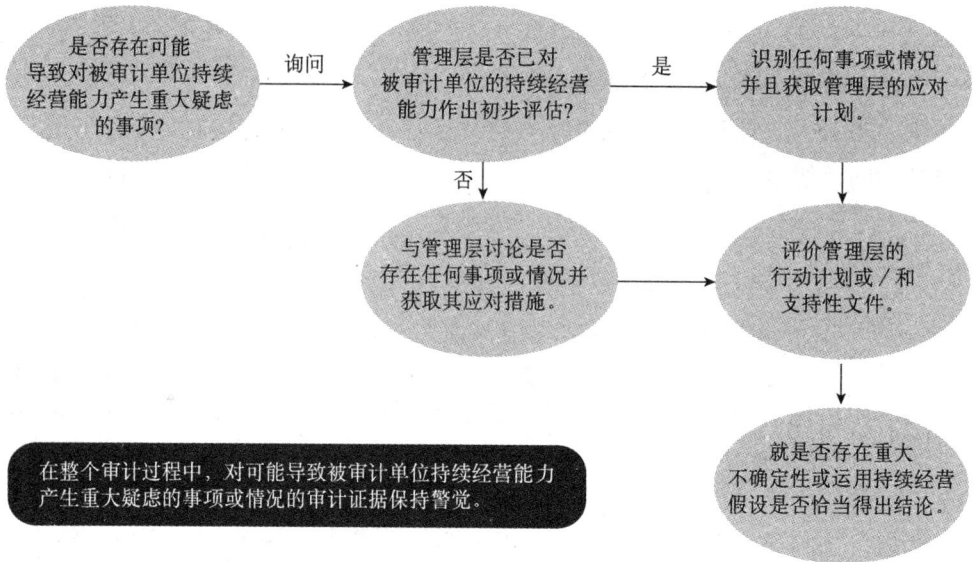

**图 14.2 – 1**

以下是单独或汇总起来可能导致对持续经营能力产生重大疑虑的事项或情况的示例：

表 14.2 – 1

| 指标 | 描述 |
| --- | --- |
| 财务方面 | • 净负债或净流动负债的状况；<br>• 定期借款即将到期，但预期不能展期或偿还，或过度依赖短期借款为长期资产筹资；<br>• 存在债权人撤销财务支持的迹象；<br>• 历史财务报表或预测性财务报表表明经营活动产生的现金流量净额为负数；<br>• 关键财务比率不佳；<br>• 发生重大经营亏损或用以生产现金流量的资产的价值出现大幅下跌；<br>• 拖欠或停止发放股利；<br>• 在到期日无法偿还债务；<br>• 无法履行借款合同的条款；<br>• 与供应商由赊购变为货到付款；<br>• 无法获得开发必要的新产品或进行其他必要的投资所需的资金。 |

续表

| 指标 | 描述 |
|---|---|
| 经营方面 | • 管理层计划清算被审计单位或终止经营；<br>• 关键管理人员离职且无人替代；<br>• 失去主要市场、关键客户、特许权、执照或主要供应商；<br>• 出现用工困难问题；<br>• 重要供应短缺；<br>• 出现非常成功的竞争者。 |
| 其他方面 | • 违反资本或其他方面的法定要求；<br>• 未决诉讼或监管程序，可能导致其无法支付索赔金额；<br>• 法律法规或政府政策的变化预期会产生不利影响；<br>• 对发生的灾害未购买保险或保额不足。 |

某些措施通常可以减轻这些事项或情况的严重性。例如，被审计单位无法正常偿还债务的影响，可能被管理层通过替代方法（如处置资产、重新安排贷款偿还或获得额外资本金）以保持足够现金流量的计划所抵消。类似地，主要供应商的流失也可以通过寻找适当的替代供应来源以降低损失。

## 14.3 评价管理层的评估

| 条款 | 国际审计准则相关内容摘录 |
|---|---|
| ISA570.12 | 审计师应当评价管理层对被审计单位持续经营能力作出的评估。（参见：第 A7 – A9 段，第 A11 – A12 段） |
| ISA570.13 | 在评价管理层对被审计单位持续经营能力作出的评估时，审计师的评价期间应当与管理层按照适用的财务报告框架或法律法规（如果法律法规要求的期间更长）的规定作出评估的涵盖期间相同。如果管理层评估被审计单位持续经营能力涵盖的期间短于自财务报表日（ISA560 界定）起的十二个月，审计师应当提请管理层将评估期间至少延长至自财务报表日起的十二个月。（参见：第 A10 – A12 段） |
| ISA570.14 | 在评价管理层的评估时，审计师应当考虑该评估是否包括审计师在审计过程中注意到的所有相关信息。 |
| ISA570.15 | 审计师应当询问管理层是否知悉超出管理层评估期间的、可能导致对持续经营能力产生重大疑虑的事项或情况。（参见：第 A13 – A14 段） |

### 评价小型被审计单位的管理层计划

小型被审计单位的管理层可能不对被审计单位的持续经营能力作出具体评估。他们可能依赖对经营活动和预期未来前景的深入了解。

审计师的常用评价程序包括：

- 与管理层讨论中长期融资；
- 通过对被审计单位的了解和书面证据证实管理层的意图；
- 满足有关提请管理层将其评估期间至少延长至十二个月的要求。这可以通过如讨论、询问和检查支持性文件、审计师再根据结果评价其可行性得以实现。例如，未来销售收入预测可以由潜在的销售订单或销售合同予以支持。
- 询问管理层是否知悉超出评估期间的、可能导致对持续经营能力产生重大疑虑的事项或情况。

可能导致对被审计单位持续经营能力产生重大疑虑的特定因素包括：

- **被审计单位承受不利情况的能力**

小型被审计单位或许能够快速反应以抓住机会，但是可能缺乏支持经营的储备。

- **融资的可获得性**

这可能包括银行及其他借款方可能终止为被审计单位提供支持的情况。还可能包括对业主兼经理（或其他关联方如家庭成员）的贷款或贷款担保进行撤销或对其条款作出重大修改。

- **其他重大变化**

这包括可能失去主要供应商、主要客户、关键员工、执照经营权、特许权或其他法律协议。

下表列示了这些情形下审计师实施的审计程序：

表 14.3-1

| 应对内容 | 描述 |
| --- | --- |
| 可获取的书面证据 | 记录：<br>• 任何向被审计单位提供的贷款和融资的条款；<br>• 第三方（如银行）提供的次级贷款的细节；<br>• 第三方根据担保或个人资产抵押提供融资的细节；以及<br>• 可能导致对被审计单位持续经营能力产生重大疑虑的其他变化的细节。 |
| 可获取的额外支持 | 评价业主兼经理或其他关联方的下列能力：<br>• 提供必要的额外支持，如贷款或担保；以及<br>• 履行提供支持的承诺中所规定的义务。 |

续表

| 应对内容 | 描述 |
|---|---|
| 其他重大变化 | 应对重大变化对经营活动的影响,例如失去关键客户、供应商、关键员工或由于技术落后、新的竞争而损失销售收入等。 |
| 提请书面确认 | 要求书面证实下列内容:<br>• 提供的融资支持的条款与条件;以及<br>• 业主兼经理对提供的支持的意图或理解。 |

## 14.4 风险应对——识别出事项时

| 条款 | 国际审计准则相关内容摘录 |
|---|---|
| ISA570.16 | 如果识别出可能导致对被审计单位持续经营能力产生重大疑虑的事项或情况,审计师应当通过实施追加的审计程序(包括考虑缓解因素),获取充分、适当的审计证据,以确定是否存在重大不确定性。这些程序应当包括:(参见:第 A15 段)<br>(a) 如果管理层尚未对被审计单位持续经营能力作出评估,提请其进行评估。<br>(b) 评价管理层与持续经营能力评估相关的未来应对计划,这些计划的结果是否可能改善目前的状况,以及管理层的计划对于具体情况是否可行。(参见:第 A16 段)<br>(c) 如果被审计单位已编制现金流量预测,且对该预测的分析是评价管理层未来应对计划时所考虑的事项或情况的未来结果的重要因素,则:(参见:第 A17 – A18 段)<br>(i) 评价用于编制预测的基础数据的可靠性;<br>(ii) 确定预测所基于的假设是否具有充分的支持。<br>(d) 考虑自管理层作出评估后是否存在其他可获得的事实或信息。<br>(e) 要求管理层和治理层(如适当)提供有关未来应对计划及其可行性的书面声明。 |

如果审计师识别出持续经营事项或情况,下一步是实施追加程序(包括考虑缓解因素)以确定是否存在重大不确定性。

### 重大不确定性

可能识别出导致对被审计单位持续经营能力产生重大疑虑的事项或情况。如果审计师根据职业判断认为,鉴于不确定性潜在影响的重要程度和发生的可能性,为了使财务报表实现公允反映（在遵循性框架下为了是财务报表不存性误导性），有必要适当披露该不确定性的性质和影响，则表明存在重大不确定性。

管理层关于持续经营问题的应对计划通常包括下列一项或多项策略：
- 变卖资产；
- 对外借款或重组债务；
- 削减或延缓开支；
- 重组经营活动，包括产品和服务；
- 寻求合并或收购；或
- 增加资本。

下表列示了审计师针对持续经营采取的措施：

表 14.4-1

| 内容 | 描述 |
| --- | --- |
| 获取管理层的评估和计划 | 如果未提供，提请管理层对被审计单位持续经营能力作出评估。 |
| 评价管理层的应对计划 | 评价管理层有关持续经营评估的未来应对计划。评价：<br>• 这些计划的结果是否能够改善目前的状况？<br>• 这些计划对于具体环境是否可行？<br>• 利润或现金流预测的可靠性如何，以及预测所基于的假设是否具有充分的支持？<br>• 识别、讨论和获取其他可能影响被审计单位持续经营能力的因素的审计证据，例如：<br>——最近的经营结果不佳；<br>——债券和借款合同出现违约；<br>——在会议纪要中提及财务困境；<br>——存在诉讼或索赔以及对其财务影响的估计；<br>——与关联方或第三方确认提供或保持财务支持的协议的存在性、合法性和可执行性；<br>——关联方或第三方提供额外资金或贷款担保的财务能力；<br>——其他期后事项；以及<br>——存在舞弊迹象，如管理层凌驾于控制之上、虚假交易或隐瞒重要事实。<br>• 授信合同的持续存在性、条款和充分性；<br>• 监管行动的报告；<br>• 有关拟处置资产的支持证据的充分性。 |
| 获取书面确认 | 要求管理层（和治理层）提供有关未来应对计划及其可行性的书面声明。 |

## 14.5 报告

| 条款 | 国际审计准则相关内容摘录 |
| --- | --- |
| ISA570.17 | 审计师应当根据获取的审计证据,运用职业判断,确定是否存在与事项或情况相关的重大不确定性,且这些事项或情况单独或汇总起来可能导致对被审计单位持续经营能力产生重大疑虑。如果审计师根据职业判断认为,鉴于不确定性潜在影响的重要程度和发生的可能性,为了实现下列目的,有必要适当披露该不确定性的性质和影响,则表明存在重大不确定性:(参见:第A19段):<br>(a) 在公允列报财务报告框架下,使财务报表实现公允列报;<br>(b) 在遵循性框架下,使财务报表不会产生误导。 |
| ISA570.18 | 如果认为运用持续经营假设适合具体情况,但存在重大不确定性,审计师应当确定:<br>(a) 财务报表是否充分描述可能导致对被审计单位持续经营能力产生重大疑虑的主要事项或情况,以及管理层针对这些事项或情况的应对计划;<br>(b) 财务报表是否已清楚披露可能导致对持续经营能力产生重大疑虑的事项或情况存在重大不确定性,并由此导致被审计单位可能无法在正常经营过程中变现资产、清偿债务。(参见:第A20段) |
| ISA570.19 | 如果财务报表已作出充分披露,审计师应当发表无保留意见,并在审计报告中增加强调事项段以:<br>(a) 强调可能导致对持续经营能力产生重大疑虑的事项或情况存在重大不确定性的事实;<br>(b) 提醒财务报表使用者关注财务报表附注中对第18段所述事项的披露(见ISA706)。(参见:第A21-A22段) |
| ISA570.20 | 如果财务报表未作出充分披露,审计师应当按照ISA705的规定,恰当发表保留意见或否定意见。审计师应当在审计报告中说明,存在可能导致对被审计单位持续经营能力产生重大疑虑的重大不确定性。(参见:第A23-A24段) |
| ISA570.21 | 如果财务报表按照持续经营基础编制,但是审计师根据职业判断认为管理层在财务报表中运用持续经营假设是不适当的,审计师应当发表否定意见。(参见:第A25-A26段) |
| ISA570.22 | 如果管理层不愿按照审计师的要求作出评估或延长评估期间,审计师应当考虑对审计报告的影响。(参见:第A27段) |

续表

| 条款 | 国际审计准则相关内容摘录 |
| --- | --- |
| ISA570.23 | 审计师应当与治理层就识别出的可能导致对被审计单位持续经营能力产生重大疑虑的事项或情况进行沟通,除非所有治理层全部参与管理被审计单位。与治理层的沟通应当包括下列方面:<br>(a) 这些事项或情况是否构成重大不确定性;<br>(b) 在财务报表编制和列报中运用持续经营假设是否适当;<br>(c) 财务报表中的相关披露是否充分。 |
| ISA570.24 | 如果管理层或治理层在财务报表日后严重拖延对财务报表的批准,审计师应当询问拖延的原因。如果认为拖延可能涉及与持续经营评估相关的事项或情况,审计师应当实施第16段所述的有必要实施的追加的审计程序,并考虑第17段所述的存在重大不确定性对审计结论的影响。 |

最后一步是确定识别出的事项或情况对审计报告的影响,并且与管理层和治理层沟通该决策(如适用)。下图总结了这些要求:

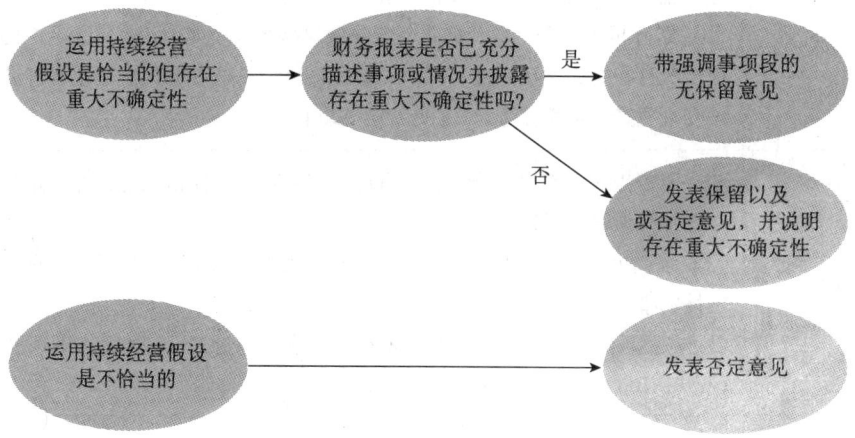

图 14.5-1

# 15. 其他国际审计准则的要求汇总

| 本章内容 | 相关国际审计准则 |
|---|---|
| 本指南其他部分未涉及的国际审计准则规定汇总。 | ISA250、402、501、510、600、610、620、720 |

## 15.1 概述

本章汇总了本指南其他部分未具体说明的 ISA 的其他规定，如下表所示。

表 15.1–1

| ISA | 标题 | 章节索引 |
|---|---|---|
| 250 | 财务报表审计中对法律法规的考虑 | V1 – 15.2 |
| 402 | 对被审计单位使用服务机构的审计考虑 | V1 – 15.3 |
| 501 | 审计证据：对选取的项目的具体考虑 | V1 – 15.4 |
| 510 | 首次审计业务涉及的期初余额 | V1 – 15.5 |
| 600 | 对集团财务报表审计的特殊考虑（包括组成部分审计师的工作） | V1 – 15.6 |
| 610 | 利用内部审计师的工作 | V1 – 15.7 |
| 620 | 利用审计师的专家的工作 | V1 – 15.8 |
| 720 | 审计师对含有已审计财务报表的文件中的其他信息的责任 | V1 – 15.9 |

## 15.2 ISA250——财务报表审计中对法律法规的考虑

**风险评估**
了解：
- 法律法规框架以及所处的行业／领域。
- 被审计单位如何遵守该框架。
询问法律法规的遵循情况。
检查与许可证颁发机构或监管机构的往来函件。

**风险应对**
通过查阅文件、询问管理层和实施实质性测试等审计程序确定违反法律法规行为。
确定任何违反法律法规行为的性质，与管理层讨论并评价其对财务报表的影响。

**报告**
重大的违反法律法规行为是否在财务报表中得以恰当披露？
向管理层和治理层报告。
获取管理层的书面声明。

图 15.2 –1

| 条款 | 国际审计准则的目标 |
| --- | --- |
| ISA250.10 | 审计师的目标是：<br>（a）针对通常对决定财务报表中的重大金额和披露有直接影响的法律法规的规定，获取被审计单位遵守这些规定的充分、适当的审计证据；<br>（b）针对其他法律法规，实施特定的审计程序，以有助于识别可能对财务报表产生重大影响的违反这些法律法规的行为；<br>（c）恰当应对在审计过程中识别出的或怀疑存在的违反法律法规行为。 |

| 条款 | 国际审计准则相关内容摘录 |
| --- | --- |
| ISA250.11 | 就本国际审计准则而言，对下列术语给予以下定义：<br>违反法律法规——是指被审计单位有意或无意违背现行法律法规的行为。例如，被审计单位进行的或以被审计单位名义进行的违反法律法规的交易，或者治理层、管理层或员工代表被审计单位进行的违反法律法规的交易。违反法律法规不包括由治理层、管理层或员工实施的、与被审计单位经营活动无关的不当个人行为。 |

被审计单位违反法律法规的行为可能导致财务报表重大错报。

防止和发现违反法律法规行为是管理层和治理层的责任。管理层应对这些风险的措施可能包括：

- 汇编重要的法律，保存被投诉的记录；
- 追踪法律法规的变化，设计旨在符合这些规定的程序/内部控制；
- 聘请法律顾问以帮助追踪法律法规的变化；
- 制定、公布、执行和落实行为守则。

如果发现违反法律法规行为，审计师需要考虑其对财务报表和审计工作的其他方面（如管理层/员工诚信）的影响。

## 风险评估

| 条款 | 国际审计准则相关内容摘录 |
| --- | --- |
| ISA250.12 | 按照 ISA315 的规定，在了解被审计单位及其环境时，审计师应当总体了解下列事项：<br>（a）适用于被审计单位及其所处行业或领域的法律法规框架；<br>（b）被审计单位如何遵守这些法律法规框架。（参见：第 A7 段） |
| ISA250.14 | 审计师应当实施下列审计程序，以有助于识别可能对财务报表产生重大影响的违反其他法律法规的行为：<br>（a）向管理层和治理层（如适用）询问被审计单位是否遵守了这些法律法规；<br>（b）检查被审计单位与许可证颁发机构或监管机构的往来函件。（参见：第 A9–A10 段） |

风险评估程序涉及对法律法规框架以及被审计单位如何遵守该框架的总体了解。总体了解可能包括下列事项：

表 15.2-1

| 内容 | 描述 |
| --- | --- |
| 识别与财务报表相关的法律法规 | 哪些法律法规规定：<br>- 财务报表的格式和内容？<br>- 特定行业的财务报告问题？<br>- 根据政府合同对交易进行的会计处理？<br>- 所得税费用或退休金成本的应计或确认？ |
| 询问管理层 | - 其他哪些法律法规可能对被审计单位的经营活动具有至关重要的影响（如经营许可、银行契约和环境监管等）？<br>- 哪些政策和程序是用于下列目的？<br>——确保遵守法律法规？<br>——对诉讼索赔进行识别、评价和会计处理？<br>——发生了哪些导致罚款、诉讼或其他后果的违反法律法规的行为？<br>——有关指控的违反法律法规行为存在哪些未决诉讼或其他行动？ |
| 检查函件 | 查阅被审计单位与相关许可证颁发机构和监管机构之间的往来函件、报告和其他互动资料。 |

## 风险应对

| 条款 | 国际审计准则相关内容摘录 |
|---|---|
| ISA250.13 | 针对通常对决定财务报表中的重大金额和披露有直接影响的法律法规的规定,审计师应当获取被审计单位遵守这些规定的充分、适当的审计证据。(参见:第A8段) |
| ISA250.15 | 在审计过程中实施的其他审计程序可能使审计师识别出或怀疑存在违反法律法规行为,审计师应当对此保持警觉。(参见:第A11段) |
| ISA250.16 | 审计师应当要求管理层和治理层(如适用)提供书面声明,以表明被审计单位已向审计师披露了所有知悉的、且在编制财务报表时应当考虑其影响的违反法律法规行为或怀疑存在的违反法律法规行为。(参见:第A12段) |
| ISA250.17 | 在没有识别出或不怀疑被审计单位违反法律法规的情况下,除执行第12至第16段所述的工作外,审计师不必针对被审计单位遵守法律法规实施其他审计程序。 |

审计计划需要解决的问题如下表所示:

表15.2-2

| 内容 | 描述 |
|---|---|
| 是否存在违反法律法规行为? | 审计程序可能包括:<br>• 阅读会议纪要和相关的文件、往来函件等;<br>• 向管理层和法律顾问询问诉讼、索赔及评估情况;<br>• 对交易类别、账户余额或披露的细节实施实质性程序。 |
| 获取管理层书面声明 | 要求管理层确认,已披露所有知悉的违反法律法规行为或怀疑存在的违反法律法规行为。 |

## 识别出或怀疑存在违反法律法规行为

| 条款 | 国际审计准则相关内容摘录 |
|---|---|
| ISA250.18 | 如果注意到与识别出的或怀疑存在的违反法律法规行为相关的信息,审计师应当:<br>(a)了解违反法律法规行为的性质及其发生的环境;<br>(b)获取进一步的信息,以评价对财务报表可能产生的影响。 |

## 15. 其他国际审计准则的要求汇总

续表

| 条款 | 国际审计准则相关内容摘录 |
|---|---|
| ISA250.19 | 如果怀疑被审计单位存在违反法律法规行为，审计师应当就此与管理层和治理层（如适用）进行讨论。如果管理层或治理层不能提供充分的信息，证明被审计单位遵守了法律法规，并且审计师根据判断认为怀疑存在的违反法律法规行为可能对财务报表产生重大影响，审计师应当考虑是否需要征询法律意见。（参见：第A15－A16段） |
| ISA250.20 | 如果针对怀疑存在的违反法律法规行为不能获取充分的信息，审计师应当评价缺乏充分、适当的审计证据对审计意见的影响。 |
| ISA250.21 | 审计师应当评价违反法律法规行为对审计的其他方面可能产生的影响，包括对审计师风险评估和被审计单位书面声明可靠性的影响，并采取适当措施。（参见：第A17－A18段） |
| ISA250.22 | 除非治理层全部成员参与管理被审计单位，因而知悉审计师已沟通的、涉及识别出的或怀疑存在的违反法律法规行为的事项，审计师应当与治理层沟通审计过程中注意到的有关违反法律法规的事项，但不必沟通明显不重要的事项。 |
| ISA250.23 | 如果根据判断认为第22段提及的违反法律法规行为是故意和重大的，审计师应当就此尽快向治理层通报。 |
| ISA250.24 | 如果怀疑违反法律法规涉及管理层或治理层，审计师应当向被审计单位审计委员会或监事会等更高层次的机构通报。如果不存在更高层次的机构，或者审计师认为被审计单位可能不会对通报作出反应，或者审计师不能确定向谁报告，审计师应当考虑是否需要征询法律意见。 |

如果怀疑存在违反法律法规行为，审计师可采取的应对措施如下表所示：

表15.2－3

| 步骤 | 审计师的应对措施 |
|---|---|
| 1 | 了解违反法律法规行为的性质及其发生的环境。该了解应当足以评价对财务报表的可能影响。 |
| 2 | 记录审计发现并且与管理层讨论。如果认为违反法律法规行为是故意和重大的，审计师应当就此尽快通报。如果针对怀疑存在的违反法律法规行为及其对财务报表的潜在影响不能获取充分的信息，审计师应当考虑缺乏充分、适当的审计证据对审计报告的影响。 |

续表

| 步骤 | 审计师的应对措施 |
| --- | --- |
| 3 | 考虑违反法律法规行为对审计工作其他方面的影响。特别是考虑对管理层的书面声明可靠性的影响。 |
| 4 | 如果违反法律法规行为涉及高级管理人员或治理层，向更高层级的机构通报该事项。如果不存在更高层级的机构，审计师应当考虑是否需要征询法律意见。 |
| 5 | 如果违反法律法规行为对财务报表具有重大影响，且未能在财务报表中得到恰当反映，审计师应当发表保留意见或否定意见。 |

## 审计工作底稿

| 条款 | 国际审计准则相关内容摘录 |
| --- | --- |
| ISA250.29 | 审计师应当在审计工作底稿中记录识别出的或怀疑存在的违反法律法规行为以及与管理层、治理层和被审计单位以外的相关机构或人员（如可行）进行讨论的结果。（参见：第 A21 段） |

常见的审计工作底稿应当包括：

- 相关记录或文件的复印件；
- 与管理层、治理层或被审计单位以外的机构或人员讨论的纪要。

## 15.3　ISA402——对被审计单位使用服务机构的审计考虑

| 条款 | 国际审计准则的目标 |
| --- | --- |
| ISA402.7 | 当被审计单位使用服务机构提供的服务时，审计师的目标是：<br>（a）了解服务机构所提供的服务的性质和重要性，及其对与审计相关的被审计单位内部控制的影响，以足以识别和评估重大错报风险；<br>（b）针对识别和评估的重大错报风险，设计和实施审计程序。 |

## 15. 其他国际审计准则的要求汇总

| 风险评估 | 服务机构提供哪些(与审计相关的)服务？<br>存在哪些与提供服务相关的内部控制？<br>服务机构的内部控制可靠程度有多高？<br>是否能够获取第一类或第二类报告？ |

| 风险应对 | 是否能够从被审计单位获取充分的审计证据？<br>如果不能，则：<br>• 安排在服务机构实施的审计程序；<br>• 确定是否可以信赖第二类报告(如有)；<br>• 询问有关舞弊或违反法律法规行为的事项。 |

| 报告 | 不提及服务机构审计师的工作，除非出具非无保留意见。<br>如果无法获取充分、适当的审计证据，在审计报告中发表无保留意见。 |

图 15.3-1

| 条款 | 国际审计准则相关内容摘录 |
|---|---|
| ISA402.8 | 就国际审计准则而言，对下列术语给予以下定义：<br>(a) 被审计单位的互补性控制，是指服务机构在设计服务时假定将由被审计单位实施的控制。如果这些控制对实现控制目标是必要的，则应当在服务机构系统描述中予以明确；<br>(b) 针对服务机构对控制的描述和设计出具的报告（本国际审计准则中称为第一类报告），内容包括：<br>(i) 由服务机构管理层对服务机构系统、控制目标以及在特定日期已得到设计和执行的相关控制作出的描述；<br>(ii) 服务机构审计师出具的报告（旨在向使用者提供合理保证），包括针对服务机构对系统、控制目标和相关控制的描述以及控制的设计对实现特定控制目标的适当性发表的意见。<br>(c) 针对服务机构对控制的描述、设计和运行有效性出具的报告（本国际审计准则中称为第二类报告），内容包括：<br>(i) 由服务机构管理层作出的描述，涉及服务机构系统、控制目标和相关控制、在特定日期或特定期间控制的设计和执行以及在某些情况下控制在特定期间运行的有效性；<br>(ii) 服务机构审计师出具的报告（旨在向使用者提供合理保证），报告内容包括：<br>①服务机构审计师针对服务机构对系统、控制目标和相关控制的描述，控制的设计对实现特定控制目标的适当性以及控制运行的有效性发表的意见； |

续表

| 条款 | 国际审计准则相关内容摘录 |
|---|---|
| ISA402.8 | ②针对控制测试及其结果作出的描述。<br>（d）服务机构审计师，是指在服务机构要求下对服务机构的控制出具鉴证报告的审计师；<br>（e）服务机构，是指向被审计单位提供服务，并且其服务构成与被审计单位财务报告相关的信息系统组成部分的第三方机构（或第三方机构的分部）；<br>（f）服务机构的系统，是指为了向被审计单位提供服务机构审计师的报告所涵盖的服务而由服务机构设计、执行和维护的政策和程序；<br>（g）分包服务机构，是指服务机构为向被审计单位提供服务而使用的另一个服务机构，其提供的服务是服务机构应提供服务的一部分，且构成被审计单位与财务报告相关的信息系统的组成部分；<br>（h）被审计单位审计师，是指对被审计单位的财务报表进行审计并出具报告的审计师；<br>（i）被审计单位，是指使用服务机构且正在接受财务报表审计的实体。 |

很多被审计单位（包括非常小的被审计单位）经常外包一些财务处理活动，例如：
- 工资处理；
- 网上销售；
- IT 服务；
- 资产管理（存货仓储、投资等）；以及
- 簿记服务。这包括处理交易、维护会计记录和编制财务报表；

这些第三方机构（提供与财务报告相关的服务）简称为"服务机构"。

如果使用服务机构，审计师需要考虑这种安排对被审计单位内部控制的影响。这包括：
- 获取充分的信息以评估重大错报风险；
- 设计恰当的应对措施。

在小型被审计单位，外包的服务很可能对被审计单位的持续经营十分重要，但与审计工作无关。这出现在被审计单位建立充分的控制以应对重大错报风险的情形，或能够实施实质性程序以应对识别出的风险的情形。

> **考虑要点**
>
> 使用服务机构编制财务报表并不能减轻管理层（和治理层）对财务报表的责任。

服务机构可能向其使用者提供两类报告：

- **第一类报告——对服务机构控制的描述和设计出具的报告**

这类报告提供有关控制设计和执行的证据,但不包括运行的有效性。这类报告可能是有益的,但对审计师了解审计期间服务机构关键控制是否有效运行的作用是有限的。

- **第二类报告——对服务机构控制的描述、设计和运行有效性出具的报告**

审计师可以使用这些报告以考虑:

——经服务机构审计师测试的控制是否与被审计单位的交易、账户余额、披露和相关认定相关;

——服务机构审计师的控制测试及其结果是否充分(即服务机构审计师测试所涵盖的期间和实施这些测试以来的时间跨度)。

## 风险评估

| 条款 | 国际审计准则相关内容摘录 |
| --- | --- |
| ISA402.9 | 当按照 ISA315 的规定了解被审计单位时,被审计单位审计师应当了解被审计单位在经营中如何利用服务机构提供的服务,包括:(参见:第 A1 – A2 段)<br>(a) 服务机构提供的服务的性质,以及该服务对被审计单位的重要性,包括由此对被审计单位内部控制产生的影响;(参见:第 A3 – A5 段)<br>(b) 由服务机构处理的交易、受服务机构影响的账户或财务报告过程的性质和重要性;(参见:第 A6 段)<br>(c) 服务机构与被审计单位之间活动的相互影响程度;(参见:第 A7 段)<br>(d) 被审计单位与服务机构关系的性质,包括服务机构与被审计单位就提供服务订立的相关合同条款。(参见:第 A8 – A11 段) |
| ISA402.10 | 当按照 ISA315 的规定了解与审计相关的内部控制时,被审计单位审计师应当评价被审计单位的、与服务机构提供的服务相关的控制的设计和执行情况,这些控制包括应用于服务机构所处理的交易的控制。(参见:第 A12 – A14 段) |
| ISA402.11 | 被审计单位审计师应当确定,是否已充分了解服务机构提供的服务的性质和重要性,及其对与审计相关的被审计单位内部控制的影响,以作为识别和评估重大错报风险的基础。 |
| ISA402.12 | 如果不能从被审计单位获得充分的了解,被审计单位审计师应当实施下列一项或多项程序:<br>(a) 获取第一类报告或第二类报告(如可行);<br>(b) 通过被审计单位联系服务机构,以获取特定信息;<br>(c) 访问服务机构,并实施可以获取有关服务机构相关控制的必要信息的程序;<br>(d) 利用其他审计师实施可以获取有关服务机构相关控制的必要信息的程序。(参见:第 A15 – A20 段) |

如果被审计单位使用服务机构，审计师应当考虑下表所列事项：

表 15.3-1

| 内容 | 描述 |
| --- | --- |
| 提供哪些服务（与审计相关的）？ | - 识别：<br>　——提供的服务的性质，<br>　——处理的交易的重要性，以及<br>　——受影响的账户或财务报告过程。<br>- 查阅被审计单位与服务机构之间的合同或服务水平协议的条款。<br>- 确定服务机构与被审计单位之间（活动）的相互影响程度。<br>- 查阅服务机构、服务机构审计师（包括管理建议书）、内部审计人员或监管机构对服务机构控制的报告。 |
| 存在哪些相关的内部控制？ | - 服务机构的控制是否与审计相关？如果否，采用实质性方案就足够了。如果是，审计师必须确定服务机构的控制得以恰当地设计和执行。<br>- 无论服务机构的控制如何，被审计单位是否建立旨在减轻重大处理风险的控制（可能被测试）？例如，被审计单位工资处理的控制可能包括：<br>　——将提交给服务机构的数据与服务机构进行数据处理后提交的报告进行对比，<br>　——选取样本并重新计算工资金额以检查数据计算的准确性，以及<br>　——复核工资总额的合理性。 |
| 对服务机构控制的信赖程度 | - 获取任何可获取的第一类或第二类报告。被审计单位与服务机构签订的合同通常包括此类报告的约定；<br>- 联系服务机构以获取特定信息；<br>- 访问服务机构并实施规定的程序；<br>- 利用其他审计师以实施规定的程序。 |

**考虑要点**

检查服务机构报告中有关使用限制的措辞。这些限制可能适用于管理层、服务机构及其客户以及被审计单位的审计师。

## 风险应对

| 条款 | 国际审计准则相关内容摘录 |
| --- | --- |
| ISA402.13 | 当确定第一类报告或第二类报告提供的审计证据的充分性和适当性时，被审计单位审计师应当确信：<br>(a) 服务机构审计师具有相应的专业胜任能力并独立于服务机构；<br>(b) 服务机构审计师出具第一类报告或第二类报告所依据的标准是适当的。<br>(参见：第 A21 段) |

续表

| 条款 | 国际审计准则相关内容摘录 |
|---|---|
| ISA402.14 | 如果拟利用第一类报告或第二类报告作为审计证据，以支持对服务机构内部控制设计和执行情况的了解，被审计单位审计师应当：<br>（a）评价对服务机构控制的描述和设计所针对的时点或期间是否适用于被审计单位审计师的审计目的；<br>（b）对了解与审计相关的被审计单位内部控制而言，评价报告提供的证据是否充分和适当；<br>（c）确定服务机构识别的被审计单位的互补性控制是否与被审计单位相关。如果相关，了解被审计单位是否设计和执行了此类控制。（参见：第A22－A23段） |
| ISA402.15 | 当按照ISA330的规定应对评估的重大错报风险时，被审计单位审计师应当：<br>（a）确定是否能够从被审计单位保存的记录中获取有关财务报表认定的充分、适当的审计证据；如果不能获取，则<br>（b）实施进一步审计程序以获取充分、适当的审计证据，或利用其他审计师代其对服务机构实施这些程序。（参见：第A24－A28段） |
| ISA402.16 | 如果被审计单位审计师的风险评估结果预期服务机构的控制的运行是有效的，被审计单位审计师应当实施下列一项或多项程序，以获取有关这些控制运行有效性的审计证据：<br>（a）获取第二类报告（如可行）；<br>（b）对服务机构的控制实施适当测试；<br>（c）利用其他审计师代其对服务机构的控制实施测试。（参见：第A29－A30段） |
| ISA402.17 | 如果根据本国际审计准则第16段第（a）项的规定拟利用第二类报告作为服务机构内部控制运行有效性的审计证据，被审计单位审计师应当通过实施下列程序，确定服务机构审计师的报告是否能提供有关内部控制运行有效性的充分、适当的审计证据，以支持对重大错报风险的评估：<br>（a）评价对服务机构控制的描述、设计和运行有效性所针对的时点或期间是否适用于被审计单位审计师的审计目的；<br>（b）确定服务机构识别的被审计单位的互补性控制是否与被审计单位相关。如相关，了解被审计单位是否设计和执行了该控制，如是，测试其运行有效性；<br>（c）评价控制测试的涵盖期间和自实施控制测试以来的时间间隔的适当性；<br>（d）评价服务机构审计师报告中所述的、由服务机构审计师实施的控制测试及其结果是否与被审计单位财务报表的认定相关，并提供充分、适当的审计证据，以支持被审计单位审计师的风险评估。（参见：第A31－A39段） |

运用国际审计准则执行中小企业审计指南（第三版）

续表

| 条款 | 国际审计准则相关内容摘录 |
| --- | --- |
| ISA402.19 | 被审计单位审计师应当询问被审计单位管理层，确定服务机构是否曾经向被审计单位报告，或被审计单位是否以其他方式获知任何影响被审计单位财务报表的舞弊、违反法律法规行为或未更正错报。被审计单位审计师应当评价这些事项如何影响进一步审计程序的性质、时间安排和范围，并评价对得出的结论和审计报告的影响。（参见：第 A41 段） |

当应对评估的重大错报风险时，审计师应当考虑下列事项：

表 15.3-2

| 内容 | 描述 |
| --- | --- |
| 是否能够从被审计单位内部获取必要的证据？ | 如果是，获取有关财务报表认定的充分、适当的审计证据。<br>如果否，实施追加程序以获取审计证据，例如利用其他审计师代其对服务机构实施这些程序。 |
| 确定对第一类或第二类报告的信赖程度 | • 考虑审计师的专业胜任能力、独立性以及出具的报告所依据标准的适当性；<br>• 评价对服务机构控制的描述和设计所针对的时点或期间是否适用于审计师的审计目的；<br>• 评价对了解与审计相关的被审计单位内部控制而言，评价报告提供的证据是否充分、适当；以及<br>• 确定服务机构系统描述中明确的被审计单位的互补性控制是否与被审计单位相关；如果相关，了解被审计单位是否设计和执行了此类控制。<br>请注意，第一类报告不能提供服务机构内部控制运行有效性的证据。如果不能获取第二类报告，审计师需要对服务机构的控制实施测试，或利用其他审计师实施这些测试。 |
| 测试被审计单位的记录和控制 | 如可能，从被审计单位保存的记录中获取有关相关财务报表认定的充分、适当的审计证据。 |
| 从服务机构获取审计证据 | 如果被审计单位的记录不充分，审计师通过实施下列审计程序以获取有关服务机构的控制运行有效性的审计证据：<br>• 获取第二类报告（如可行）；<br>• 对服务机构的控制实施适当的测试；或<br>• 利用其他审计师代其对服务机构的控制实施适当的测试。 |
| 询问重要事项（舞弊等） | 询问管理层是否知悉（或收到服务机构的通知）任何舞弊、违反法律法规行为或可能影响财务报表的未更正错报。 |

## 15. 其他国际审计准则的要求汇总

### 报告

| 条款 | 国际审计准则相关内容摘录 |
| --- | --- |
| ISA402.20 | 针对服务机构提供的与被审计单位财务报表审计相关的服务,如果被审计单位审计师无法获取充分、适当的审计证据,则应当根据 ISA705 的规定,在审计报告中发表非无保留意见。(参见:第 A42 段) |
| ISA402.21 | 被审计单位审计师不应在无保留意见的审计报告中提及服务机构审计师的相关工作,除非法律法规另有规定。如果法律法规要求提及,被审计单位审计师的报告中应当指出这种提及并不减轻被审计单位审计师对审计意见承担的责任。(参见:第 A43 段) |
| ISA402.22 | 如果提及服务机构审计师的工作与理解被审计单位审计师出具的非无保留意见相关,被审计单位审计师的报告应当指出,这种提及并不减轻被审计单位审计师对审计意见承担的责任。(参见:第 A44 段) |

如果利用服务机构的第一类报告或第二类报告,针对被审计单位的审计报告中不应提及服务机构的报告,除非法律另有规定。

但是,如果服务机构审计师发表了非无保留意见,审计师因此打算发表非无保留意见,则不排除在审计报告中提及服务机构审计师的报告,前提是该项提及有助于解释审计师发表非无保留意见的原因。在这种情况下,审计师应当在审计报告中指出,提及服务机构审计师并不减轻审计师对审计意见承担的责任。

### 15.4 ISA501——审计证据:对选取的项目的具体考虑

| 条款 | 国际审计准则的目标 |
| --- | --- |
| ISA501.3 | 审计师的目标是针对特定项目的下列方面获取充分、适当的审计证据:<br>(a) 存货的存在和状况;<br>(b) 涉及被审计单位的诉讼和索赔事项的完整性;<br>(c) 按照适用的财务报告框架对分部信息的列报与披露。 |

177

## 存货监盘

| 条款 | 国际审计准则相关内容摘录 |
| --- | --- |
| ISA501.4 | 如果存货对财务报表是重要的，审计师应当实施下列审计程序，对存货的存在和状况获取充分、适当的审计证据：<br>（a）在存货盘点现场实施监盘，除非不可行；（参见：第 A1 – A3 段）<br>（i）评价管理层用以记录和控制存货盘点结果的指令和程序；（参见：第 A4 段）<br>（ii）观察管理层制定的盘点程序的执行情况；（参见：第 A5 段）<br>（iii）检查存货；（参见：第 A6 段）<br>（iv）执行抽盘；（参见：第 A7 – A8 段）<br>（b）对被审计单位的期末存货记录实施审计程序，以确定其是否准确反映实际的存货盘点结果。 |
| ISA501.5 | 如果存货盘点在财务报表日以外的其他日期进行，审计师除实施本国际审计准则第 4 段规定的程序外，还应当实施其他审计程序，以获取审计证据，确定存货在盘点日和财务报表日之间的变动是否已得到恰当的记录。（参见：第 A9 – A11 段） |
| ISA501.6 | 如果由于不可预见的情况，无法在存货盘点现场实施监盘，审计师应当另择日期实施盘点或监盘，并对间隔期间发生的交易实施审计程序。 |
| ISA501.7 | 如果在存货盘点现场实施存货监盘不可行，审计师应当实施替代审计程序，以获取有关存货的存在和状况的充分、适当的审计证据。如果不能实施替代审计程序，审计师应当按照 ISA705 的规定，在审计报告中发表非无保留意见。（参见：第 A12 – A14 段） |
| ISA501.8 | 如果由第三方保管或控制的存货对财务报表是重要的，审计师应当实施下列一项或两项审计程序，以获取有关该存货的存在和状况的充分、适当的审计证据：<br>（a）向持有被审计单位存货的第三方函证存货的数量和状况；（参见：第 A15 段）<br>（b）实施检查或其他适合具体情况的审计程序。（参见：第 A16 段） |

如果存货对财务报表是重要的，审计师应当实施下列审计程序以确定存货的存在和状况：

表 15.4–1

| 程序 | 描述 |
| --- | --- |
| 实施监盘 | • 评价管理层用于记录或控制盘点结果的指令；<br>• 观察管理层制定的盘点程序的执行情况；<br>• 检查存货并执行抽盘；<br>• 调节盘点日与期末之间的存货变动；以及<br>• 如果实地盘点不可行，实施替代审计程序。 |
| 函证或检查他人持有的存货 | • 要求函证持有存货的数量/状况；以及<br>• 实施检查或其他适当的审计程序。 |

## 有关诉讼和索赔的询问

| 条款 | 国际审计准则相关内容摘录 |
| --- | --- |
| ISA501.9 | 审计师应当设计和实施审计程序，以识别涉及被审计单位的可能导致重大错报风险的诉讼和索赔事项，这些审计程序包括：（参见：第 A17–A19 段）<br>（a）询问管理层和被审计单位内部其他人员，包括询问被审计单位内部法律顾问；<br>（b）查阅治理层的会议纪要和被审计单位与外部法律顾问之间的往来信函；<br>（c）复核法律费用账户记录。（参见：第 A20 段） |
| ISA501.10 | 如果评估识别出的诉讼或索赔事项存在重大错报风险，或者实施的审计程序表明可能存在其他重大诉讼或索赔事项，审计师除实施其他国际审计准则要求的审计程序外，还应当寻求与被审计单位的外部法律顾问进行直接沟通。审计师应当通过亲自寄发由管理层编制的询证函，要求外部法律顾问直接与审计师沟通。如果法律法规或各法律专业团体禁止被审计单位的外部法律顾问与审计师进行直接沟通，审计师应当实施替代审计程序。（参见：第A21–A25 段） |
| ISA501.11 | 如果同时出现下列情况，审计师应当按照 ISA705 的规定，在审计报告中发表非无保留意见：<br>（a）管理层不同意审计师与被审计单位的外部法律顾问沟通或会面，或者外部法律顾问拒绝对询证函恰当回复或被禁止回复；<br>（b）审计师无法通过实施替代审计程序获取充分、适当的审计证据。 |
| ISA501.12 | 审计师应当要求管理层和治理层（如适用）提供书面声明，确认已向审计师披露所有其知悉的、已经或可能发生的、在编制财务报表时应当考虑其影响的诉讼和索赔事项，并确认已按照适用的财务报告框架进行了会计处理和披露。 |

为识别可能导致重大错报风险的诉讼和索赔事项，审计师应当实施下列程序：

表 15.4 – 2

| 程序 | 描述 |
|---|---|
| 询问并查阅相关文件 | • 询问管理层和其他人员；<br>• 查阅治理层的会议纪要；<br>• 查阅被审计单位与外部法律顾问之间的往来信函；以及<br>• 复核法律费用账户记录。 |
| 与外部法律顾问沟通 | 对于识别出或怀疑存在诉讼或索赔，审计师应当通过亲自寄发由管理层编制的询证函，要求外部法律顾问直接与审计师沟通索赔细节等。如果该程序被禁止或管理层不同意审计师与外部法律顾问接触，审计师应当实施替代程序，例如查阅所有可获取的文件并且进行额外的询问。如果替代程序不充分，审计师应当在审计报告中发表非无保留意见。 |
| 获取管理层书面声明 | 要求管理层和治理层提供书面声明，确认已向审计师披露所有其知悉的、已经或可能发生的诉讼和索赔事项，并确认已在财务报表中进行了恰当的会计处理。 |

## 分部信息

| 条款 | 国际审计准则相关内容摘录 |
|---|---|
| ISA501.13 | 针对被审计单位按照适用的财务报告框架列报与披露的分部信息，审计师应当实施下列审计程序，获取充分、适当的审计证据：（参见：第 A26 段）<br>（a）了解管理层在确定分部信息时使用的方法；并且（参见：第 A27 段）<br>（i）评价这些方法是否可以使分部信息按照适用的财务报告框架的要求披露；<br>（ii）在适当的情况下，测试对这些方法的应用。<br>（b）实施分析程序或其他适合具体情况的审计程序。 |

分部信息通常不适用于中小企业审计，因此本指南不对其进行阐述。

## 15.5 ISA510——首次审计业务涉及的期初余额

| 条款 | 国际审计准则的目标 |
|---|---|
| ISA510.3 | 在执行首次审计业务时，审计师针对期初余额的目标是，获取充分、适当的审计证据以确定：<br>(a) 期初余额是否含有对本期财务报表产生重大影响的错报；<br>(b) 期初余额反映的恰当的会计政策是否在本期财务报表中得到一贯运用，或会计政策的变更是否已按照适用的财务报告框架作出适当的会计处理和充分的列报与披露。 |

该准则针对首次接受审计的财务报表或上期由另一位审计师审计的财务报表的期初余额提供指导。

| 条款 | 国际审计准则相关内容摘录 |
|---|---|
| ISA510.5 | 审计师应当阅读最近期间的财务报表和前任审计师出具的审计报告（如有），获取与期初余额相关的信息，包括披露。 |
| ISA510.6 | 审计师应当通过采取下列措施，获取充分、适当的审计证据，以确定期初余额是否包含对本期财务报表产生重大影响的错报（参见：第A1–A2段）。<br>(a) 确定上期期末余额是否已正确结转至本期，或在适当的情况下已作出重新表述；<br>(b) 确定期初余额是否反映对恰当会计政策的运用；<br>(c) 实施以下一项或几项审计程序（参见：第A3–A7段）：<br>(i) 如果上期财务报表已经审计，审计师应当通过查阅前任审计师的审计工作底稿，以获取有关期初余额的审计证据；<br>(ii) 评价本期实施的审计程序是否提供了有关期初余额的证据；<br>(iii) 实施其他专门的审计程序，以获取有关期初余额的证据。 |
| ISA510.7 | 如果审计师获取的审计证据表明期初余额存在可能对本期财务报表产生重大影响的错报，审计师应当实施适合具体情况的追加的审计程序，以确定对本期财务报表的影响。<br>如果审计师认为本期财务报表中存在这类错报，审计师应当按照ISA450的规定，就这类错报与适当层级的管理层和治理层进行沟通。 |
| ISA510.8 | 审计师应当获取充分、适当的审计证据，以确定期初余额反映的会计政策是否在本期财务报表中得到一贯运用，以及会计政策的变更是否已按照适用的财务报告框架作出适当的会计处理和充分的列报与披露。 |

续表

| 条款 | 国际审计准则相关内容摘录 |
|---|---|
| ISA510.9 | 如果上期财务报表已由前任审计师审计，并发表了非无保留意见，审计师应当按照ISA315的规定，在评估本期财务报表重大错报风险时，评价导致非无保留意见的事项的影响。 |
| ISA510.10 | 如果审计师不能获取有关期初余额的充分、适当的审计证据，审计师应当按照ISA705的规定，对财务报表发表保留意见或无法表示意见。（参见：第A8段） |
| ISA510.11 | 如果审计师认为期初余额存在对本期财务报表产生重大影响的错报，且错报的影响未能得到恰当的会计处理或充分的列报与披露，审计师应当按照ISA705的规定，发表保留意见或否定意见。 |
| ISA510.12 | 如果认为存在例情形之一，审计师应当按照ISA705的规定，发表保留意见或否定意见。<br>（a）按照适用的财务报告框架与期初余额相关的会计政策未能在本期得到一贯运用；<br>（b）按照适用的财务报告框架，会计政策的变更未能得到恰当的会计处理或充分的列报与披露。 |
| ISA510.13 | 如果前任审计师对上期财务报表发表了非无保留意见，并且该事项对本期财务报表仍然相关和重大，审计师应当按照ISA705和ISA710的规定，对本期财务报表发表非无保留意见。（参见：第A9段） |

这些要求概括如下：

表 15.5-1

| 内容 | 描述 |
|---|---|
| 期初余额是否包含可能影响本期的错报？ | • 阅读最近期间的财务报表和前任审计师出具的审计报告（如存在）；<br>• 确定上期期末余额是否已正确结转并且反映对恰当会计政策的运用；<br>• 查阅前任审计师的工作底稿；以及<br>• 在本期实施审计程序以获取有关期初余额的证据。这在上期财务报表未经审计的情况下特别重要。 |
| 确定识别出的错报对本期的影响 | • 适当时实施追加的审计程序；<br>• 评价前任审计师发表的非无保留意见；<br>• 确信期初余额反映的会计政策在本期得到一贯运用。 |
| 确定对审计意见的影响 | 如果前任审计师的非无保留意见仍然是相关的，或者期初余额包含对本期财务报表有重大影响的错报（没有进行恰当的会计处理、列报或披露），审计师应当发表保留意见或否定意见。 |

## 15.6 ISA600——对集团财务报表审计的特殊考虑（包括组成部分审计师的工作）

| 条款 | 国际审计准则的目标 |
|---|---|
| ISA600.8 | 审计师的目标是：<br>(a) 确定是否担任集团财务报表审计的审计师；<br>(b) 如果担任集团财务报表审计的审计师：<br>(i) 就组成部分审计师对组成部分财务信息执行工作的范围、时间安排和发现的问题，与组成部分审计师进行清晰的沟通；<br>(ii) 针对组成部分财务信息和合并过程获取充分、适当的审计证据。以对集团财务报表是否在所有重大方面按照适用的财务报告框架编制发表审计意见。 |

| 条款 | 国际审计准则相关内容摘录 |
|---|---|
| ISA600.9 | 新国际审计准则而言，对下列术语给予以下定义：<br>(a) 组成部分——是指某一实体或某项业务活动，其财务信息由集团或组成部分管理层编制并应包括在集团财务报表中。（参见：第 A2 – A4 段）<br>(b) 组成部分审计师——是指基于集团审计目的，按照集团项目组的要求，对组成部分相关财务信息执行相关工作的审计师。（参见：第 A7 段）<br>(c) 组成部分管理层——是指负责编制组成部分财务信息的管理层。<br>(d) 组成部分重要性——是指集团项目组为组成部分确定的重要性。<br>(e) 集团——是指由所有组成部分构成的整体，并且所有组成部分的财务信息包括在集团财务报表中。集团至少拥有一个以上的组成部分。<br>(f) 集团审计——是指对集团财务报表进行的审计。<br>(g) 集团审计意见——是指对集团财务报表发表的审计意见。<br>(h) 集团项目合伙人——是指会计师事务所负责某项集团审计业务及其执行，并代表会计师事务所对集团财务报表审计报告承担责任的合伙人或其他人员。如果联合审计师执行集团审计，联合审计项目合伙人及其项目组整体上构成集团项目合伙人和集团项目组。但是，本国际审计准则并不规范联合审计师之间的关系，或参与联合审计的一方与另一方执行的工作之间的关系。 |

续表

| 条款 | 国际审计准则相关内容摘录 |
|---|---|
| ISA600.9 | （i）集团项目组——是指包括集团项目合伙人在内的合伙人和员工，负责制定集团总体审计策略，与组成部分审计师沟通，针对合并过程执行相关工作，并评价根据审计证据得出的结论，作为形成集团财务报表审计意见的基础。<br>（j）集团财务报表——是指包括一个以上组成部分财务信息的财务报表。术语"集团财务报表"也指由没有母公司但处于同一控制下的各组成部分编制的财务信息汇总生成的汇总财务报表。<br>（k）集团管理层——是指负责编制集团财务报表的管理层。<br>（l）集团层面控制——是指集团管理层设计、执行和维护的与集团财务报告相关的控制。<br>（m）重要组成部分——是指集团项目组识别出的组成部分：<br>（i）单个组成部分对集团具有财务重大性；或者<br>（ii）由于特定性质或情况，可能存在导致集团财务报表发生重大错报的特别风险。（参见：第 A5－A6 段） |

该准则为集团审计的特殊考虑提供指导。它规定了下列主体及其之间的责任、沟通与要求：

- 集团项目合伙人、集团项目组；以及
- 代替集团项目组实施审计（例如部门、分支机构或集团子公司审计）并报告结果的组成部分审计师。

所规定的要求可能同样适用于审计师在财务报表审计的某些部分利用另一位审计师的其他情形。（这可能包括观察存货盘点或在遥远地点实施特殊的程序）

> **考虑要点**
>
> 集团组成部分的定义很宽泛。在作出该准则不适用的结论之前，请确信重要组成部分是否确实不存在。组成部分可能来源于被审计单位的组织结构（例如，子公司、分部、分支机构、合资公司或按照成本法或权益法核算的被投资实体）或按照职能部门、产品、劳务或地区分布来组织的财务报告系统。
>
> 如果存在重要组成部分，该准则提出有关下列内容的一些规定：
>
> - 集团项目合伙人的责任；
> - 审计计划和重要性；
> - 风险评估和应对；

## 15. 其他国际审计准则的要求汇总

- 集团项目组与组成部分审计师之间的关系；
- 沟通的性质和范围；以及
- 集团层面的控制与合并过程。

注：基于集团审计在中小企业审计中并不常见的假设，下表仅包含准则中很多要求的摘要：

表 15.6 – 1

| 要求部分的汇总 | |
| --- | --- |
| 责任<br>600.11 | • 集团项目合伙人应当按照职业准则的规定，指导、监督和执行集团审计业务；<br>• 审计师对集团财务报表出具的审计报告不应提及组成部分审计师。 |
| 承接/保持和计划<br>600.12 – 16 | • 集团项目组应当了解集团及其环境、集团组成部分及其环境，以足以识别可能的重要组成部分；<br>• 集团项目合伙人应当就集团审计业务条款达成一致意见；<br>• 集团项目组应当制定集团总体审计策略，并且设计具体集团审计计划。 |
| 了解集团及其环境、集团组成部分及其环境<br>600.17 – 18 | 集团项目组应当获得充分的了解，以足以：<br>• 确认或修正最初识别的重要组成部分；以及<br>• 评估由于舞弊或错误导致集团财务报表发生重大错报的风险。 |
| 了解组成部分审计师<br>600.19 – 20 | 如果计划要求组成部分审计师执行组成部分财务信息的相关工作，集团项目组应当了解下列事项：<br>• 组成部分审计师是否了解并将遵守与集团审计相关的职业道德要求，特别是独立性要求；<br>• 组成部分审计师是否具备专业胜任能力；<br>• 集团项目组参与组成部分审计师工作的程度是否足以获取充分、适当的审计证据；以及<br>• 组成部分审计师是否处于积极的监管环境中。 |
| 重要性<br>600.21 – 23 | 集团项目组应当确定与重要性相关的下列事项：<br>• 在制定集团总体审计策略时，确定集团财务报表整体的重要性；<br>• 特定类别交易、账户余额或披露的重要性水平应当低于集团财务报表的重要性（如适用）；<br>• 如果组成部分审计师对组成部分财务信息实施审计或审阅，基于集团审计目的，为这些组成部分确定组成部分的重要性；以及<br>• 设定临界值，不能将超过该临界值的错报视为对集团财务报表明显微小的错报。<br>集团项目组还应当评价在组成部分层面确定的实际执行的重要性的适当性。 |

续表

| 要求部分的汇总 ||
|---|---|
| **应对评估的风险**<br>**600.24－31** | 审计师应当针对评估的财务报表重大风险设计和实施恰当的应对措施。<br>对于组成部分财务信息，集团项目组应当：<br>• 确定由其亲自执行或由组成部分审计师代为执行的相关工作的类型；<br>• 评价针对识别出的集团财务报表重大错报的特别风险拟实施的进一步程序的恰当性；<br>• 评价合并调整和重分类事项的适当性、完整性和准确性，并评价是否存在舞弊风险因素或可能存在管理层偏向的迹象。<br>就集团而言，对于具有财务重大性的单个组成部分，集团项目组或代表集团项目组的组成部分审计师应当运用该组成部分的重要性，对组成部分财务信息实施审计。 |
| **合并过程**<br>**600.32－37** | 集团项目组应当针对合并过程设计和实施进一步审计程序，以应对评估的、由合并过程导致的集团财务报表发生重大错报的风险。设计和实施的进一步审计程序应当包括评价所有组成部分是否均已包括在集团财务报表中。<br>如果集团财务报表包括的组成部分财务报表的报告期末不同于集团财务报表，集团项目组应当评价是否已按照适用的财务报告框架对这些财务报表作出恰当调整。 |
| **期后事项**<br>**600.38－39** | 集团项目组或组成部分审计师应实施审计程序，以识别要求在集团财务报表中调整或披露的期后事项。<br>集团项目组应当要求组成部分审计师告知其注意到的期后事项。 |
| **与组成部分审计师的沟通**<br>**600.40－41** | 集团项目组应当及时向组成部分审计师通报工作要求。通报的内容应当明确组成部分审计师应执行的工作和集团项目组对其工作的利用以及组成部分审计师与集团项目组沟通的形式和内容。<br>通报的内容应当包括：<br>• 确认组成部分审计师将配合集团项目组的工作；<br>• 相关的职业道德要求和独立性要求；<br>• 组成部分的重要性；<br>• 识别出的与组成部分审计师工作相关的、由于舞弊或错误导致集团财务报表发生重大错报的特别风险；以及<br>• 集团管理层编制的关联方清单，并且要求组成部分审计师及时沟通集团管理层或集团项目组以前未识别出的关联方。<br>集团项目组应当要求组成部分审计师沟通与得出集团审计结论相关的事项。<br>沟通的内容包括： |

## 15. 其他国际审计准则的要求汇总

续表

| 要求部分的汇总 ||
|---|---|
| 与组成部分审计师的沟通<br>600.40–41 | • 组成部分审计师是否已遵守：<br>　——与集团审计相关的职业道德要求，包括对独立性和专业胜任能力的要求，以及<br>　——集团项目组的要求；<br>• 指出作为组成部分审计师出具报告对象的组成部分财务信息；<br>• 违反法律法规的行为；<br>• 组成部分财务信息中未更正错报的清单；<br>• 表明可能存在管理层偏向的迹象；<br>• 识别出的组成部分层面值得关注的内部控制缺陷；<br>• 组成部分审计师向组成部分治理层已沟通或拟沟通的其他重大事项，包括舞弊或舞弊嫌疑；<br>• 与集团审计相关的其他事项，包括在组成部分审计师要求组成部分管理层提供的书面声明中指出的例外事项；以及<br>• 组成部分审计师的总体发现、得出的结论和形成的意见。 |
| 评价所获取的审计证据的充分性和适当性<br>600.42–45 | 集团项目组应当：<br>• 与组成部分审计师、组成部分管理层或集团管理层（如适用）讨论在证据评价过程中发现的重大事项；以及<br>• 确定是否有必要复核组成部分审计师审计工作底稿的相关部分。<br>如果认为组成部分审计师的工作不充分，集团项目组应当确定需要实施哪些追加的程序，以及这些程序是由组成部分审计师还是由集团项目组实施。<br>集团项目组应当评价是否从实施的审计程序中获取了充分、适当的审计证据。<br>集团项目合伙人应当评价未更正错报和未能获取充分、适当的审计证据的情况对集团审计意见的影响。 |
| 与集团管理层和集团治理层的沟通<br>600.46–49 | 集团项目组应当确定哪些识别出的内部控制缺陷需要向集团治理层和集团管理层通报。<br>如果识别出舞弊，集团项目组应当及时向适当层级的集团管理层通报。<br>集团项目组应当沟通下列事项：<br>• 针对组成部分财务信息拟执行工作的类型的概述；<br>• 在组成部分审计师对重要组成部分财务信息拟执行的工作中，集团项目组计划参与其工作的性质的概述；<br>• 通过对组成部分审计师的工作进行评价，导致集团项目组对其工作质量产生疑虑的情形；<br>• 集团审计受到的限制，如集团项目组接触某些信息受到的限制；以及<br>• 涉及集团管理层、组成部分管理层、在集团层面控制中承担重要职责的员工以及其他人员（在舞弊行为导致集团财务报表出现重大错报的情况下）的舞弊或舞弊嫌疑。 |

续表

| 要求部分的汇总 ||
|---|---|
| 审计工作底稿 600.50 | 集团项目组应当就下列事项形成审计工作底稿：<br>• 对组成部分的分析，指明重要组成部分以及对组成部分财务信息执行工作的类型；<br>• 对于重要组成部分，集团项目组参与该组成部分审计师工作的性质、时间安排和范围，如果适用，还包括集团项目组对组成部分审计师审计工作底稿的相关部分进行的复核以及由此得出的结论；以及<br>• 集团项目组与组成部分审计师就集团项目组提出的工作要求的书面沟通函件。 |

## 15.7　ISA610——利用内部审计师的工作

| 条款 | 国际审计准则的目标 |
|---|---|
| ISA610.6 | 当被审计单位设有内部审计职能，且审计师认为可能与其审计相关的情况下，审计师的目标是：<br>（a）确定是否利用以及在多大程度上利用内部审计人员的特定工作；<br>（b）如果利用内部审计人员的特定工作，确定该工作是否足以实现审计目的。 |

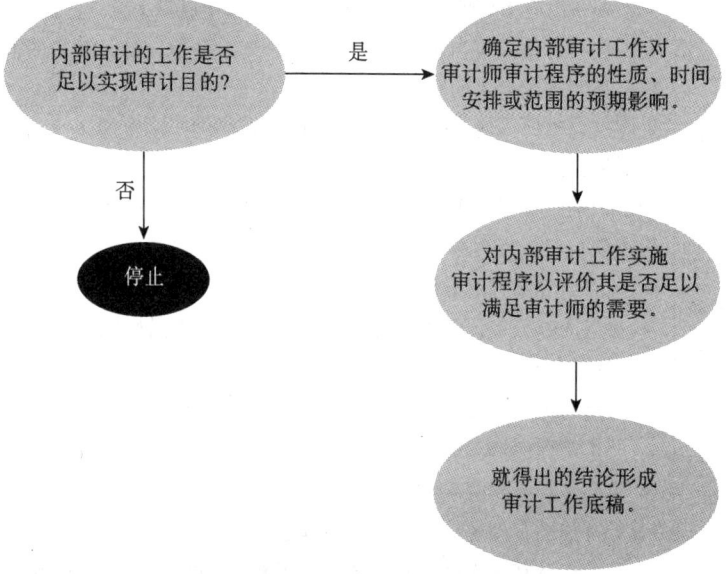

图 15.7－1

## 15. 其他国际审计准则的要求汇总

| 条款 | 国际审计准则相关内容摘录 |
|---|---|
| ISA610.8 | 审计师应当确定：<br>(a) 内部审计人员的工作是否可能足以实现审计目的；以及<br>(b) 如果可能足以实现审计目的，内部审计人员的工作对审计师审计程序的性质、时间安排和范围产生的预期影响。 |
| ISA610.9 | 在确定内部审计人员的工作是否可能足以实现审计目的时，审计师应当评价：<br>(a) 内部审计的客观性；<br>(b) 内部审计人员的专业胜任能力；<br>(c) 内部审计人员在执行工作时是否可能保持应有的职业关注；以及<br>(d) 内部审计人员和审计师之间是否可能进行有效的沟通。（参见：第 A4 段） |
| ISA610.10 | 在确定内部审计人员的工作对审计师审计程序的性质、时间安排和范围产生的预期影响时，审计师应当考虑：<br>(a) 内部审计人员已执行或拟执行的特定工作的性质和范围；<br>(b) 针对特定类别的交易、账户余额和披露，评估的认定层次重大错报风险；以及<br>(c) 在评价支持相关认定的审计证据时，内部审计人员的主观程度。（参见：第 A5 段） |
| ISA610.11 | 如果拟利用内部审计人员的特定工作，审计师应当评价内部审计人员的特定工作并实施审计程序，以确定该工作是否足以实现审计目的。（参见：第 A6 段） |
| ISA610.12 | 在确定内部审计人员的特定工作是否足以实现审计目的时，审计师应当评价：<br>(a) 内部审计工作是否由经过充分技术培训且精通业务的人员执行；<br>(b) 内部审计工作是否得到适当的监督、复核和记录；<br>(c) 内部审计人员是否已获取充分、适当的审计证据，使其能够得出合理的结论；<br>(d) 内部审计人员得出的结论是否恰当，编制的报告是否与执行工作的结果一致；以及<br>(e) 内部审计人员披露的例外或异常事项是否得到恰当解决。 |
| ISA610.13 | 如果利用内部审计人员的特定工作，审计师应当就下列事项形成审计工作底稿：针对内部审计人员工作的恰当性进行评价得出的结论；针对内部审计人员的工作实施的审计程序。 |

### 概述

在大型被审计单位，通常设立内部审计以监控内部控制各方面的有效性。内部

审计活动的范围可能包括：
- 对内部控制某些要素的监督；
- 对财务信息和经营信息的检查；
- 对经营活动的评价；
- 对遵守法律法规情况的评价；
- 风险管理；和/或
- 治理。

如果内部审计工作的目标和范围包括评价财务报告内部控制，审计师可能信赖内部审计人员的工作（取决于工作的充分性）以修改审计程序的性质和范围。但是，内部审计人员是被审计单位聘请的、构成内部控制的组成部分，他们不是完全独立的。因此，不能像外部审计组实施的工作一样对内部审计人员的工作予以同等信赖。

## 规定的汇总

下表列示了准则规定的汇总：

表 15.7–1

| 任务 | 考虑的问题 |
| --- | --- |
| 内部审计的工作是否足以实现外部审计目的？ | • 内部审计的目标与范围是什么？<br>• 内部审计是否客观（独立）？<br>• 内部审计人员是否具备专业胜任能力？<br>• 内部审计人员在执行工作时是否保持应有的职业关注？<br>• 内部审计人员与外部审计师之间的沟通是否有效？ |
| 信赖内部审计的工作对外部审计的影响？ | 考虑：<br>• 内部审计人员已执行或拟执行特定工作的性质和范围；<br>• 针对评估特定类别的交易、账户余额和披露认定，评估认定层次重大错报风险；以及<br>• 在评价支持相关认定的审计证据时，内部审计人员的主观程度。 |
| 评价内部审计的工作是否足以被外部审计信赖 | • 执行工作的内部审计人员是否经过充分技术培训且精通业务？<br>• 内部审计工作是否得到适当的监督、复核和记录？<br>• 内部审计人员是否已获取充分的审计证据，使其能够得出合理的结论？<br>• 内部审计人员得出的结论是否适合于具体情况？<br>• 内部审计人员编制的报告是否与已执行工作的结果一致？<br>• 内部审计人员披露的例外或异常事项是否适当解决？ |
| 记录结果 | • 针对内部审计工作的充分性进行评价得出的结论；以及<br>• 针对审计师对内部审计人员的工作实施的审计程序的描述。 |

### 报告

审计师对发表的审计意见独立承担责任,这种责任并不因利用内部审计人员的工作而减轻。因此,不应在审计报告中提及内部审计人员的工作。

## 15.8 ISA620——利用审计师的专家的工作

| 条款 | 国际审计准则的目标 |
|---|---|
| ISA620.5 | 审计师的目标是:<br>(a) 确定是否利用审计师的专家的工作;<br>(b) 如果利用审计师的专家的工作,确定专家的工作是否足以实现审计目的。 |

**风险评估**
是否利用专家以获取审计证据?
如果是:
- 需要哪些程序?
- 选用的专家是否具有胜任能力、专业素质和客观性?

我们能否理解专家所做工作的性质?
与专家就业务约定条款达成一致意见。

**风险应对**
评价专家所做工作的充分性,包括工作结果、结论、使用的假设和数据来源。
确定是否需要进一步审计工作。

**报告**
不应在无保留意见的审计报告中提及专家的工作。
如果无法获取充分、适当的审计证据,发表非无保留意见。

图 15.8-1

| 条款 | 国际审计准则相关内容摘录 |
|---|---|
| ISA620.6 | 就国际审计准则而言,对下列术语给予以下定义:<br>(a) 审计师的专家,是指在会计或审计以外的某一领域具有专长的个人或组织,其在这一领域的工作被审计师利用以协助审计师获取充分、适当的审计证据。专家既可以是审计师的内部专家(如审计师所在会计师事务所或网络事务所的合伙人或员工(包括临时员工)),也可以是审计师的外部专家;(参见:第 A1-A3 段)<br>(b) 专长,是指在某一特定领域中拥有的专门技能、知识和经验;<br>(c) 管理层的专家,是指在会计或审计以外的某一领域具有专长的个人或组织,专家在该领域的工作能够帮助被审计单位利用以协助编制财务报表。 |

某些情况下,审计师可能需要专长(会计或审计以外)以获取充分、适当的审计证据。这可能涉及利用专家的工作以获取报告、意见、估价、声明等形式的审计证据。

下表列示了一些例子:

表 15.8－1

| 是否需要专家? | • 特殊的存货盘点;<br>• 资产的估价,例如土地及建筑物、厂房和机器设备、艺术品、珠宝、存货以及复杂的金融工具;<br>• 确定资产的数量或物理状况,例如储存的矿藏、地下矿藏和石油储备以及工厂和机器设备的剩余使用年限;<br>• 使用特殊的技术或方法(如精算评估)确定金额;<br>• 对复杂或异常纳税问题进行分析;<br>• 对在建合同的已完成工作、未完成工作进行计量;以及<br>• 对合同、法律和法规进行解释。 |
|---|---|

该准则就如何将专家的工作用作恰当的审计证据提供指引。

某些情况下,审计师在会计或审计以外的某一相关领域不是专家,但在没有专家帮助的情况下,审计师仍然可以充分了解该领域以执行审计工作。例如,审计师可能通过下列方式进行了解:

- 其他被审计单位在编制财务报表时需要类似的专长,审计师在向其提供审计服务时获取的经验。
- 在特定领域中的教育或职业发展。这可能包括正规课程或与拥有相关领域专长的人士进行的讨论(但不同于就提供的所有相关事实进行的咨询)。
- 与执行过类似业务的审计师进行的讨论。

**注:** 无论是否利用专家的工作,审计师都对发表的审计意见独立承担责任。

## 风险评估

| 条款 | 国际审计准则相关内容摘录 |
|---|---|
| ISA620.7 | 如果在会计或审计以外的某一领域中的专长对获取充分、适当的审计证据是必要的,审计师应当确定是否利用专家的工作。(参见:第 A4－A9 段) |
| ISA620.8 | 与本国际审计准则第 9－13 段规定的审计程序的性质、时间安排和范围,将随着具体情况的变化而变化。在确定上述审计程序的性质、时间安排和范围,审计师应当考虑下列事项:(参见:第 A10 段) |

## 15. 其他国际审计准则的要求汇总

续表

| 条款 | 国际审计准则相关内容摘录 |
|---|---|
| ISA620.8 | （a）与专家工作相关的事项的性质；<br>（b）与专家工作相关的事项中存在的重大错报风险；<br>（c）专家的工作在审计中的重要程度；<br>（d）审计师对专家以前所做工作的了解与经验；<br>（e）专家是否需要遵守会计师事务所的质量控制政策和程序。（参见：第 A11 - A13 段） |
| ISA620.9 | 审计师应当评价其专家是否具有实现审计目的所必需的胜任能力、专业素质和客观性。对于审计师的外部专家，评价外部专家的客观性应当包括询问可能对外部专家客观性产生不利影响的利益和关系。（参见：第 A14 - A20 段） |
| ISA620.10 | 审计师应当充分了解其专家的专长领域，以使得审计师能够：（参见：第 A21 - A22 段）<br>（a）为了实现审计目的，确定专家工作的性质、范围和目标；<br>（b）评价专家的工作是否足以实现审计目的。 |
| ISA620.11 | 审计师应当与其专家就下列事项达成一致意见，并根据需要形成书面协议：（参见：第 A23 - A26 段）<br>（a）专家工作的性质、范围和目标；（参见：第 A27 段）<br>（b）审计师和专家各自的角色和责任；（参见：第 A28 - 29 段）<br>（c）审计师与专家之间沟通的性质、时间安排和范围，包括专家提供的报告的形式；（参见：第 A30 段）<br>（d）对专家遵守保密规定的要求。（参见：第 A31 段） |

下图概括了与聘请专家有关的考虑事项：

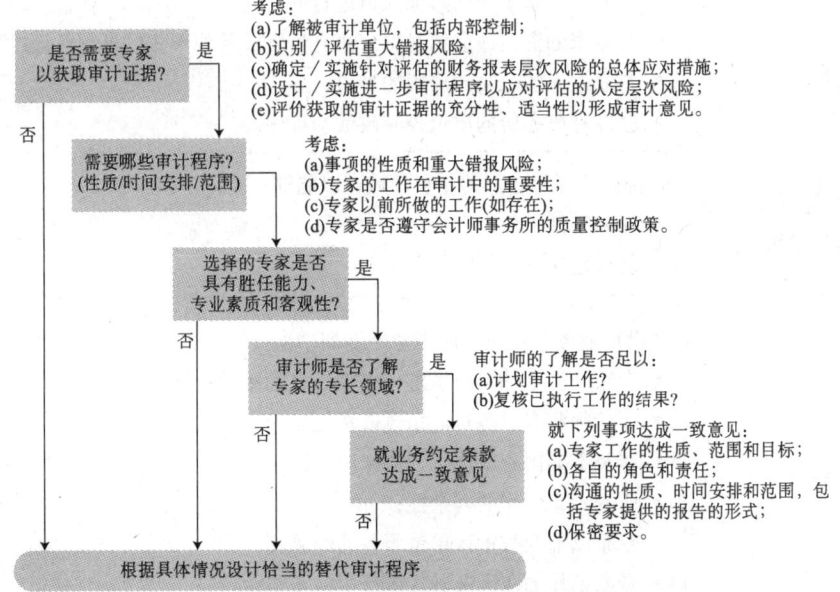

图 15.8-2

193

表 15.8-2

| 考虑的问题 | 讨论 |
|---|---|
| 是否需要专家以获取审计证据？ | 需要考虑下列事项：<br>• 了解被审计单位，包括内部控制；<br>• 识别/评估重大错报风险；<br>• 确定/实施针对评估的财务报表层次风险的总体应对措施；<br>• 设计/实施进一步审计程序以应对评估的认定层次风险；<br>• 评价获取的审计证据的充分性、适当性以形成审计意见。 |
| 需要哪些审计程序？ | 考虑下列事项：<br>• 事项的性质和重大错报风险；<br>• 专家工作在审计中的重要性；<br>• 专家以前所做的工作（如存在）；<br>• 专家是否遵守会计师事务所的质量控制政策。 |
| 选择的专家是否具有胜任能力、专业素质和客观性？ | • 与专家专长的性质和水平相关的胜任能力。<br>• 与专家在业务的具体情况下（如地理位置、可用的时间和资源）发挥专业胜任能力相关的专业素质。<br>• 与专家的偏见、利益冲突及其他可能影响其职业判断或商业判断的因素相关的客观性。<br>考虑的其他因素包括：<br>• 以前与专家交往的个人经验；<br>• 与专家进行的讨论；<br>• 与熟悉专家工作的其他人员进行的讨论；<br>• 对专家的资格、会员身份、执业资格或其他形式的外部认证的了解；<br>• 专家发表的论文或出版的书籍；<br>• 会计师事务所的质量控制政策和程序。 |
| 审计师是否了解专家的专长领域？ | 是否充分了解专家的专长领域，以能够：<br>• 计划审计工作；<br>• 复核已执行工作的结果。 |
| 就业务约定条款达成一致意见 | 在设计业务条款时，应当考虑下列事项：<br>• 专家对被审计单位敏感或机密信息的接触；<br>• 审计师和专家各自的角色或责任；<br>• 涉及不同国家或地区的法律法规；<br>• 所需专家工作的复杂性；<br>• 专家以前为被审计单位服务的经验；<br>• 专家工作的范围及其在审计中的重要性。 |

续表

| 考虑的问题 | 讨论 |
|---|---|
| 就业务约定条款达成一致意见 | 书面协议应当规定：<br>• 专家工作的性质、范围和目标；<br>• 各自的角色和责任；<br>• 沟通的性质、时间安排和范围，包括专家出具报告的形式；<br>• 保密的要求。<br>ISA620 的附录列举了审计师考虑与外部专家达成的书面协议中需要包括的内容。 |

## 评价实施的工作

| 条款 | 国际审计准则相关内容摘录 |
|---|---|
| ISA620.12 | 审计师应当评价其专家的工作是否足以实现审计目的，包括：（参见：第 A32 段）<br>(a) 专家的工作结果或结论的相关性和合理性，以及与其他审计证据的一致性；（参见：第 A33 – A34 段）<br>(b) 如果专家的工作涉及使用重要的假设和方法，这些假设和方法在具体情况下的相关性和合理性；（参见：第 A35 – A37 段）<br>(c) 如果专家的工作涉及使用重要的原始数据，这些原始数据的相关性、完整性和准确性。（参见：第 A38 – A39 段） |
| ISA620.13 | 如果确定审计师的专家的工作不足以实现审计目的，审计师应当采取下列措施之一：（参见：第 A40 段）<br>(a) 就专家拟执行的进一步工作的性质和范围，与专家达成一致意见；<br>(b) 根据具体情况，实施追加的审计程序。 |

> **评价专家已执行工作的充分性**
> 评价下列方面的相关性／合理性：
> • 专家的工作结果／结论以及与审计证据的一致性。
> • 具体情况下使用的重要假设和方法。
> • 原始数据，包括其准确性。
> 如果专家的工作不充分，根据具体情况设计追加的审计程序。

图 15.8 – 3

如果对专家的工作结果不满意或该结果与其他证据不一致，审计师应当解决该问题。这可能涉及：

- 与被审计单位和专家进行讨论；
- 实施追加的审计程序；
- 可能聘请另一位专家；
- 发表非无保留意见。

### 报告

| 条款 | 国际审计准则相关内容摘录 |
| --- | --- |
| ISA620.14 | 审计师不应在无保留意见的审计报告中提及审计师的专家的工作，除非法律法规另有规定。如果法律法规要求提及，审计师应当在审计报告中指明，这种提及并不减轻审计师对审计意见承担的责任。（参见：第A41段） |
| ISA620.15 | 如果审计师在审计报告中提及审计师的专家的工作是因为这与理解审计报告中的非无保留意见相关，审计师应当在审计报告中指明，这种提及并不减轻审计师对审计意见承担的责任。（参见：第A42段） |

审计报告中不应提及专家的工作。这种提及可能被误解为发表非无保留审计意见或划分责任，而这都不是审计师所期望的。

但是，如果审计师因为专家的参与而决定发表非无保留意见的审计报告，为了解释非无保留意见的原因而提及或描述专家的工作，包含专家的身份和专家参与的程度，可能是适当的。在这种情况下，审计师可能需要在提及之前得到专家的允许。如果专家拒绝而审计师认为需要提及，审计师可能需要征询法律意见。

## 15.9　ISA720——审计师对含有已审计财务报表的文件中的其他信息的责任

| 条款 | 国际审计准则的目标 |
| --- | --- |
| ISA720.4 | 审计师的目标是，当含有已审计财务报表和审计报告的文件中的其他信息可能损害财务报表和审计报告的可信性时，作出恰当的应对。 |

| 条款 | 国际审计准则相关内容摘录 |
| --- | --- |
| ISA720.6 | 审计师应当阅读其他信息，以识别其是否与已审计财务报表存在重大不一致。 |
| ISA720.7 | 审计师应当与管理层或治理层作出适当安排，以便在审计报告日前获取其他信息。如果在审计报告日前无法获取所有其他信息，审计师应当在审计报告日后尽早阅读其他信息。（参见：第A5段） |

## 15. 其他国际审计准则的要求汇总

续表

| 条款 | 国际审计准则相关内容摘录 |
| --- | --- |
| ISA720.8 | 在阅读其他信息时,如果识别出重大不一致,审计师应当确定已审计财务报表或其他信息是否需要作出修改。 |
| ISA720.9 | 如果需要对已审计财务报表作出修改,但管理层拒绝作出修改,审计师应当按照 ISA705 的规定在审计报告中发表非无保留意见。 |
| ISA720.10 | 如果需要对其他信息作出修改,但管理层拒绝作出修改,除非治理层的所有成员参与管理被审计单位,审计师应当就该事项与治理层进行沟通,并采取下列措施之一:<br>(a) 按照 ISA706 号的规定,在审计报告中增加其他事项段,说明重大不一致;<br>(b) 拒绝提交审计报告;<br>(c) 如果适用的法律法规允许,解除业务约定。(参见:第 A6 – A7 段) |
| ISA720.11 | 如果需要对已审计财务报表作出修改,审计师应当遵守 ISA560 的相关规定。 |
| ISA720.12 | 如果需要对其他信息作出修改,同时管理层同意修改,审计师应当根据具体情况实施必要的程序。(参见:第 A8 段) |
| ISA720.13 | 如果需要对其他信息作出修改,但管理层拒绝作出修改,除非治理层的所有成员参与管理被审计单位,审计师应当将对其他信息的疑虑告知治理层,并采取适当的进一步措施。(参见:第 A9 段) |
| ISA720.14 | 在阅读其他信息以识别重大不一致时,如果审计师注意到明显的对事实的重大错报,审计师应当与管理层讨论该事项。(参见:第 A10 段) |
| ISA720.15 | 如果在讨论后审计师仍然认为存在明显的对事实的重大错报,审计师应当提请管理层咨询被审计单位的法律顾问等有资格的第三方的意见,审计师应当考虑管理层收到的咨询意见。 |
| ISA720.16 | 如果审计师认为在其他信息中存在对事实的重大错报,但管理层拒绝作出修改,除非治理层的所有成员参与管理被审计单位,审计师应当将对其他信息的疑虑告知治理层,并采取适当的进一步措施。(参见:第 A11 段) |

### 概述

某些被审计单位,例如存在很多利益相关者的被审计单位,可能公布年度报告(以纸质或电子形式)或在已审计财务报表中附加一些额外的信息。如果出现这种情况,审计师有责任阅读其他信息以识别可能损害财务报表及审计报告可信性的信息。如果发现这些信息,审计师需要采取适当措施予以修正。

下图列示了一些关键要求的汇总。

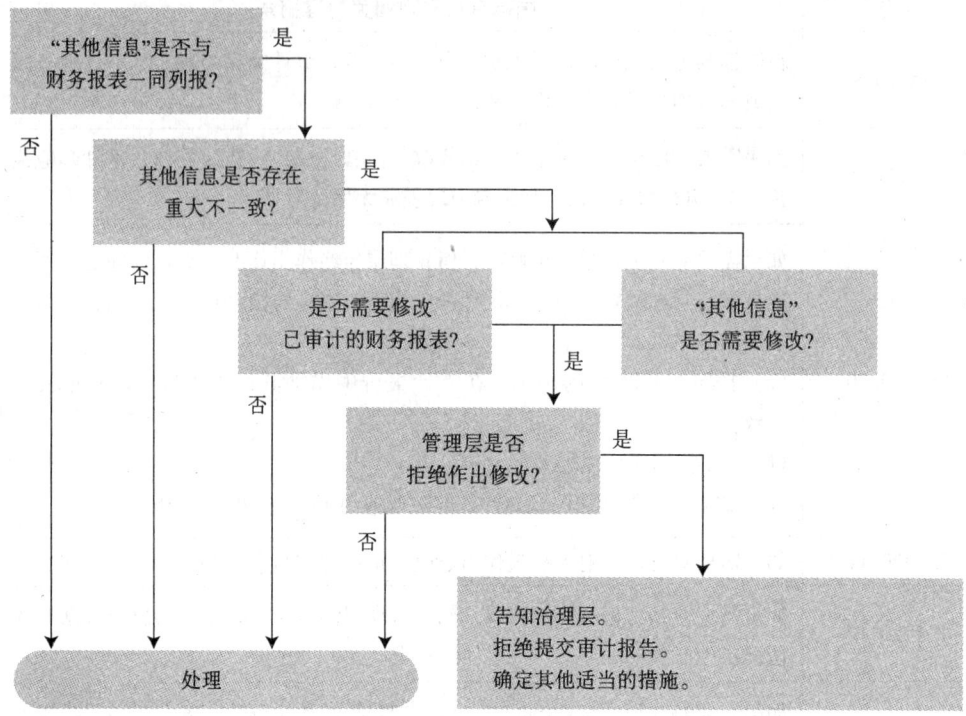

图 15.9 – 1

# 16. 审计工作底稿

| 本章内容 | 相关国际审计准则 |
|---|---|
| 与审计计划、获取的审计证据及其最终保存相关的各种规定。 | ISQC1，ISA220、230、240、300、315、330 |

| 条款 | 国际审计准则的目标 |
|---|---|
| ISA230.5 | 审计师的目标是，编制工作底稿以便：<br>(a) 提供充分、适当的记录，作为出具审计报告的基础；<br>(b) 提供证据，证明已按照国际审计准则和适用的法律法规的规定计划和执行了审计工作。 |

| 条款 | 国际审计准则相关内容摘录 |
|---|---|
| ISA230.6 | 就国际审计准则而言，对下列术语给予以下定义：<br>(a) 审计工作底稿——是对实施的审计程序、获取的相关审计证据以及审计师得出的审计结论作出的记录（有时也使用"工作记录"等词）；<br>(b) 审计档案——是指一个或多个文件夹或其他存储介质，以实物或电子形式构成某项具体业务审计工作底稿的记录；<br>(c) 有经验的审计师——是指会计师事务所内部或外部的具有审计实务经验，并且对下列方面有合理了解的人士：<br>(i) 审计过程；<br>(ii) 国际审计准则和适用的法律法规的规定；<br>(iii) 被审计单位所处的经营环境；<br>(iv) 与被审计单位所处行业相关的审计和财务报告问题。 |
| ISA230.7 | 审计师应当及时编制审计工作底稿。（参见：第 A1 段） |

## 16.1 概述

审计工作底稿（无论以纸质或电子形式存在）在下列方面发挥重要作用：
- 有助于项目组计划和实施审计程序；
- 提供证据以证明计划的审计程序实际已实施；
- 有助于项目复核人员（包括项目质量控制复核人员）按照职业准则履行职责；
- 记录形成审计意见时涉及的判断；
- 记录对被审计单位未来审计工作产生持续重大影响的事项。

> **考虑要点**
>
> 不需要提供与具体情况无关的 ISA 规定的审计工作底稿。当整个 ISA 都不相关（例如 ISA600，当被审计单位没有内部审计时）或 ISA 的要求具有适用条件但该条件不存在时，才需要提供审计工作底稿。

好的审计工作底稿是指提供有关已完成工作、获取的审计证据、运用的重要职业判断以及得出的结论的、组织良好的记录。

表 16.1－1

| 对审计工作底稿的需求 | • 为审计师针对各相关财务报表认定的结论提供基础；<br>• 提供业务遵守职业标准的证据；<br>• 提供财务报表与其所依据的会计记录一致或调节一致的证据。 |
| --- | --- |

小型被审计单位的审计工作底稿通常比大型被审计单位的要少。在下列情况下尤其如此：
- 项目合伙人执行所有的审计工作。审计工作底稿将不包含与项目组讨论、职责分工或复核相关的事项；
- 某些事项非常直观，将审计的各个方面记录于一份文件并在适当时索引至支持性审计工作底稿，是更加方便的。这些事项可能包括这样一个或多个领域，例如了解被审计单位及其内部控制、总体审计策略和具体审计计划、重要性、评估的风险、注意到的重大事项以及得出的结论等。

很多 ISAs 包含旨在明晰 ISA230 规定的具体的工作底稿要求。下表列示了 ISA 中作出具体审计工作底稿要求的段落参考。这并非暗示未纳入下表的 ISAs 没有对审计工作底稿提出要求。

表 16.1 – 2

| ISA | 标题 | 段落 |
|---|---|---|
| 210 | 就审计业务约定条款达成一致意见 | 10 – 12 |
| 220 | 对财务报表审计实施的质量控制 | 24 – 25 |
| 230 | 审计工作底稿 | 所有段落 |
| 240 | 财务报表审计中与舞弊相关的责任 | 44 – 47 |
| 250 | 财务报表审计中对法律法规的考虑 | 29 |
| 260 | 与治理层的沟通 | 23 |
| 300 | 计划审计工作 | 12 |
| 315 | 通过了解被审计单位及其环境识别和评估重大错报风险 | 32 |
| 320 | 计划和执行审计工作时的重要性 | 14 |
| 330 | 审计师针对评估的风险采取的应对措施 | 28 – 30 |
| 450 | 评价审计过程中识别出的错报 | 15 |
| 540 | 审计会计估计（包括公允价值会计估计）和相关披露 | 23 |
| 550 | 关联方 | 28 |
| 600 | 对集团财务报表审计的特殊考虑（包括组成部分审计师的工作） | 50 |
| 610 | 利用内部审计师的工作 | 13 |

## 16.2 审计档案的组织

审计档案的组织和索引是会计师事务所层面的政策需要解决的一个领域。使用标准的索引方法有很多好处，例如：

- 有助于快速找出特定工作底稿并在审计组成员之间进行分享；
- 有助于各种复核人员，例如管理层、项目合伙人、项目质量控制复核人员、质量控制监督人员，对档案进行复核；
- 确保会计师事务所档案之间的一致性；
- 有助于执行质量控制工作，例如检查缺失的签字、错误的交叉索引、不明确的复核附注。

审计工作底稿通常借助索引系统形成逻辑性的工作分类。如果文档是电子形式，索引可能是文件夹或子文件夹的形式。每份审计工作底稿在创建时，会赋予一个独特的编号以与总体文件索引直接关联。

下表简要列示了两个审计档案索引的例子。第一个例子是根据文档在审计过程中的编制时间对文档进行分类。请注意完成阶段档案（底稿文件中）通常归档于文

件的顶部以易于索引。第二个检索是根据财务报表的领域对文档进行归类,例如应付账款、应收账款、销售等。在此档案中,所有与存货风险评估和风险应对相关的文档都放在存货章节的下面。第三个备选方法是将两种方法合并,一些文档根据其在审计过程的阶段进行组织,另一些文档则根据财务报表的领域进行编制。

表 16.2 -1

| 根据审计阶段的索引 | | 根据财务报表领域的索引 | |
|---|---|---|---|
| 100 – 200 | 财务报表和审计报告 | 10 | 财务报表和审计报告 |
| 201 – 300 | 纳税申报表等 | 11 | 档案完成阶段的备忘录、核对表等 |
| 301 – 400 | **档案完成阶段**,例如有关重大决定的备忘录、核对表、检查单和管理层的书面声明 | 12 | 总体审计策略 |
| 401 – 500 | **审计计划阶段**,包括总体审计策略和重要性 | 15 | 重要性 |
| 501 – 600 | **风险评估阶段**,包括了解被审计单位及其内部控制 | A | 现金 |
| 601 – 700 | **风险应对阶段**,包括按照财务报表领域的具体审计计划 | C | 应收账款 |
| 701 – 799 | **其他**支持性底稿,例如金额微小的余额和报告 | D | 存货 |
| 800 | 财务报告框架 | BB | 应付账款 |
| | | DD | 长期借款 |
| | | 20 | 收入 |
| | | 30 | 采购 |
| | | 40 | 工资 |
| | | 50 | 税收 |
| | | 100 | 期后事项 |
| | | 120 | 或有事项 |
| | | 150 | 其他支持性底稿,例如金额微小的余额和报告 |

## 16.3 审计工作底稿的常见问题

审计工作底稿的常见问题如下:

表 16.3-1

| 问题 | 答案 |
|---|---|
| 谁拥有审计档案? | 除非法律法规有特别规定,会计师事务所拥有审计工作底稿的所有权。 |
| 被审计单位经查阅的记录复印件需要在审计档案中保存吗? | 不。需要记录的是所检查交易/程序的识别特征,因此工作可能是重复性的或仅对例外事项进行调查。识别性特征包括:<br>• 用于细节测试的日期和唯一的交易编号;<br>• 所使用程序和总体的范围(特定期间内分录簿中的所有会计分录);<br>• 系统抽样的来源、起点和抽样间隔;以及<br>• 如果是询问员工,包括被询问人的姓名、岗位名称、询问日期等;<br>• 如果是观察程序,包括观察的过程或事项、相关人员、他们各自的责任以及观察的地点和时间。<br>但是,必要时可以将被审计单位记录(例如重大合同或协议)的摘要或复印件纳入审计工作底稿。 |
| 每张审计档案都要先由编制者再由复核者签名和签署日期吗? | 不。工作底稿签名原则(有关谁实施与复核审计工作)的效果是使得项目组对工作底稿负责。但是,这并不意味着每张工作底稿都要签名和签署日期。例如,档案中的各部分、模块、单元都有表明编制和复核的证据。工作底稿的编制(通常是助理级别)及其具体复核(通常是经理级别)涉及在工作底稿各部分、模块或单元进行签名,总体复核(合伙人级别)则可能仅涉及对档案中应对特别风险和作出重大职业判断的关键部分进行查看。 |
| 是否需要记录职业判断的所有考虑和运用? | 不。要求审计师记录所有考虑的事项和作出的职业判断,既不必要也不可行。只有审计过程中的重大事项以及对这些事项的重大判断才需要予以记录。对重大事项和判断进行记录,能够解释审计师得出的结论并提高职业判断的质量。这通常可以通过在审计结束时编制重大事项概要实现。 |
| 如果财务报表草稿的重要性与最终财务报表不一致,是否需要保存财务报表草稿? | 不。不要求保留不正确的或被取代的审计工作底稿。 |

续表

| 问题 | 答案 |
|------|------|
| 是否需要记录与审计无关的、违反ISA规定的情形? | 不。除某些例外情况外,审计准则要求审计师遵守与审计业务"相关"的各项要求。只有当某项 ISA 完全不相关或 ISA 的某一要求具有适用条件但该条件不存在,某项 ISA 才是明显无关的。 |

## 16.4 特定的审计工作底稿要求

### 风险评估

| 条款 | 国际审计准则相关内容摘录 |
|------|--------------------------|
| ISA240.44 | ISA315 规定审计师应当记录对被审计单位及其环境的了解以及对重大错报风险的评估结果。审计师应当将下列内容形成审计工作底稿:<br>(a) 项目组内部就由于舞弊导致财务报表重大错报的可能性进行讨论所得出的重要结论;<br>(b) 识别和评估的由于舞弊导致的财务报表层次和认定层次的重大错报风险。 |
| ISA240.47 | 如果认为收入确认存在舞弊风险的假定不适用于业务的具体情况,审计师应当在审计工作底稿中记录得出该结论的理由。 |
| ISA300.12 | 审计师应当就下列事项形成审计工作底稿:<br>(a) 总体审计策略;<br>(b) 具体审计计划;<br>(c) 在审计过程中对总体审计策略或具体审计计划作出的任何重大修改及其理由。(参见:第 A16 – A19 段) |
| ISA315.32 | 审计师应当就下列事项形成审计工作底稿:<br>(a) 根据第 10 段的规定,项目组进行的讨论以及得出的重要结论;<br>(b) 根据第 11 段的规定对被审计单位及其环境各个方面的了解要点、根据第 14 – 24 段的规定对内部控制各项要素的了解要点,获取上述了解的信息来源以及实施的风险评估程序;<br>(c) 根据第 25 段的规定,在财务报表层次和认定层次识别和评估的重大错报风险;<br>(d) 根据第 27 – 30 段的规定,识别出的风险和了解的相关控制。(参见:第 A131 – A134 段) |

## 16. 审计工作底稿

典型的审计工作底稿通常包括下列内容:

表 16.4-1

| 风险评估阶段 | 评论 |
|---|---|
| • 签订业务前（客户承接）的程序。<br>• 独立性和职业道德评估。<br>• 业务约定条款。<br>• 重要性的考虑。<br>• 总体审计策略。<br>• 项目组的讨论，包括舞弊导致的重大错报的可能原因。<br>• 实施的风险评估程序及其结果。<br>• 根据所获取的对被审计单位及其相关内部控制（如存在）的了解，评估识别出的重大错报风险（财务报表整体层次和认定层次）。<br>• 特别风险。<br>• 与管理层和治理层的沟通。 | 记得根据下列内容更新风险评估的审计工作底稿：<br>• 审计工作中后来识别出的任何新风险；以及<br>• 根据实施进一步审计程序的结果，对风险评估或重要性作出的必要修改。 |

## 风险应对

| 条款 | 国际审计准则相关内容摘录 |
|---|---|
| ISA230.9 | 在记录已实施审计程序的性质、时间安排和范围时，审计师应当记录：<br>（a）测试的具体项目或事项的识别特征；(参见：第 A12 段)<br>（b）审计工作的执行人员及完成审计工作的日期；<br>（c）审计工作的复核人员及复核的日期和范围。(参见：第 A13 段) |
| ISA240.45 | ISA330 规定审计师应当记录对评估的重大错报风险采取的应对措施。审计师应当将下列内容形成审计工作底稿：<br>（a）对评估的由于舞弊导致的财务报表层次的重大错报风险采取的总体应对措施，审计程序的性质、时间安排和范围，以及审计程序与评估的由于舞弊导致的认定层次的重大错报风险之间的联系；<br>（b）实施审计程序（包括用于应对管理层凌驾于控制之上的风险而实施的审计程序）的结果。 |
| ISA330.28 | 审计师应当就下列事项形成审计工作底稿：<br>（a）针对评估的财务报表层次重大错报风险采取的总体应对措施，以及实施的进一步审计程序的性质、时间安排和范围；<br>（b）实施的进一步审计程序与评估的认定层次风险之间的联系；<br>（c）实施进一步审计程序的结果，包括在结果不明显时得出的结论。(参见：第 A63 段) |
| ISA330.30 | 审计工作底稿应当能够证明财务报表与其所依据的会计记录是一致的或调节相符的。 |

典型的审计工作底稿通常包括下列内容:

表 16.4-2

| | 风险应对阶段 | 说明 |
|---|---|---|
| 1 | 具体审计计划包括:<br>● 所有重要的财务报表领域;<br>● 评估的财务报表层次和认定层次重大错报风险;<br>● 为应对评估的风险实施的进一步审计程序的性质、时间安排和范围;<br>● 识别出的特别风险。 | 审计工作底稿应当是自我支持的,不需要口头证据作补充。参见后面有经验的审计师的讨论。<br><br>谨慎选择针对测试认定的正确的总体。<br><br>不需要在档案中保存所检查的客户记录的复印件,但要记录识别特征,例如日期等,以使另一个人能够在必要时重新执行测试。 |
| 2 | 向其他人员咨询的性质和范围。 | |
| 3 | 获取的与测试认定相关的证据的重要性和性质。 | |
| 4 | 对测试结果的明确解释,以及如何跟进例外或偏差。这包括:<br>● 测试的基础;<br>● 总体的选择;<br>● 评估的风险水平;<br>● 抽样间隔和起点的选择。 | |
| 5 | 实施审计程序导致的行动,以表明:<br>● 需要修改计划的审计程序;<br>● 可能存在重大错报;<br>● 财务报表有遗漏;<br>● 财务报告内部控制存在值得关注的内部控制缺陷。 | |
| 6 | 对总体审计策略作出修改(如存在)。 | |
| 7 | 执行审计工作和评价结果时针对重大事项作出的重大判断。 | |
| 8 | 与管理层就重大事项的讨论。 | |
| 9 | 备忘录、分析、使用假设的细节以及如何确定所使用的依据信息的正确性。 | |
| 10 | 交叉索引至支持性工作底稿和证据,表明财务报表与其所依据的会计记录一致或调节相符。 | |

## 报告

| 条款 | 国际审计准则相关内容摘录 |
|---|---|
| ISA230.10 | 审计师应当记录与管理层、治理层和其他人员对重大事项的讨论,包括所讨论的重大事项的性质以及讨论的时间和参加人员。(参见:第 A14 段) |

## 16. 审计工作底稿

续表

| 条款 | 国际审计准则相关内容摘录 |
| --- | --- |
| ISA230.11 | 如果识别出的信息与针对某重大事项得出的最终结论不一致，审计师应当记录如何处理该不一致的情况。（参见：第 A15 段） |
| ISA230.12 | 在某些例外情况下，如果认为有必要偏离某项国际审计准则的相关要求，审计师应当记录实施的替代审计程序如何实现相关要求的目的以及偏离的原因。（参见：第 A18 – A19 段） |
| ISA240.46 | 审计师应当在审计工作底稿中记录与管理层、治理层、监管机构或其他相关各方就舞弊事项进行沟通的情况。 |

下表列示了报告或档案完成阶段的典型审计工作底稿：

表 16.4 – 3

| 报告阶段 | 说明 |
| --- | --- |
| • 完成的审计项目。<br>• 复核档案的证据（即：签名和核对表等）：<br>　——具体的（经理/主管复核）；<br>　——项目合伙人复核；<br>　——项目质量控制复核（如适用）。<br>• 与最终结论不一致或矛盾的信息。<br>• 识别出的未调整错报的汇总以及管理层的反应（即作出调整）。<br>• 并非明显不重大的未更正错报。<br>• 出现重大事项时：<br>　——针对重大事项采取的行动（包括获取的额外证据）；以及<br>　——形成结论的基础。<br>• 如果在编制财务报表草稿时提供了帮助（在独立性规定允许的情况下），描述针对财务报表内容的复核与管理层进行的讨论的性质。内容包括：<br>　——进行讨论的日期；<br>　——对适用的复杂会计原则的说明；以及<br>　——管理层提出的主要问题。<br>• 财务报表和审计报告的复印件，交叉索引至审计档案的各章。<br>• 偏离相关 ISA 规定的原因和实施的替代审计程序以实现该规定的目标。<br>• 会计师事务所规定的任何业务终结文档。<br>• 所有与管理层和治理层沟通的复印件。<br>• 审计报告日和审计工作底稿完成日期（参见下列有关审计档案完成的讨论）。 | 注意与管理层就重大事项的讨论并记录他们的回答。这将有助于确保审计工作底稿包含了作出的全部重大决策的原因。<br><br>包括就重大事项与客户之间交换的相关邮件或文本信息的复印件。 |

## 16.5 有经验的审计师

| 条款 | 国际审计准则相关内容摘录 |
| --- | --- |
| ISA230.8 | 审计师编制的审计工作底稿,应当使得未曾接触该项审计工作的有经验的审计师清楚了解:(参见:第 A2 – A5 段,第 A16 – A17 段)<br>(a)按照国际审计准则和适用的法律法规规定实施的审计程序的性质、时间安排和范围;(参见:第 A6 – A7 段)<br>(b)实施审计程序的结果和获取的审计证据;<br>(c)审计中遇到的重大事项和得出的结论,以及在得出结论时作出的重大职业判断。(参见:第 A8 – A11 段) |

审计工作底稿应当使得未曾接触该项审计工作的有经验的专业人士能够了解(即无需口头说明):
- 按照审计准则和相关法律法规的规定实施的审计程序的性质、时间安排和范围;
- 实施审计程序的结果和获取的审计证据;
- 遇到的重大事项的性质和得出的结论。

## 16.6 电子文件

很多会计师事务所已经用电子文件替代了(或正在替代)纸质业务文件。在某些情形下,尽管审计工作是以电子方式实施和复核,也会保留纸质文件作为已实施工作的永久性记录。文件/表格最初是电子形式生成,客户记录经过电子扫描,所有数据以电子形式储存。只有当所有审计工作完成并且复核后才打印在纸上。

电子文件有下列两种类型:
- 半成品;
- 静态信息。

**半成品**

半成品包括正在生成的、随着审计过程的推进不断更新的动态信息。例子包括空白的审计表格和信件模板、行业知识、关键业绩指标、调查问卷、逻辑树、会计师事务所政策、判断结果和前期的财务数据、信息、假设等,可以用于实施本期的分析程序。这些信息通常包含于软件应用程序和电子审计工具中。

## 16. 审计工作底稿

### 静态信息

静态信息包括最终的文件记录，例如财务报表和已完成的审计工作底稿，不会变化且很可能供未来年度参考。最终或静态文件必须以未来年度能够容易检索的形式保存。

### 遗留的软件

如果软件应用程序升级采用新的文件格式，那么以软件应用程序的格式保存的信息可能出现问题。原来的文件无法打开，除非同时保存原来软件应用程序的副本。为克服这个问题，现在很多会计师事务所将其最终的档案文件保存在便携文件格式（PDF）的介质中。PDF 格式已被全世界的政府机构和会计师事务所接受和使用。会计师事务所的政策应当指出，最终的文件不能被编辑。

### 自动化的优势

以电子形式保存审计档案使得某些管理工作自动化，并且为项目组成员提供额外的灵活性。例如：

- 能够通过索引直接接触特定的审计工作底稿；
- 档案和文件易于被处在遥远地点的其他人员分享或复核；
- 新的审计文件夹和文档能够从索引中创建、重命名、移动、复制或删除；
- 详细索引可以被整理以显示其整体结构，或在必要时进行扩充，有助于更容易地看到文件的全貌并找出关键文件；
- 可以赋予重要文件个性化的名称。这有助于项目组其他成员根据名称了解文件的内容；
- 可以将复核功能自动化，例如检查全部或部分的审计档案以发现例外情况，未完成的复核记录以及编制人员/复核人员的签字认可；
- 项目组成员可以利用电子登记和退出工具共享档案文件；
- 为某些文档设置密码保护以提高安全性；
- 档案的接触限于有授权的人员。

### 审计工作底稿中使用电子工具

如果使用电子工具编制审计工作底稿，应当注意三个重要原则：

- ISA 的全部规定仍然适用；
- 电子文件需要电子文档管理。这种管理涉及一些事项，例如获取文件（如密码获取）、数据安全、应用管理（包括培训）、备份程序、修改权限、储存位置、复核程序，以及就如何追踪文件的变动以提供必要审计线索的决定；

以及

- 按照会计师事务所的文件保管政策,最终的文件(所有要求保存以支持审计意见的文件)必须保存并可获取。

## 16.7 审计档案的完成

| 条款 | 国际审计准则相关内容摘录 |
|---|---|
| ISA230.13 | 在某些例外情况下,如果审计师在审计报告日后实施了新的或追加的审计程序,或者得出新的结论,审计师应当记录:(参见:第 A20 段)<br>(a) 遇到的情况;<br>(b) 实施的新的或追加的审计程序,获取的审计证据,得出的结论,以及对审计报告的影响;<br>(c) 对审计工作底稿作出相应变动的时间和人员,以及复核的时间和人员。 |
| ISA230.14 | 审计师应当在审计报告日后及时将审计工作底稿归整为审计档案,并完成归整最终审计档案过程中的事务性工作。(参见:第 A21 – A22 段) |
| ISA230.15 | 在完成最终审计档案的归整工作后,审计师不应在规定的保存期限届满前删除或废弃任何性质的审计工作底稿。(参见:第 A23 段) |
| ISA230.16 | 除第 13 段规定的情况外,在完成最终审计档案归整工作后,如果审计师发现有必要修改现有审计工作底稿或增加新的审计工作底稿,无论修改或增加的性质如何,审计师均应当记录:(参见:第 A24 段)<br>(a) 修改或增加审计工作底稿的具体理由;<br>(b) 修改或增加审计工作底稿的时间和人员,以及复核的时间和人员。 |

在审计报告上签署日期表明审计工作已完成。在此日期之后,审计师没有寻找进一步审计证据的后续责任。

审计报告日后,审计师应当及时归整审计档案。完成最终审计档案归整的恰当期限是审计报告日后六十天内。下图说明了这个期限。参见 ISQC1 和 ISA230。

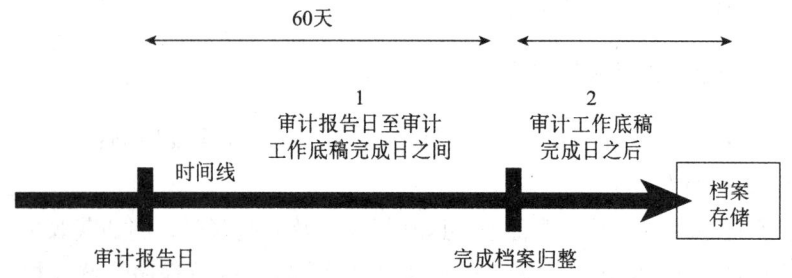

图 16.7 –1

## 对审计档案作出修改

有关对审计档案作出修改的规定如下表所示：

表 16.7 – 1

| 期间 | 日期 | 规定 |
|---|---|---|
| 1 | 审计报告日至审计工作底稿完成日之间 | 如果是事务性的变化：<br>• 记录获取审计证据的性质、审计工作底稿的编制人员和复核人员以及可能需要归档的新的备忘录；<br>• 删除或废弃被取代的审计工作底稿；<br>• 分类、整理和交叉索引审计工作底稿；<br>• 对审计档案归整工作的完成核对表签字认可。<br>如果审计证据或得出的结论有变化，应当编制新的审计工作底稿以记录下列三个关键问题：<br>• 增加审计工作底稿的时间和人员以及复核的时间和人员（如适用）；<br>• 增加审计工作底稿的理由；<br>• 增加审计工作底稿对审计结论的影响（如存在）。 |
| 2 | 审计工作底稿完成日之后 | 不应从审计档案中删除或废弃审计工作底稿，直到会计师事务所的审计档案保存期限届满；<br>如果需要在审计工作底稿完成日后增加新的审计工作底稿（包括修改），都应当回答第一期间内列示的有关审计证据变化的三个关键问题，无论增加的性质如何。 |

# 17. 对财务报表形成审计意见

| 本章内容 | 相关国际审计准则 |
|---|---|
| 与下列内容相关的规定和考虑：<br>● 对财务报表形成审计意见；<br>● 编制适当措辞的审计报告。 | ISA700 |

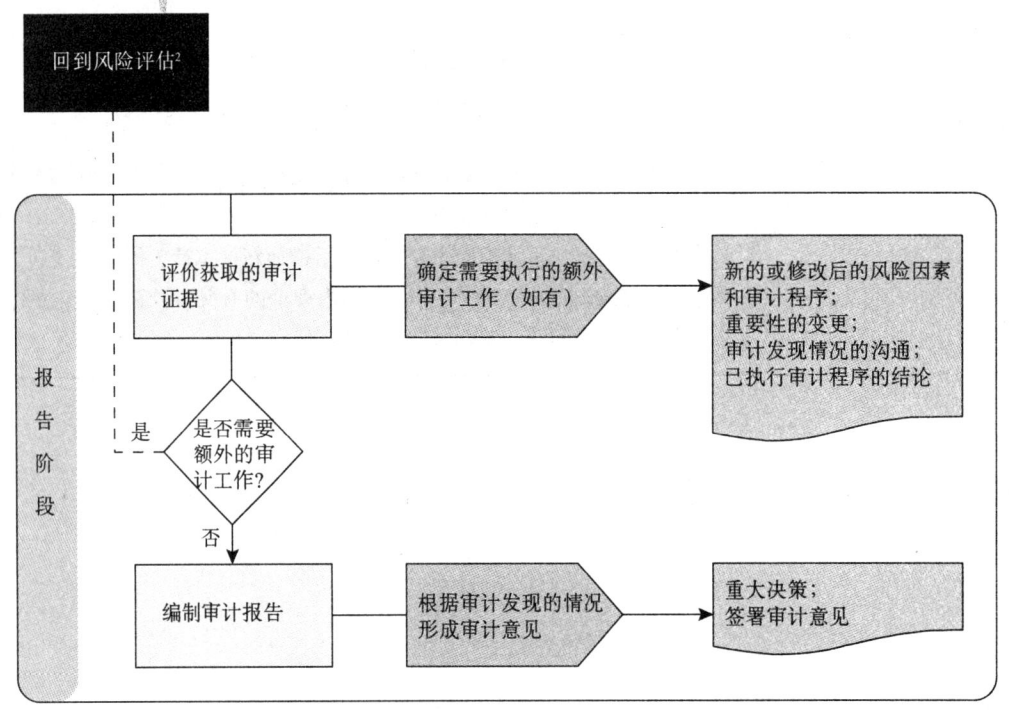

图 17.0－1

注：
1. 所要求的更为完整的工作底稿清单，请参见 ISA230。
2. 计划审计工作（ISA300）是一个持续的、不断修正的过程，贯穿于整个审计过程中。

## 17. 对财务报表形成审计意见

| 条款 | 国际审计准则的目标 |
|---|---|
| ISA700.6 | 审计师的目标是：<br>(a) 在评价根据审计证据得出的结论的基础上，对财务报表形成审计意见；<br>(b) 通过书面报告的形式清楚地表达审计意见，说明其形成基础。 |

| 条款 | 国际审计准则相关内容摘录 |
|---|---|
| ISA700.7 | 就国际审计准则而言，对下列术语给予以下定义：<br>(a) 通用目的财务报表，是指按照通用目的框架编制的财务报表；<br>(b) 通用目的框架，是指旨在满足广大财务报表使用者共同的财务信息需求的财务报告框架。财务报告框架可以是公允列报框架，也可以是遵循性框架；<br>"公允列报框架"是指要求遵守其框架的规定，并包含下列条件之一的财务报告框架：<br>(i) 明确或隐含地认可，为了实现财务报表的公允列报，管理层可能有必要提供除框架具体要求之外的其他披露；<br>(ii) 明确地认可，为了实现财务报表的公允列报，管理层可能在必要时偏离框架的要求。这种偏离只有在极少权情况下才被认为是必要的。<br>"遵循性框架"是指要求遵循其框架的规定，但不包含上述第（i）项或第（ii）项中的财务报告框架。<br>(c) 无保留意见，是指当审计师认为财务报表在所有重大方面按照适用的财务报告框架编制时发表的审计意见。 |
| ISA700.8 | 本国际审计准则所称"财务报表"，是指"整套通用目的财务报表，包括相关附注"。相关附注通常包括重要会计政策概要和其他解释性信息。适用的财务报告框架的规定决定了财务报表的形式和内容，以及整套财务报表的构成。 |
| ISA700.9 | 本国际审计准则中的"国际财务报告准则"是指由国际会计准则理事会颁布的国际财务报告准则，"国际公共部门会计准则"是指由国际公共部门会计准则理事会颁布的国际公共部门会计准则。 |

### 17.1 概述

审计过程的最后一步是评价获取的审计证据，考虑任何已识别错报的影响，形成审计意见，并编制措辞恰当的审计报告。

本章阐述下列问题：

- 财务报表按照一种或两种通用目的框架编制，以满足广大使用者对共同财务信息的需求；

- 对整套通用目的财务报表形成审计意见。这是在对根据获取的审计证据得出的结论进行评价的基础上形成的;
- 通过书面报告的形式清楚地表达审计意见,说明其形成基础。

本指南第 2 卷第 23 章和第 24 章说明需要在审计报告中发表保留意见、增加强调事项段或其他事项段的情形。

按照 ISA 的规定实施审计,无保留意见审计报告的措辞包括的要素最少。措辞是标准的,除非增加额外的段落以强调某一事项或其他报告事项。

审计报告的一致性有助于:

- 按照全球公认准则实施的审计更加容易识别,提升审计报告在全球市场的可信度;
- 增进使用者的理解,帮助使用者识别异常情况(如发表非无保留审计意见)。

在某些国家或地区,有关财务报表审计的法律法规可能对审计意见的措辞做出不同的规定。但是,审计师对形成审计意见的责任是相同的。如果措辞与国际标准措辞差异较大,审计师应当考虑使用者误解获取的合理程度的风险。如果存在这种风险,应当在审计报告增加进一步的解释。

## 17.2 财务报告框架

审计师对财务报表的审计意见是在适用的"通用目的"框架背景下作出的。该财务报表框架旨在满足广大使用者对共同的财务信息的需求。可接受的框架包括:

- 针对中小型被审计单位的国际财务报告准则;
- 国际财务报告准则;
- 国际公共部门会计准则。

存在两种通用目的的框架:"公允列报框架"和"遵循性框架"。下表对这两种框架进行了描述。

表 17.2 – 1

| 框架 | 描述 |
|---|---|
| 公允列报框架 | 是指除遵循其规定外还要包含下列内容之一的财务报告框架:<br>(i) 明确或隐含地认可,为了实现财务报表的公允反映,管理层可能有必要提供除框架具体要求之外的其他披露;或<br>(ii) 明确地认可,为了实现财务报表的公允反映,在极其特殊的情况下,管理层可能有必要偏离框架的某项要求。<br>审计师报告财务报表是否"在所有重大方面公允反映"或"真实公允地反映"财务报表拟列报的信息。 |

续表

| 框架 | 描述 |
|---|---|
| 遵循性框架 | 是指需要遵循其规定的财务报告框架,但不包含前款第(i)或第(ii)项中有关"公允"认可的财务报告框架。审计师不需要评价财务报表是否实现公允反映。例如,法律法规规定的旨在满足广大使用者对财务信息的需求的财务报告框架。<br>审计师报告财务报表是否在所有重大方面按照,例如"X 国家或地区公司法"的规定进行编制。 |

按照两个通用目的框架形成审计意见的决策树如下所示:

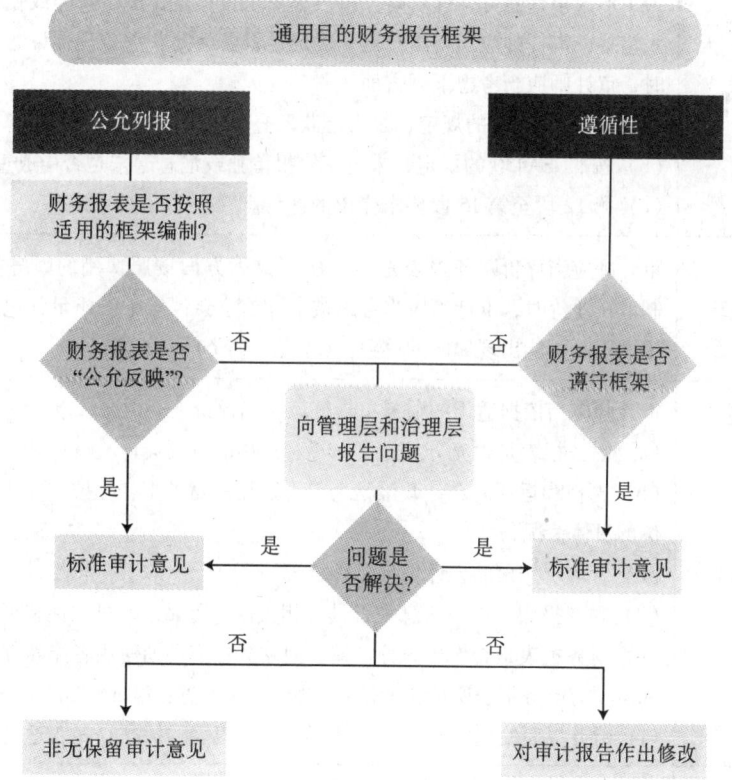

图 17.2-1

在某些情况下,审计师可能要求按照两种框架执行审计。在这种情形下,审计师的审计意见既提及公允反映框架也提及适用的法律法规要求。

### 国家审计准则

如果国际审计准则与国家审计准则的要求不存在冲突,在审计报告中提及两套准则是适当的。如果两套准则存在冲突,审计报告只能提及其据以编制的那一套审

计准则（要么是国际审计准则，要么是国家审计准则）。

例如，ISA570 要求审计师增加强调事项段以强调持续经营问题，而有些国家审计准则禁止这样的段落。

## 17.3　形成审计意见

| 条款 | 国际审计准则相关内容摘录 |
| --- | --- |
| ISA700.10 | 审计师应当就财务报表是否在所有重大方面按照适用的财务报告框架编制形成审计意见。 |
| ISA700.11 | 为了形成审计意见，针对财务报表整体是否不存在由于舞弊或错误导致的重大错报，审计师应当得出结论，确定是否已就此获取合理保证。在得出结论时，审计师应当考虑下列方面：<br>(a) 按照 ISA330 的规定，是否已获取充分、适当的审计证据；<br>(b) 按照 ISA450 的规定，未更正错报单独或汇总起来是否构成重大错报；<br>(c) 第 12 段至第 15 段要求作出的评价。 |
| ISA700.12 | 审计师应当评价财务报表是否在所有重大方面按照适用的财务报告框架编制。在评价时，审计师应当考虑被审计单位会计实务的质量，包括表明管理层的判断可能出现偏向的迹象。（参见：第 A1 – A3 段） |
| ISA700.13 | 审计师应当依据适用的财务报告框架特别评价下列内容：<br>(a) 财务报表是否充分披露了选择和运用的重要会计政策；<br>(b) 选择和运用的会计政策是否符合适用的财务报告框架，并适合被审计单位的具体情况；<br>(c) 管理层作出的会计估计是否合理；<br>(d) 财务报表列报的信息是否具有相关性、可靠性、可比性和可理解性；<br>(e) 财务报表是否作出充分披露，使财务报表预期使用者能够理解重大交易和事项对财务报表所传递的信息的影响；（参见：第 A4 段）<br>(f) 财务报表使用的术语（包括每一财务报表的标题）是否适当。 |
| ISA700.14 | 当财务报表按照公允列报框架编制时，按照本国际审计准则第 12 段和第 13 段的规定作出的评价还应当包括财务报表是否实现公允列报。在评价财务报表是否实现公允列报时，审计师应当考虑下列内容：<br>(a) 财务报表的整体列报、结构和内容；<br>(b) 财务报表（包括相关附注）是否公允地反映了相关交易和事项。 |
| ISA700.15 | 审计师应当评价财务报表是否恰当提及或说明适用的财务报告框架。（参见：第 A5 – A10 段） |

续表

| 条款 | 国际审计准则相关内容摘录 |
|---|---|
| ISA700.16 | 如果认为财务报表在所有重大方面按照适用的财务报告框架编制,审计师应当发表无保留意见。 |
| ISA700.17 | 当存在下列情形之一时,审计师应当按照 ISA705 的规定,在审计报告中发表非无保留意见:<br>(a) 根据获取的审计证据,得出财务报表整体存在重大错报的结论;<br>(b) 无法获取充分、适当的审计证据,不能得出财务报表整体不存在重大错报的结论。 |
| ISA700.18 | 如果按照公允列报框架编制的财务报表没有实现公允列报,审计师应当就该事项与管理层讨论,并视适用的财务报告框架的规定和该事项得到解决的情况,决定是否有必要按照 ISA705 的规定在审计报告中发表非无保留意见。(参见:第 A11 段) |
| ISA700.19 | 当财务报表按照遵循性框架编制时,审计师无需评价财务报表是否实现公允列报。但是,如果在极其特殊的情况下审计师得出财务报表具有误导性的结论,审计师应当就该事项与管理层讨论,并视该事项的解决情况,决定是否及如何在审计报告中沟通。(参见:第 A12 段) |

在形成审计意见时,审计师需要确信财务报表按照适用的财务报告框架编制,如下表所示:

表 17.3-1

| | 考虑的事项 |
|---|---|
| 形成审计意见 | **重要性**<br>对下列事项得出结论:<br>● 根据被审计单位的实际财务结果,重要性是否依然适当;<br>● 未更正错报(包括与前期相关的未更正错报)单独或汇总起来是否构成重大错报。<br>**审计证据**<br>● 是否获取了充分、适当的审计证据?<br>● 管理层作出的会计估计是否合理?<br>● 在审计结束时或接近结束时实施的分析程序是否证实审计过程中形成的结论? |

续表

| 考虑的事项 | | |
|---|---|---|
| 形成审计意见 | **会计政策** <br> • 财务报表是否充分披露选择和运用的重要会计政策？ <br> • 会计政策是否符合财务报告框架，并适合被审计单位的具体情况？ | |
| | **财务报表披露** <br> • 财务报表是否提及或描述适用的财务报告框架？ <br> • 财务报表是否按照适用的财务报告框架作出充分披露？ <br> • 财务报表使用的术语（包括每一财务报表的标题）是否适当？ <br> • 是否存在充分的披露，使预期使用者了解重大交易和事项对财务报表所传递的信息的影响？ <br> • 列报的信息是否具有相关性、可靠性、可比性、可理解性和充分性？ <br> • 财务报表是否作出充分的披露，使预期使用者了解重大交易和事项对财务报表所传递的信息的影响？ | |
| | **公允列报框架** <br> • 财务报表的整体列报、结构和内容（包括附注披露）是否按照适用的财务报告框架，真实地反映了相关交易和事项？如果不是，是否需要提供除公允列报框架具体要求之外的其他披露？ <br> • 财务报表由管理层根据审计结果作出调整以后，是否与审计师对被审计单位及其环境的了解一致？ | |
| | **遵循性框架** <br> • 财务报表是否误导？仅在极其少有的情况下出现。 | |

根据上面的评价结果，审计师应当确定适合于具体情况的审计报告形式，如下表所示：

表 17.3 – 2

| 审计意见类型 | 审计师的结论 |
|---|---|
| 无保留审计意见 | 如果财务报表在所有重大方面按照适用的财务报告框架编制，无保留意见是适当的。 |
| 非无保留审计意见 <br> （保留意见、否定意见或无法表示意见） | • 根据获取的审计证据，财务报表整体存在重大错报；或 <br> • 无法获取充分、适当的审计证据以得出财务报表整体不存在重大错报的结论。 <br> 本指南第 2 卷第 23 章说明了非无保留审计意见的问题。 |

## 17.4 审计报告的形式和措辞

| 条款 | 国际审计准则相关内容摘录 |
| --- | --- |
| ISA700.20 | 审计报告应当采用书面形式。(参见：第 A13-A14 段) |
| ISA700.21 | 审计报告应当具有标题，清楚地指出是独立审计师出具的报告。(参见：第 A15 段) |
| ISA700.22 | 审计报告应当按照审计业务约定的要求载明收件人。(参见：第 A16 段) |
| ISA700.23 | 审计报告的引言段应当包括下列方面：(参见：第 A17-A19 段)<br>(a) 指出被审计单位的名称；<br>(b) 说明财务报表已经审计；<br>(c) 指出构成整套财务报表的每一财务报表的名称；<br>(d) 提及重要会计政策概要和其他解释性信息；<br>(e) 指明构成整套财务报表的每一财务报表的日期或涵盖的期间。 |
| ISA700.24 | 管理层对财务报表的责任<br>审计报告中该部分描述被审计单位中负责编制财务报表的人员的责任。审计报告中不必专指"管理层"，但应当使用在特定司法管辖区法律框架中的恰当术语。在某些司法管辖区，恰当的所指可能是治理层。 |
| ISA700.25 | 审计报告应当包含标题为"管理层（或其他恰当术语）对财务报表的责任"的段落。 |
| ISA700.26 | 审计报告应当描述管理层对财务报表编制的责任。这种描述应当包括说明管理层负责按照适用的财务报告框架编制财务报表，并对其认为使财务报表的编制不存在由于舞弊或错误导致的重大错报所必需的内部控制负责。(参见：第 A20-A23 段) |
| ISA700.27 | 如果财务报表按照公允列报框架编制，审计报告中管理层对财务报表的责任的说明应当是指"编制和公允列报财务报表"或者"编制真实和公允的财务报表"。 |
| ISA700.28 | 审计报告应当包含标题为"审计师的责任"的段落。 |
| ISA700.29 | 审计报告应当说明审计师的责任是在执行审计工作的基础上对财务报表发表审计意见。(参见：第 A24 段) |
| ISA700.30 | 审计报告应当说明审计师按照国际审计准则的规定执行了审计工作，国际审计准则要求审计师遵守职业道德要求，计划和执行审计工作以对财务报表是否不存在重大错报获取合理保证。(参见：第 A25-A26 段) |

续表

| 条款 | 国际审计准则相关内容摘录 |
|---|---|
| ISA700.31 | 审计报告应当通过下列说明描述审计工作：<br>（a）审计工作涉及实施审计程序，以获取有关财务报表金额和披露的审计证据；<br>（b）选择的审计程序取决于审计师的判断，包括对由于舞弊或错误导致的财务报表重大错报风险的评估。在进行风险评估时，审计师考虑与编制财务报表相关的内部控制，以设计恰当的审计程序，但目的并非对内部控制的有效性发表意见。如果审计师有责任结合财务报表审计和对内部控制的有效性发表意见协同进行，应当删除"审计师考虑内部控制的目的并非对内部控制的有效性发表意见"的措辞；<br>（c）审计工作还包括评价管理层选用会计政策的恰当性和作出会计估计的合理性，以及评价财务报表的总体列报。 |
| ISA700.32 | 如果财务报表按照公允列报框架编制，审计报告中对审计工作的说明应当适当提及"编制和公允列报财务报表"或者"编制真实和公允的财务报表"。 |
| ISA700.33 | 审计报告应当说明审计师是否相信获取的审计证据是充分、适当的，为其发表审计意见提供了基础。 |
| ISA700.34 | 审计报告应当包含标题为"审计意见"的段落。 |
| ISA700.35 | 如果对按照公允列报框架编制的财务报表发表无保留意见，除非法律法规另有规定，审计意见应当使用下列意义同等的措辞之一：<br>（a）财务报表按照［适用的财务报告框架］，在所有重大方面公允反映了……；<br>（b）财务报表按照［适用的财务报告框架］，真实和公允反映了……。 |
| ISA700.36 | 如果对按照遵循性框架编制的财务报表发表无保留意见，审计意见应当表述为：财务报表在所有重大方面按照［适用的财务报告框架］编制。（参见：第A27段、第A29－A33段） |
| ISA700.37 | 如果在审计意见中提及的适用的财务报告框架不是国际会计准则理事会发布的国际财务报告准则或者国际公共部门会计准则理事会发布的国际公共部门会计准则，审计意见应当指明财务报告框架所属的司法管辖区。 |
| ISA700.38 | 除国际审计准则规定的审计师对财务报表出具审计报告的责任外，如果审计师在对财务报表出具的审计报告中履行其他报告责任，应当在审计报告中将其单独作为一部分，并以"按照相关法律法规的要求报告的事项"为标题，或者使用适合于该段内容的其他副标题。（参见：第A34－A35段） |

## 17. 对财务报表形成审计意见

续表

| 条款 | 国际审计准则相关内容摘录 |
|---|---|
| ISA700.39 | 如果审计报告包含关于其他报告责任的单独一部分,第23段至第37段提及的标题、说明和解释应当置于"对财务报表出具的审计报告"标题下。"按照相关法律法规的要求报告的事项"置于"对财务报表出具的审计报告"部分之后。(参见:第A36段) |
| ISA700.40 | 审计报告应当由审计师签名。(参见:第A37段) |
| ISA700.41 | 审计报告应当注明报告日期,审计报告日不应早于审计师获取充分、适当的审计证据,并在此基础上对财务报表形成审计意见的日期,获取的审计证据包括:(参见:第A38–A41段)<br>(a) 构成整套财务报表的所有报表(包括相关附注)已编制完成;<br>(b) 经认可能有权机构已经认可其对财务报表负责。 |
| ISA700.42 | 审计报告应当载明审计师执业所在司法管辖区的位置。 |
| ISA700.43 | 如果特定司法管辖区的法律法规要求审计报告使用特定的结构和措词,只有在审计报告至少包括下列每项要素时,审计报告才应当提及国际审计准则:(参见:第A42段)<br>(a) 标题;<br>(b) 业务约定指定的收件人;<br>(c) 指出所审计财务报表的引言段;<br>(d) 对管理层(或其他恰当术语,参见:第24段)编制财务报表的责任的描述;<br>(e) 对审计师就财务报表发表审计意见的责任和审计范围的描述,包括:<br>• 提及国际审计准则和法律法规;<br>• 按照这些准则实施审计的描述。<br>(f) 审计意见段,包含对财务报表发表审计意见的表述,提及用于编制财务报表的适用的财务报告框架;(包括在财务报告框架不是国际财务报告准则或国际公共部门会计准则时,指出该框架所属的司法管辖区,参见:第37段)<br>(g) 审计师的签名;<br>(h) 审计报告的日期;<br>(i) 审计师的地址。 |

续表

| 条款 | 国际审计准则相关内容摘录 |
| --- | --- |
| ISA700.44 | 审计师可能被要求按照某一特定司法管辖区的审计准则（国家审计准则）执行审计工作，但可能已经按照国际审计准则执行审计工作。在这种情况下，审计报告除了提及国家审计准则外，还可能提及国际审计准则。只有在同时符合下列条件时，审计师才应当同时提及：（参见：第 A43 – A44 段）<br>（a）国家审计准则与国际审计准则不存在冲突，不会导致（Ⅰ）审计师形成不同的审计意见，或（Ⅱ）国际审计准则要求增加强调事项段而国家审计准则不要求增加强调事项段；<br>（b）如果使用该国家审计准则规定的结构和措辞，审计报告至少应当包括在第 43 段第（a）项至第（i）项列示的每一要素。提及第 43 段（e）中的法律法规应当被理解为提及国家审计准则，因此，审计报告应当指出该国审计准则。 |
| ISA700.45 | 如果审计报告同时提及国家审计准则和国际审计准则，审计报告应当指明国家审计准则所属的司法管辖区。 |
| ISA700.46 | 如果被审计单位将适用的财务报告框架没有要求的补充信息与已审计财务报表一同列报，审计师应当评价被审计单位是否清楚地将这些补充信息与已审计财务报表予以区分。如果被审计单位未能清楚地将补充信息与已审计财务报表予以区分，审计师应当要求管理层改变未审计补充信息的列报方式。如果管理层拒绝改变，审计师应当在审计报告中说明补充信息未审计。 |
| ISA700.47 | 对于适用的财务报告框架没有要求的补充信息，如果由于其性质和列报方式导致不能使其清楚地与已审计财务报表予以区分，从而构成财务报表必要的组成部分，这些补充信息应当涵盖在审计意见中。 |

审计报告向阅读者告知下列信息：
- 管理层的责任；
- 审计师的责任和对审计工作的描述；
- 审计师按照国际审计准则的规定执行了审计工作；
- 使用的财务报告框架；
- 对财务报表的审计意见。

审计报告的形式受适用的财务报告框架、法律法规的额外规定和增加的补充信息的影响。审计报告的标题是"独立审计报告"，各段落的标题为：
- 对财务报表的报告；
- 管理层对财务报表的责任段；
- 审计师的责任段；
- 审计意见段。

## 17. 对财务报表形成审计意见

其他可能使用的段落标题（如适用）为：
- 强调事项段；
- 按照相关法律法规的要求报告的事项。

下表列示了审计报告的主要部分（需要以书面形式表达）。

表 17.4-1

| 组成部分 | 说明 |
| --- | --- |
| 标题 | 独立审计师报告<br>使用"独立"一词将独立审计师报告与其他人员出具的报告加以区别。 |
| 收件人 | 审计报告编制的对象<br>（一般是股东或治理层）收件人也可能视审计业务约定或当地法规的要求而定。 |
| 引言段 | • 指出财务报表已经审计的被审计单位；<br>• 说明财务报表已经审计；<br>• 指出构成整套财务报表的每一财务报表的名称；<br>• 提及重要会计政策概要和其他解释性附注；<br>• 指明财务报表的日期和涵盖的期间。<br>如果列报补充信息，说明其是否涵盖于审计意见或在未涵盖时清楚地予以区分。 |
| 管理层（或其他适当称谓）对财务报表的责任 | 说明按照适用的财务报表框架编制财务报表是管理层的责任。<br>审计报告应当说明管理层对下列方面负有责任：<br>• 按照适用的财务报表框架编制财务报表，并使其公允列报；<br>• 管理层认为必要的内部控制，以使财务报表的编制不存在由于舞弊或错误导致的重大错报。<br>管理层的责任包括：<br>• 承认对必要的内部控制的责任，以使财务报表的编制不存在由于舞弊或错误导致的重大错报；<br>• 选择和运用适当的会计政策；<br>• 确保财务报表列报的信息具有相关性、可靠性、可比性和可理解性；<br>• 确保充分的披露，以使财务报表使用者理解重大交易；<br>• 根据具体情况作出合理的会计估计。 |
| 审计师的责任 | 说明审计师的责任是在执行审计工作的基础上对财务报表发表审计意见。<br>包括：<br>• 说明审计师按照国际审计准则的规定实施审计。审计报告还应当说明，这些准则要求审计师遵守职业道德守则，计划和执行审计工作以对财务报表是否不存在重大错报获取合理保证。 |

续表

| 组成部分 | 说明 |
|---|---|
| 审计师的责任 | • 从下列方面描述审计工作：<br>——为获取与财务报表金额和披露相关的审计证据而实施的审计程序；<br>——选择的审计程序取决于审计师的判断，包括对由于舞弊或错误导致的财务报表重大错报风险的评估。在进行风险评估时，审计师考虑与财务报表编制相关的内部控制，以设计恰当的审计程序，但目的并非为对内部控制的有效性发表意见；以及<br>——评价管理层选用会计政策的恰当性和作出会计估计的合理性，以及评价财务报表的总体列报。<br>• 说明审计师相信获取的审计证据是充分、适当的，为其发表审计意见提供了基础。<br>• 如果财务报表按照公允列报框架编制，审计师应当在审计报告根据具体情况恰当地提及"被审计单位对财务报表的编制和公允反映"或者"被审计单位对财务报表的编制如实和公允反映"。 |
| 审计意见 | **公允列报框架**<br>指出财务报表是否在所有重大方面按照适用的财务报告框架公允反映（如实和公允），或法律法规规定的类似措辞。<br>**遵循性框架**<br>指出财务报表是否在所有重大方面按照适用的财务报告框架编制。<br>如果国际财务报告准则没有用作财务报告框架，审计意见的措辞应当指出财务报告框架所属的地区或国家（例如，根据 X 国一般公认会计准则）。 |
| 其他报告责任 | 某些国家或地区的准则、法律、一般公认实务可能要求或允许审计师报告这些其他责任。这些事项需在审计意见后面作为单独一段说明。 |
| 审计师的签名 | 审计师的签名视特定国家或地区的情况而定。可以是会计事务所名称、审计师个人姓名或两者兼有。也可能要求审计师的职业资格证书，或说明审计师/会计事务所已得到执照颁发机构认可的事实。 |
| 报告日期 | 审计报告日不应早于审计师获取充分、适当的审计证据，并在此基础上对财务报表形成审计意见的日期。在确定审计报告日时，审计师应当确信已获取下列方面的审计证据：<br>• 构成整套财务报表的所有报表已编制完成；<br>• 审计师已考虑其知悉的截至审计报告日发生的事项和交易的影响（参见ISA560）；以及<br>• 被审计单位的公认权力机构已经认可其对财务报表负责。 |
| 会计师事务所地址 | 指明审计师执业所在国家或地区的工作地点名称。 |

# 17. 对财务报表形成审计意见

## 无保留审计意见——公允列报框架

下面列示了审计师对按照公允列报框架编制的通用目的财务报表发表无保留意见的审计报告的标准措辞（根据 ISA700）。

表 17.4 – 2

---

**独立审计师报告**

[恰当的收件人]

我们审计了后附的 ABC 公司财务报表，包括 20×1 年 12 月 31 日的资产负债表，20×1 年度的利润表、股东权益变动表和现金流量表以及重大会计政策概要和其他解释性信息。

**管理层对财务报表的责任**

管理层负责按照国际财务报告准则的规定编制和公允列报财务报表。管理层还对为确保编制的财务报表不存在由于舞弊或错误导致的重大错报所需的内部控制负责。

**审计师的责任**

我们的责任是在执行审计工作的基础上对财务报表发表审计意见。我们按照国际审计准则的规定执行了审计工作。国际审计准则要求我们遵守职业道德规范，计划和执行审计工作以对财务报表是否不存在重大错报获取合理保证。

审计工作涉及实施审计程序，以获取有关财务报表金额和披露的审计证据。选择的审计程序取决于审计师的判断，包括对由于舞弊或错误导致的财务报表重大错报风险的评估。在进行风险评估时，审计师考虑与编制和公允列报财务报表相关的内部控制，以设计恰当的审计程序，但目的并非对内部控制的有效性发表意见。审计工作还包括评价管理层选用会计政策的恰当性和作出会计估计的合理性，以及评价财务报表的总体列报。

我们相信，我们获取的审计证据是充分、适当的，为发表审计意见提供了基础。

**审计意见**

我们认为，ABC 公司财务报表在所有重大方面按照国际财务报告准则的规定编制，公允反映了（如实和公允反映了）ABC 公司 20×1 年 12 月 31 日的财务状况以及 20×1 年度的经营成果和现金流量。

[审计师的签名]

[审计报告日]

[审计师地址]

---

## 无保留意见——遵循性框架

下面列示了审计师对按照遵循性框架编制的财务报表发表无保留意见的审计报告的标准措辞。

表 17.4–3

| 独立审计师报告 |
|---|
| ［恰当的收件人］ |
| 我们审计了后附的 CDE 公司财务报表，包括 20×1 年 12 月 31 日的资产负债表，20×1 年度的利润表、股东权益变动表和现金流量表以及重大会计政策概要和其他解释性信息。 |
| **管理层对财务报表的责任** |
| 管理层负责按照司法管辖区 X 的 XYZ 法律编制财务报表，并对其认为为便财务报表的编制不存在由于舞弊或错误导致的重大错报所必需的内部控制负责。 |
| **审计师的责任** |
| 我们的责任是在执行审计工作的基础上对财务报表发表审计意见。我们按照国际审计准则的规定执行了审计工作。国际审计准则要求我们遵守职业道德规范，计划和执行审计工作以对财务报表是否不存在重大错报获取合理保证。 |
| 审计工作涉及实施审计程序，以获取有关财务报表金额和披露的审计证据。选择的审计程序取决于审计师的判断，包括对由于舞弊或错误导致的财务报表重大错报风险的评估。在进行风险评估时，审计师考虑与编制财务报表相关的内部控制，以设计恰当的审计程序，但目的并非对内部控制的有效性发表意见。审计工作还包括评价管理层选用会计政策的恰当性和作出会计估计的合理性以及评价财务报表的总体列报。 |
| 我们相信，我们获取的审计证据是充分、适当的，为发表审计意见提供了基础。 |
| **审计意见** |
| 我们认为，CDE 公司财务报表在所有重大方面按照司法管辖区 X 的 XYZ 法律编制。 |
| ［审计师的签名］ |
| ［审计报告日期］ |
| ［审计师地址］ |

## 17.5　其他报告要求

在某些国家或地区，审计师除国际审计准则规定的责任外，还可能承担报告其他事项的责任，如下表所示。

表 17.5–1

|  | 讨论 |
|---|---|
| 额外报告要求 | 审计师可能被要求评论下列事项：<br>● 被审计单位会计记录的充分性；<br>● 审计师在审计过程中注意到的特定事项；<br>● 实施额外的特定程序的结果。 |
| 在单独的标题下报告 | 为确保使用者了解这些额外的责任，审计师需要在审计报告中单独用一部分报告这些责任（例如新的二级标题是"对其他法律法规要求的报告"）。 |

## 17.6 与财务报表一同列报的补充信息

补充信息是适用的财务报表框架没有要求,但与已审计财务报表一同列报的信息。补充信息可能是法律法规或准则要求列报的,或出于自愿列报的信息。

补充信息(适用的财务报表框架没有要求)需要与已审计财务报表清楚地予以区分,除非它是已审计财务报表不可分割的一部分。如果未能清楚地予以区分,审计师应当要求管理层改变未审计补充信息的列报方式。如果管理层拒绝改变,审计师应当在审计报告中说明补充信息未审计。

表 17.6-1

| | 与财务报表一同列报的补充信息 |
|---|---|
| 清楚地区分补充信息 | • 清楚地标明信息"未审计";<br>• 删除从财务报表到未审计补充信息的交叉索引;<br>• 将未审计补充信息移出财务报表;<br>• 识别已审计财务报表在审计报告中列报的页码。 |

补充信息未审计的事实,不能减轻审计师确保该信息不存在误导或与已审计财务报表中的其他信息存在不一致的责任。(参见第 1 卷第 15 章第 9 节有关 ISA720——审计师对含有已审计财务报表的文件中的其他信息的责任部分)

## 17.7 按照国际审计准则和国家审计准则执行的审计工作

如果被要求报告对国家审计准则和国际审计准则的遵守情况,审计师需要在审计报告中提及两套准则。

符合下列条件时,同时提及国际审计准则和国家审计准则是恰当的。

表 17.7-1

| | 条件 |
|---|---|
| 提及遵守国际审计准则和国家审计准则 | • 审计报告符合与审计相关的每项国际审计准则;<br>• 已实施遵循国家准则所需的全部进一步审计程序;<br>• 审计报告中指出审计准则所属的国家或地区;<br>• 已经包括标准审计报告(即使使用国家法律法规规定的结构和措辞)的所有要素(参见表17.4-1)。 |

如果国际审计准则与国家审计准则的规定存在冲突并且导致下列情形,则同时提及国际审计准则和国家审计是不恰当的:

- 审计师根据国家准则形成不同的审计意见,而该审计意见对于国际审计准则不适当;
- 不能增加国际审计准则规定的但国家准则禁止的强调事项段等额外的信息。

## 17.8 非无保留意见审计报告

参见本指南第 2 卷第 23 章有关非无保留审计意见的内容。

卷 2

# 实务指南

# 目　录

前言
征求意见
免责声明

**1. 如何使用本指南** ………………………………………………………（241）
   1.1　本指南的复制、翻译和改编 …………………………………（241）
   1.2　章节内容和结构 ………………………………………………（242）
   1.3　术语表 …………………………………………………………（243）
   1.4　本指南中使用的词语缩写 ……………………………………（245）

**2. 案例介绍** ……………………………………………………………（247）
   案例研究 A——Dephta 家具公司 ……………………………………（247）
   案例研究 B——Kumar 公司 …………………………………………（254）

**3. 风险评估——概况** …………………………………………………（257）

**4. 业务承接与保持** ……………………………………………………（260）
   4.1　概况 ……………………………………………………………（262）
   4.2　承接业务 ………………………………………………………（263）
   4.3　审计的前提条件 ………………………………………………（266）
   4.4　就业务约定条款达成一致意见 ………………………………（267）
   4.5　案例研究——客户承接与保持 ………………………………（270）

**5. 总体审计策略** ………………………………………………………（275）
   5.1　概况 ……………………………………………………………（276）
   5.2　制定总体审计策略 ……………………………………………（278）
   5.3　与管理层和治理层沟通审计计划 ……………………………（281）
   5.4　审计工作底稿 …………………………………………………（282）
   5.5　案例研究——总体审计策略 …………………………………（282）

## 6. 确定和使用重要性 ············································································ (285)
- 6.1 概述 ····················································································································· (287)
- 6.2 如何确定重要性 ····························································································· (289)
- 6.3 计划和风险评估中的重要性 ········································································· (294)
- 6.4 实施审计程序中的重要性 ············································································· (295)
- 6.5 报告中的重要性 ····························································································· (296)
- 6.6 其他考虑 ········································································································· (297)
- 6.7 工作底稿 ········································································································· (298)
- 6.8 案例研究——确定和运用重要性 ································································· (298)

## 7. 审计项目组的讨论 ············································································ (300)
- 7.1 概述 ················································································································· (301)
- 7.2 审计项目组计划会议 ····················································································· (302)
- 7.3 审计过程中和完成时的沟通 ········································································· (304)
- 7.4 案例研究——审计项目组讨论 ····································································· (306)

## 8. 固有风险——识别 ············································································ (309)
- 8.1 概述 ················································································································· (312)
- 8.2 风险类型 ········································································································· (313)
- 8.3 与被审计单位有关的信息的来源 ································································· (314)
- 8.4 风险评估程序 ································································································· (315)
- 8.5 风险来源 ········································································································· (316)
- 8.6 舞弊风险 ········································································································· (318)
- 8.7 舞弊的类型和特征 ························································································· (319)
- 8.8 舞弊三角 ········································································································· (320)
- 8.9 职业怀疑 ········································································································· (323)
- 8.10 怎样识别固有风险因素 ··············································································· (324)
- 8.11 记录风险识别程序 ······················································································· (326)
- 8.12 案例研究——固有风险——识别 ······························································· (329)
- 案例研究 A——Dephta 家具股份有限公司 ······················································· (330)
- 案例研究 B——Kumar 公司 ················································································· (332)

## 9. 固有风险——评估 ············································································ (335)
- 9.1 概述 ················································································································· (336)
- 9.2 企业执行的风险评估 ····················································································· (338)

9.3　记录评估的风险 …………………………………………………… (339)
9.4　案例研究——固有风险——评估 …………………………………… (340)
案例研究 A——Dephta 家具公司 ……………………………………… (341)
案例研究 B——Kumar 公司 ……………………………………………… (343)

## 10. 特别风险 …………………………………………………………………… (346)
10.1　概述 ………………………………………………………………… (348)
10.2　举例 ………………………………………………………………… (348)
10.3　识别特别风险 ……………………………………………………… (350)
10.4　特别风险应对 ……………………………………………………… (351)
10.5　记录特别风险 ……………………………………………………… (352)
10.6　案例研究——特别风险 …………………………………………… (353)
案例研究 A——Dephta 家具公司 ……………………………………… (353)
案例研究 B——Kumar 公司 ……………………………………………… (354)

## 11. 了解内部控制 ……………………………………………………………… (356)
11.1　概述 ………………………………………………………………… (358)
11.2　风险与控制 ………………………………………………………… (359)
11.3　普遍性内部控制和具体性内部控制 ……………………………… (360)
11.4　内部控制的五要素 ………………………………………………… (360)
11.5　小规模企业中的内部控制 ………………………………………… (362)
11.6　缺乏内部控制 ……………………………………………………… (363)
11.7　防止舞弊的控制（反舞弊控制） ………………………………… (363)
11.8　与审计相关的内部控制（了解的范围） ………………………… (364)
11.9　案例研究——识别相关控制 ……………………………………… (366)
案例研究 A——Dephta 家具公司 ……………………………………… (366)
案例研究 B—— Kumar 公司 …………………………………………… (367)

## 12. 评价内部控制 ……………………………………………………………… (369)
12.1　概述 ………………………………………………………………… (370)
12.2　步骤1——需要降低哪些风险？ ………………………………… (372)
12.3　步骤2——管理层设计的控制能否降低风险？ ………………… (373)
12.4　如何识别相关内部控制？ ………………………………………… (378)
12.5　步骤3——用来降低风险的控制是否有效？ …………………… (380)
12.6　步骤4——相关控制的运行是否已记录？ ……………………… (282)

| | | |
|---|---|---|
| 12.7 | 在随后期间更新控制工作底稿 | (383) |
| 12.8 | 关于内部控制的书面声明 | (384) |
| 12.9 | 案例研究——内部控制评价 | (384) |
| | 案例研究 A——Dephta 家具股份有限公司 | (384) |
| | 案例研究 B——Kumar 公司 | (390) |

## 13. 通报内部控制缺陷 (397)

| | | |
|---|---|---|
| 13.1 | 概述 | (399) |
| 13.2 | 舞弊 | (400) |
| 13.3 | 评估缺陷的严重性 | (400) |
| 13.4 | 较小规模的企业 | (401) |
| 13.5 | 记录控制缺陷 | (402) |
| 13.6 | 与管理层的口头沟通 | (403) |
| 13.7 | 书面沟通 | (404) |
| 13.8 | 管理层对沟通的反应 | (404) |
| 13.9 | 书面沟通的时间 | (406) |
| 13.10 | 案例研究——沟通内部控制缺陷 | (406) |
| | 案例研究 A——Dephta 家具公司 | (406) |
| | 案例研究 B——Kumar 公司 | (408) |

## 14. 完成风险评估阶段 (409)

| | | |
|---|---|---|
| 14.1 | 概述 | (410) |
| 14.2 | 迄今获取的审计证据 | (411) |
| 14.3 | 总结各种风险评估 | (412) |
| 14.4 | 风险评估的修正 | (414) |
| 14.5 | 工作底稿 | (414) |
| 14.6 | 案例研究——对风险评估阶段进行总结 | (416) |
| | 案例研究 A——Dephta 家具公司 | (417) |
| | 案例研究 B——Kumar 公司 | (418) |

## 15. 风险应对——概述 (420)

## 16. 风险应对审计计划 (422)

| | | |
|---|---|---|
| 16.1 | 概述 | (425) |
| 16.2 | 起点 | (425) |

16.3　总体应对措施 ……………………………………………………………（426）
　　16.4　在设计测试程序时对认定的使用 ………………………………………（427）
　　16.5　在设计测试程序时对重要性的应用 ……………………………………（428）
　　16.6　审计师的工具箱 …………………………………………………………（428）
　　16.7　制定审计应对措施计划 …………………………………………………（430）
　　16.8　舞弊风险的应对 …………………………………………………………（434）
　　16.9　列报和披露中的错报风险 ………………………………………………（436）
　　16.10　确定审计计划是否已完成 ………………………………………………（437）
　　16.11　记录总体应对措施和具体审计计划 ……………………………………（438）
　　16.12　关于审计计划的沟通 ……………………………………………………（439）
　　16.13　案例分析——风险应对审计计划 ………………………………………（439）
　　案例研究 A——Dephta 家具公司 ……………………………………………（439）
　　案例分析 B——Kumar 公司 …………………………………………………（441）

## 17. 确定测试范围 …………………………………………………………………（443）
　　17.1　概述 ………………………………………………………………………（445）
　　17.2　抽样的运用 ………………………………………………………………（447）
　　17.3　实质性程序的范围（使用统计抽样）……………………………………（449）
　　17.4　实质性分析程序的范围 …………………………………………………（456）
　　17.5　控制测试——运行有效性 ………………………………………………（458）
　　17.6　评价偏差 …………………………………………………………………（464）
　　17.7　案例分析——测试的范围 ………………………………………………（466）
　　案例研究 A——Dephta 家具公司 ……………………………………………（466）
　　案例分析 B——Kumar 公司 …………………………………………………（471）

## 18. 记录执行的工作 ………………………………………………………………（474）
　　18.1　概述 ………………………………………………………………………（475）

## 19. 书面声明 ………………………………………………………………………（478）
　　19.1　概述 ………………………………………………………………………（480）
　　19.2　所涉事项 …………………………………………………………………（480）
　　19.3　执行审计业务时的考虑 …………………………………………………（481）
　　19.4　书面声明 …………………………………………………………………（482）
　　19.5　书面声明的范例 …………………………………………………………（486）
　　19.6　案例分析——管理层声明 ………………………………………………（486）

　　案例研究 A——Dephta 家具公司 ……………………………………………… (486)
　　案例分析 B——Kumar 公司 ………………………………………………… (488)

## 20. 报告——概述 …………………………………………………………………… (490)

## 21. 评价审计证据 …………………………………………………………………… (492)
　　21.1　概述 ……………………………………………………………………… (494)
　　21.2　再评估重要性水平 ………………………………………………………… (496)
　　21.3　风险评估的变更 …………………………………………………………… (496)
　　21.4　评价错报的影响 …………………………………………………………… (498)
　　21.5　充分、适当的审计证据 …………………………………………………… (504)
　　21.6　最终分析程序 ……………………………………………………………… (505)
　　21.7　重大发现和重大问题 ……………………………………………………… (506)
　　21.8　案例分析——评价审计证据 ……………………………………………… (506)
　　案例研究 A——Dephta 家具公司 ……………………………………………… (506)
　　案例分析 B——Kumar 公司 …………………………………………………… (508)

## 22. 与治理层的沟通 ………………………………………………………………… (509)
　　22.1　概述 ……………………………………………………………………… (512)
　　22.2　治理 ……………………………………………………………………… (512)
　　22.3　拟沟通的事项 ……………………………………………………………… (513)
　　22.4　案例分析——与治理层的沟通 …………………………………………… (517)
　　案例研究 A——Dephta 家具公司 ……………………………………………… (517)
　　案例分析 B – Kumar 公司 ……………………………………………………… (519)

## 23. 发表非无保留意见 ……………………………………………………………… (520)
　　23.1　概述 ……………………………………………………………………… (523)
　　23.2　非无保留意见 ……………………………………………………………… (524)
　　23.3　财务报表存在重大错报 …………………………………………………… (526)
　　23.4　无法获取充分、适当的审计证据 ………………………………………… (529)

## 24. 强调事项段和其他事项段 ……………………………………………………… (532)
　　24.1　概要 ……………………………………………………………………… (534)
　　24.2　强调事项段 ………………………………………………………………… (534)
　　24.3　其他事项段 ………………………………………………………………… (536)

**目 录**

**25. 比较信息** …………………………………………………………（537）
    25.1　概述 ………………………………………………………（540）
    25.2　审计程序 …………………………………………………（541）
    25.3　对应数据 …………………………………………………（541）
    25.4　比较财务报表 ……………………………………………（542）

# 前　言

欢迎使用由国际会计师联合会（IFAC）中小事务所委员会（Small and Medium Practices Committee，SMP）开发的《运用国际审计准则执行中小企业审计指南（第三版）》。

利用编写第三版的机会，我们改进了有关技术内容，并做出一些编写上的小修改。然而，考虑到很多使用者正在翻译本指南，因此我们尽量减少对第三版的修订。

本指南由中小事务所委员会与加拿大特许会计师协会（CICA）共同开发，2007年发布第一版。本指南通过解释或阐述性举例，旨在使执业人员更深入地理解如何按照国际审计准则执行审计工作。本指南为执业人员提供了"如何审计"的实务方法的指导，执业人员可以用于在中小企业中开展风险导向审计。最终，它可以帮助执业人员执行高质量的、符合成本效益原则的审计，从而更好地为中小企业和公众服务。

本指南为国际审计准则的运用提供了非权威性的指导。它不能取代阅读国际审计准则，而是作为国际审计准则的补充，帮助执业人员在中小企业审计中一致地执行这些准则。本指南未涉及国际审计准则的所有方面，因而不能用于确定或证明是否遵守了国际审计准则。

为了帮助会员组织最大化地利用本指南和相关出版物《中小事务所质量控制指南》，中小事务所委员会正在开发配套指南以及额外材料，以支持将本指南用于教育和培训目的。这个配套指南将为会员团体和会计师事务所提供如何最好地利用本指南以适应其自身需要和具体国家环境的建议。

最后，我们欢迎读者浏览国际会计师联合会网站的"中小事务所中心"部分（www.ifac.org/smp），了解中小事务所委员会的工作，获取其他的免费出版物和资源。

Sylvie Voghel
IFAC 中小事务所委员会主席
2011 年 11 月

# 征求意见

这是本指南的第三版。虽然我们认为本指南是有用的并且是高质量的,但仍可能有改进的空间。我们致力于定期更新本指南,以确保它反映了目前的最新标准并尽可能有用。

我们欢迎来自国家准则制定机构、IFAC 会员组织、执业人员和其他方的意见。我们尤其欢迎您对以下问题发表意见。

1. 您如何使用本指南?例如,您使用它作为培训的基础材料并且(或者)作为实务参考指南,或者以其他方式使用本指南?
2. 您认为本指南是否充分地适用于中小企业审计?
3. 您认为本指南是否方便阅读?如果不是,您建议如何改进?
4. 您认为在哪些方面可以改进本指南,从而让它更有用?
5. 您是否发现有任何衍生的产品(如培训材料、表格、检查清单或程序),是基于本指南开发出来的?如果有,请提供详细情况。

请将您的意见提交给我们的副总监 Paul Thompson,联系方式

Email:paulthompson@ifac.org
Fax: +1 212-286-9570
Mail:Small and Medium Practices Committee
International Federation of Accountants
545 Fifth Avenue, 14th Floor
New York, NY 10017, USA

# 免责声明

本指南旨在帮助执业人员在中小企业审计中运用国际审计准则，并不能取代国际审计准则本身。而且，执业人员应当运用职业判断并根据审计中的具体事实和情况使用本指南。IFAC不承担由于使用本指南可能直接或间接产生的责任。

# 1. 如何使用本指南

本指南旨在为执业人员执行中小企业审计业务提供实务指南。然而，本指南中的任何材料都不能用来替代：

- 阅读和理解国际审计准则

本指南假定执业人员已经阅读了《国际质量控制、审计、审阅、其他鉴证和相关服务公告手册》中的国际审计准则（International Standards on Auditing, ISAs）。该手册可以在IFAC的在线出版物和资源网页（web.ifac.org/publications）免费下载。ISA200第19段指出，审计师应当掌握国际审计准则的全部内容（包括应用和其他解释性材料）以正确地理解其目标并恰当地遵守其要求。国际审计准则、常见问题解答（FAQs）以及其他支持性材料，可以从"明晰化中心"网页获得（web.ifac.org/publications）。

- 运用职业判断

为了有效地运用国际审计准则，注册会计师需要根据会计师事务所和每项特定业务涉及的特定事实和情况运用职业判断。

虽然预期中小事务所是一个重要的用户群体，但本指南也可帮助所有的执业人员在中小企业审计中运用国际审计准则。

本指南可用于：

- 深入了解按照国际审计准则执行的审计；
- 开发员工手册用于日常参考（必要时融入当地的要求和事务所自身的程序），以及作为培训、个人学习和讨论的基础材料；
- 有助于确保员工在计划和执行审计时采用一致的方法。

本指南经常提及审计项目组，这意味着一个以上的审计师参与审计业务。然而，相同的一般原则也同样适用于完全由一个执业人员执行的审计业务。

## 1.1 本指南的复制、翻译和改编

IFAC鼓励复制、翻译和改编本指南，并提供便利。希望复制、翻译和改编本指南的各方应当联系 permissions@ifac.org。

## 1.2 章节内容和结构

本指南并非只是按顺序汇总每项国际审计准则,而是分成以下两部分:
- 卷1 核心概念
- 卷2 实务指南

这是本指南的卷2,关注如何运用卷1列出的概念,按照执行审计的典型阶段来组织内容,从承接客户开始,计划审计工作、风险评估,然后是风险应对、评价获取的审计证据,最后是形成恰当的审计意见。

### 结构概况

在本指南的两卷中,每一章的结构如下所示:
- 章节标题
- 审计流程图——摘录

大多数章节包含审计流程图摘录(如适用),以突出显示本章涉及的特定活动。
- 章节内容

用于概述每章的内容和目的。
- 相关的国际审计准则

本指南大多数章节首先提供与该章节内容有关的国际审计准则摘录。这些摘录的内容包括相关要求,在某些情况下也包括目标(在该章主要关注一个特定准则时单独加以强调)、选定的定义以及应用材料。包括这些摘录内容并非表示不需要考虑准则中那些没有提及的其他资料,或者与该审计事项有关的其他准则。本指南中的摘录内容完全基于作者关于该内容对每一特定章节而言是否相关的判断。例如,在整个审计过程中都要运用ISA200、ISA220和ISA300的要求,但这些要求只在一两个章节中提及。
- 概述和每章材料

每章的概述提供以下信息:
——适用的国际审计准则摘录;
——本章涉及的内容概述。

概述后面有一个对审计对象更详细的讨论,以及如何一步一步地执行相关国际审计准则的实务性指导或方法。这部分可能包括引用一些适用的国际审计准则。虽然本指南完全关注于适用于历史财务信息审计的国际审计准则(800系列的准则除外),但同时也索引到国际会计师职业道德准则理事会(IESBA)发布的《职业会计师道德守则》(IESBA Code)以及《会计师事务所对执行财务报表审计和审阅、其他鉴证和相关服务业务实施的质量控制》(ISQC 1)。

*1.* 如何使用本指南

- 考虑要点

本指南所有章节中都增加了考虑要点。这些考虑要点对那些容易被忽视的审计事项，或者当执业人员可能难以理解和执行某些概念时提供了实务指南。

- 示例性案例研究

为了演示如何在实务中运用国际审计准则，本指南卷2包含了两个案例。在卷2的很多章的结束部分，指南讨论了两种可能的工作底稿记录方法用以记录运用国际审计准则要求的情况。请参考本指南卷2第2章了解案例的细节。

提供案例研究和工作底稿的目的仅仅是示例性的。所提供的审计工作底稿只是截取了典型审计档案的一小部分，并且仅列示了遵守国际审计准则要求的一种可能的方法。所提供的数据、分析和评论只代表审计师在某一特定审计中需要处理的一些情况和考虑事项。审计师必须一如既往地运用职业判断。

第一个案例研究基于一个名为Dephta家具公司的虚构企业。这是一个当地从事家具制造的家族企业，有15个全职员工。该企业治理结构简单，管理层级很少，交易处理简单。会计部门使用标准会计软件。

第二个案例研究基于一个名为Kumar&Co的虚构企业。这是一个只有两个全职员工、一个兼职记账人员和业主本人的微型企业。

### IFAC的其他出版物

本指南也可与《中小企业审计质量控制指南》一起阅读。读者可以在IFAC的在线出版物和资源网页上免费下载。网址是：http：//web.ifac.org/publications/small-and-medium-practices-committee/implementation-guides。

## 1.3 术语表

本指南使用了大量国际职业会计师道德守则术语表和国际审计准则（包含在《国际质量控制、审计、审阅、其他鉴证业务以及相关服务准则手册》中）中已经定义的术语。合伙人和员工必须了解这些定义。

本指南也使用以下术语：

### 反舞弊控制

是指由管理层设计的、用以防止或发现由于舞弊导致的错报的控制。在管理层凌驾的情况下，这些控制可能不能防止舞弊的发生，但仍可作为一种威慑，使舞弊更难以掩饰。典型的例子有：

规定承担额外受托责任的政策和程序，例如，对会计分录的签字审批；
改进后的对敏感性数据和交易的访问控制；

无声报警；

差异和例外报告；

审计轨迹；

舞弊应急计划；

人力资源程序，例如，识别和监控舞弊风险高于平均水平的个人（如生活方式过度奢侈的人）；

匿名报告潜在舞弊的机制。

### 企业层面控制

企业层面控制用以解决影响广泛的风险，有助于形成一个组织的"高层基调"，确立对控制环境的预期。与交易层面控制相比，企业层面控制通常没那么明确，但对所有其他内部控制具有广泛和重要的影响。因此，企业层面控制构成了建立其他内部控制（如有）的至关重要的基础。企业层面控制的例子包括管理层对道德行为的承诺，对内部控制的态度，雇佣具备胜任能力的员工，反舞弊和期末财务报告。这些控制影响企业内部所有其他业务流程。

### 管理层

是指对被审计单位经营活动的执行负有经营管理责任的人员。对某些国家或地区的被审计单位而言，管理层包括部分或全部的治理层成员，如治理层中的执行董事，或业主兼经理。

### 治理层

是指对被审计单位战略方向以及管理层履行经营管理责任负有监督责任的人员或组织（如公司受托人）。治理层的责任包括监督财务报告过程。对某些国家或地区的被审计单位而言，治理层可能包括管理层，如私人部门或公共部门治理层中的执行成员，或业主兼经理。

### 业主兼经理

是指参与日常经营管理的业主。在大多数情况下，业主兼经理也是负责被审计单位治理的人。

### 中小事务所（SMP）

是指具备以下特征的会计师事务所：
- 客户大多是中小企业（SMEs）；
- 利用外部资源以弥补有限的内部技术资源；

- 雇佣有限的专业人员。

在不同的国家或地区，中小事务所的含义可能有所不同。

## 1.4 本指南中使用的词语缩写

AR　应收账款

Assertions　认定，包括：

　C＝完整性

　E＝存在

　A＝准确性和截止

　V＝计价

CAATs　计算机辅助审计技术

CU　货币单位（本指南中的标准货币单位是欧元"∈"）

F/S　财务报表

HR　人力资源

IAASB　国际审计与鉴证准则理事会

IC　内部控制。内部控制的五个要素包括：

　CA＝控制活动

　CE＝控制环境

　IS＝信息系统

　MO＝监督

　RA＝风险评估

IESBA Code　IESBA发布的《国际职业会计师道德守则》

IFAC　国际会计师联合会

IFRS　国际财务报告准则

ISAs　国际审计准则

ISAEs　国际鉴证业务准则

IAPSs　国际审计实务公告

ISQCs　国际质量控制准则

ISREs　国际审阅业务准则

ISRSs　国际相关服务业务准则

IT　信息技术

PC　个人电脑

R&D　研究与开发

RMM　重大错报风险

RAPs 风险评估程序
SME 中小企业
SMP 中小事务所
TOC 控制测试
TCWG 治理层
WP 工作底稿

# 2. 案例介绍

为了阐述审计过程的各个方面如何在实务中记录，本指南基于一个虚构的中等规模企业和一个很小的企业开发了两个案例。案例 A 是一个名叫 Dephta 的家具公司，有 15 个全职员工。案例 B 是只有两个人的 Kumar 公司，主要向 Dephta 公司提供商品。两个公司都决定使用 IFRS 报告框架。

> 读者需要注意的是，这两个案例纯粹是为了演示方便而虚构的公司。所提供的工作底稿是典型审计文档中的一个浓缩，它只阐述了遵守国际审计准则要求的一种可能方法。所提供的数据、分析和评论只代表注册会计师在特定审计中需要解决的一些情况和考虑事项。注册会计师必须一如既往地运用职业判断。

## 案例研究 A——Dephta 家具公司

### 背景信息

Dephta 家具公司是一个从事家具制造的家族企业，它生产各种木制家具，包括一般销售和客户定制的家具。Dephta 有一个制造高质量产品的良好声誉。

公司有三条主要产品生产线：卧室套件、餐厅套件以及各式各样的桌子。标准化的家具也可以为特殊需要而定做。为了充分利用网络的力量，公司最近建立了一个网站，用户可以直接购买并用信用卡进行支付。在过去的一个期间里，公司向 900 公里以外的订单客户也发过货。

厂房毗邻 Suraj Dephta 房子不远的一英亩的土地上。Suraj Dephta 房子西边的附属建筑作为该公司的门店。大多数决策是围在客厅桌边做出的（这个桌子是 Suraj Dephta 和他父亲一起做的第一张桌子）。他喜欢在为他们家庭赚钱购买食物的产品上共同进餐的那种象征意义。

### 行业趋势

直到最近，Dephta 都一直快速增长。然而，家具行业目前因以下因素正经历着

挑战：
- 由于世界范围内的衰退而产生的经济下滑；
- 潜在客户正在限制他们在非生活必需品上的支出，包括家具；
- 竞争；
- 降价以吸引销售的压力；
- 一些家具部件制造商退出该行业，导致耽误了一些产品的生产。

## 公司治理

该公司由 Suraj 的父亲 Jeewan Dephta 在 1952 年创立。Jeewan 最初在家旁边的一个小作坊里用车床做一些木制的栏杆支柱、楼梯扶栏等。

公司没有正式的治理结构。Jeewan 和 Suraj 每一期间编制一个业务计划，然后每月与当地一个成功的商人 Ravi Jain 见面复核他们的计划进展。Ravi Jain 会针对公司新业务想法的可行性做出的评价，复核其经营成果，并对如何处理产生的具体问题提供建议。公司为此向 Ravi Jain 付费。

Ravi 的女儿 Parvin 是一个律师，常常陪她的父亲与 Jeewan 和 Suraj 开会。Parvin 也提供一些法律建议，但她更喜欢的是做市场营销和销售。Parvin 认为 Dephta 家具公司应当扩大其销售边界到当地之外，甚至到邻国。通过进入额外的市场，销售收入水平即使在当前的经济低迷阶段也可能得以维持。

## 人事

Dephta 家具公司有 15 个全职员工。其中 6 人在某些方面与该家庭有关系。除了下表列出的人物外，大多数家庭成员在生产区域工作。在繁忙季节，公司在必要时可能聘请 2 到 4 个临时工。一些临时工会定期回来，但由于缺乏工作稳定性，临时工跳槽情况也很频繁。

作为管理董事，Suraj Dephta 监督企业的所有方面。Arjan Singh 负责销售并且有两个全职销售人员帮助他的工作。Suraj 的弟弟 Dameer 管理生产，包括订购原材料和管理存货。由于工厂的空间有限，Suraj 和 Dameer 从来没有远离生产过程，他们共同监督两个员工。

Suraj 的堂兄 Jawad Kassab 负责财务和信息技术，手下有两个员工。

## 所有权

Jeewan 是拥有 50% 股份的大股东。只要他的儿子 Suraj 继续专职管理公司而且公司继续盈利，他就计划将其股份转移给 Suraj。

Suraj 和他的妹妹 Kalyani 每人持有 15% 的股份。

剩下的 20% 股份由家族的一个朋友 Vinjay Sharma 持有。Vinjay 是一个富有的投

## 2. 案例介绍

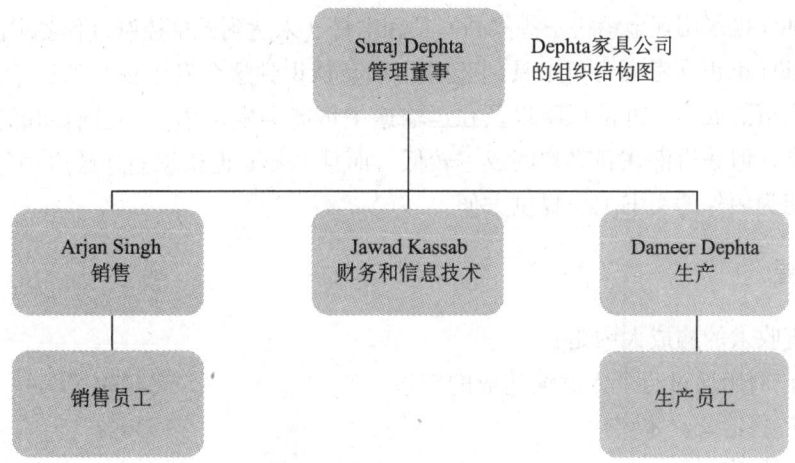

Dephta家具公司的组织结构图

资人，他已经提供了公司成长时需要的资金。

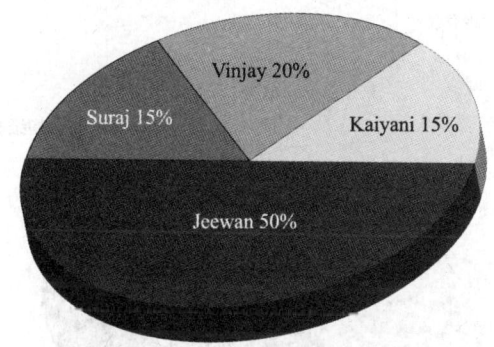

Kalyani 是一个有名的歌手，经常到各地演唱。她没有参与公司的经营，完全依赖她的父亲和哥哥照顾她的权益。

在每年的 6 月，Jeewan 组织一次更正式的业务会议。股东在早晨开会，主要审核财务报表，然后下午为所有员工举行一个聚会。Suraj 利用这个机会告诉员工业务做得如何好，未来的计划是什么。

### 经营

公司最初制造椅子、桌子和楼梯扶栏等，后来开始制造一些简单的家具，如碗柜、衣柜、贮藏柜。Dephta 家具公司通过以下战略已经取得相当大的增长：

- 向当地客户提供高质量的、价格公平的产品；
- 接受来自全国性零售商的家具大订单；这些大订单有严格的交货时间（晚交货会有高额的罚金），毛利比那些客户定制的家具少得多；
- 是当地第一个在网络上销售的公司；
- 为其他当地的家具制造商制造木条、圆桌腿等家具部件。公司采购了昂贵的车床和专用工具，而其他公司负担不起这些支出。

Dephta 也采用现金销售一些次品家具和木材（未达到质量控制过程要求的散件）。Dephta 也正在考虑出口家具到邻国。Suraj 认识到这会发生更高的运输成本，与客户打交道的成本，外汇风险以及在运输途中可能会发生损坏。虽然向邻国销售的成本更高，但获得潜在新客户的成本较低。而且 Parvin 也认识当地政府中的很多人，她认为能为额外的文书工作提供方便。

### 销售

销售收入的构成大约是：

- 在商店通过与个人商谈达成的销售　　　　　　　　40%
- 销售给家具零售店　　　　　　　　　　　　　　　30%
- 定做家具　　　　　　　　　　　　　　　　　　　15%
- 网上销售　　　　　　　　　　　　　　　　　　　12%
- 工厂中次品的销售　　　　　　　　　　　　　　　3%

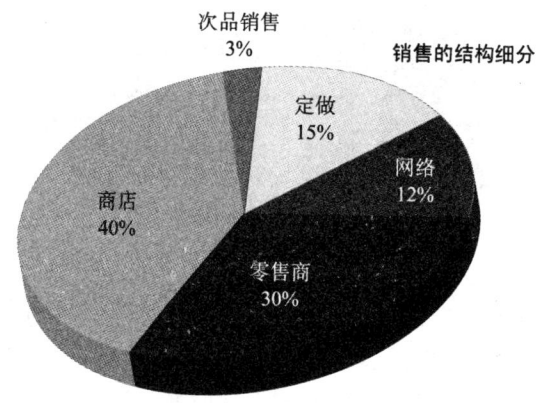

Arjan Singh 是一个能做成大量销售额的人，他在与客户谈判过程中非常有毅力和耐心，经常能实现销售，虽然毛利可能很薄。尽管经济低迷，但他最近刚买了一套漂亮的房屋，可以俯瞰山谷。

- **销售系统的记录**

——对于零售和定制订单会编制销售合同。所有客户订单预收订单金额 15% 的款项，并在收到时记为销售收入。两个大的零售商要求 Dephta 保持 30 天的存货量，以便在需要时迅速发货到商店。这些合同也规定，如果在设定的期间没有被出售，零售商有权退货。

——销售订单在销售时由人工开具，直接从门店出售的家具或者其他小部件除外。所有在 500 欧元以上或者销售价格低于最低销售价格的订单必须经 Arjan 批准。在发出商品时开具发票并寄送客户。

——对于门店的销售，发票在销售时开具并过入会计系统，然后自动地为每个销售交易编号，并在要求时提供一个订单收据。

——每天下载来自网络的每日销售汇总表，编制订单具体项目细节并交给生产部门。当客户信用卡支付了所订项目后开具发票并记为收入。标记了"已全部付款"的发票会附在已发货的订单后面。

——Arjan 极少对客户实施信用检查。他了解大多数客户。客户过去在货物发出后就付款；目前，Dephta 也根据其竞争对手提供的信用条款给自己的客户授予信用。因此，Dephta 公司也向银行申请了信用额度。每一期间，坏账的数量似乎在上升。

——在每月末，Suraj 审核销售和应收账款清单。他确保没有明显的错误，并亲自给账龄超过 90 天以上的客户打电话。

——除了最低基本工资以外，每位销售人员（包括 Arjan）会额外收到每笔销售额 15% 的佣金。为了激励销售人员，他们的基本工资低于其他大多数员工的水平。计算机系统跟踪每位销售人员的销售。Jawad 每月打印一份报告，并编制将在下一周支付的佣金的清单。Suraj 或 Dameer 会审核该佣金清单和销售清单，以确保向员工支付了正确的金额。Arjan 收到最高的销售佣金。

## 信息技术

系统包括六台个人电脑和一台用来组网的服务器。内部系统主要用于发邮件、处理订单和会计处理。

公司每周将会计系统备份到外部硬盘中，该硬盘保存在挨着计算机房的保险柜中。在过去的两个会计期间中，已经添加了防火墙和用户名保护。去年，两台个人电脑在办公室被偷。现在进入办公室的安全控制更严格。电脑用锁链套在办公桌上，服务器锁在一个单独的、凉爽的办公室里。

网上销售由 Jawad 管理。公司与银行签有协议，可以在订单批准发货前处理信用卡，在每笔订单处理后向银行支付 7%。网上销售的应用程序提供每一销售的细节，包括客户名称、地址、订购的项目。网上交易每天从网站上下载，编制销售订单并递交给生产部门。

## 人力资源与工资

所有雇佣决策由 Dameer 和 Suraj 做出。像他的父亲一样，Suraj 重视雇佣有专业胜任能力的人并且期望他们的员工忠诚。

在每周开始时向员工支付现金。Jawad 手下的一个员工 Karla Winston 负责工资。她有员工清单，并根据 Dameer 向她提供的工时卡计算工资和抵扣项目金额。Suraj 在每周一早晨复核了工资后，指示 Karla 向员工发放装有工资的信封。当员工拿走信封时会在一个清单上签字。公司没有保留正式的员工记录。

### 采购与生产

Dameer 负责采购和生产。由于存货系统并不复杂,他倾向于多订购一些项目,这导致存货在仓库里积了一些灰尘。Dameer 认为多订购比少订购更好,因为少订购会耽误生产。

- 采购职能的说明

——在高于 5 000 欧元的采购批准前至少获得两个报价。当地木材厂供应的木材除外,Dephta 已经谈好一个五年的专供合同。

——公司对 1 000 欧元以上的存货或资本性支出编制采购单。

——Dameer 批准所有新的供货商,并提供细节给 Jawad。Jawad 然后将该供货商纳入系统并计入所收到发票的细节。

### 会计与财务

Jawad 在大学里学习会计,很精通会计和财务问题。当他两年前加入 Dephta 时,他迅速引入了 Onion 公司的"优秀会计"软件包。该软件包括了应付账款、应收账款和资本性资产模块。

- 会计与财务职能的说明

——目前,公司没有实行永续盘存制。存货每一期间盘点两次,一次在期末,一次在期中。这可以确保在一个期间至少两次准确地计算出销售毛利。

——Jawad 对存货缺乏控制感到失望。他已经向 Suraj 建议存货应每一期间至少盘点四次,以确保在整个期间复核利润。Suraj 没有理会他的建议,声称盘点存货大多会是破坏性的,导致公司不能按时交货。

——虽然 Dephta 是盈利的,但毛利并不稳定。Jawad 并未对为何存货成本未按产品类别追查提供解释。

——Suraj 对不得不支付各种所得税非常恼火,并常常向 Jawad 施压以确保计提足够多的应计项目。

注:以下利润表和资产负债表由管理层编制。没有包括财务报表附注或现金流量表。

**附录 A**　　　　　　　　**Dephta 公司的利润表**

(单位:欧元　会计年度结束日为 12 月 31 日)

|  | 20×2 | 20×1 | 20×0 |
| --- | --- | --- | --- |
| 销售收入 | 1 437 317 | 1 034 322 | 857 400 |
| 销售成本 | 879 933 | 689 732 | 528 653 |
| 毛利 | 557 384 | 344 590 | 328 747 |

续表

|  | 20×2 | 20×1 | 20×0 |
|---|---|---|---|
| 销售费用 | 64 657 | 41 351 | 39 450 |
| 管理费用 | 323 283 | 206 754 | 197 248 |
| 财务费用 | 19 471 | 19 279 | 15 829 |
| 折旧 | 23 499 | 21 054 | 10 343 |
|  | 430 910 | 288 438 | 262 870 |
| 税前利润 | 126 474 | 56 152 | 65 877 |
| 所得税 | 31 619 | 14 038 | 16 469 |
| 净利润 | 94 855 | 42 114 | 49 408 |

**附录 B   Dephta 公司的资产负债表**    （单位：欧元）

|  | 20×2.12.31 | 20×1.12.31 | 20×0.12.31 |
|---|---|---|---|
| **资产** |  |  |  |
| **流动资产** |  |  |  |
| 现金和现金等价物 | 22 246 | 32 522 | 22 947 |
| 应收账款和其他应收款 | 177 203 | 110 517 | 82 216 |
| 存货 | 156 468 | 110 806 | 69 707 |
| 预付账款 | 12 789 | 10 876 | 23 877 |
|  | 368 706 | 264 721 | 198 747 |
| **非流动资产** |  |  |  |
| 不动产、厂房和设备 | 195 821 | 175 450 | 103 430 |
|  | 564 527 | 440 171 | 302 177 |
| **负债和所有者权益** |  |  |  |
| **流动负债** |  |  |  |
| 对银行欠款 | 123 016 | 107 549 | 55 876 |
| 应付账款和其他应付款 | 113 641 | 107 188 | 50 549 |
| 应交所得税 | 31 618 | 14 038 | 16 470 |
| 带息贷款的流动部分 | 10 000 | 10 000 | 10 000 |
|  | 278 275 | 238 775 | 132 895 |
| **长期负债** |  |  |  |
| 带息贷款 | 70 000 | 80 000 | 90 000 |
| **资本与准备金** |  |  |  |
| 已发行资本 | 18 643 | 18 643 | 18 643 |
| 累计利润 | 197 609 | 102 753 | 60 639 |
|  | 564 527 | 440 171 | 302 177 |

# 案例研究 B——Kumar 公司

## 背景信息

Kumar 公司由 Rajesh（Raj）. Kumar 于 1990 年创立。Kumar 是一个公司，但仅有两个生产人员。Rajesh 作为业主兼经理，并有一些兼职的簿记人员协助工作。

当 Raj 还是一个年轻人的时候，他就向他的父亲 Sanjay 学做木材加工贸易。年轻的 Raj 在 Sanjay 的呵护下也表现出在木材加工方面的天赋，这让 Sanjay 引以为豪。

Sanjay 在 1976 年去世，Raj 决定将他的不多的积蓄投资开一个自己的家具店，他将其命名为 Kumar 公司。

## 经营业务

Raj 的业务最初集中在制造小的木材家具。然而，在开业后不久，他的堂兄 Dephta 家具公司的 Suraj 上门，建议 Raj 将其大部分时间专注于为 Dephta 制造纺锤形立柱和餐桌腿。Dephta 提供的价格可以让 Raj 获得高于其他活动的利润，Raj 因此同意了 Suraj 的建议。

为了鼓励 Raj 关注于为 Dephta 服务，Dephta 购买了 Kumar 公司 15% 的股份。这有助于 Kumar 购买新的车床和工具以提高生产效率。

## 行业趋势

家具行业目前正面临一个富有挑战性的经济状况。Kumar 目前获得了健康和稳定的增长，但如果来自 Dephta 的产品需求下降，Kumar 的销售也会受到破坏。Raj 仍接受一些客户定做业务，但 Dephta 的业务仍大约占总业务的 90%。

## 生产

Kumar 是由业主管理的公司，Raj 拥有 85% 的股份。除了 Raj 外有两个专职的生产人员。Raj 已经习惯于长时间工作，在大多数周末都在工作，以完成来自 Dephta 的订单。

目前，虽然 Raj 很少在办公室或厂房，他仍参与一些工作，但最近没有参与以前经手的批准订单、采购或者记账。他正在家里处理一些事务。在本期期初，Kumar 取得了新的银行融资以购买必要的原材料，替换一些年代已久的设备。该贷款协议规定了必须满足的条件，否则将收回贷款。

Raj 直接与 Dephta 的人员处理订单，并将其记入一个笔记本中。然后，会计人员开发票并收款。Raj 亲自组织发货并保留订单和发货的日志。

Raj 保留了良好的记录，并更新以下信息：
- 订单和发货的日志：提交订单的日期，金额，类型，定价，承诺日期，送货方式，送货数量，发货日期；
- 销售日志：客户名称，发货日期，订单细节（产品类型、数量、木材类型、特殊要求等），价格，付款金额；
- 采购日志：在材料和其他项目之间分开。

Raj 每周将发货日志与销售日志核对，以确保没有遗漏发货。

## 会计

Kumar 公司的兼职记账人员 Ruby 已经在 Kumar 工作了 10 年以上，非常有专业胜任能力。她保留会计记录，编制每月和每年的财务报表。然而，她觉得 Raj 想当然地看待她的工作，过去三年都没有增加她的薪水。Ruby 有两个她希望上大学的孩子，但担心怎么才能筹到学费。

附录 A　　Kumar 公司管理层编制的利润表

（单位：欧元　会计年度结束日为 12 月 31 日）

| | | 20×2 | 20×1 | 20×0 |
|---|---|---|---|---|
| 销售收入 | | 231 540 | 263 430 | 212 818 |
| 销售成本 | | 118 600 | 122 732 | 100 220 |
| | 毛利 | 112 940 | 140 698 | 112 598 |
| 销售费用 | | 13 002 | 19 450 | 12 890 |
| 管理费用 | | 71 532 | 91 318 | 68 101 |
| 财务费用 | | 6 480 | 0 | 0 |
| 折旧 | | 11 541 | 6 871 | 5 020 |
| | | 102 555 | 117 639 | 86 011 |
| | 税前利润 | 10 385 | 23 059 | 26 587 |
| 所得税 | | 5 765 | 6 420 | 8 988 |
| | 净利润 | 4 620 | 16 639 | 17 599 |

附录 B　　Kumar 公司管理层编制的资产负债表　　（单位：欧元）

| | 20×2.12.31 | 20×1.12.31 | 20×0.12.31 |
|---|---|---|---|
| 资产 | | | |
| 流动资产 | | | |
| 现金和现金等价物 | 1 255 | 10 822 | 6 455 |

续表

|  | 20×2.12.31 | 20×1.12.31 | 20×0.12.31 |
|---|---|---|---|
| 应收账款和其他应收款 | 67 750 | 65 110 | 34 100 |
| 存货 | 34 613 | 15 445 | 12 607 |
|  | 103 618 | 91 377 | 53 162 |
| 不动产、厂房和设备 | 54 430 | 22 468 | 20 216 |
|  | 158 048 | 113 845 | 73 378 |
| **负债和所有者权益** |  |  |  |
| **流动负债** |  |  |  |
| 应付账款和其他应付款 | 53 100 | 48 820 | 36 500 |
| 带息贷款的流动部分 | 4 000 | 0 | 0 |
|  | 57 100 | 48 820 | 36 500 |
| **长期负债** |  |  |  |
| 带息贷款 | 31 000 | 0 | 0 |
| **资本与准备金** |  |  |  |
| 已发行资本 | 10 580 | 10 580 | 10 580 |
| 累计利润 | 59 368 | 54 445 | 26 298 |
|  | 158 048 | 113 845 | 73 378 |

# 3. 风险评估——概况

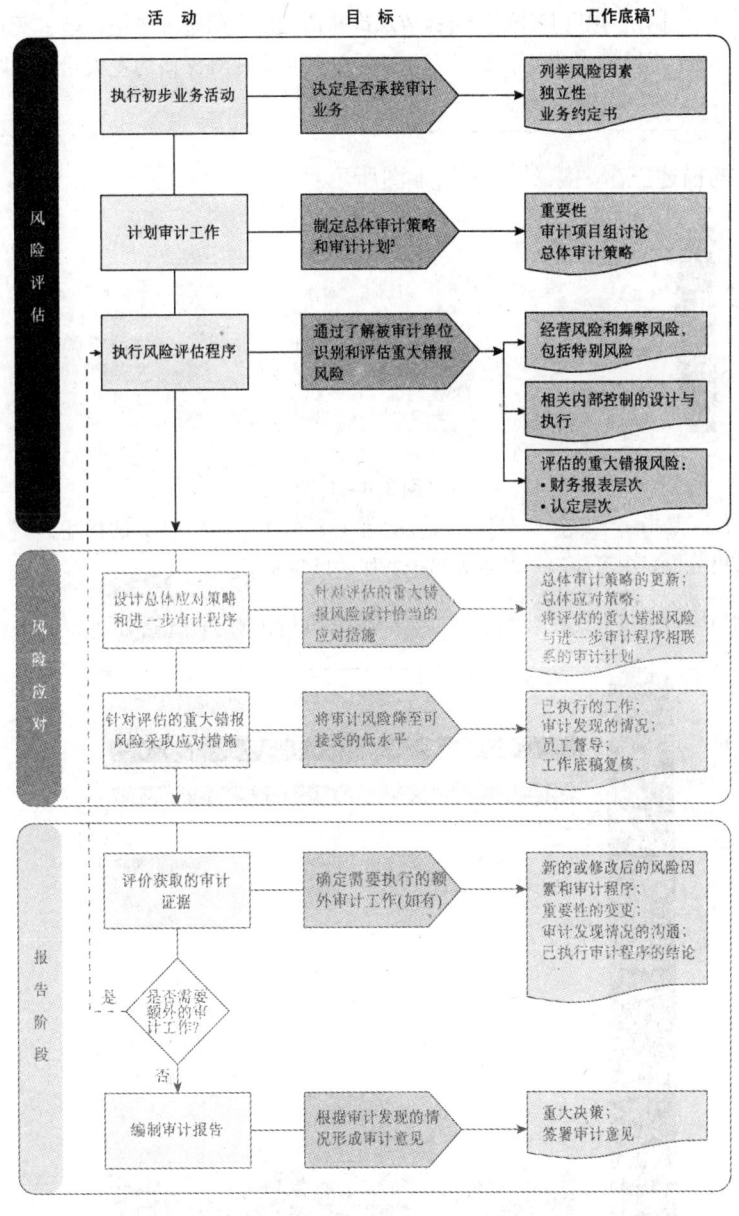

注：
1. 所要求的更为完整的工作底稿清单，请参见 ISA230。
2. 计划审计工作（ISA300）是一个持续的、不断修正的过程，贯穿于整个审计过程中。

本指南将审计方法划分为三个阶段——风险评估、风险应对和报告阶段。上图汇总了在风险评估阶段的主要活动,包括这些活动的目的和对应的工作记录。下面各章将针对这些活动提供更具体的信息。

| 条款 | 国际审计准则的目标 |
|---|---|
| ISA315.3 | 审计师的目标是,通过了解被审计单位及其环境(包括被审计单位的内部控制),识别和评估财务报表层次和认定层次的重大错报风险(无论该错报由于舞弊或错误导致),从而为设计和实施针对评估的重大错报风险采取的应对措施提供基础。 |

更简单的描述三个要素的方法如下图所示:

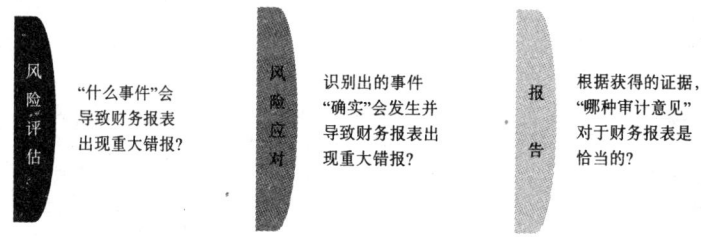

图 3.0 – 1

注:"事件"是指一个经营或舞弊风险(见卷1第4章中表4.2-2的描述),包括因缺乏内部控制去缓解财务报表中可能出现的重大错报的那些风险要素。

在审计的风险评估阶段涉及的主要步骤按执行的顺序概括如下。

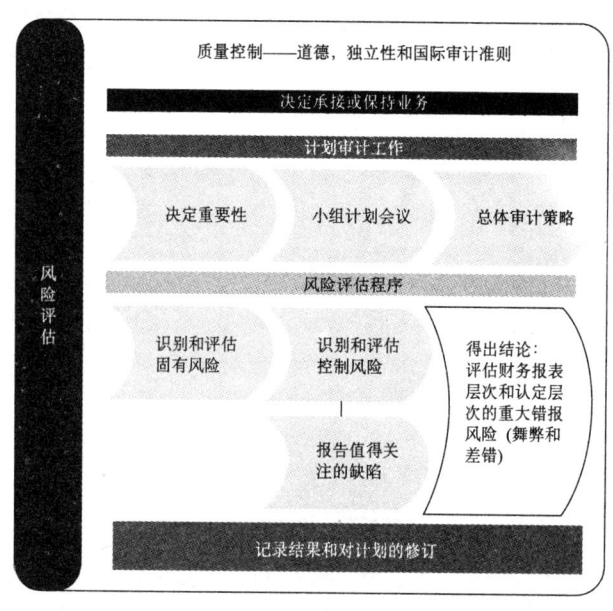

图 3.0 – 2

## 3. 风险评估——概况

在风险评估阶段包括的核心概念如下:

| 风险评估阶段的核心概念 | 卷和章 |
|---|---|
| 内部控制 | V1 – 5 |
| 财务报表认定 | V1 – 6 |
| 重要性和审计风险 | V1 – 7 |
| 风险评估程序 | V1 – 8 |

# 4. 业务承接与保持

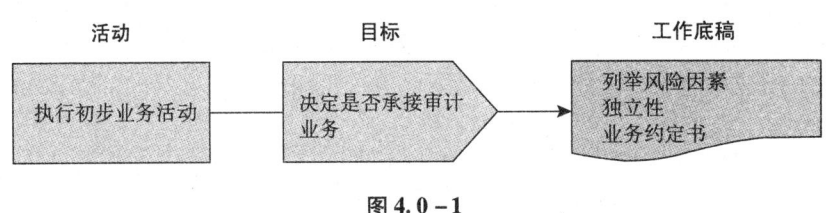

| 本章内容 | 相关国际审计准则 |
|---|---|
| 为以下要求实施的程序提供指引：<br>● 识别和评估与确定是否承接或拒绝审计业务的风险因素；<br>● 商定并记录业务约定条款。 | ISA210、220、300<br>ISQC 1 |

图 4.0 –1

在业务承接或保持过程中的主要步骤如下：

**审计业务承接或保持过程**

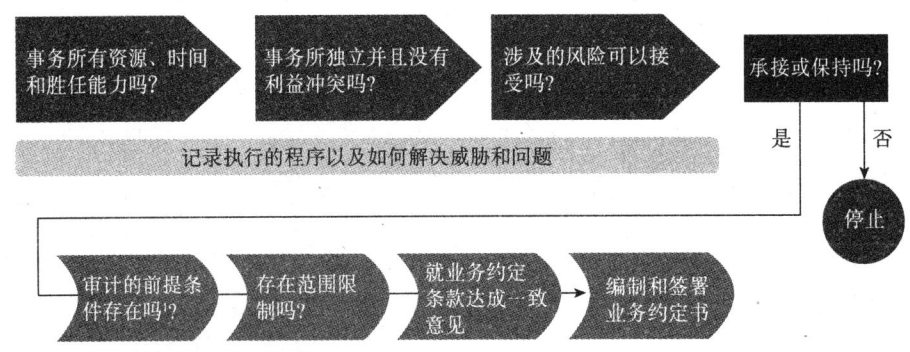

1 进一步信息可参考卷2第4章第3节部分

图 4.0 –2

| 条款 | 国际审计准则的目标 |
| --- | --- |
| ISA210.3 | 审计师的目标是,只有通过实施下列工作就执行审计工作的基础达成一致意见后,才承接或保持审计业务:<br>(a) 确定审计的前提条件存在;<br>(b) 确认审计师与管理层和治理层(如适用)已就审计业务约定条款达成一致意见。 |

| 条款 | 国际审计准则相关内容摘录 |
| --- | --- |
| ISQC1.26 | 会计师事务所应当制定有关客户关系和具体业务接受与保持的政策和程序,以合理保证只有在下列情况下,才能接受或保持客户关系和具体业务:<br>(a) 能够胜任该项业务,并具有执行业务必要的素质、时间和资源;(参见:第 A18、A23 段)<br>(b) 能够遵守相关职业道德要求;<br>(c) 已考虑客户的诚信,没有信息表明客户缺乏诚信。(参见:第 A19 - A20、A23 段) |
| ISQC1.27 | 这些政策和程序应当要求:<br>(a) 在接受新客户的业务前,或决定是否保持现有业务及考虑接受现有客户的新业务时,会计师事务所根据具体情况获取必要信息;(参见:第 A21、A23 段)<br>(b) 在接受新客户或现有客户的新业务时,如果识别出潜在的利益冲突,会计师事务所确定接受该业务是否适当;<br>(c) 当识别出问题而又决定接受或保持客户关系或具体业务时,会计师事务所记录问题如何得到解决。 |
| ISQC1.28 | 如果会计师事务所在接受业务后获知某项信息,而该信息若在接受业务前获知,可能导致会计师事务所拒绝该项业务,会计师事务所应当针对这种情况制定保持具体业务和客户关系的政策和程序。这些政策和程序应当包括考虑:<br>(a) 适用于这种情况的职业责任和法律责任,包括是否要求会计师事务所向委托人报告或在某些情况下向监管机构报告;<br>(b) 解除业务约定,或同时解除业务约定和客户关系的可能性。(参见:第 A22 - A23 段) |
| ISA210.4 | 就国际审计准则而言,对下列术语给予以下定义:<br>审计的前提条件,是指管理层在编制财务报表时采用可接受的财务报告框架,以及管理层和治理层(如适用)对执行审计工作的前提的认同。 |
| ISA220.12 | 项目合伙人应当确信,有关客户关系和审计业务的接受与保持的质量控制程序已得到遵守,并确定得出的有关结论是恰当的。(参见:第 A8 - A9 段) |

续表

| 条款 | 国际审计准则相关内容摘录 |
| --- | --- |
| ISA220.13 | 如果项目合伙人在接受审计业务后获知了某项信息,而该信息若在接受业务前获知,可能导致会计师事务所拒绝该项业务,项目合伙人应当立即将该信息告知会计师事务所,以使会计师事务所和项目合伙人能够采取必要的行动。(参见:第 A9 段) |
| ISA300.13 | 在首次审计业务开始前,审计师应当开展下列活动:<br>(a) 按照 ISA220 的规定,针对接受客户关系和具体审计业务,实施程序;<br>(b) 如果被审计单位变更了会计师事务所,按照相关职业道德要求的规定,与前任审计师进行沟通。(参见:第 A20 段) |

## 4.1 概况

事务所最重要的决策之一是确定是否承接或保持哪些客户关系。一个糟糕的决策可能导致有些工作时间客户不付费,客户完全不支付费用,对合伙人和员工带来额外的压力,声誉的损失,甚至最糟糕的是带来潜在的诉讼。

ISQC1 和 ISA220 要求事务所对客户承接和保持制定、执行和记录它们的质量控制程序。理论上,这些政策和程序应当涉及风险水平(风险容忍度)以及事务所不能接受的客户特征(如管理层不诚信,高风险行业,上市公司)。

在事务所决定承接或保持一项业务前,审计师应当:
- 确定财务报告框架的可接受性;
- 评估事务所是否能遵守相关的道德要求;
- 管理层承认和理解其以下责任:

——按照适用的财务报告框架编制财务报表,

——管理层认为必要的内部控制,使得编制的财务报表不存在由于舞弊或错误导致的重大错报,以及

——允许审计师接触所有相关的所有信息以及审计师可能需要的其他信息,允许审计师在获取审计证据时不受限制地接触其认为必要的内部人员;以及

- 执行业务承接或保持程序。这些程序与卷 1 第 8 章概括的风险评估程序类似。该结果(假定承接了业务)可用于风险评估的一部分。

最初和后续年度对业务风险进行评估,有助于确保事务所:
- 独立,不存在利益冲突;
- 有专业能力、所需要的资源和时间去执行工作;

- 愿意接受在执行审计中所涉及的风险。这包括评估：管理层的诚信以及对内部控制的态度，行业趋势，恰当审计证据的可获得性，其他事实（如客户付费的能力）；以及
- 没有发现现有客户的新信息，如果在接受业务前获知该信息，就可能导致会计师事务所拒绝该项业务。

> **考虑要点**
>
> 　　也有一些非常小的被审计单位，这些单位由业主管理，有很少的正式的内部控制存在，业主也可能凌驾控制。在这种情况下，审计师不得不确定控制活动或其他控制要素的缺乏是否可能导致不能取得充分适当的审计证据。如果确实如此，审计师将实施职业判断以确定是否拒绝该业务或发表非无保留意见。
>
> 　　需要考虑的因素包括：
> - 被审计单位的控制环境。例如：业主兼经理是否值得信任，是否有专业胜任能力，对内部控制是否有一个良好的态度？
> - 是否可能形成总体应对措施和进一步的审计程序，以恰当应对评估的风险因素？例如，实质性程序是否可以用来确定所有的收入和负债都已恰当地记入会计记录中？

## 4.2 承接业务

在客户承接或保持过程中第一步是评估事务所执行该业务的能力，以及所涉及的风险。下表概括了一些可能询问的问题类型。

图 4.2–1

| 考虑 | 询问的问题 |
| --- | --- |
| 事务所的质量控制要求 | 有什么政策和程序以合理保证事务所只在以下情况下承接或保持客户关系：<br>• 事务所能遵守国际审计准则的要求；<br>• 业务风险在事务所的风险容忍度以内。 |
| 要求做什么工作？ | • 审计的性质和范围是什么？<br>• 使用什么会计框架？<br>• 如何使用审计报告和财务报表？<br>• 完成审计的期限（如果有）是什么？ |

续表

| 考虑 | 询问的问题 |
|---|---|
| 事务所有需要的专业胜任能力、资源和时间吗？ | • 事务所有足够的、有专业胜任能力的员工吗？<br>• 委派的事务所员工：<br>——有相关行业或鉴证对象的知识吗？<br>——有相关管制或报告要求的经验吗，或者<br>——有能力有效地获得必要的技能和知识吗？<br>• 如果需要，能获得专家的帮助吗？<br>• 在适用时，是否有合格的人员去执行项目质量控制复核？<br>• 根据其他客户的时间要求判断，事务所和员工能在报告期限内完成业务吗？ |
| 事务所独立吗？ | • 事务所和业务小组能遵守道德和独立性要求吗？<br>• 当识别出利益冲突、缺乏独立性或其他威胁时：<br>——采取了恰当的措施去消除那些威胁，或通过运用防范措施将其降低至可接受的水平吗？<br>——已采取措施退出该业务吗？<br>• 如果被审计单位是一个更大集团的组成部分时，集团业务小组可能要求对组成部分的财务报表执行某些工作。在这种情况下，集团业务将首先了解以下事项：<br>——组成部分的审计师是否了解并遵守与集团审计相关的道德要求，包括独立性要求，<br>——组成部分审计师的专业胜任能力，<br>——集团业务小组是否能够在必要时参与组成部分审计师的工作，以获取充分、适当的审计证据，以及<br>——组成部分审计师是否在一个积极监督审计师的监管环境中经营。 |
| 风险可以接受吗？ | • 对于新业务，事务所是否按 ISA300.13 所要求的与前任审计师沟通以确定是否有理由不承接该业务？<br>• 事务所是否进行了网上调查，并与事务所员工和其他第三方（如银行）讨论以识别出事务所不应承接该业务的理由？<br>• 被审计单位的价值观（高层的基调）和未来目标是什么？<br>• 被审计单位的高管和员工的胜任能力如何？<br>• 是否有很难的或者耗时的问题需要解决（会计政策，估计，遵守法律，等等）？<br>• 本期是否有影响业务的变化（业务趋势，人事变动，财务报告，IT 系统，资产的采购或销售，法规，等等）？<br>• 是否有高程度的公共关注和媒体兴趣点？<br>• 被审计单位是否处于良好的财务状况，是否有能力支付事务所的专业服务费用？<br>• 被审计单位是否在事务所获取信息和编制计划、分析余额时提供帮助？ |

续表

| 考虑 | 询问的问题 |
|---|---|
| 客户值得信任吗? | • 是否有范围限制（如不现实的期限或不能获得需要的审计证据）？<br>• 是否有理由或最近发生的事件使得主要业主、高级管理层和治理层的诚信产生疑问？考虑被审计单位的经营活动，包括业务情况、企业的声誉、违反道德或法规的情况。<br>• 有迹象表明被审计单位可能卷入洗钱或其他刑事犯罪吗？<br>• 关联方的身份和业务声誉如何？<br>• 管理层是否对内部控制有不良的态度，对会计准则的解释有激进的态度吗？考虑公司文化、组织结构、风险容忍度、交易的复杂性，等等。 |

### 背景调查

为了确保从被审计单位获取的信息是准确的，考虑可以获得哪些第三方信息去验证风险评估的关键方面。这一简单的步骤可以避免后续可能出现的问题。例子包括从以下渠道获得的信息：以前财务报表，所得税纳税申报表，信用报告，以及与关键咨询人员如银行家可能进行的讨论（在取得潜在客户的许可后），等等。

> **考虑要点**
>
> 在联系第三方和收集潜在客户的信息之前，事务所应采取步骤确保所有合伙人和员工意识到：
> - 事务所保护客户机密信息的政策；
> - 任何隐私方面法律的要求；
> - 适用职业道德的要求。

一旦决定承接或保持客户业务，下一步将是：
- 确定审计的前提条件是否存在；
- 确认审计师和管理层（适当时包括治理层）已就审计业务约定条款达成一致意见。

## 4.3 审计的前提条件

| 条款 | 国际审计准则相关内容摘录 |
|---|---|
| ISA210.6 | 为了确定审计的前提条件是否存在，审计师应当：<br>(a) 确定编制财务报表采用的财务报告框架是否是可接受的；（参见：第 A2－A10 段）<br>(b) 就管理层认可并理解其责任与管理层达成一致意见：（参见：第 A11－A14 段，第 A20 段）<br>(i) 按照适用的财务报告框架编制财务报表，并使其实现公允列报（如相关）；（参见：第 A15 段）<br>(ii) 对其认为为使财务报表的编制不存在由于舞弊或错误导致的重大错报所必须的内部控制负责；（参见：第 A16－A19 段）<br>(iii) 向审计师提供下列必要的工作条件：<br>a. 接触与编制财务报表相关的所有信息（如记录、文件和其他事项）；<br>b. 向审计师提供审计所需要的其他信息；<br>c. 允许审计师在获取审计证据时不受限制地接触其认为必要被审计单位人员。 |

图 4.3－1

| 考虑 | 询问的问题 |
|---|---|
| 审计的前提条件是否存在？ | 在编制财务报表时采用的财务报告框架（如国际财务报告框架或本国框架）是否可接受？考虑的因素包括：<br>• 被审计单位的性质（商业企业，公共部门实体，或者非营利组织）；<br>• 财务报表的目的（通用目的或者供特殊使用者）；<br>• 财务报表的性质（整套财务报表或者单一财务报表）；以及<br>• 法律法规是否规定了适用的财务报告框架。<br>管理层是否认可和理解以下责任并与审计师达成一致意见：<br>• 按照适用的财务报告框架编制财务报表，包括使其实现公允反映（如适用）；<br>• 设计、执行和维护必要的内部控制，使得编制的财务报表不存在由于舞弊或错误导致的重大错报；<br>• 向审计师提供必要的工作条件，包括：<br>——允许审计师接触所有相关的信息（如记录、文件和其他事项）；<br>——向审计师提供审计所需要的其他信息；<br>——允许审计师在获取审计证据时不受限制地接触内部人员。 |

续表

| 考虑 | 询问的问题 |
|---|---|
| 存在范围限制吗？ | 管理层或治理层是否对审计范围施加了限制？这可能包括：不现实的审计期限，不接受某些事务所员工执行工作，拒绝接触设施、关键员工或相关文件。如果这种限制将导致对财务报表发表无法表示意见，除非法律法规另有规定，事务所应拒绝接受该业务。 |

如果管理层不同意和不认可 ISA210.6（2）中列出的责任，或者在财务报告框架不能接受时，ISA210 第 8 条要求审计师拒绝承接该业务，除非法律法规另有规定。

## 4.4 就业务约定条款达成一致意见

| 条款 | 国际审计准则相关内容摘录 |
|---|---|
| ISA210.7 | 如果管理层或治理层在拟议的审计业务约定条款中对审计工作的范围施加限制，以致审计师认为这种限制将导致其对财务报表发表无法表示意见，审计师不应将该项受限制的业务作为审计业务予以承接，除非法律法规另有规定。 |
| ISA210.9 | 审计师应当就审计业务约定条款与管理层或治理层（如适用）达成一致意见。（参见：第 A21 段） |
| ISA210.10 | 审计师应当将达成一致意见的审计业务约定条款记录于审计业务约定书或其他适当形式的书面协议中，并应当包括：（参见：第 A22 – A25 段）<br>（a）财务报表审计的目标与范围；<br>（b）审计师的责任；<br>（c）管理层的责任；<br>（d）指出用于编制财务报表所适用的财务报告框架；<br>（e）提及审计师拟出具的审计报告的预期形式和内容，以及对在特定情况下出具的审计报告可能不同于预期形式和内容的说明。 |
| ISA210.11 | 如果法律或法规足够详细地规定了第 10 段所提及的审计业务约定条款，审计师除了记录适用的法律法规以及管理层认可并理解第 6 段（b）项所列示的责任这一事实外，不必将第 10 段规定的事项记录于书面协议。（参见：第 A22 段，第 A26 – A27 段） |
| ISA210.12 | 如果法律法规规定的管理层的责任与本国际审计准则第 6 段第（b）项的规定相似，审计师根据判断可能确定法律法规规定的责任与本国际审计准则第六条第二款的规定在效果上是等同的。如果等同，审计师可以使用法律法规的措辞，在书面协议中描述管理层的责任。对于法律法规未作出规范的其他管理层责任，当与第 6 段第（b）项所规定的责任等同时，书面协议中应当使用第 6 段第（b）项中的措辞。（参见：第 A26 段） |

续表

| 条款 | 国际审计准则相关内容摘录 |
| --- | --- |
| ISA210.13 | 对于连续审计,审计师应当根据具体情况评估是否需要对审计业务约定条款作出修改,以及是否需要提醒被审计单位注意现有的条款。(参见:第A28段) |
| ISA210.14 | 在缺乏合理理由的情况下,审计师不应同意变更审计业务约定条款。(参见:第A29 – A31段) |
| ISA210.15 | 在完成审计业务前,如果审计师被要求将审计业务变更为保证程度较低的业务,审计师应当确定是否存在合理理由予以变更。(参见:第A32 – A33段) |
| ISA210.16 | 如果审计业务约定条款发生变更,审计师应当与管理层就新的业务约定条款达成一致意见,并记录于审计业务约定书或其他适当形式的书面协议中。 |
| ISA210.17 | 如果审计师不同意变更审计业务约定条款,而管理层又不允许继续执行原审计业务,审计师应当:<br>(a) 在适用的法律法规允许的情况下,解除审计业务约定;<br>(b) 确定是否有约定义务或其他义务向治理层、所有者或监管机构等报告该事项。 |

注:ISA210第18 – 22条包含了在业务承接中的一些额外考虑事项,如当法律法规补充了财务报告准则以及法律法规规范财务报告框架时。

为了确保管理层与审计师之间清楚地理解业务条款,事务所应编制业务约定书(或其他形式的书面协议),并与高级管理层的恰当代表达成一致。为了避免可能的误解,业务约定书在业务工作开始前应当完成并签字。

即使在审计目标、范围和责任由法律确定的国家,业务约定书对于告知客户审计师的具体功能和责任仍然是有用的。

ISA210中包含的业务约定书的例子见后面的案例材料。

业务约定书将包括以下事项。

图4.4 – 1

| 术语 | 描述 |
| --- | --- |
| 目标,会计框架,范围,财务报表的审计报告 | • 使用的会计框架;<br>• 财务报表审计的目标,审计师拟出具的审计报告或其他沟通的预期形式以及在特定情况下对出具的审计报告可能不同于预期形式和内容的情况。<br>• 审计的范围,包括提及适用的法律法规,国际审计准则以及审计师所在专业机构的道德和其他公告。<br>• 要求向其提交报告的其他方(如监管机构)。 |

续表

| 术语 | 描述 |
|---|---|
| 审计师的责任 | • 按照国际审计准则执行审计。<br>• 由于审计和内部控制的固有局限性，即使按照国际审计准则的规定适当地计划和执行审计工作，仍不可避免地存在财务报表的某些重大错报未被发现的风险。 |
| 管理层的责任 | • 按照适用的财务报告框架编制财务报表，设计、执行和维护必要的内部控制，使得编制的财务报表不存在由于舞弊或错误导致的重大错报。<br>• 接受业务约定书中的条款。<br>• 允许审计师不受限制地接触记录、文件和其他与审计有关的信息；<br>• 允许审计师不受限制地接触内部人员。<br>• 管理层对其作出的与审计有关的声明予以书面确认。<br>• 管理层同意告知审计师在审计报告日到财务报表发布日之间注意到的、可能影响财务报表的事实。 |

可能包括在业务约定书中的其他事项概括如下。

图 4.4-2

| 术语 | 描述 |
|---|---|
| 如何进行审计，争议的解决，义务，费用安排 | 包括对以下事项的安排：<br>• 计划和执行审计工作的安排，包括审计小组的构成，财务报表初稿及其他由客户编制的工作底稿的细节以及审计师要求这些资料的日期；<br>• 其他审计师和专家的参与安排；<br>• 对于期初余额，前任审计师的参与（如有）；<br>• 其他事项：<br>——对审计师责任可能存在的限制；<br>——收费的计算基础和收费安排；<br>——提及审计师与客户之间的额外协议，或者审计师预期向客户出具的其他函件或报告。<br>客户通过认可收到业务约定书的方式确认该业务的条款。 |

## 更新业务约定条款

当没有变化发生时，审计师需要评估是否有必要提醒被审计单位现有的审计业务中条款。业务条款可以在审计师再次被聘任时得到确认，不需要每年都获取一份新的函件。

当情况变化时，业务约定书需要加以修订。下列情况可能构成情况的变化：

- 需要修改业务约定条款或添加特别条款；
- 被审计单位所有权发生重大变动；
- 被审计单位的业务性质和规模发生重大变动；
- 法律法规发生变化；
- 编制财务报表采用的财务报告框架发生变化；
- 其他报告要求发生变化；
- 有迹象表明被审计单位管理层误解了审计目标和范围。

### 审计业务条款的变更

如果管理层要求变更审计业务条款，审计师将考虑该要求是否有合理的理由以及对审计业务范围的影响。合理的理由包括客户环境发生变化，或者对原来的审计业务的性质存在误解。

如果该要求是由于审计中产生的问题引起的，那么变更条款是不合理的。这包括审计信息没有支持管理层的声明，不能获得某些审计信息（从而限制了审计范围），或者证据是不令人满意的。一个例子是审计师不能对存货余额获得充分、适当的审计证据，被审计单位要求将审计业务变更为审阅业务，从而避免保留意见或无法表示意见。

如果变更条款是合理的，审计师应取得一份修订后的业务约定书或其他适当形式的书面协议。然而，如果审计师不同意提议的条款变更，并且管理层不允许继续最初的审计业务，审计师应当：

- 适用的法律法规允许的情况下，退出该业务；
- 确定是否有义务（合同义务或其他义务）向治理层、所有者或管制机构等其他方报告该情况。

## 4.5 案例研究——客户承接与保持

对于案例的细节，可参考卷2第2章的案例介绍。

注：通常，可以采用更加结构化的方法（如检查表）去记录Dephta家具公司的审计证据，采用相对没那么结构化的方法（如使用备忘录）记录Kumar公司的审计证据。这只是用来阐述工作底稿的各种方法，它并不妨碍在Dephta公司的审计中使用备忘录或者在Kumar公司的审计中使用检查表。选择何种方式去记录遵守国际审计准则的情况是一个职业判断问题，最好在计划审计工作时加以讨论。

假定这是一个连续的审计业务，事务所的合伙人或高级经理将做一些询问，以识别和评估新的或变化的风险因素，从而确定是否保持该审计业务。具体包括以下询问。

# 4. 业务承接与保持

## 案例 A——Dephta 家具公司

### 客户承接和保持

可以使用如下的问卷调查。

| | |
|---|---|
| • 审计前提条件达到了吗? | Dephta 的财务报表将由管理层采用国际财务报告准则编制。<br>已经签署业务约定书,管理层认可以下责任:<br>• 向审计师提供所需要的信息;<br>• 允许审计师不受限制地接触员工。<br>• 设计和执行必要的内部控制,使得所编制的财务报表不存在由于舞弊或错误导致的重大错报。 |
| • 是否遵守了事务所质量控制手册中的客户承接和保持的要求? | 是的。参考我们的质量控制手册中的 XX 和 XY 政策。 |
| • 审计业务的参考条款或要求有任何变更吗? | 没有。 |
| • 有独立性问题或利益冲突吗?考虑:与客户关键人员的家庭和个人关系,非审计服务如簿记,财务利益,以及其他商业关系。 | 只有一个需要指出的事件是,我们的一位员工从 Dephta 公司购买了一些卧室家具;他按照目录价格付款。我们并不认为这个事件是对独立性的威胁。 |
| • 有情况怀疑客户业主的诚信吗?考虑:被判有罪,管制机构提起的诉讼和制裁,怀疑或证实有非法行为或舞弊,警察调查,以及负面报道。 | 没有。然而,Parvin(客户的咨询人员的女儿)在 7 月有一些负面的报道。她是一个土地交易的咨询人员,而相关政府官员被指控收了开发商的贿赂。这个事件也已在我们的审计风险因素清单中指出。 |
| • 有需要专门知识的领域吗? | 我们将委派 David 去审核网上销售方面的内部控制,David 很熟悉 IT 领域。 |
| • 事务所有足够的时间、专业胜任能力和资源按照职业准则和事务所的标准完成该业务吗? | 是的。见计划的预算。 |
| • 在以前审计或其他业务中识别出需要解决的任何问题吗? | 根据接受网上销售的决策,需要审核 IT 一般控制。 |
| • 是否有新情况增加了我们的业务风险? | 没有。管理层对内部控制有良好的态度。 |
| • 客户能继续付费吗? | 是的。 |

运用国际审计准则执行中小企业审计指南（第三版）

## 结论

业务风险的总体评估结果 = 低

我们应当继续保持该客户关系。

Sang Jun Lee

在约定书中包含的业务约定条款概括如下。

---

**Jamel, Woodwind & Wing LLP**
**55 Kingston St., Cabetown, United Territories 123 – 53004**

20×2 年 10 月 15 日

Suraj Dephta 先生　管理董事

Dephta 家具公司

西大街 2255 号

North Cabetown

United Territories

123 – 50214

尊敬的 Dephta 先生：

　　您要求我们审计 Dephta 公司财务报表，包括 20×2 年 12 月 31 日的资产负债表、当年的利润表、权益变动表和现金流量表以及重大会计政策汇总表和其他解释信息。我们高兴地通过本信函的方式确认我们承接并理解本次审计业务。我们将进行审计以实现对财务报表发表意见的目标。

**我们的责任**

　　我们将按照国际审计准则的规定进行审计。该准则要求我们遵守职业道德规范，计划和实施审计工作，以对财务报表是否不存在重大错报获取合理保证。审计工作涉及实施审计程序，以获取有关财务报表金额和披露的审计证据。选择的审计程序取决于审计师的判断，包括对由于舞弊或错误导致的财务报表重大错报风险的评估。审计工作还包括评价管理层选用会计政策的恰当性和作出会计估计的合理性以及评价财务报表的总体列报。

　　由于审计和内部控制的固有局限性，即使按照国际审计准则适当地计划和执行审计工作，仍不可避免地存在着某些重大错报在审计后可能仍然未被发现的风险。

　　在进行风险评估时，我们考虑与财务报表编制相关的内部控制，以设计恰当的审计程序，但目的并非对内部控制的有效性发表意见。然而，我们将以书面形式向您通报我们在审计中发现的、与财务报表审计相关的内部控制重大缺陷。

除非遇到未预期的困难，我们的报告将基本采用以下形式：

（审计报告的形式和内容略）

审计报告的形式和内容可能需要根据我们的审计结果加以修改。

**管理层的责任**

我们的审计是建立在管理层和治理层认可和理解以下责任的基础上的：

（1）按照国际财务报告准则编制财务报表，包括使其实现公允反映；

（2）设计、执行和维护必要的内部控制，使得编制的财务报表不存在由于舞弊或错误导致的重大错报；

（3）向审计师提供必要的工作条件，包括：

①允许审计师接触你们觉得与财务报表编制相关的所有信息（如记录、文件和其他事项）；

②向审计师提供审计所需要的其他信息；以及

③允许审计师不受限制地接触其认为必要的内部人员。

作为我们审计过程的一部分，我们将要求管理层和治理层（适用时）对其作出的与审计有关的声明予以书面确认。

我们期待在审计中与你们的员工充分合作。

**费用**

我们的收费根据委派到本业务的每位人员的工作时间和零星杂项费用计算，将根据工作的进展情况收取。每位人员的小时工资率会因所承担的责任、经验和所需技能而有所不同。

本约定书对未来期间也有效，除非被终止、修改或取代。

请签字并返回约定书副本，以表示您认可并同意我们的财务报表审计安排。


您真诚的
Sang Jun Lee
Jamel, Woodwind & Wing, LLP


Suraj Dephta
管理董事
Dephta 家具公司
20×2 年 11 月 1 日

运用国际审计准则执行中小企业审计指南（第三版）

## 案例 B——Kumar 公司

### 客户承接和保持

假定这是一个连续的审计业务，为了识别和评估新的或变动过的风险因素而实施的询问将记录在以下备忘录中。

---

**客户保持备忘录——Kumar 公司**

20×2 年 10 月 15 日

我们在 20×2 年 10 月 15 日与客户 Raj Kumar 交谈，以确定我们是否应当承接本业务。

相关的事项：
——Raj 需要对使用国际财务报告准则的 Kumar 公司财务报表发表的审计意见。
——我们考虑了对我们独立性的各种可能威胁（IESBA 的道德守则第 290 节包含的各种情况），没有识别出任何威胁。
——没有新发生的事项使我们对业主的诚信产生怀疑。
——经营情况与前期相似，虽然 Raj 没有参与日常经营确实创造了更多的舞弊机会。我们将考虑今年扩大实质性测试程序以解决潜在的舞弊风险。
——不需要额外的专家，与上期相同的人可以执行本次审计。

本期两个可能的关注点：
——公司来自主要客户 Dephta 的产品需求下降。
——Raj 将其很多精力转移到个人的家庭事务。在我们的审计中，我们将确保账簿和记录得到更新，没有未被检查出的差错。这也可能产生舞弊风险。

业务风险的总体评估结果 = 中等
我们将承接本期业务。
Sang Jun Lee

---

在约定书中包含的业务条款与前面案例 A 中的 Dephta 家具公司非常类似。

# 5. 总体审计策略

| 本章内容 | 相关国际审计准则 |
|---|---|
| 概括了在制定总体审计计划和策略时的步骤。 | ISA 300 |

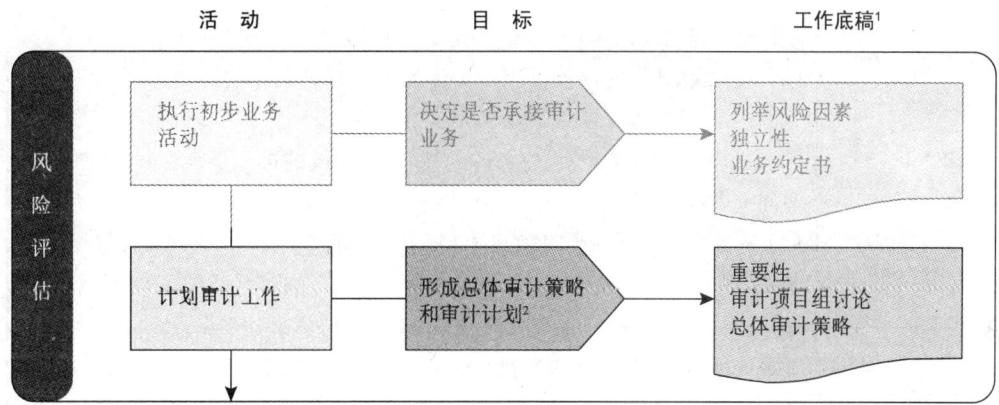

图 5.0-1

注：
1. 所要求的更为完整的工作底稿清单，请参见 ISA230。
2. 计划审计工作（ISA 300）是一个持续的、不断修正的过程，贯穿于整个审计过程中。

| 条款 | 国际审计准则的目标 |
|---|---|
| ISA300.4 | 审计师的目标是计划审计工作，以使审计工作以有效的方式得到执行。 |

| 条款 | 国际审计准则相关内容摘录 |
|---|---|
| ISA200.15 | 在计划和实施审计工作时，审计师应当保持职业怀疑，认识到可能存在导致财务报表发生重大错报的情形。 |
| ISA300.5 | 项目合伙人和项目组其他关键成员应当参与计划审计工作，包括计划和参与项目组成员的讨论。（参见：第 A4 段） |

续表

| 条款 | 国际审计准则相关内容摘录 |
|---|---|
| ISA300.7 | 审计师应当制定总体审计策略,以确定审计工作的范围、时间安排和方向,并指导具体审计计划的制定。 |
| ISA300.8 | 在制定总体审计策略时,审计师应当:<br>(a) 确定审计业务的特征,以界定审计范围;<br>(b) 明确审计业务的报告目标,以计划审计的时间安排和所需沟通的性质;<br>(c) 根据审计师的职业判断,考虑用以指导项目组工作方向的重要因素;<br>(d) 考虑初步业务活动的结果,并考虑项目合伙人对被审计单位执行其他业务时获得的经验是否与审计业务相关(如适用);<br>(e) 确定执行业务所需资源的性质、时间安排和范围。(参见:第 A8 – A11 段) |
| ISA300.9 | 审计师应当制定具体审计计划,具体审计计划应当包括下列内容:<br>(a) 按照 ISA315 的规定,计划实施的风险评估程序的性质、时间安排和范围;<br>(b) 按照 ISA330 的规定,在认定层次计划实施的进一步审计程序的性质、时间安排和范围;<br>(c) 根据国际审计准则的规定,计划应当实施的其他审计程序。(参见:第 A12 段) |
| ISA300.10 | 在审计过程中,审计师应当在必要时对总体审计策略和具体审计计划作出更新和修改。(参见:第 A13 段) |
| ISA300.11 | 审计师应当制定计划,确定对项目组成员的指导、监督以及对其工作进行复核的性质、时间安排和范围。(参见:第 A14 – A15 段) |

## 5.1 概况

计划对于有效率和效果的方式执行业务、将审计风险降至可接受的低水平是非常重要的。

计划审计工作不是审计中可以选择的阶段。它是一个在整个审计中持续不断和重复的过程,在完成了以前审计之后的不久开始,直到完成本次审计。

计划审计工作的优点概括如下。

## 5. 总体审计策略

图 5.1–1

| 计划审计工作的优点 | • 项目组成员可以从合伙人和其他关键员工的经验和洞察力中学习。<br>• 恰当地组织、管理审计业务，恰当地安排员工。<br>• 恰当利用前期业务和其他任务中获得的经验。<br>• 适当关注重要的审计领域。<br>• 及时发现和解决潜在的问题；<br>• 及时复核审计工作底稿。<br>• 协调其他人员（其他审计师或专家等）的工作。 |
|---|---|

审计有两个层面的计划工作，具体如下图所示：

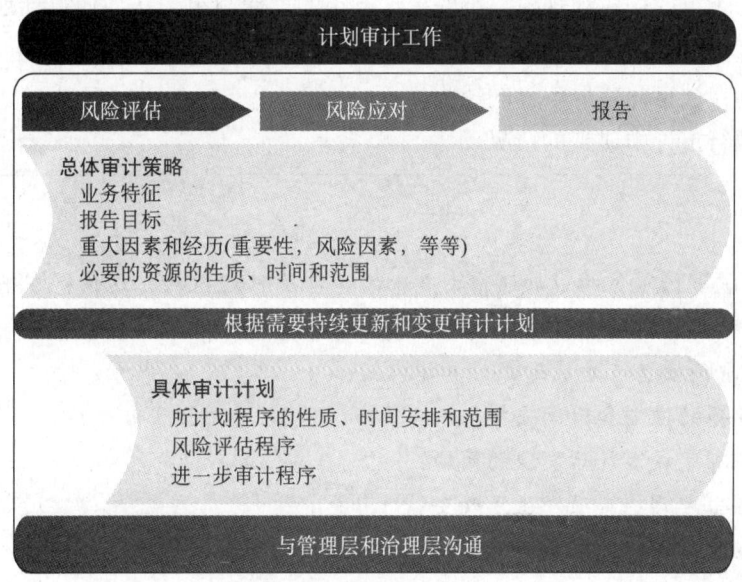

图 5.1–2

**考虑要点**

人们常说，花在计划上的 1 小时可以节约执行过程中的 5 小时。一个得到良好计划的审计工作可以确保将审计精力专注于高风险领域，找到不必要的审计程序，审计人员知道对他们的预期是什么。

总体审计策略在业务开始时制定、完成，然后根据以下来源的信息加以更新：

- 以前在被审计单位审计的经验；
- 初步业务活动（客户承接与保持）；
- 与客户讨论自上期以来的变化以及最近的经营情况；

- 在当期为客户执行的其他业务;
- 审计小组的讨论与会议;
- 报纸、网络文章等其他外部来源;
- 新获得的信息,审计程序失败,或者在审计中遇到的、将改变以前审计策略的新情况。

在计划好具体风险评估程序,并且对所评估风险有充分信息以形成适当的审计应对措施后,审计师开始具体审计计划的制定。相关要求在卷 2 第 16 章涉及。

编制总体审计策略的时间将会因以下因素而有所不同:
- 被审计单位的规模和复杂程度;
- 审计小组的构成和规模。小的审计有小的工作小组,从而使得计划、协调和沟通更容易;
- 以前在被审计单位审计的经验;
- 在执行审计中遇到的情况。

> **考虑要点**
>
> 小型被审计单位的审计通常由更小的审计项目组执行,这使得在项目组成员之间的协调和沟通更容易,制定总体审计策略也可能更直接,相应的工作底稿可能采取简要备忘录的形式,具体包括:
> - 业务的性质和时间安排;
> - 在刚完成审计后发现的问题;
> - 在当期哪些事项发生了改变;
> - 在总体审计策略或具体审计计划中需要的修订;以及
> - 审计项目组每位成员的具体责任。
>
> 当期的计划工作可能开始于上期审计末编制的简要备忘。然而,该备忘需要根据当期与业主兼经理的讨论以及审计小组会议的结果加以更新。

## 5.2 制定总体审计策略

总体审计策略是关键决策的记录,这些决策对于适当计划审计工作并向业务小组沟通重大事项而言是必要的。该策略将记录下表中列出的计划步骤中的决策。注意,具体风险评估和将执行的进一步审计程序会将记录在具体审计计划中。

图 5.2-1

| 基本步骤 | 描述 |
|---|---|
| 开始 | • 执行初步的业务活动（客户承接与保持，确定业务条款）。<br>• 收集客户相关的信息，如目前的经营情况，以前业务的结果，当期发生的重大变化。<br>• 为该业务配置员工，在适用时，包括项目质量控制复核人员和需要的专家。<br>• 计划审计小组会议（包括业务合伙人），讨论财务报表中出现重大错报（包括舞弊）的可能性。<br>• 在需要实施审计工作的每个方面时（存货盘点，风险评估程序，外部函证，期末走访，以及开会讨论审计结果），确定适当的时间表。 |
| 评估风险和应对措施 | • 确定财务报表整体的重要性水平以及执行审计中的重要性水平。<br>• 确定需要的风险评估程序的性质和范围以及由谁执行。<br>• 在评估了财务报表层次的风险后，形成适当的总体应对措施（参考卷 1 第 9 章）。而且包括对将执行的进一步审计程序的影响。<br>• 向治理层沟通计划的审计范围和时间安排的概况。<br>• 根据新的情况，在必要时更新和变更审计策略和计划。 |

当识别并评估了重大错报风险后，审计师可以完成总体策略（包括时间安排，人员安排和督导），并制定出具体审计计划。具体审计计划将列出认定层次要求的进一步审计程序，以应对识别和评估的重大错报风险。

当审计工作开始后，可能需要更改总体策略和具体计划以适应新的情况、审计结果和其他获得的信息。审计师应将这种更改及原因记录在总体审计策略或具体计划中。

总体审计策略记录的相关事项如下：

图 5.2-2

| 记录事项 | 描述 |
|---|---|
| 业务的特征 | • 使用的财务报告框架。<br>• 额外需要的报告，如管制者施加的额外财务和具体行业方面的要求。<br>• 需要专门知识或专长去处理复杂的、具体的、高风险的审计领域。<br>• 需要从服务机构获取的证据。<br>• 使用以前审计工作中获得的证据（如风险评估程序和控制测试）。<br>• 信息技术对审计程序的影响（包括数据的可获得性和使用计算机辅助审计技术）。<br>• 在执行审计程序中需要引入一些不可预见性。<br>• 被审计单位员工和数据的可获得性。 |

续表

| 记录事项 | 描述 |
| --- | --- |
| 报告目标 | • 被审计单位对外报告的时间表。<br>• 与管理层和治理层会谈的时间安排，以讨论：<br>——审计工作的性质、时间安排和范围。包括以下日期：存货盘点，外部函证以及需要执行的中期程序和其他程序；<br>——整个业务过程中审计工作的进展，以及<br>——审计报告和其他沟通文件（如管理建议书）。<br>• 在项目组成员之间召开的会议或沟通的时间安排，以讨论：<br>——被审计单位的风险因素（经营风险和舞弊风险）；<br>——执行工作的性质、时间安排和范围；<br>——所执行工作的复核；以及<br>——与第三方的其他沟通。 |
| 重要因素 | • 重要性（整体的，单个财务报表领域以及实际执行的重要性）。<br>• 整体财务报表层次风险的初步评估结果以及对审计的影响。<br>• 初步识别：<br>——重要的交易类别、账户余额和披露，以及<br>——可能存在较高重大错报风险的领域。<br>• 在获取和评价审计证据时，如何提醒项目组成员保持质疑和职业怀疑的心态。<br>• 以前审计中相关的结果，包括识别的控制缺陷以及管理层相应采取的措施。<br>• 与向被审计单位提供其他服务的事务所员工讨论。<br>• 管理层对内部控制的态度的证据以及在被审计单位赋予内部控制的重要程度。<br>• 交易量的大小，审计师可以据此确定依赖内部控制是否更有效率。 |
| 重要变化和发展 | • 影响被审计单位的重要业务发展，包括：信息技术和业务流程上的变化，关键管理层的变动以及收购、兼并和剥离。<br>• 重大的行业发展，如行业管制的变化，新的报告要求。<br>• 财务报告框架的重大变化，如会计准则的变化。<br>• 其他相关的重大发展，如影响被审计单位的法律环境的变化。 |
| 所需要资源的性质、时间安排和范围 | • 项目组（必要时包括项目质量控制复核人员）。<br>• 将审计工作分派给项目组成员，包括指派有适当经验的项目组成员到更高重大错报风险的领域。<br>• 项目预算，包括考虑留出适当的时间用于重大错报风险更高的领域。 |

如果被审计单位有组成部分（如子公司或经营事业部），审计师应当参考 ISA300 附录中概括的计划工作中的额外考虑事项，以及参考 ISA600 的要求。

对于小型被审计单位，一个简要的备忘录可能作为书面的总体策略。对于审计计划，假定只有很少的控制活动，并且标准的审计方案根据项目的具体情况量身定做（包括审计师的风险评估），审计师可以使用标准的审计方案或检查清单作为审计计划。

## 5.3 与管理层和治理层沟通审计计划

| 条款 | 国际审计准则相关内容摘录 |
| --- | --- |
| ISA260.15 | 审计师应当与治理层沟通计划的审计范围和时间安排的总体情况。（参见：第 A11 – A15 段） |

与管理层和治理层持续和双向的对话在计划审计工作中非常重要。对计划的范围和时间安排的良好沟通有助于管理层和治理层：
- 理解审计工作的后果；
- 与审计师讨论风险问题和重要性概念；
- 识别他们可能需要审计师执行额外程序的领域。

这种对话也有助于审计师对被审计单位及其环境形成更好的理解。

审计师应当注意不要影响审计的效果。例如，告诉管理层和治理层具体审计程序的性质和时间安排，可能使这些程序变得容易预见而降低了审计的效果。

审计师在沟通中可能考虑的事项包括：
- 审计师如何建议解决由于舞弊或差错导致的重大错报风险；
- 审计师对与审计相关的内部控制的处理方案；
- 在审计中运用重要性。

可以适当讨论的其他计划事项包括：
- 治理层对以下事项的观点：
——在治理层与管理层之间的责任划分；
——被审计单位的目标和战略，以及可能导致重大错报的相关经营风险；
——治理层认为在审计中值得特别关注的事项，以及他们要求执行额外审计程序的领域；
——与管制机构的重要沟通，以及
——治理层认为可能影响财务报表审计的其他事项。
- 治理层对管理层识别和应对差错和舞弊风险的过程，以及对管理层为缓解这些风险而建立的内部控制的态度、意识和措施。这也包括治理层如何监督这些内部控制的效果。

- 治理层为应对会计准则、公司治理实务以及其他相关事项的措施；以及
- 治理层对以前与审计师的沟通情况的反应。

注：双向的沟通并不改变审计师制定总体审计策略和具体审计计划的完全责任，包括为获取充分、适当审计证据而执行的审计程序的性质、时间安排和范围。

法律法规、与被审计单位签订的协议或者适用于该项目的额外要求可能要求沟通进一步的事项。同样需要指出的是，ISA265 要求通报内部控制中识别出的、值得关注的缺陷。

## 5.4 审计工作底稿

| 条款 | 国际审计准则相关内容摘录 |
| --- | --- |
| ISA300.12 | 审计师应当就下列事项形成审计工作底稿：<br>（a）总体审计策略；<br>（b）具体审计计划；<br>（c）在审计过程中对总体审计策略或具体审计计划作出的任何重大修改及其理由。（参见：第 A16 – A19 段） |

总体审计策略和具体审计计划，包括在审计过程中作出的重大变更，应当记入审计工作底稿中。审计师可以使用经过必要调整以反映特定业务情况后的备忘录、标准审计方案、审计计划和完成情况检查清单。

## 5.5 案例研究——总体审计策略

对于案例的细节，可参考卷 2 第 2 章 "案例介绍"。

一旦决定保持该审计业务并确定了重要性水平，下一步就是制定或更新执行该项目的总体审计策略。也可以采用一些计划工作检查表或者下例中的结构化的简要备忘录方式（见前面 5.1 部分的考虑要点）。

### 案例 A——Dephta 家具公司

> **Dephta 家具公司**
> 总体策略备忘
> 对 20×2 年 12 月 31 日结束的会计期间
> 范围
> 本期审计范围没有改变。审计用以确保遵守国际会计准则和国际财务报告

准则会计框架。本期没有影响 Dephta 公司的国际财务报告准则发生变动。

**被审计单位的变化**

Dephta 公司正在计划以外币结算的销售。

网上销售也在增加，Dephta 的 IT 能力将会吃紧。

Dephta 现在正在向 Franjawa 商品零售公司销售产品。该公司以挤压供应商的利润以换取更大的订单而闻名。它也要求供应商对某些产品保留额外的存货，以便需要时立即送货。

**风险**

我们对财务报表层次的风险评估结果为低（参见工作底稿#×××）。管理层并不十分老练，但非常重视员工的胜任能力；他引入了道德规范并且总体上对内部控制有良好的态度。

**总体策略**

- 本期财务报表层次的重要性水平从 8 000 欧元提高到 10 000 欧元，以反映上期销售收入和盈利的增长。管理层大约 70 000 欧元的奖金也加回到利润中以计算财务报表层次的重要性水平（参见卷 2 第 6 章确定重要性的工作底稿）。实际执行的重要性（基于我们对审计风险的评估结果）确定为 7 000 欧元，在工作底稿#×××中指出的某些账户余额除外。
- 使用与上期相同的高级审计人员，并在同样的时间执行审计工作。
- 在年末前执行我们的风险评估程序。没有计划修改目前的主要审计系统。
- 在 11 月 15 日举行的小组计划审计工作会议上，我们需要：

——考虑财务报表发生舞弊的可能性；

——向我们的员工强调保持职业谨慎态度；

——识别被审计单位员工和管理层的舞弊情况，以及

——关注于识别金额上升的关联方交易，然后扩大我们的测试。

- 参加期末的存货盘点。被审计单位仍然没有连续的存货控制程序。
- 让熟悉 IT 系统的 David 识别与网上销售有关的重大错报风险以及是否存在相关的内部控制以缓解这种风险。他也将评估 IT 的一般控制，该控制上年比较薄弱但本年已有所改进。

审计合伙人（签字）：Sang Jun Lee

日期：20×2.10.20

## 案例 B——Kumar 公司

**Kumar 公司**
总体策略备忘
对 20×2 年 12 月 31 日结束的会计期间
**范围**
- 执行法定审计
- 管理层想对中小企业使用国际财务报告准则

**风险**
- 财务报表层次的风险评估结果为中等（参见工作底稿#×××）。

**被审计单位的变化**
- 由于来自 Dephta 的订单变少因而销售收入降低。
- 将导致不能销售出去的完工产品存货以及销售退回。
- Raj 没有像以前期间那样积极参与经营活动，这可能增加舞弊风险。
- 新的融资，导致要保持达到新的银行契约条款。

**总体策略**
- 由于销售收入和盈利降低，本期财务报表层次的重要性水平从 3 000 欧元降低到 2 500 欧元。基于我们对审计风险的评估结果，实际执行的重要性水平确定为 1 800 欧元，在工作底稿#×××中指出的某些账户余额除外。
- 使用与上期相同的高级审计人员，以保持连续性和提高审计效率。
- 在 12 月末执行风险评估程序。
- 在 11 月 30 日举行的小组计划审计工作会议上，我们需要：
——考虑财务报表发生舞弊的可能性；
——讨论员工舞弊和管理层凌驾内部控制的可能性。记账人员似乎不满意并可能有舞弊的激励和机会。Raj 没有像以前期间那样复核财务报表，以及
——关注与 Dephta 逐渐上升的关联方交易。
- 参加期末的存货盘点。
- 扩大我们对关联方交易的测试。

审计合伙人（签字）：Sang Jun Lee
日期：20×2.10.20

# 6. 确定和使用重要性

| 本章内容 | 相关国际审计准则 |
|---|---|
| 重要性在审计业务中的确定和使用。 | ISA320、450 |

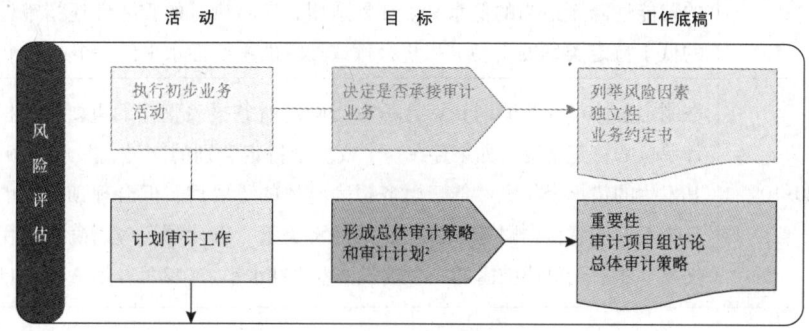

图 6.0-1

注:
1. 所要求的更为完整的工作底稿清单,请参见 ISA230。
2. 计划审计工作（ISA 300）是一个持续的、不断修正的过程,贯穿于整个审计过程中。

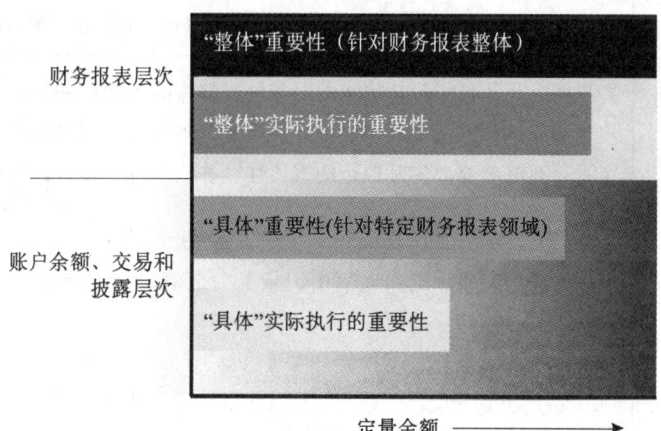

图 6.0-2

注：上图和下文中的术语"整体"和"具体"仅在本指南中使用,不是国际审计准则使用的术语。整体重要性是指财务报表整体的重要性；具体重要性与特定的交易类别、账户余额或披露有关。

| 条款 | 国际审计准则的目标 |
|---|---|
| ISA320.8 | 审计师的目标是,在计划和执行审计工作时恰当地运用重要性概念。 |
| ISA450.3 | 审计师的目标是:<br>(a) 评价识别出的错报对审计的影响;<br>(b) 评价未更正错报(如有)对财务报表的影响。 |
| 条款 | 国际审计准则相关内容摘录 |
| ISA320.9 | 就国际审计准则而言,对下列术语给予以下定义:<br>实际执行的重要性,是指审计师确定的低于财务报表整体的重要性的一个或多个金额,旨在将未更正和未发现错报的汇总数超过财务报表整体的重要性的可能性降至适当的低水平。如果适用,实际执行的重要性还指审计师确定的低于特定类别的交易、账户余额或披露的重要性水平的一个或多个金额。 |
| ISA320.10 | 在制定总体审计策略时,审计师应当确定财务报表整体的重要性。根据被审计单位的特定情况,如果存在一个或多个特定类别的交易、账户余额或披露,其发生的错报金额虽然低于财务报表整体的重要性,但合理预期可能影响财务报表使用者依据财务报表作出的经济决策,审计师还应当确定适用于这些交易、账户余额或披露的一个或多个重要性水平。(参见:第 A2 – A11 段) |
| ISA320.11 | 审计师应当确定实际执行的重要性,以评估重大错报风险并确定进一步审计程序的性质、时间安排和范围。(参见:第 A12 段) |
| ISA320.12 | 如果在审计过程中获知了某项信息,而该信息可能导致审计师确定与原来不同的财务报表整体重要性或者特定类别交易、账户余额或披露的一个或多个重要性水平(如适用),审计师应当予以修改。(参见:第 A13 段) |
| ISA320.13 | 如果认为运用低于最初确定的财务报表整体的重要性和特定类别的交易、账户余额或披露的一个或多个重要性水平(如适用)是适当的,审计师应当确定是否有必要修改实际执行的重要性,并确定进一步审计程序的性质、时间安排和范围是否仍然适当。 |
| ISA320.14 | 审计师应当在审计工作底稿中记录下列金额以及在确定这些金额时考虑的因素:<br>(a) 财务报表整体的重要性(参见:第 10 段);<br>(b) 特定类别的交易、账户余额或披露的一个或多个重要性水平(如适用)(参见:第 10 段);<br>(c) 实际执行的重要性(参见:第 11 段);<br>(d) 随着审计过程的推进,对本段第(a)项至第(c)项内容作出的任何修改(参见:第 12 – 13 段)。 |

续表

| 条款 | 国际审计准则的目标 |
|---|---|
| ISA450.6 | 如果出现下列情况之一，审计师应当确定是否需要修改总体审计策略和具体审计计划：<br>（a）识别出的错报的性质以及错报发生的环境表明可能存在其他错报，并且可能存在的错报与审计过程中累积的错报合计起来可能是重大的；（参见：第 A4 段）<br>（b）审计过程中累积的错报合计数接近按照 ISA320 的规定确定的重要性。（参见：第 A5 段） |

## 6.1 概述

审计师作出的关于重要性的决策将会为风险评估和确定所需审计程序的范围提供基础。

对重要性的确定属于职业判断。它受审计师对财务报表使用者整体共同的财务信息需求的认识的影响。总体重要性（在本指南中使用的一个术语，以概括财务报表整体的重要性）是指财务报表中错报（包括漏报）的总金额如果超出了该水平，可能影响财务报表使用者的经济决策。它不同于审计风险，后者是指对存在重大错报的财务报表发表不适当的审计意见。

本章涉及总体重要性和具体重要性的确定，以及审计师使用实际执行的重要性以获取充分、适当的审计证据。重要性贯穿于审计计划、风险评估、风险应对和报告等整个审计过程。其他关于重要性和审计风险的信息包含在本指南的第 1 卷第 7 章中。

需要考虑两个重要性水平——总体重要性和具体重要性——如下所示：

图 6.1–1

| | 说　明 |
|---|---|
| 总体重要性<br>（针对财务报表整体） | 财务报表整体的重要性（总体重要性）的基础是审计师对在不影响财务报表使用者作出经济决策的情况下，财务报表中可以包含的最大错报金额的判断。如果未更正错报的金额单独或汇总起来超出该项业务制定的总体重要性，这意味着财务报表存在重大错报。<br>总体重要性以各种报表使用者整体共同的财务信息需求为基础。由于不同财务报表使用者对财务信息的需求可能差异很大，因此不考虑错报对个别财务报表使用者可能产生的影响。 |

续表

| | 说　明 |
|---|---|
| **具体重要性（特定类别的交易、账户余额或披露的一个或多个重要性水平）** | 在有些情况下，也许有必要识别出可能影响财务报表使用者的经济决策，但金额小于总体重要性的错报。这可能涉及特别注释披露（如管理层报酬或者行业特有数据），合规情况或合同具体条款，或作为奖金发放基础的交易等敏感领域。也可能和潜在错报的性质有关。 |

### 错报的性质

除了错报的大小之外，审计师在评价潜在错报对财务报表的影响时还要考虑潜在错报的性质和发生的特定情形。即使某些错报低于重要性，与这些错报相关的具体情形可能使审计师将其评价为重大。例如非法活动、未遵守贷款条款，以及未遵守法律法规的报告要求等。但是，仅仅由于错报的性质而设计用以发现这些错报的审计程序是不可行的。

### 实际执行的重要性

审计师运用实际执行的重要性，将未更正和未发现错报的汇总数超过财务报表整体的重要性（总体重要性）或对特定类别的交易、账户余额或披露确定的重要性水平（具体重要性）的可能性降至适当的低水平。

实际执行的重要性是审计师确定的低于财务报表总体或具体重要性的一个或多个金额。其目的是实施比总体重要性或某一具体重要性的要求更多的审计工作，从而：

- 保证发现低于总体或具体重要性的错报，以适当降低未更正错误和未发现错报的合计数超过财务报表整体的重要性的概率；并且
- 为可能存在的未发现错报提供一个余地或缓冲。该缓冲介于已发现但未更正错报的加总金额和总体或具体重要性之间。

这一余地为审计师提供了一些对于未发现错报和所有未更正错报的加总金额不会导致财务报表重大错报的保证。

确定实际执行的重要性并非简单机械的计算。它需要审计师根据识别出的具体风险因素、对被审计单位的了解，以及在前期审计工作中识别出的所有事项，运用职业判断。

审计师根据总体重要性或具体重要性确定实际执行的重要性。例如，如果资产未资本化的风险较高，就可以在测试维护修理费时制定一个低于实际执行

的总体重要性的具体实际执行重要性。在由于潜在错报的性质及其发生而不是由于其金额大小所产生的敏感领域，具体实际执行的重要性也可能用来实施额外的工作。

## 6.2 如何确定重要性

以下段落针对总体重要性和具体重要性的确定和运用。

### 总体重要性

总体重要性基于审计师对财务报表使用者需求的认识。审计师可以提出以下关于财务报表使用者的假设。

图 6.2–1

| | 假设 |
|---|---|
| 财务报表使用者 | • 拥有经营、经济活动和会计方面的适当知识；<br>• 愿意认真研究财务报表中的信息；<br>• 理解财务报表是在运用重要性水平基础上编制、列报和审计的；<br>• 认可建立在对估计和判断的应用以及对未来事项考虑的基础上的会计计量具有固有的不确定性；<br>• 依据财务报表中的信息作出合理的经济决策。 |

确定重要性通常从一个百分比（或基准）开始。该基准的性质和拟使用的百分比基于职业判断。例如，在一个业主兼经理型的企业中，所有者以薪酬的形式提取了大量税前利润，类似薪酬税前利润这样的基准可能更具相关性。

> **考虑要点**
>
> 为了保持一致性，会计师事务所也许希望在事务所范围内建立关于如何初始确定重要性的指引，包括运用合适的基准。但实际使用的基准建立在审计师根据被审计单位具体情况作出的职业判断的基础之上。实际执行的重要性也是如此，其实质是审计师通过"抓住"低于特定界限的错报来确定重大错报风险的工具。
>
> 在选择适当的基准时，审计师应考虑下表所列示的事项，并获取对管理层和治理层的观点和期望的理解。

图 6.2－2

| | 考虑要点 |
|---|---|
| 选择正确的基准以供使用 | **使用者**<br>确定谁是财务报表的可能使用者。可能包括被审计单位的所有者（以及其他股东）和治理层、金融机构、特许权拥有人、重要基金、员工、客户、债权人、政府机构和部门。 |
| | **具体使用者期望**<br>识别以下具体使用者期望：<br>• 关联方交易、管理层薪酬以及敏感性法律法规的遵循性等事项的计量和披露；<br>• 与所处行业有关的特殊披露，例如采矿企业的开采成本，高技术企业或制药企业的研究成本；<br>• 重要事件或或有事件，例如并购、分立、重组，或针对被审计单位的重大法律诉讼等事件的披露；<br>• 在债务约定中是否存在限制性条款，特别是被审计单位很可能会违背的条款。如果一个很小的未更正错报意味着违反了限制性条款，可能会对财务报表产生重大影响，甚至可能影响到在编制财务报表时使用持续经营假设的适当性。 |
| | **相关财务报表要素**<br>报表使用者对财务报表中哪些主要要素（如资产、负债、权益、收入和费用）感兴趣？ |
| | **被审计单位的性质**<br>考虑被审计单位的性质，所处的生命周期阶段（成长期、成熟期、衰退期等）以及所处行业和经济环境。 |
| | **调整要求**<br>是否需要对基数进行调整以使其"正常化"？例如，来自于持续经营的收入可能对下列项目进行调整：<br>• 异常的或者非重复发生的收入/费用项目；<br>• 管理层奖金之类的项目，它可能以支付奖金之前的利润为基础，或其支付的目的只是为了降低公司留存收入。 |
| | **融资**<br>被审计单位是怎样融资的？如果被审计单位仅通过债务而非权益进行融资，报表使用者可能更关注抵押资产和资产的索偿权，而非被审计单位的收益。 |

## *6.* 确定和使用重要性

续表

| 考虑要点 | |
|---|---|
| 选择正确的基准以供使用 | **波动性**<br>拟使用基准的波动性如何？例如，基于收益的基准通常被认为是适当的，但如果被审计单位每个时期的经营都接近盈亏平衡点（如利润很低或发生亏损）或其结果波动很大，那么它可能不是确定重要性的适当基础。 |
| | **替代基准**<br>是否需要选择一个替代基准以应对特殊情形？替代基准可以包括流动资产、净营运资本、总资产、营业收入总额、毛利、权益总额以及经营活动产生的现金流。 |

### 实际执行的重要性

总体重要性和具体重要性的确立与财务报表使用者的需求有关，而实际执行重要性的金额更低。这会使审计师执行更多的审计工作（可以识别较小的错报），并将审计风险降至适当的低水平。

如果审计师在计划审计工作时只考虑发现个别重大错报，就没有为识别和考虑可能存在的非重大错报留有余地。其结果是，个别非重大错报的汇总数可能导致财务报表存在重大错报。

实际执行的重要性旨在：

- 确保发现低于总体或具体重要性水平的非重大错报；
- 为可能存在的未发现错报提供一个缓冲或余地。这个缓冲介于已发现但未更正的错报的汇总数与总体或具体重要性水平之间。

确定实际执行的重要性并不只是简单机械的计算，例如总体重要性的80%。这种简单化可能会忽略与被审计单位有关的具体风险因素。例如，如果存货定价发生错误的风险很高，实际执行的重要性可以降低，从而执行额外的工作以识别错报的程度。相反，如果应收账款余额的错报风险被评价为低，那么实际执行的重要性可以提高，从而减少对该余额的实质性审计工作。

实际执行的重要性要求审计师运用专业判断，并考虑下列因素的影响：

- 审计师对被审计单位的了解，并在实施风险评估程序的过程中不断更新其了解；
- 前期审计工作中识别出的错报的性质和范围。

> **考虑要点**
>
> **不可以由于审计风险高而降低总体重要性水平**
>
> 避免犯由于审计风险高而降低总体（财务报表）重要性水平的错误。总体重要性是以报表使用者信息需求为基础的，而不是以审计特定余额的风险为基础。降低总体重要性界限意味着：
>
> - 财务报表使用者的决策受审计风险的影响而不受财务报表中所包含的信息的影响；
> - 审计师将执行额外的审计工作，以确保财务报表中不存在单独或汇总起来超过总体重要性界限的错报。
>
> 一个较好的方法是通过设定一个较低的交易类别或账户余额层次的实际执行重要性来应对审计风险。这将确保审计师执行了充分的工作以发现错报，同时无需降低总体重要性水平。这也为在工作中未识别的错报建立了安全缓冲区。
>
> 首先考虑财务报表使用者确定总体重要性水平，然后确定实际执行的重要性以设计进一步审计程序。
>
> **敏感性财务报表披露、余额和问题**
>
> 在针对敏感性审计领域中的具体风险和余额设计进一步审计程序时使用特殊的实际执行重要性。

## 总结

下表对重要性水平和实际执行的重要性进行了总结。

图 6.2 –3

|  | 总体 | 具体 | 实际执行 |
| --- | --- | --- | --- |
| 目的 | 确定一个据以确定财务报表是否存在重大错报（不管由于错误还是舞弊）的界限。 | 当可以合理预期金额小于财务报表总体重要性的错报会影响报表使用者的经济决策时，确定一个（或多个）小于总体重要性的界限，将其应用于特定类别的交易、账户余额或披露。 | 确定一个（或多个）小于总体或具体重要性的界限以确保识别出非重大错报（小于总体或具体重要性的错报），并为审计师提供安全余地。 |

## 6. 确定和使用重要性

续表

| | 总体 | 具体 | 实际执行 |
|---|---|---|---|
| 计算基础 | 报表使用者能够容忍财务报表中的错报达到什么水平（即不会影响财务报表使用者的经济决策）？ | 在特定类别的交易、账户余额或披露的特殊环境下，可以合理预期何种错报水平会影响报表使用者的经济决策？ | 要实现下列目标需要多少审计工作：<br>• 识别低于总体或具体重要性的错报。<br>• 为未发现的错报留出充分的缓冲。 |
| 实用方法（用作起点） | 重要性属于职业判断而非机械的活动。其结果是，本 ISA 没有提供具体的指引。但实务中通常使用来自经常性业务的利润（3%到7%），因为它对财务报表使用者最有意义。如果这个指标不好用（如非盈利组织或者利润不稳定），可以考虑其他基础，如：<br>• 收入或支出的1%到3%；<br>• 资产的1%到3%；<br>• 权益的3%到5%。 | 为特殊或敏感的财务报表领域确定一个较低的具体重要性金额。 | 在 ISAs 中没有具体指引。可以在总体或具体重要性水平的60%（当重大错报风险较高时）到85%（当评估的重大错报风险较低时）之间波动。 |
| 在审计中的运用 | 确定未更正错报单独或汇总起来是否超过总体重要性。 | 确定未更正错报单独或汇总起来是否超过具体重要性。 | • 评估重大错报风险；<br>• 针对评估的风险设计进一步审计程序。 |
| 在审计过程中的修改 | • 在审计过程中情况发生变化，如出售部分业务；<br>• 获得新信息；<br>• 通过实施进一步审计程序，审计师对被审计单位及其经营的了解发生变化（如实际经营结果与预期相比存在很大差异）。 | 具体情况发生变化。 | • 评估的风险发生变化；<br>• 实施进一步审计程序所发现的错报的性质和内容；<br>• 对被审计单位的了解发生变化。 |

## 6.3 计划和风险评估中的重要性

确定各种重要性水平是计划阶段的关键内容。它不是审计中一个孤立的阶段，而是一个持续和不断修正的过程。下表总结了在计划和风险评估中重要性的运用。

图 6.3–1

| 重要性 | |
|---|---|
| 计划（总体策略和审计计划） | 运用重要性是为了实现下列目标：<br>• 确定需要审计的财务报表领域；<br>• 设定总体审计策略的背景；<br>• 计划具体审计程序的性质、时间安排和范围；<br>• 当可以合理预期小于总体或实际执行的重要性的错报会影响使用者的经济决策时，确定特定类别的交易、账户余额或披露的具体重要性；<br>• 为每一个具体重要性水平确定实际执行的重要性，因为根据与特定类别的交易、账户余额或披露相关的风险水平，审计师可能必须对该项目运用实际执行的重要性水平；<br>• 对后来获取的证据进行评价，以确定是否需要对重要性水平进行调整。如果需要调整，审计师应修改相应审计程序的性质、时间安排和范围。 |
| 风险评估程序 | • 识别哪些风险评估程序是必需的。<br>• 为评价获取的信息提供背景。<br>• 评估识别出的风险的重要性（影响）。<br>• 评估风险评估程序的结果。 |
| 项目组会议 | • 确保项目组成员了解识别出的报表使用者以及可以合理预期会改变其经济决策的因素。当项目组成员在审计过程中发现可能会导致初始确定的重要性金额发生变化的信息时，这对项目组成员很有帮助。例如：<br>——决定处置被审计单位业务的一个重要组成部分，<br>——可能对初始确定的重要性产生影响的新信息或风险因素，<br>——通过实施进一步审计程序，审计师对被审计单位及其经营的了解发生变化，例如实际财务结果与预期结果存在很大差异。<br>• 制定总体审计策略。<br>• 确定与下列事项相关的测试范围：<br>——实际执行的重要性，<br>——具体的实际执行重要性。<br>• 识别的关键审计问题和需要重点审计的领域。 |

**考虑要点**

在确定总体的和具体的实际执行重要性时需要运用专业判断。我们建议（但并非要求）项目组与项目合伙人讨论在确定重要性水平时所运用的判断，并获得他（或她）的同意。最后，在审计工作底稿中详细记录在确定重要性时运用的这些判断。

## 6.4 实施审计程序中的重要性

审计师在确定审计程序的性质、时间安排和范围时应当考虑重要性，如下表所示：

图 6.4-1

| | 重要性 |
|---|---|
| 实施审计程序 | 运用重要性是为了实现下列目标：<br>• 识别哪些进一步审计程序是必需的。<br>• 确定选择哪些项目进行测试及是否运用抽样技术。<br>• 帮助确定样本规模（如，样本间隔＝精确度（重要性）÷置信因子）。<br>• 通过推断总体"可能"存在的错报来评价代表性样本误差。<br>• 评价从账户水平到财务报表水平的误差合计数。<br>• 评价误差合计数，包括期初留存收益中的未更正错报的影响净值。<br>• 评价执行程序的结果。 |

注：如果出现下列情况之一，审计师需要修改总体审计策略和具体审计计划：

- 识别出的错报的性质以及错报发生的环境表明可能存在其他错报，并且可能存在的其他错报与审计过程中累积的错报合计起来可能是重大的；
- 审计过程中累积的错报合计数接近重要性。

**考虑要点**

总体重要性不会经常变化，但随着审计师获得新的信息或对被审计单位及其经营的了解发生变化，可能需要对总体重要性进行修改。如果需要修改，应当确保告知项目组并评估对审计计划的影响。

新的风险因素或审计发现可能对总体重要性没有影响，但会使实际执行的重要性发生变化。实际执行的重要性的变化会导致对审计程序的性质、时间安排和范围进行修正。当然，如果总体重要性发生了变化，实际执行的重要性很可能需要进行相应的修改。

## 6.5 报告中的重要性

| 条款 | 国际审计准则相关内容摘录 |
|---|---|
| ISA450.11 | 审计师应当确定未更正错报单独或汇总起来是否重大。在确定时,审计师应当考虑:<br>(a) 相对特定类别的交易、账户余额或披露以及财务报表整体而言,错报的金额和性质以及错报发生的特定环境;(参见:第 A13 – A17 段,第 A19 – A20 段)<br>(b) 与以前期间相关的未更正错报对相关类别的交易、账户余额或披露以及财务报表整体的影响。(参见:第 A18 段) |
| ISA450.12 | 除非法律法规禁止,审计师应当与治理层沟通未更正错报以及这些错报单独或汇总起来可能对审计意见产生的影响。审计师在沟通时应当逐项指明重大的未更正错报。审计师应当要求被审计单位更正未更正错报。(参见:第 A21 – A23 段) |

要了解更多关于评估错报的信息,参考第 2 卷第 21 章。

在发表审计意见之前,审计师应当:

- 确认针对财务报表整体制定的重要性;
- 评价识别出的未更正错报的性质和汇总数;
- 对财务报表是否存在重大错报作出总体评估。

图 6.5 – 1

| | 重要性 |
|---|---|
| 报告 | 审计师应当运用重要性实现下列目标:<br>- 评价从账户层次到财务报表层次的误差合计数。<br>- 评价误差合计数,包括在期初留存收益中的未更正错报的净影响。<br>- 当错报的合计数接近总体或具体重要性水平时,确定是否需要实施额外的审计程序。<br>- 要求管理层更正所有识别出的错报。<br>- 考虑是否需要对错报最高的领域进行复查。<br>- 对识别出的错报的性质、敏感性及其规模作出判断。<br>- 确定是否由于未更正重大错报而需要出具非无保留意见的审计报告。 |

错报的合计数包括以下组成部分:

- 审计师通过审计测试识别出的特定错报;
- 对无法用其他方式具体量化的其他已识别错报的估计。

之后，审计师应当要求管理层记录所有识别出的错报。要了解更多关于如何评价获取的审计证据的信息，参考第 2 卷第 21 章。

## 6.6　其他考虑

其他考虑包括：
- 与管理层和治理层沟通；
- 对重要性进行更新；
- 降低前期的重要性水平。

### 与管理层和治理层沟通

管理层和治理层需要理解与预期可从审计中获得的精确度有关的限制。他们也需要认识到，设计可为财务报表不存在重大错报提供绝对保证的审计程序在经济上不可行。审计在这方面只能提供合理保证。

当审计师在审计过程中识别出错报时，第一步是要求管理层更正所有未更正错报。如果管理层决定不更正某些错报，审计师必须就以下事项与治理层沟通：
- 未更正错报的细节及其单独或汇总起来对审计意见可能产生的影响（法律或法规禁止的除外）；
- 个别的重大未更正错报；
- 与前期相关的未更正错报对相关类别的交易、账户余额或披露以及财务报表整体的影响。

### 对重要性进行更新

对总体重要性和实际执行的重要性的初步评估在初始审计计划到评价审计程序的结果阶段可能发生变化。这可能是由于环境的变化或实施审计程序所导致的审计师了解的变化所引起的。例如，如果在期末之前实施审计程序，审计师会对经营结果和财务状况进行估计。如果实际的经营结果和财务状况与估计存在很大差异，审计师对重要性和审计风险的评估可能也会变化。

### 降低前期的重要性水平

如果本期情况与上期相比发生了变化，审计师应当考虑期初权益的错报的影响。例如，当销售和收入远远低于上期时，需要制定较低的重要性。期初金额可能存在误差，因为上期审计使用的重要性水平较高。为了减少期初权益发生重大错误的风险，审计师可能要对资产和负债期初余额实施进一步审计程序。

> **考虑要点**
>
> **新业务**
> 在承接新的审计业务时,审计师应询问前任审计师使用的总体重要性。如果能获得这一信息,将有助于审计师决定是否需要对资产和负债的期初余额实施进一步审计程序。
>
> **利用管理层专家的工作**
> 确保对被审计单位聘请的(旨在帮助被审计单位编制财务报表)或审计项目组利用的专家加以指导,以使他们在开展工作的过程中运用适当的重要性水平。

## 6.7 工作底稿

审计师应当将下列决策结果及在决策过程中考虑的因素记录在工作底稿中:
- 总体重要性;
- 特定类别的交易、账户余额或披露的具体重要性(如适用);
- 实际执行的重要性;
- 在开展审计的过程中对上述因素的所有修改。

## 6.8 案例研究——确定和运用重要性

案例研究的详细资料请参考第 2 卷第 2 章——案例研究概述。

通常将重要性记录在工作表中,该工作表还包括经营结果总结,并为其他关于重要性的考虑要素(如定性因素)留有空间。

### 案例研究 A——Dephta 家具公司

> **Dephta 家具公司**
> (摘录)
>
> **重要性评估**
> 财务报表的主要使用者包括银行和股东。上期使用的重要性金额是 8 000 欧元。
>
> 查阅工作底稿#(索引号),可以看到以来自经常性业务的利润(和收入)为基础的可能的重要性金额。通过职业判断,我们决定以税前利润加上 70 000

欧元管理层奖金后的5%作为重要性水平。我们也考虑了计算重要性的其他基础，如收入，但感觉税前利润对于已知的财务报表使用者而言是最有意义的金额。

本期我们计划以10 000欧元作为总体重要性。我们已经与客户笼统地讨论了重要性的概念及其在审计过程中的运用。

根据职业判断和前期审计中识别出的错报的类型，我们将实际执行的总体重要性设定为7 500欧元。

我们将地方营业税的具体重要性设定为1 000欧元，因为我们必须对超出该金额的税金进行审计并向当地政府报告。

还可以查阅工作底稿615的定性分析……

编制：JF　　　日期：20×2年12月8日
复核：LF　　　日期：20×3年1月5日

## 案例研究B——Kumar公司

**Kumar公司**

（摘录）

**重要性评估**

财务报表的主要使用者包括银行和所有者。

上期使用的重要性金额为3 000欧元。

基于对报表使用者需求的考虑，我们决定将重要性水平确定为销售收入的1%左右。根据我们的判断，与税前利润相比，收入为重要性提供了更稳定的基础。本期我们计划以2 500欧元作为总体重要性水平。我们已与客户笼统地讨论了重要性的概念及其在审计过程中的运用。

根据以前期的误差情况为主要依据所进行的职业判断，我们将实际执行的总体重要性设定为1 800欧元。

其他事项

查阅工作底稿615…

编制：JF　　　日期：20×2年12月8日
复核：LF　　　日期：20×3年1月5日

# 7. 审计项目组的讨论

| 本章内容 | 相关国际审计准则 |
|---|---|
| 审计项目组必须就被审计单位财务报表是否易于发生重大错报开展的内部讨论的目的和性质。 | ISA240、300、315 |

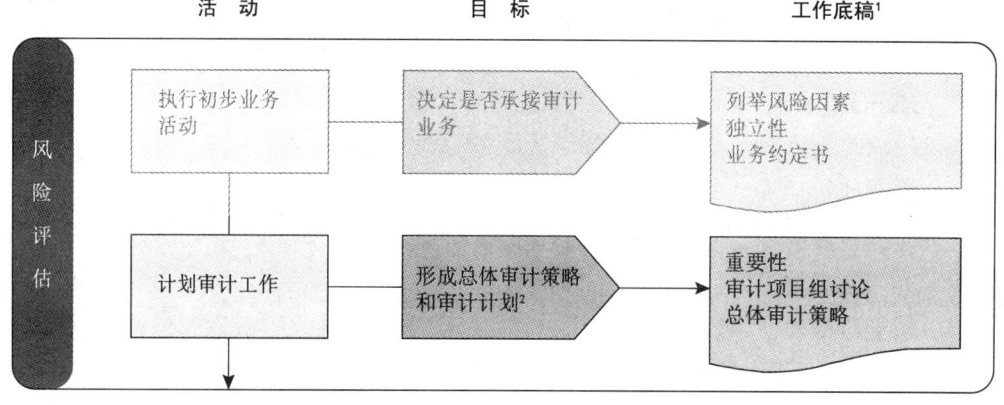

图 7.0 – 1

注：

1. 所要求的更为完整的工作底稿清单，请参见 ISA230。
2. 计划审计工作（ISA300）是一个持续的、不断修正的过程，贯穿于整个审计过程中。

| 条款 | 国际审计准则相关内容摘录 |
|---|---|
| ISA240.15 | 按照 ISA315 的规定，项目组成员之间应当进行讨论，并由项目合伙人确定将哪些事项向未参与讨论的项目组成员通报。项目组内部讨论的重点应当包括财务报表易于发生由于舞弊导致的重大错报的方式和领域，包括舞弊可能如何发生。在讨论过程中，项目组成员不应假定管理层和治理层是正直和诚信的。（参见：第 A10 – A11 段） |

续表

| 条款 | 国际审计准则相关内容摘录 |
|---|---|
| ISA240.44 | ISA315 规定审计师应当记录对被审计单位及其环境的了解以及对重大错报风险的评估结果。审计师应当将下列内容形成审计工作底稿：<br>（a）项目组内部就由于舞弊导致财务报表重大错报的可能性进行讨论所得出的重要结论；<br>（b）识别和评估的由于舞弊导致的财务报表层次和认定层次的重大错报风险。 |
| ISA315.10 | 项目合伙人和项目组其他关键成员应当讨论被审计单位财务报表存在重大错报的可能性，以及如何根据被审计单位的具体情况运用适用的财务报告框架。项目合伙人应当确定向未参与讨论的项目组成员通报哪些事项。（参见：第 A14 – A16 段） |

## 7.1 概述

所有审计业务成功的一个关键因素是审计项目组成员之间的良好沟通。沟通从委派项目组成员和安排项目组会议对业务进行计划开始，然后贯穿于整个业务过程。良好沟通的优点包含了下表所列的内容：

表 7.1 – 1

| | 优点 |
|---|---|
| 审计项目组成员之间持续沟通的必要性 | **审计生产率**<br>• 项目组每位成员会了解被审计单位、运用的财务报告框架、其在审计过程中要担任的角色，以及对如何及何时实施工作的预期。<br>• 过度审计和审计不足的可能性会大大减少。<br>**审计有效性**<br>• 员工可直接从项目合伙人等高级人员那里获得关于客户和审计预期的见解。<br>• 项目组对财务报表是否易于产生重大错报的讨论有助于确定需要应对的经营和舞弊风险。<br>• 将对风险评估和进一步审计程序的性质、时间安排和范围作出更好的决策。<br>• 开放的沟通渠道可使项目组成员对异常交易/事件、关联方和报告事项等领域的新信息作出迅速反应。<br>**员工发展**<br>• 将最佳审计实务从合伙人传递到员工。<br>• 员工将会有勇气提问并重新考虑前期对评估的风险的应对是否有效。 |

有效的持续沟通需要：
- 项目合伙人和高级审计人员的参与（全神贯注地）；
- 高级审计人员愿意听取初级员工的意见。这包括初级员工对项目的看法，鼓励他们提出问题和建议，并给予反馈。

下图总结了在项目组内部沟通中需要讨论和考虑的内容：

**审计项目组内部沟通**

| 委派项目组成员及其角色 考虑： | 项目组计划会议 讨论： | 审计过程中和审计之后 讨论： |
|---|---|---|
| • 技能和经验<br>• 对专家的需要<br>• 对项目质量控制复核的需要 | • 重要性<br>• 以被审计单位了解为基础的见解<br>• 潜在的经营和舞弊风险<br>• 财务报表易于发生重大错报的方式和领域<br>• 包含人员、内容、地点和时间安排的审计计划<br>• 监督和复核 | • 审计结果、过程和识别出的问题<br>• 审计计划的变化<br>• 新信息<br>• 异常的交易或事项<br>• 对下期审计的建议 |

图 7.1–1

---

**考虑要点**

审计项目组内部讨论对有效的审计至关重要。应当避免由于其他时间压力急于通过该环节。这些讨论使项目组能够讨论审计风险，模拟舞弊情景以及提出可能的应对措施。它也为员工提供机会，了解被审计单位的经营和对审计的期望。员工也可能受到鼓励提出他们对如何改进审计的看法。

---

## 7.2 审计项目组计划会议

对较大型的项目，应当在现场工作开始之前安排计划会议。这为制定或修改具体审计计划提供了必需的时间。对很小的项目，项目开始时和审计进展中简短的讨论可能能够很好地完成计划过程。

应当鼓励项目组成员带着质疑的精神参加会议，并做好参与和以职业怀疑的态度共享信息的准备。他们应当怀疑管理层和治理层的诚实和正直。讨论的范围应当受到审计项目组成员的角色、经验和信息需求的影响。

下表概述了三个关键领域：

## 7. 审计项目组的讨论

表 7.2-1

| 涉及的关键领域 | 目的：进行开放的讨论 |
|---|---|
| 分享对被审计单位的看法，如人员、运作和目标 | **被审计单位**<br>• 历史和经营目标；<br>• 企业文化；<br>• 运作、人员或系统的变化；<br>• 根据被审计单位的实际情况和环境应用适用的财务报告框架。<br>**管理层**<br>• 被审计单位和管理层的性质或结构；<br>• 对内部控制的态度；<br>• 实施舞弊的诱因；<br>• 关键员工的行为或生活方式无故发生变化；<br>• 管理层偏见的任何迹象。<br>**已知风险因素**<br>• 从以前审计项目中获得的经验；<br>• 重要的经营风险因素；<br>• 发生舞弊行为的机会。 |

| 涉及的关键领域 | 目的：集思广益，提出各种想法和可能的审计方法 |
|---|---|
| 头脑风暴 | **潜在的错误和舞弊**<br>• 财务报表哪些地方易于发生重大错报（舞弊和错误）？这一步骤是对所有审计的要求；<br>• 管理层怎样实施和隐瞒财务报告欺诈？模拟各种舞弊场景，或者在可能的情况下利用法务会计师的服务，可能有所帮助。考虑会计分录、估计/准备账户中的管理层偏见，会计政策的变化等因素；<br>• 如何为了个人目的侵占或误用资产？<br>• 是否存在操纵财务报表的非自利性动机（如为非盈利机构保持资金来源）？<br>**风险应对**<br>• 考虑使用哪些可能的审计程序或方法以应对上述识别出的风险？<br>• 在确定拟实施审计程序的性质、时间安排和范围时是否考虑部分不可预测的要素。 |

| 涉及的关键领域 | 目的：提供指导 |
| --- | --- |
| 审计计划 | **针对的具体领域：**<br>确保所有 ISAs 中关于审计的具体规定都在审计计划中得到恰当地反映。包含了要实施的具体程序的 ISAs 包括：<br>• ISA240 财务报表审计中与舞弊相关的责任；<br>• ISA402 对被审计单位使用服务机构的审计考虑；<br>• ISA540 审计会计估计（包括公允价值会计估计）和相关披露；<br>• ISA550 关联方；<br>• ISA600 对集团财务报表审计的特殊考虑（包括组成部分审计师的工作）。<br>为审计项目组提供指导：<br>• 确定重要性水平；<br>• 分派角色和任务；<br>• 给员工提供关于他们负责完成的那部分审计工作的概述。包括规定的方法，特别考虑，时间安排，必需的底稿，提供监督的范围，文件复核及任何其他期望；<br>• 在整个审计过程中强调保持职业怀疑的重要性。 |

注：如果审计项目组的非关键成员不能（或没被邀请）参加会议，那么项目合伙人要确定和他们沟通哪些问题。

> **考虑要点**
>
> 向项目组成员强调对不诚实的迹象保持警惕，且小心谨慎不过早下结论的重要性，特别是在与被审计单位的管理层和员工讨论审计中的发现时。指出（如果发生）可能表明存在舞弊的情形。
>
> 通常通过识别交易和事件的模式、例外和奇怪现象而发现舞弊。例如，一笔虚构的费用可能本身对财务报表没有重大影响，但可能表明存在更大的问题，如管理层缺乏诚信。

## 7.3 审计过程中和完成时的沟通

项目组成员对被审计单位的看法会有所不同。由项目组某特定成员收集的部分信息可能只有和其他成员收集的信息结合起来才有意义。特别是在关系到舞弊时，情况更是如此，因为正是对小模式、例外和奇怪现象的识别导致最终发现舞弊。

一个简单的比喻就是拼图。单独每一部分不能让人看到完整的图案；只有把所有的部分放在一起时，才能看见大图。审计也是这样。只有当每个审计人员的个人

# 7. 审计项目组的讨论

知识/发现在项目组中共享时，更大的图案才会出现。下图列示了这一点。

图7.3-1 分享发现的事项

项目组讨论不必局限于计划会议。应鼓励项目组成员交流和共享他们在整个审计过程中获得的所有相关信息，特别是影响风险评估和计划的审计程序的信息。

> **考虑要点**
>
> **在审计过程的关键时点召开简短的会议**
>
> 除了在项目开始时对审计计划进行讨论之外，项目组可以（并非必需）在以下审计阶段之后会面（或安排电话会议）并讨论审计发现也是有益的（虽然益处较小）。
>
> **实施风险评估程序和进一步审计程序**
>
> 这些汇报会不需要很正式或很长，但使项目组成员能够口头报告他们的调查结果、发现的异常和注意到的问题。他们也可以报告所有看起来奇怪或没有意义的问题（即使很小）。往往小问题和其他项目组成员获得的信息结合起来会表明某一可能的风险因素（如舞弊），并需要对其进一步开展工作。即使审计项目组只有两个人，这些会议也会产生重要的结果。
>
> **完成审计工作**
>
> 一旦完成之前的审计，通常会忍不住继续开始下一个项目。其结果是，对实施下一期间的审计有帮助的许多知识可能会丢失。可以在每次审计后召开一个简短的会议或电话会议，收集审计项目组的反馈并确定哪些地方需要改进。这包括对下列方面进行识别：
>
> - 以后可能需要增加或减少关注的审计领域；

> - 可能表明存在舞弊或舞弊动机的其他意外发现，异常交易，或员工财务压力；
> - 会对以后的项目产生影响的所有计划的变化，如关键人员的变化、新的融资、合并、新产品或新服务、安装新的会计系统，或者其他内部控制的变化；
> - 被审计单位可以提供额外帮助的领域，如财务报表特定部分的分析；
> - 在存在特别风险因素的地方，汇报会也可以讨论下一期间事务所是否希望继续为客户服务。如果事务所在审计结束后立即辞聘，每人都很清楚原因，并且这样给了被审计单位更多的时间寻找另一家事务所。
> 
> 在初始计划会议中可以对这些汇报会的日期和时间进行规划。

## 7.4 案例研究——审计项目组讨论

要了解案例研究的具体情况，参见第 2 卷第 2 章——案例研究概述。

在会议之前可以让项目组成员传阅最近的财务报表，前期（如果已更新，则为本期）的风险评估表，以及审计应对等资料。在会议中，强调职业怀疑的必要性，以及及时报告任何可疑的情况或可能的舞弊预警信号的必要性。

工作底稿可以采用标准议程或备忘录的形式归档。

### 案例研究 A——Dephta 家具公司

会议日期：20×2.12.8

| 日程项目 | 会议纪要 |
| --- | --- |
| 1. 重要性和重大账户余额 | 根据利润率和销售收入的增长，将总体重要性增至 10 000 欧元，实际执行的重要性增至 75 000 欧元。 |
| 2. 时间安排、关键日期和客户员工的可用性 | 确认上期的时间安排适当，且我们请管理层协助编制具体时间表的要求是合理的。 |
| 3. 我们能从过去导致延误以及过度审计或审计不足等情形中学到什么？ | 上年的存货内部控制薄弱且导致了额外的工作。客户已经表示，在本期结束之前会解决这个问题。 |
| 4. 是否有与管理层诚信、持续经营、法律诉讼等有关的新情况？ | 见剪报 re：Parvin。这也许是孤立的，但我们需要保持谨慎。 |

**续表**

| 日程项目 | 会议纪要 |
|---|---|
| 5. 本期发生的经营和（或）财务状况、行业规范、运用的会计政策和人员的变化。 | 网络销售目前占销售额的12%，且还有重大增长计划。这会使现金资源、内部控制和运营系统处于紧张状态。当前的经济萧条也给组织在需求和售价下降的情况下维持销售水平带来了额外的压力。 |
| 6. 财务报表是否易于发生舞弊。被审计单位可能如何受到欺诈？模拟一些可能的场景，然后对能够证实或消除任何疑虑的审计程序进行计划。 | 可能存在管理层偏见和越权以逃避税负。管理层的估计、会计分录和关联方交易都易于操纵。而且，Arjan（资深销售人员）过着奢华的生活。我们还应该看看奖金的计算和销售收入。 |
| 7. 需要特别注意的特别风险。 | 违反银行契约。Suraj 说他本期正打算和银行就条款重新谈判，以获得一定程度的灵活性。 |
| 8. 对已识别风险的恰当应对。 | 与负责人员一起复核了具体审计计划的一些细节，并确认了若干有效率之处。 |
| 9. 考虑是否需要专门的技能或咨询，是测试内部控制还是实质性程序，是否需要在一些审计测试中增加不可预测性和利用客户的工作。 | IT 专家通常关注网络销售和 IT 控制。计划本年 12 月进行访问。 |
| 10. 审计项目组的角色，日程安排和文件复核。 | 已对总体和具体审计计划进行更新。 |

编制：FJ　　日期：20×2年12月8日
复核：LF　　日期：20×3年1月5日

## 案例研究 B——Kumar 公司

**存档的备忘录**：Kumar 公司

20×2年12月8日，审计项目组（项目合伙人和高级审计人员）会面对 Kumar 公司的审计项目进行计划。

我们讨论了以下几点：

- 由于利润率和销售收入的下降，我们将总体重要性降至 2 500 欧元，实际执行的重要性设定为 1 800 欧元。
- Raj 的注意力最近转到了个人家庭事务上。簿记员的工作可能没有受到充分的复核。这使 Ruby 可以控制许多报告数据。Ruby 任何有意或无意的错误都可能不会被发现。这应当被视为审计中的重大舞弊风险。

- 在逃避税负或违反银行契约时可能发生管理层偏见和越权。管理层的估计通常比较保守。我们提醒审计项目组对任何看似不寻常的情况保持警惕。
- 我们将特别注意与关联方的交易和产品定价。

审计计划：

- 确认上期的时间安排适当，且我们在编制具体的计划表时仍将向管理层寻求帮助。但是，由于上期 Kumar 公司在根据我们的要求按时执行计划表时遇到了困难，本期我们将提前和 Ruby 讨论，并向她提供计划表模板，以确保她理解需要做什么及要求的截止日期。
- 对具体审计计划进行了详细地复核。根据评估的风险扩展了部分领域的审计程序，并在评估的风险较低的领域取消了许多程序。
- 我们认为实施实质性程序比实施控制测试效率更高，因为不存在仅仅实质性程序不能提供充分、适当的审计证据的认定。

| | |
|---|---|
| 编制：FJ | 日期：20×2 年 12 月 8 日 |
| 复核：LF | 日期：20×3 年 1 月 5 日 |

# 8. 固有风险——识别

| 本章内容 | 相关国际审计准则 |
|---|---|
| 如何识别财务报表重大错报风险 | ISA240、315 |

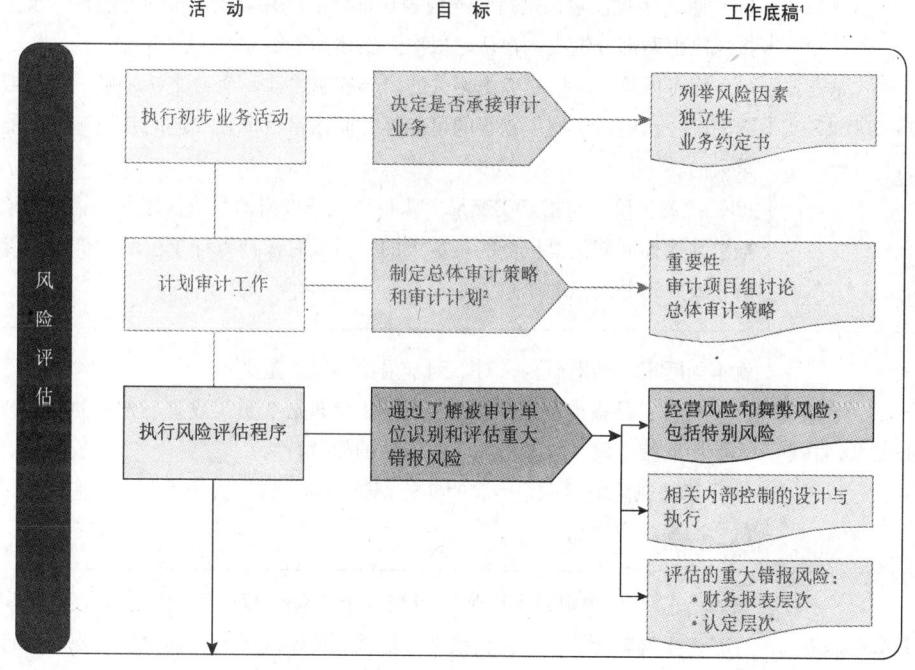

图 8.0-1

注：
1. 所要求的更为完整的工作底稿清单，请参见 ISA230。
2. 计划审计工作（ISA300）是一个持续的、不断修正的过程，贯穿于整个审计过程中。

| 条款 | 国际审计准则的目标 |
|---|---|
| ISA240.10 | 审计师的目标是：<br>(a) 识别和评估由于舞弊导致的财务报表重大错报风险；<br>(b) 通过设计和实施恰当的应对措施，针对评估的由于舞弊导致的重大错报风险，获取充分、适当的审计证据；<br>(c) 恰当应对审计过程中识别出的舞弊或舞弊嫌疑。 |

续表

| 条款 | 国际审计准则的目标 |
|---|---|
| ISA315.3 | 审计师的目标是，通过了解被审计单位及其环境（包括被审计单位的内部控制），识别和评估财务报表层次和认定层次的重大错报风险（无论该错报由于舞弊或错误导致），从而为设计和实施针对评估的重大错报风险采取的应对措施提供基础。 |

| 条款 | 国际审计准则相关内容摘录 |
|---|---|
| ISA200.13 | 就国际审计准则而言，对下列术语给予以下定义：<br>（n）重大错报风险，是指财务报表在审计前存在重大错报的可能性。重大错报风险由两部分组成，在认定层次上表述如下：<br>（i）固有风险，是指在考虑相关的内部控制之前，某类交易、账户余额或披露的某一认定易于发生错报的可能性，而该错报单独或连同其他错报可能是重大的；<br>（ii）控制风险，是指某类交易、账户余额或披露的某一认定发生错报，该错报单独或连同其他错报可能是重大的，但没有被被审计单位的内部控制及时防止或发现并纠正的风险。 |
| ISA240.11 | 就本国际审计准则而言，对下列术语给予以下定义：<br>（a）舞弊：是指被审计单位的管理层、治理层、员工或第三方中的一人或多人使用欺骗手段获取不当或非法利益的故意行为；<br>（b）舞弊风险因素：是指表明实施舞弊的动机或压力，或者为实施舞弊提供机会的事项或情况。 |
| ISA240.12 | 按照 ISA200 的规定，审计师应当在整个审计过程中保持职业怀疑，认识到存在由于舞弊导致的重大错报的可能性，而不应受到以前对管理层、治理层正直和诚信形成的判断的影响。（参见：第 A7 – A8 段） |
| ISA240.13 | 除非存在相反的理由，审计师可以认为文件和记录是真实的。但如果在审计过程中识别出的情况使审计师认为文件可能是伪造的或文件中的某些条款已被修改但未告知审计师，审计师应当作出进一步调查。（参见：第 A9 段） |
| ISA240.15 | 按照 ISA315 的规定，项目组成员之间应当进行讨论，并由项目合伙人确定将哪些事项向未参与讨论的项目组成员通报。项目组内部讨论的重点应当包括财务报表易于发生由于舞弊导致的重大错报的方式和领域，包括舞弊可能如何发生。在讨论过程中，项目组成员不应假定管理层和治理层是正直和诚信的。（参见：第 A10 – A11 段） |

续表

| 条款 | 国际审计准则相关内容摘录 |
|---|---|
| ISA240.17 | 审计师应当向管理层询问：<br>（a）管理层对财务报表可能存在由于舞弊导致的重大错报风险的评估，包括评估的性质、范围和频率等；（参见：第 A12 – A13 段）<br>（b）管理层对舞弊风险的识别和应对过程，包括管理层识别出的或注意到的特定舞弊风险，或可能存在舞弊风险的各类交易、账户余额或披露；（参见：第 A14 段）<br>（c）管理层就其对舞弊风险的识别和应对过程与治理层的沟通；<br>（d）管理层就其经营理念和道德观念与员工的沟通。 |
| ISA240.18 | 审计师应当询问管理层和被审计单位内部的其他人员（如适用），以确定其是否知悉任何影响被审计单位的舞弊事实、舞弊嫌疑或舞弊指控。（参见：第 A15 – A17 段） |
| ISA240.22 | 审计师应当评价在实施分析程序时识别出的异常或偏离预期的关系（包括与收入账户有关的关系），是否表明存在由于舞弊导致的重大错报风险。 |
| ISA240.23 | 审计师应当考虑获取的其他信息是否表明存在由于舞弊导致的重大错报风险。（参见：第 A22 段） |
| ISA240.24 | 审计师应当评价通过其他风险评估程序和相关活动获取的信息，是否表明存在舞弊风险因素。存在舞弊风险因素并不必然表明发生了舞弊，但在舞弊发生时通常存在舞弊风险因素，因此，舞弊风险因素可能表明存在由于舞弊导致的重大错报风险。（参见：第 A23 – A27 段） |
| ISA240.44 | ISA315 规定审计师应当记录对被审计单位及其环境的了解以及对重大错报风险的评估结果。审计师应当将下列内容形成审计工作底稿：<br>（a）项目组内部就由于舞弊导致财务报表重大错报的可能性进行讨论所得出的重要结论；<br>（b）识别和评估的由于舞弊导致的财务报表层次和认定层次的重大错报风险。 |
| ISA315.11 | 审计师应当了解下列方面：<br>（a）相关行业状况、法律环境和监管环境及其他外部因素，包括适用的财务报告框架；（参见：第 A17 – A22 段）<br>（b）被审计单位的性质，包括下列事项，以使审计师了解预期在财务报表中反映的交易类别、账户余额和披露：<br>（i）经营活动；<br>（ii）所有权和治理结构；<br>（iii）正在实施和计划实施的投资（包括对特殊目的实体的投资）的类型；<br>（iv）组织结构和筹资方式。（参见：第 A23 – A27 段）<br>（c）被审计单位对会计政策的选择和运用，包括变更会计政策的原因。审计师应当根据被审计单位的经营活动，评价会计政策是否适当，并与适用的财务报告框架、相关行业使用的会计政策保持一致；（参见：第 A28 段）<br>（d）被审计单位的目标、战略以及可能导致重大错报风险的相关经营风险；（参见：第 A29 – A35 段）<br>（e）对被审计单位财务业绩的衡量和评价。（参见：第 A36 – A41 段） |

## 8.1 概述

风险识别是审计的基础。它以审计师用来了解被审计单位及其环境的程序为基础，并且是该程序不可分割的一部分。没有对被审计单位的可靠了解，审计师可能会漏掉某些风险因素。例如，如果客户的销售额在增长，对于审计师来说知道行业整体的销售额实际在急剧下降就是非常重要的。

审计的风险评估阶段目标是识别风险的来源，然后评估这些风险是否可能导致财务报告中的重大错报。这给审计师提供了需要的信息，这些信息将审计工作指向重大错报风险最高的领域，并从风险较低的领域撤出。

风险评估有两个明显的组成：

- 风险识别（询问"哪些地方可能出错"）；
- 风险评估（确定每个风险的重要性）。

风险评估将在第2卷第9章介绍。

风险识别如下图所示。

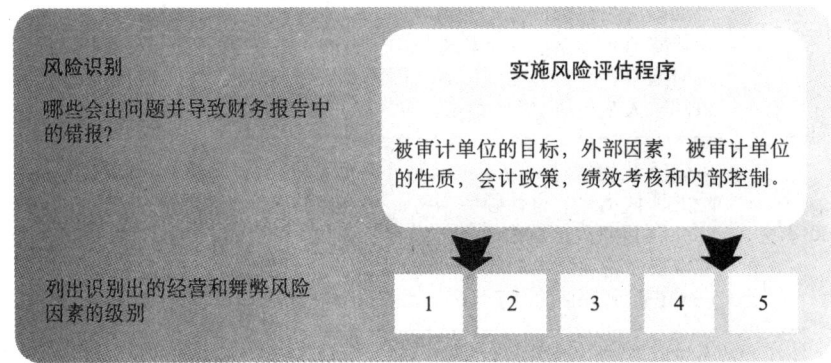

图 8.1–1

> **考虑要点**
>
> 首先，识别风险
> 在风险没有识别出来之前不能进行评估。避免作出这样的假设——因为被审计单位规模小，所以没有相关的风险；或者重大错报风险将会跟以前会计年度的一样。新的风险或许现在就存在了，并且以前识别出的风险的性质（重要性）已经发生了变化。
>
> 首次审计后，关注与以前年度相比发生了什么变化
> 首次审计后，应关注六个风险来源（见图 8.4–1）发生了什么变化，而不

是从头开始。这将节约时间,把注意力集中于现在可能存在的新风险的性质和影响,同时修正以前识别的风险。

## 8.2 风险类型

风险主要有两种类型:
- 经营风险
- 舞弊风险

经营风险和舞弊风险的区别在于舞弊风险是由于个体的故意行为导致的。如下图所示:

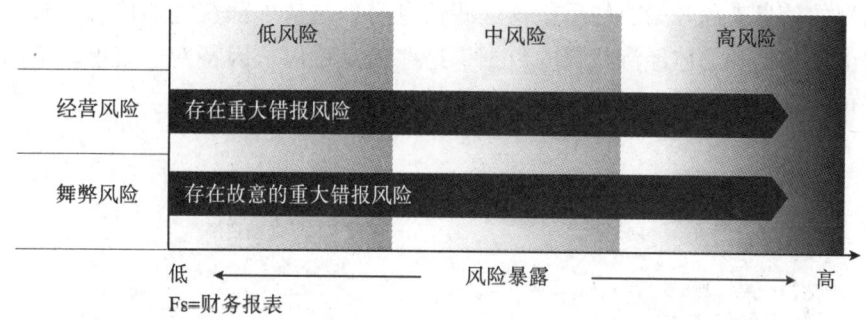

图8.2-1

注:在很多情况下,风险可能既是经营风险又是舞弊风险。例如,引入新会计信息系统会导致不稳定性(当人们学习新系统时可能会发生错误),这将会被划分为经营风险。然而,这也可以划分为舞弊风险,因为有人可以利用这种不稳定性挪用资产或操纵财务报表。

### 经营风险

"经营风险"这个术语不仅仅包含财务报表中的重大错报风险。经营风险是由那些对被审计单位实现其目标和实施其战略的能力产生不利影响的重大情况、事件、环境、行为或不作为导致的,也包括制定的不恰当的目标和战略。

经营风险也包括由改变、复杂性或者未能发现需要进行改变等引起的事件。例如,下列情况可能引起变化:
- 新产品开发可能失败;
- 市场不足,即使新产品开发成功;
- 可能导致负债并损害企业声誉的产品缺陷。

### 舞弊风险

舞弊风险与表明存在舞弊的动机或压力,或者为舞弊提供机会的事件和情况相关。

审计师对于经营和舞弊风险的了解提高了识别重大错报风险的可能性。但是,审计师没有责任识别或评估所有可能的经营风险。

## 8.3 与被审计单位有关的信息的来源

风险评估过程的第一步是尽可能多的搜集(或更新)与被审计单位相关的信息。这些信息为识别和评估可能的风险因素提供了一个重要的参考框架。有关被审计单位及其环境的信息可以从内部和外部的信息源获得。在很多情况下,审计师将会从内部的信息来源开始。然后检查这些信息是否与从外部获得的信息一致,例如贸易协会的数据和总体经济状况的数据,这些信息可以从因特网上获得。下图列示了一些可能获得信息的来源:

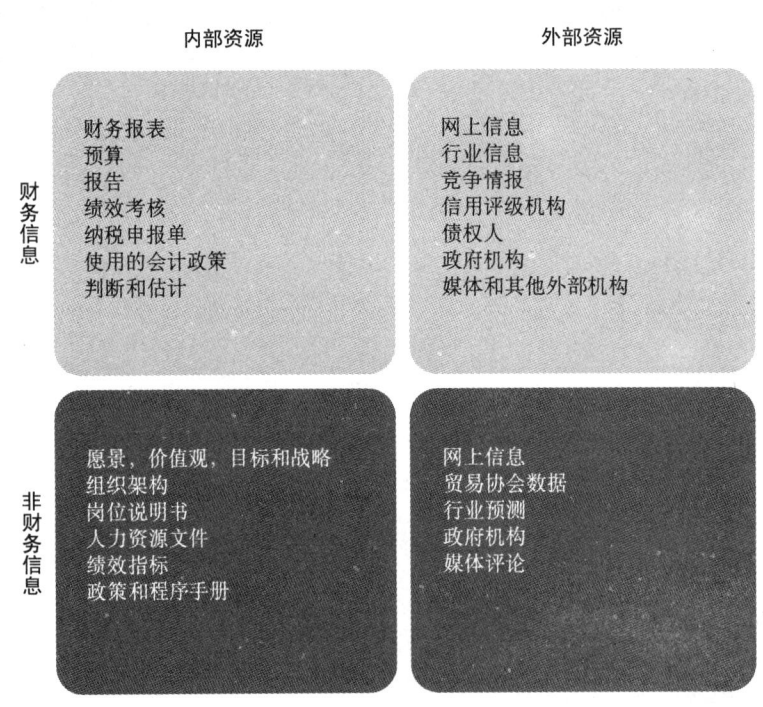

图 8.3-1

> **考虑要点**
>
> 一个经常被忽略的重要信息来源是审计师以前会计期间的项目工作底稿。它们通常包括以下有价值的信息:
> - 计划本期审计时要处理的注意事项或问题;
> - 可能的调整和未修正错误的评价结果和来源;
> - 重复出现不一致的地方,比如对会计估计的假设;
> - 容易出错的地方;
> - 审计师在与管理层和治理层沟通时提出的问题。
>
> 从在承接或保持业务之前实施的风险评估程序中获得的信息可以用于审计项目组了解被审计单位。

## 8.4 风险评估程序

根据获得的有关被审计单位的信息,审计师现在可以设计在第1卷第8章讨论的风险评估程序。这些风险评估程序的设计是为了获得并记录对被审计单位及其环境的了解,包括内部控制。

审计师为了识别风险而要求了解的范围包括六个关键领域,如下图所示:

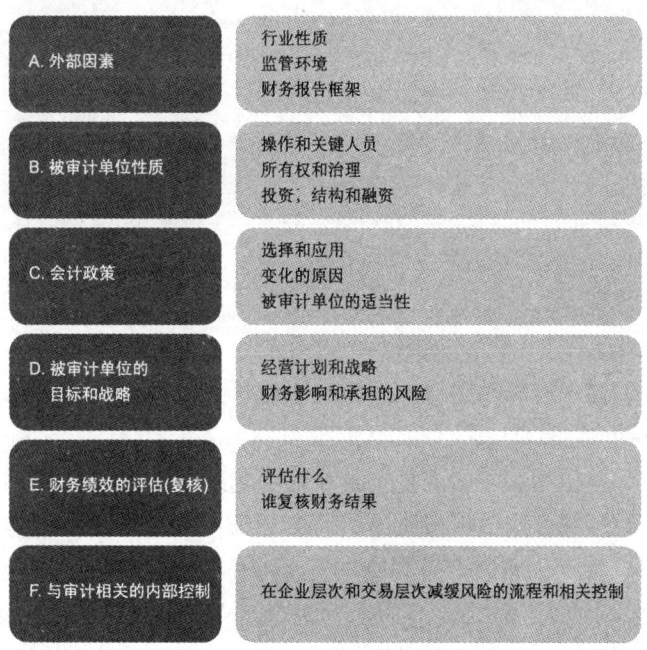

图 8.4-1

审计师需求的信息的充足性（理解的深度）是一个职业判断的问题。审计师需要的信息比管理层在管理企业时拥有的信息要少。上一段（上表中的F）涉及和审计相关的内部控制，这在第1卷第5章，第2卷的第4、11和12章中均有讨论。

获得对被审计单位特性及其环境的了解，包括内部控制，有很多好处，如下表所述：

**图 8.4－2**

| 提供参考框架 | |
|---|---|
| 了解被审计单位可以获得的好处 | **识别风险并加以应对**<br>• 对风险评估进行判断；<br>• 对财务报表中识别的重大错报风险实施适当的应对措施；<br>• 确定重要性（参见第2卷第6章）；<br>• 建立实施分析程序所需的预期；<br>• 设计/实施进一步审计程序，以将审计风险降至可接受的低水平；<br>• 评价获取的审计证据是否充分、适当（例如，使用的假设和管理层口头和书面的陈述是否恰当）。<br>**财务报表复核**<br>• 评估管理者对会计政策的选择和应用；<br>• 考虑财务报表披露是否适当；<br>• 识别需要特殊考虑的审计领域（例如，关联方交易，异常或复杂的合同安排，持续经营或异常交易）。 |

> **考虑要点**
>
> 获取对被审计单位的了解并不是可以在审计前期完成然后就放在一旁的孤立的任务。在审计过程中保持对被审计单位的了解，并且对之前未识别的风险因素或者需要更新的初始风险评估保持警觉是很重要的。

## 8.5　风险来源

财务报表中的错误和舞弊是由风险因素引起的，这些风险因素来源于了解被审计单位的六个方面中的一个或几个（见图8.4－1）。

例如，被审计单位运用了新的复杂的税法，这是一种外部风险因素。对新税法的误解也可能是财务报告中的错报风险，这会导致对应交税金和未付余额的计算错误。注意风险的来源（或原因）是影响被审计单位的新税法，而不是计算错误，计算错误只是风险因素的作用结果。运用新税法的结果是，计算错误的风险增加了。

下图展示了了解被审计单位时必须了解的六个方面作为潜在的风险来源。注意，这些风险来源通常不与特定的财务报表领域相关。例如，经济低迷可能导致财务报表很多领域发生错报,如存货、应收账款、销售收入等。因此首先要识别风险来源,然后识别随后财务报表中的哪个地方会发生错报。

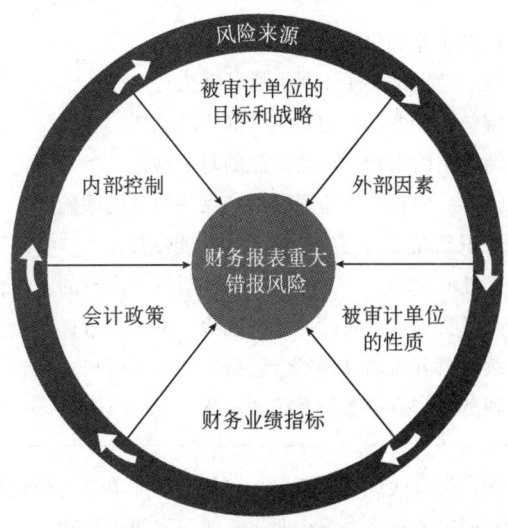

图 8.5-1

以下列举了若干风险来源的例子(并非对财务报告中特定领域的影响):

图 8.5-2

| | 经营和舞弊风险来源 |
|---|---|
| 被审计单位的目标和战略 | • 不恰当的,不真实的或者过度激进的目标和战略;<br>• 新产品或服务,或者进军新的业务领域;<br>• 进入被审计单位没有经验的业务领域或交易;<br>• 信息技术和经营策略的不协调;<br>• 对给内部控制系统和员工技能造成压力的、销售额的急速增加或减少作出的应对措施;<br>• 复杂融资安排的运用;<br>• 公司重组;<br>• 与关联方的重大交易。 |
| 外部因素 | • 经济状况和政府监管的改变;<br>• 对被审计单位产品或服务的需求减少;<br>• 高度复杂的调控;<br>• 行业的变化;<br>• 无法获得需要的资源(材料或熟练的人员);<br>• 对被审计单位的产品或服务的蓄意破坏;<br>• 对资本和信用可获得性的限制。 |

续表

| 经营和舞弊风险来源 | |
|---|---|
| 被审计单位的特性 | • 落后的企业文化和治理；<br>• 关键职位上的员工不具有胜任能力；<br>• 关键员工的变动，包括重要高管的离任；<br>• 运营，组织架构，或者产品的复杂性；<br>• 可能产生负债和声誉风险的产品或服务的瑕疵；<br>• 未意识到改变的需要（需要的技能或技术）；<br>• 内部控制的弱点，尤其那些管理层没有应对的弱点；<br>• 和外部资金提供者的关系不融洽，例如银行；<br>• 持续经营和流动性问题，包括失去重要客户；<br>• 和财务报告有关的新系统的安装。 |
| 绩效指标 | • 管理层没有通过绩效考核来评估被审计单位的绩效和目标实现；<br>• 没有通过考核来提高企业运营或采取纠正行动。 |
| 会计政策 | • 会计政策应用的不一致性；<br>• 会计政策的不恰当使用。 |
| 内部控制 | • 管理层对日常运营的不恰当监督管理；<br>• 对企业层面活动的控制不恰当或者不存在，例如人力资源管理，舞弊以及估计和财务报表等会计信息的编制；<br>• 对交易活动的控制不恰当或者不存在，例如收入，购买，费用和工资；<br>• 资产保护不恰当。 |

## 8.6 舞弊风险

术语"舞弊"是指经营中由管理层、治理层、员工或第三方中的一个或更多个体实施的故意行为，包括使用欺诈手段获取不当或非法利益。

涉及管理层或治理层中的一个或更多成员舞弊被称为"管理层舞弊"。仅仅涉及被审计单位员工的舞弊被称为"员工舞弊"。两种情况都可能存在与被审计单位内部人员或者外部第三方的合谋。

下图描述了舞弊的类型和特征：

# 8. 固有风险——识别

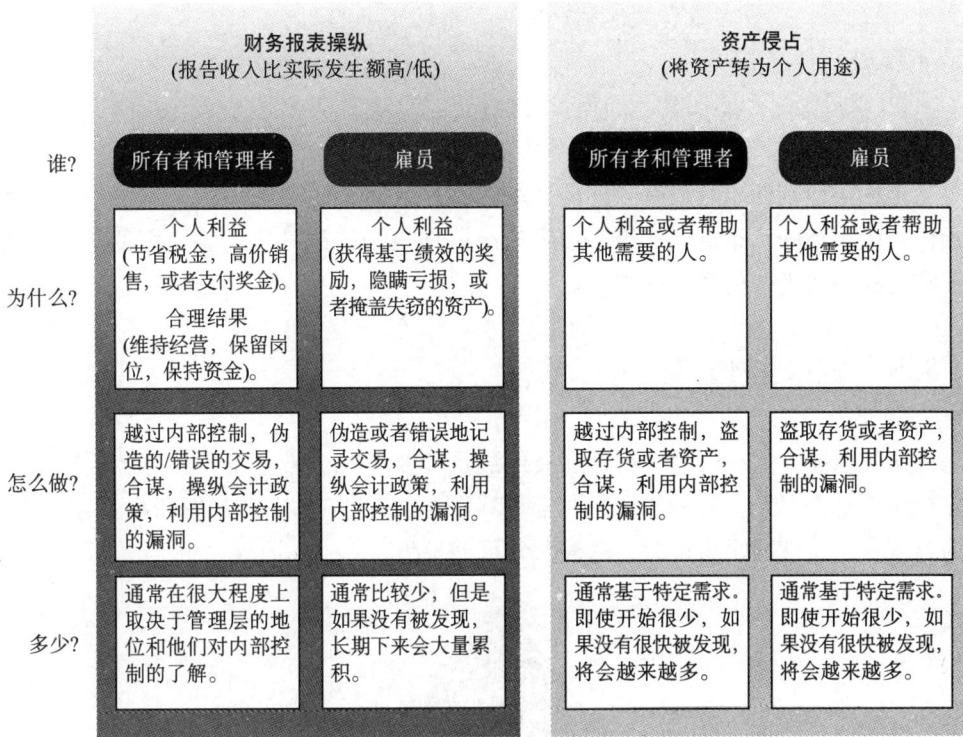

图 8.6-1

> **考虑要点**
>
> 对于每一个识别出的风险因素，要考虑它是经营风险还是舞弊风险，或者两者兼有。很多风险的来源可能既导致经营风险又导致舞弊风险。例如，会计人员的变动可能导致错误的发生（经营风险），但是也给他人提供了实施舞弊的机会。

## 8.7 舞弊的类型和特征

虽然舞弊在组织的任一层面都可能发生，但是当高级管理层涉及其中时舞弊将会更加严重（而且涉及的金额更大）。

为舞弊创造环境的一些主要情况包括：

- 无效的公司治理；
- 缺乏领导能力的管理层和不恰当的高层基调；
- 对财务绩效的高度激励；
- 被认为很高或巨额的税金或者其他费用；
- 公司规则，规程和政策的复杂性；

319

- 银行家，投资者或者其他利益相关者不切实际的期望；
- 意外的利润下降；
- 要求员工达到不切实际的预算目标；
- 不适当的内部控制，尤其在组织变革方面。

从上面可以判断出，最有效的反舞弊内部控制将会是那些治理者和高级管理者作出做正确事情的承诺。这在组织缜密的企业价值和按照日常道德原则的承诺中得到证实。这适用于任何类型的组织。

## 8.8 舞弊三角

在实施风险评估程序时，审计项目组成员需要考虑通常会提供舞弊存在的线索的三个条件是否存在。法务会计师通常将其称为"舞弊三角"（如图8.8-1所示），因为当这三个条件同时出现时，舞弊非常可能发生。

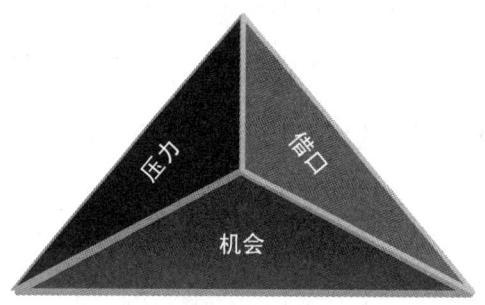

图8.8-1

这些条件是：

- **压力**

压力通常产生于难以与他人分担的即时需要（例如有大额个人债务或者达到分析师或银行对利润的期望）。

- **机会**

糟糕的企业文化和缺乏适当的内部控制程序通常会增强对于舞弊不会被发现的信心。

- **借口**

借口让人们以为没有真正实施舞弊。例如，犯罪者辩解说"这没什么大不了"或者"我只是拿回我应得的。"

例如，建筑行业的某业主兼经理可能接到一个工作邀请，为朋友的房屋建造一个重要的添加物，这是一个没有签订任何文书的现金交易。想想这三个条件。

- 该业主兼经理的"**压力**"可能是减少应付的税金。
- 对于该业主兼经理来说，"**机会**"是越过收入确认的内部控制，且不记录这

## 8. 固有风险——识别

笔销售收入。
- "借口"可能是该业主兼经理已经付了太多的税金。

**注意：** 如果这三个条件中的任何一个不具备，这笔现金交易将不可能发生。
考虑下面列举的舞弊风险的三个来源：

图 8.8 – 2

| 舞弊风险来源 | |
|---|---|
| 诱因和压力 | • 财务稳定性和盈利能力受到经济、行业或者被审计单位工作条件的威胁。<br>• 为了满足第三方或治理层的要求和期望（例如，收益目标或遵守繁琐的环境法规，等等）而给管理层造成的过度压力。<br>• 个人债务可能会给那些有权接触现金或其他易于盗窃的资产的管理层或员工带来侵占该资产的压力。<br>• 被审计单位和有权接触现金或其他资产的员工之间的不良关系。例如：<br>——已知的或预期会发生的裁员；<br>——职工薪酬和福利计划的近期或预期变化；<br>——与预期不一致的升职，薪酬或其他利益。<br>• 管理层或治理层的个人财务状况可能受到被审计单位财务绩效（例如，财务利益，薪酬，担保等）的威胁。 |
| 态度和借口 | 借口<br>• 管理层对采用不恰当的方法来做下列事情感兴趣：<br>——由于税收的原因而使报表收入尽可能低；<br>——增加报表收入以避免违反银行契约，提高企业销售价格，或者满足第三方提出的目标。<br>• 员工表现出不愉快或对企业不满意的行为。<br>• 高级管理人员的士气较低。<br>• 管理层对员工偷窃的容忍。例如，当抓住员工偷窃时没有惩处。<br>• 管理层没有执行企业的价值观或道德标准。<br>• 管理层忽视对监控或降低与资产侵占相关的风险的需要。<br>态度<br>• 管理层有过违反法律法规或被指控舞弊的历史。<br>• 管理层的行为或生活方式发生变化，这可能表明资产被侵占。<br>• 高级管理人员树立道德低下的榜样（例如，虚报费用和小偷小摸等）。<br>• 管理层凌驾于现有的控制之上。<br>• 管理层对已知的内部控制缺陷未能采取适当的补救措施。<br>• 业主兼经理没有区分个人交易和企业交易。<br>• 在封闭型控股公司中股东之间存在争议。<br>• 管理层一直试图基于重要性将边缘的或不恰当的会计处理合理化。<br>• 管理层和现任或前任审计师的关系紧张。 |

续表

| 舞弊风险来源 | |
|---|---|
| 机会 | **容易侵占的资产**<br>• 大量的库存现金或虚拟现金。<br>• 高需求或高价值但尺寸很小的存货。<br>• 容易兑换的资产,例如,不记名债券,钻石或电脑晶片。<br>• 尺寸小,有销路或没有可见的所有权标识的财产、设备和器材。<br>**缺乏内部控制**<br>• 缺乏治理层对管理层识别和应对舞弊风险的过程的监督。<br>• 缺乏职责划分。<br>• 缺乏对高级管理人员开支的监督。<br>• 缺乏管理层对负责管理资产的员工的监督。<br>• 缺乏对有权接触资产的员工的筛选。<br>• 缺乏关于资产的持续记录。<br>• 缺乏对交易的授权和批准。<br>• 缺乏对现金、投资、存货,或者财产、设备和器材的实物防护。<br>• 缺乏对资产的全面、及时对账。<br>• 缺乏及时、适当的交易记录(例如,货物退回的单据)。<br>• 缺乏针对执行关键控制的员工的强制休假制度。<br>• 管理层缺乏对信息技术的了解,使得信息技术人员能实施侵占。<br>• 缺乏对自动记录的访问控制,包括控制并检查计算机系统的事件记录。<br>**特定脆弱区域**<br>• 管理层估计,收入确认,日记账的使用,关联方交易,等等。 |

> **考虑要点**
>
> 舞弊通常是故意的。它涉及对审计师隐瞒信息和蓄意的虚假陈述。因此,通过寻找模式化的、奇怪、例外的情况,经常在被认为是很小金额的交易中发现舞弊。
>
> 仅仅通过实质性程序不大可能发现舞弊,例如,除非有额外的"对企业的了解"作为参考标准,否则审计师不大可能发现隐瞒的交易或者判定某项交易是无效的。

根据在审计项目组中的角色和职位,审计师可能识别出和三角要素相关的一个或者多个舞弊风险因素。然而,任何一个审计师都不大可能同时识别出三个条件(机会,压力和借口)。因此,审计项目组在审计业务过程中不断地讨论他们的发现是很重要的。

# 8. 固有风险——识别

下图展示了审计项目组讨论的好处：

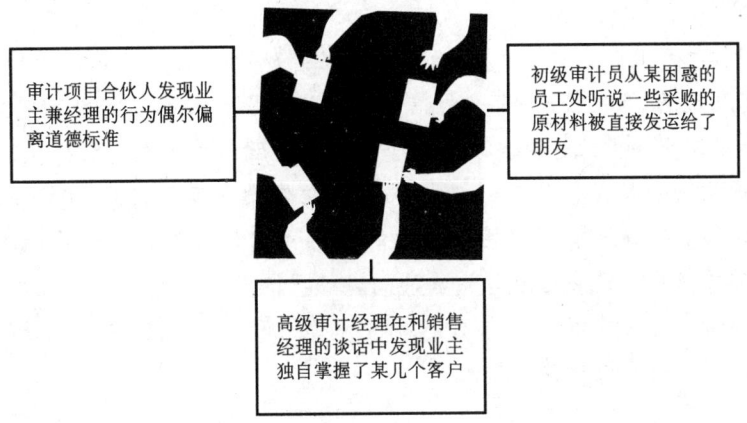

图 8.8－3

如果缺少交流，上述审计项目组的任何一员都难以看到全局。持续的审计项目组讨论使项目组能够将琐碎的信息集中起来，这样就能看到更全面的情况。

## 8.9 职业怀疑

在审计过程中时刻保持职业怀疑是审计师的责任。职业怀疑包括下表所列事项。

图 8.9－1

| 职业怀疑包括： ||
| --- | --- |
| 意识到管理层可能一直实施舞弊 | 管理层通常能够跨越本来很好的内部控制。审计项目组成员要把管理层和治理层诚实和正直的观念放在一边，尽管审计师过去的经验认为他们是诚实和正直的。 |
| 质疑的思维 | 对获得的审计证据的有效性进行严格的评估。 |
| 保持警觉 | 审计证据是否存在矛盾或对以下方面的可靠性提出质疑：<br>• 对询问的记录和回函？<br>• 从管理者和治理层获得的其他信息？ |
| 保持仔细 | 避免：<br>• 忽略异常情况；<br>• 根据审计观察得出结论时过于笼统；<br>• 在确定审计程序的性质、时间安排和范围并评价其结果时使用错误的假设；<br>• 在审计证据不够充分的情况下相信管理层和治理层是诚实和正直的；<br>• 用管理层陈述代替充分、适当的审计证据。 |

运用国际审计准则执行中小企业审计指南（第三版）

> **考虑要点**
>
> 在对你熟悉且信任的客户进行审计时保持职业怀疑态度是件困难的事情。假如没有相反的信息，人们有一种信任别人的天性。因此，需要经常提醒审计合伙人和员工保持职业怀疑态度。以下是贯彻该理念的实用建议：
>
> - 虚构一个人（和名字），此人对内部控制的态度不佳且道德低下，当围绕可能的舞弊情形和财务报表的敏感性进行讨论时，想象此人（并非你的客户）就是客户或主管的高级经理；
> - 邀请一些对被审计单位不了解的人（最好有些法务方面的经验）参加计划中的有关舞弊的讨论。

## 8.10 怎样识别固有风险因素

避免错过一个相关的风险因素的最有效方法就是将风险识别作为了解被审计单位的一部分。审计师对六大领域的了解越多，审计师能够识别的风险因素越多。当识别可能的舞弊情况并且稍后对其采取措施时，了解被审计单位也是有帮助的。要注意管理层越权常常可能发生，并因此掩盖了舞弊（尤其对审计师来说）。

随着了解被审计单位所需的每个领域信息的收集（或更新），将会考虑是否存在相关的经营和舞弊风险。对于已经识别的很多经营风险，仍然需要考虑是否存在舞弊风险。为此，有人建议如果可以的话将舞弊风险和经营风险单独罗列并且将两者分开评估。例如，如果企业产品的销售远景不乐观（风险的一个外部来源），细想财务报表中会出什么错误（影响）。销售不佳可能会导致过量库存，并需降低其账面价值，但是如果这刺激了销售人员为得到奖励而虚增销售，也可能引起舞弊风险。

> **考虑要点**
>
> 识别经营和舞弊风险（固有风险）应在考虑任何可能降低这类风险的内部控制之前进行。降低风险的内部控制将在第 2 卷第 11、12 章提到。这对于识别任何可能存在的特别风险也很重要（参见第 2 卷第 10 章）。

一些识别出的风险因素可能影响到财务报表的特定领域，而另一些风险因素是普遍存在的且和财务报表的很多领域相关。例如，如果高级会计师不胜任这项工作，错误将不仅仅局限于财务报表的某一个领域。另外，如果有人利用该情况实施欺诈，所有资产或负债余额中都可能发生错报，并且可能会被收入和费用交易中的其他错报所掩盖。

普遍风险通常来自于薄弱的内部控制环境，并且可能影响财务报告的很多领域以及披露和认定。普遍风险可能影响财务报表层次的风险评估。审计师会针对财务报表层次的风险采取总体应对措施（例如执行更多的审计工作，分派更多有经验的职员等）。

随着审计的进行，审计师可能识别出额外的风险因素。这些因素应该加到识别出的风险列表中，并在作出任何影响审计策略和审计计划的决定（如所需的进一步审计程序的性质和范围）前对其进行适当地评估。这将确保在对下个阶段进行计划时风险识别和评估已经完成。

推荐的风险识别程序三步法如下表所示：

图8.10－1

| | 风险识别 |
|---|---|
| 第一步：收集被审计单位的基本信息 | 首先要为设计拟实施的风险评估程序获取对被审计单位的基本了解或参照标准。没有这一了解，识别财务报表中发生了什么错误和舞弊是很难的，即使并非不可能。<br>• 获取（或更新）有关被审计单位及其目标、文化、运营、关键员工、内部组织和控制的基本信息。 |
| 第二步：设计、实施和记录风险评估程序 | • 必须实施风险评估程序/活动（见第1卷第8章），从而实现下列目标：<br>——识别出重大错报风险的来源；<br>——获得对被审计单位的恰当了解；<br>——获得必需的辅助审计证据。<br>• 运用上述第一步获得的对被审计单位的基本了解，设计并实施风险评估程序和相关活动。<br>• 在审计项目组中就被审计单位财务报表发生由错误或舞弊引起的重大错报的可能性展开讨论。<br>• 询问管理层如何识别并管理风险因素（尤其是舞弊）以及实际上识别并管理了哪些风险因素。还要询问管理层是否发生了错误或舞弊。<br>• 记录所有识别出的风险因素。 |
| 第三步：将已识别风险与涉及的财务报表重要领域相联系 | 对于每个识别出的风险因素（风险来源），确定其对财务报表可能产生的影响（具体的错报如舞弊和错误）。应当注意的是，一个单独的风险因素能够导致许多不同类型的错报，从而影响财务报表的多个领域。（见以下"考虑要点"的一些例子。）<br>• 识别财务报表中重要的账户余额，各类交易和披露。<br>• 将已识别的风险与受其影响的财务报表的特定领域、披露和认定相联系。如果识别出的风险是普遍的，将其与财务报表整体相联系。识别财务报表领域风险的影响有助于在认定层次评估风险。识别普遍风险的影响有助于在财务报表层次评估风险。 |

> **考虑要点**
>
> 审计师很自然地倾向于从财务报表开始识别风险。例如,由于在前期发现的错误,认为存货的风险较高。但这实际是在确认风险的影响而不是原因。知道存货存在高风险很重要;但如果能知道风险的原因会更好。如果没有识别出风险的来源,有可能漏掉一些风险因素。
>
> **漏掉余额或交易**
>
> 财务报表仅仅是经营决策结果和已记录交易的概括。如果交易没有被记录,或者资产被侵占、或有事项没有披露,与这些漏掉的金额或披露有关的风险因素极有可能无法识别或评估。
>
> **事实收集与风险识别**
>
> 了解被审计单位的过程很容易演变成集中收集关于被审计单位的事实而不是识别风险来源。当发生这种情况时,新的风险因素、事件、交易和舞弊风险都将被遗漏。
>
> **错报的原因和影响**
>
> 如果注意力主要集中在风险因素的影响或结果时(例如,关注存货余额的错误,而不是首先考虑错误发生的原因),可能错过某个重要的风险来源。风险来源是可能首先引起错误发生的事件。存货余额的错误来源可能是人员不足或未经适当培训,过时的内部控制系统,滥用收入确认等会计政策、缺乏对存货的安全保障,或员工公开舞弊,等等。
>
> **造成多重错报的原因**
>
> 一个单独的风险因素常常可能影响许多财务报表余额。例如,经济萧条将影响存货的估价、应收款项的收回、银行协议的遵守,为达到奖励门槛而操纵销售交易,甚至可能是持续经营问题。
>
> **普遍风险**
>
> 如果每次只关注财务报表的一个领域,有些普遍风险和舞弊风险可能无法识别。例如,新会计系统的引入可能导致很多财务报表余额发生错误。另外,可能有人利用新系统的不稳定性实施舞弊。

## 8.11 记录风险识别程序

审计师应当对这些事项的记录方式作出职业判断。例如,根据上述三步法进行风险识别的过程形成的工作底稿包括:

- 被审计单位的信息;

## 8. 固有风险——识别

- 风险评估程序;
- 将已识别的风险和财务报表中可能的错误和舞弊相联系。

图 8.11-1

| 文件 | 描述 |
|---|---|
| 被审计单位的信息 | 记录在了解被审计单位的适当领域时获得的信息,如被审计单位的目标、外部因素、企业性质等等。工作底稿的复杂程度可能差异很大,这取决于被审计单位的规模,可能还受到下列因素的影响:<br>• 客户所准备的信息(比如经营计划和分析);<br>• 外部数据(行业报告,内部员工交流,书面政策和程序);<br>• 相关通信(律师,政府机构等),邮件,咨询报告,备忘录;<br>• 事务所核查表。 |
| 风险评估程序 | 记录实施风险评估程序的具体情况。包括:<br>• 审计项目组对被审计单位的财务报表发生由错误或舞弊引起的重大错报的可能性展开的讨论以及讨论结果;<br>• 了解被审计单位的关键要素,包括:<br>——以上提及的被审计单位的各个领域及其环境;<br>——五个内部控制组成要素,如同卷 1 第 5 章提到的;<br>——获得了解的信息来源;<br>• 在财务报表层次和认定层次识别和评估的重大错报风险。 |
| 将已识别风险与财务报表中可能的错误和舞弊相关联 | 记录财务报表中重要的账户余额,各类交易和披露;然后,对每个识别的风险来源,指出其是否:<br>• 对财务报表整体是普遍的;<br>• 仅限于财务报表的特定领域、披露和认定。 |

有很多方法记录已经识别的风险。下表阐述了记录已识别的风险的一种方法。下表按照了解的领域(外部因素,被审计单位的性质等)展示了风险来源,风险的影响或可能的结果,以及受到影响的财务报表领域。

图 8.11-2

| 风险来源 | 风险对财务报表的影响(错误或舞弊) | 被影响的财务报表领域或普遍风险 |
|---|---|---|
| 企业目标 | | |
| 本年引入新产品 | 成本分摊和存货估价的错误 | 存货估价 |
| | 新产品的成本计算和定价方法/系统可能为舞弊和错误创造机会。 | 存货准确性 |

续表

| 风险来源 | 风险对财务报表的影响（错误或舞弊） | 被影响的财务报表领域或普遍风险 |
|---|---|---|
| 企业目标 | | |
| 本年引入新产品 | 新的融资需求使遵守现有的银行契约变得困难。如果企业违背了协议，贷款随时可能到期。 | 注意融资、债务契约和贷款分类的披露情况 |
| | 管理层可能受诱惑，操纵财务报表以保证遵守与银行签订的契约。 | 普遍风险 |
| 高级会计师未受到适当地培训 | 财务报表中的错误 | 普遍风险 |
| | 舞弊的机会 | 普遍风险 |

**考虑要点**

**风险位置**

考虑将识别出的所有风险因素记录在同一份文件、同一个地方，或在工作底稿中使用共同的档案索引编号。这样做有很多好处：

- 使档案复核更轻松。所有识别出的风险可以在同一个地方找到；
- 使评估保持一致性。当对所有的风险一起复核时，评估的与众不同的特定风险会更明显；
- 风险分类（使用电子表格）使最重要的风险能够显示在图表顶端。在这种方法下，档案复核者可以对其检查，确保已对所有识别出的重要风险进行了恰当的应对。

**分别列示舞弊和经营风险因素**

将舞弊风险和经营风险因素分开列示和评估。很多经营风险也为舞弊的发生创造了机会。如果没有单独考虑舞弊，可能会错过一些舞弊风险因素。例如，一个新会计系统可能引起错误（经营风险），但是也可能为一些人提供操纵财务报表结果或占用资产的机会（舞弊风险）。分别考虑这两种风险的另一个原因是，对舞弊风险的审计应对（识别可能存在的所有模式，例外情况，或怪异之处）可能和对相关经营风险的应对差别很大。

**推迟风险评估**

避免只列出有可能重大或重要的风险因素的想法。风险或事件识别的关键一点是尽可能全面地列出风险因素。在对每一风险进行适当评估后通常会删除不重要的风险因素。这将有助于确保所有重要风险的确已识别出来。

**尽可能再利用工作底稿**

避免每一期间不得不重新记录识别出的风险因素和对被审计单位的了解。如果有关实施的风险评估程序和已识别风险的信息是以一种结构化的方式获得的（参见上述"风险位置"），每期进行更新将会很容易。初始（即第一个期间）准备可能需要更多时间，但是在随后的每个时期却节省了时间。但是，每一期间必须执行适当的风险评估程序并加以记录，并指出发生的任何变化。还要确保每个文件记录了信息更新的情况。

**风险的影响**

"风险对财务报表的影响"是最重要且最难完成的部分。在这一栏审计师阐明了已识别风险的影响。销售额下滑是一个风险因素，但是如果企业对此做了适当记录，这将不会导致重大错报风险。但销售额下滑将导致存货的过时或者高估，并且应收款项将变得难以收回。审计师需要识别出每一风险因素的影响，从而作出适当的审计应对。

注：识别出的风险来源在本例中有多重影响，每个都是单独考虑的。如果风险来源的各种影响没有分解成单独的组成部分，不仅仅风险评估程序将变得更困难，而且审计师很容易错过一些风险的影响（比如舞弊）。

## 8.12 案例研究——固有风险——识别

案例研究的详细资料请参考第 2 卷第 2 章——案例研究概述。

风险识别包括：

- 实施风险评估程序以了解被审计单位并识别出经营风险和舞弊风险的可能来源（原因），包括实施 ISAs 条款中扼要叙述的特定风险评估程序，如关于舞弊的 ISA240，关于评估的 ISA540，关于关联方的 ISA550 和关于持续经营的 ISA570。
- 记录识别出的风险。通常采用"风险登记表"进行风险记录，在该表中列出所有的风险并进行评估。
- 对于识别出的每个风险来源，考虑会导致发生财务报表中哪种类型的错报（错误和舞弊），即每种风险的"效果"。

需要记录的内容：

- **对被审计单位的了解**

以备忘录的形式进行记录，这与第 2 卷第 2 章中描述的两个案例研究的细节相似。

- **涉及的风险因素**

记录已识别的风险（包括经营和舞弊风险）的起因和影响的一种方法是把它们

罗列在结构化格式的表格中，如下面列示的风险登记表。这将确保所有的风险被记录在一个地方且风险评估是统一的。另一种可替代的方法是把风险罗列在格式化的备忘录中。避免把经营风险和舞弊风险罗列在同一张表格中。经营风险的评估和应对可能与舞弊风险完全不同。

## 案例研究 A——Dephta 家具公司

计划的风险评估程序：
1. 记录从以下途径识别的潜在风险因素：
（1）客户承接/保持程序；
（2）为被审计单位提供的其他类型业务；
（3）以前的审计业务。
2. 检查最近的试算平衡表以了解：
（1）收入和费用的变化趋势；
（2）资产和负债的变化。
询问识别出的重大变化或趋势的原因。
3. 通过阅读被审计单位的经营计划、预算、会议记录和最近的财务结果等重要文件识别潜在的风险因素。
4. 就以下问题询问管理层和关键的财务人员：
（1）经营目标、行业趋势、管理层对目前和潜在风险因素的评估和他们的应对计划；
（2）在该会计期间发生的重大事件或变化；
（3）所有声称的、怀疑的或实际的舞弊；
（4）所有绩效奖金或激励计划；
（5）该会计期间内关联方交易的认定、性质/金额；
（6）所有持续经营事件或情况；
（7）引起会计估计的交易、事件或情况；
（8）针对被审计单位或者关键员工的诉讼/索赔的性质、范围和状况。
5. 就以下情况询问治理委员会成员：
（1）治理委员会的构成、授权和会议情况；
（2）所有管理层凌驾、舞弊或疑似舞弊的情况；
（3）他们对以下方面的看法：
——管理层监督的效果；
——控制环境（文化、胜任能力、态度等等）。
（4）财务报表容易产生舞弊的领域。

# 8. 固有风险——识别

6. 识别被审计单位中能提供关于潜在风险因素及其自上期以来发生变化的信息的其他人员（如果有）。

下面列示了Dephta家具公司记录实施风险评估程序的结果的一种结构化格式：

| 经营风险 | | |
|---|---|---|
| 风险事件/来源 | 风险因素的影响 | 认定 |
| | 财务报表的哪些领域可能发生错报？是什么样的错报？ | P CAEV |
| 经济萧条 | 应收账款将难以收回 | V |
| 经济萧条 | 存货可能发生减值 | V |
| 存货管理人员曾犯过错误 | 存货余额可能被高估/低估并且可能影响估价 | CAEV |
| 持续增长（虽然经济萧条）而且存货内部控制不佳 | 违反债务契约 | P |
| 很多领域的一般信息技术控制都很薄弱 | 数据完整性可能受到威胁或者数据甚至会丢失 | P |
| 在别国寻求新的销售 | 应收款项的外汇兑换风险 | A |

释义：

P = 普遍的（所有认定）

C = 完整性

A = 准确性

E = 存在性

V = 估价

| 舞弊风险 | | |
|---|---|---|
| 风险事件/来源 | 风险因素的影响 | 认定 |
| | 财务报表的哪些领域可能发生错报？是什么样的错报？ | P CAEV |
| 压力 | | |
| 尽可能降低税务负担 | 为了降低收入，管理层在进行估计（如存货估价）时存有偏见 | CAV |
| 尽可能降低税务负担 | 未经授权的日记账分录或者操纵财务报表 | P |
| 快速成长带来融资压力 | 操纵财务报表以避免违反银行协议 | P |
| 销售人员的奖金基于某些临界值 | 虚增销售额以达到这些临界值 | E |
| 为获取协议而行贿 | 损害声誉，高估费用，未支付的罚金 | CAE |
| 机会 | | |

续表

| 舞弊风险 | | |
|---|---|---|
| 价值高、易携带的存货 | 存货中的物品失窃 | E |
| 大量发生现金销售 | 货物失窃/现金失窃 | E |
| 关联方交易 | 在财务报表中没有完整、准确地对销售/采购进行估价或披露。 | P |
| 利用关联方交易大幅扩张 | 销售/采购可能被低估/高估。无法收集关联方交易金额。通过将"有风险的"余额转移给关联方可以达到操纵财务报表的目的。即用关联方余额替代有风险的余额。 | V |
| 借口 | | |
| 临时工作人员士气低迷 | 商品或现金失窃 | E |

释义:

P = 普遍的(所有认定)

C = 完整性

A = 准确性

E = 存在

V = 估价

## 案例研究 B——Kumar 公司

计划实施的风险评估程序:

1. 询问行业状况,更新我们对被审计单位的了解(工作底稿和风险评估备忘录)。包括:

(1) 与 Raj 和 Ruby(记账员)讨论今年发生了哪些变化。特别关注人事或组织变化、关联方交易、管理层估计、持续经营的不确定性和管理层遵守相关法律法规的情况;

(2) 询问本年度业务的变化,新的法律法规和计划的未来变化;

(3) 询问 Raj 在工作上所花的时间减少所产生的影响和与此有关的风险。问 Raj 下一年是恢复以前的职责,还是继续在家庭事务上投入时间;

(4) 去年管理层估计的结果;

(5) 本年发生的所有舞弊和容易发生舞弊的领域的情况;

(6) 和 Dephta 公司的交易的类型和性质的变化;

(7) 记录识别出的所有新风险的来源和影响，并指出是否实施了新的内部控制降低这些风险。

2. 检查最近的试算平衡表，以了解：

(1) 收入和费用的变化趋势；

(2) 资产和负债的变化。

询问识别出的重大变化或趋势的原因。

**存档的备忘录——Kumar 公司**

固有风险识别

根据工作底稿×.×（该底稿包含了需要了解的六个领域中存在的风险的潜在来源），我们实施了风险评估程序，其结果是识别出如下风险因素：

**经营风险**

**Raj 未参加操作过程——普遍风险**

- 由于 Raj 关注于个人的家庭事务，会计记录的质量和准确性可能受到影响。财务报表可能出现重大错报。

**风险评估：**（在第 2 卷第 9 章介绍）

**风险应对：**（在第 2 卷第 16 章介绍）

- Raj 过去一向在装运之前对商品质量进行检查。出售产品的质量可能受到影响，从而导致更多销售退回或无法销售的存货。（估价）

**风险评估：**（在第 2 卷第 9 章介绍）

**风险应对：**（在第 2 卷第 16 章介绍）

**经济萧条和经济依赖性**

- Kumar 公司依赖于它的主要客户——Dephta 家具公司，该公司代表其 90% 的销售额。在这次经济萧条中，Dephta 可能取消订单。带来的影响是违反银行契约和高估的资产。

- 销售额的下滑和流动性压力可能导致操纵财务报表，以避免违反银行契约。

- 如果银行要求还款，企业可能无法继续持续经营。这将导致应该在财务报表中进行披露的重大不确定性，以及财务报表编制基础（例如，持续经营假设）的评估。这会影响所有的认定。

**风险评估：**（在第 2 卷第 9 章介绍）

**风险应对：**（在第 2 卷第 16 章介绍）

**舞弊风险**

**尽可能降低税金**

- 管理层决心尽量降低税务负担。管理层估计可能存在偏差，或使用未经

授权的会计分录。（完整性、准确性）

**风险评估：**（在第 2 卷第 9 章介绍）

**风险应对：**（在第 2 卷第 16 章介绍）

**Raj 未参加业务过程——普遍风险**

- Raj 的缺席将导致对 Ruby 工作的监督降至最低。此外，Ruby 似乎士气低落（潜在的借口）且承受着个人财务压力（可能的动机）。结果，Ruby（工作中受到的监督极少）有动机、机会和借口盗用现金/商品。这应该被视为舞弊风险。

**风险评估：**（在第 2 卷第 9 章介绍）

**风险应对：**（在第 2 卷第 16 章介绍）

**关联方**

- 可能操纵与关联方的交易，从而导致销售收入高估。（估价）还应当注意是否可能存在其他关联方以及期末关联方交易余额的估价/准确性。

**风险评估：**（在第 2 卷第 9 章介绍）

**风险应对：**（在第 2 卷第 16 章介绍）

| 编制：FJ | 日期：20×2 年 12 月 8 日 |
| 复核：LF | 日期：20×3 年 1 月 5 日 |

# 9. 固有风险——评估

| 本章内容 | 相关国际审计准则 |
|---|---|
| 如何评估财务报告中识别的重大错报风险 | ISA240、315 |

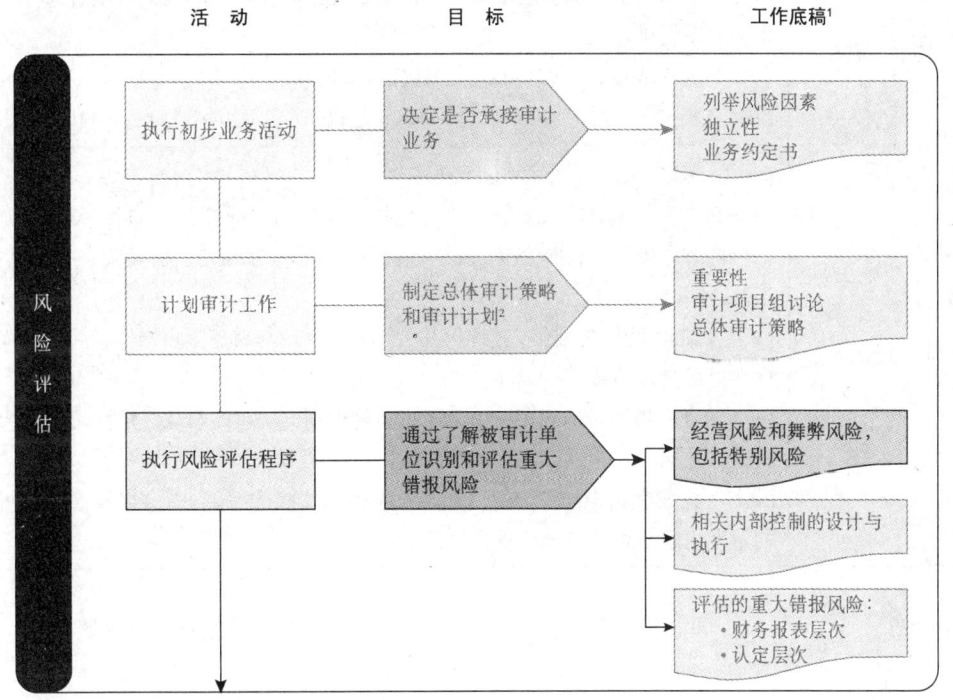

图 9.0-1

注：

1. 所要求的更为完整的工作底稿清单，请参见 ISA230。

2. 计划审计工作（ISA300）是一个持续的、不断修正的过程，贯穿于整个审计过程中。

| 条款 | 国际审计准则相关内容摘录 |
|---|---|
| ISA240.25 | 按照 ISA315 的规定，审计师应当在财务报表层次和各类交易、账户余额、披露的认定层次识别和评估由于舞弊导致的重大错报风险。 |

续表

| 条款 | 国际审计准则相关内容摘录 |
|---|---|
| ISA240.26 | 在识别和评估由于舞弊导致的重大错报风险时,审计师应当基于收入确认存在舞弊风险的假定,评价哪些类型的收入、收入交易或认定导致舞弊风险。如果审计师认为收入确认存在舞弊风险的假定不适用于业务的具体情况,从而未将收入确认作为由于舞弊导致的重大错报风险领域,审计师应当按照本国际审计准则第47段的规定形成相应的审计工作底稿。(参见:第A28 – A30段) |
| ISA240.27 | 审计师应当将评估的由于舞弊导致的重大错报风险作为特别风险。如果此前未了解与此类风险相关的控制,审计师应当了解相关控制,包括了解控制活动。(参见:第A31 – A32段) |
| ISA315.25 | 审计师应当在下列两个层次识别和评估重大错报风险,为设计和实施进一步审计程序提供基础:<br>(a) 财务报表层次;(参见:第A105 – A108段)<br>(b) 各类交易、账户余额和披露的认定层次。(参见:第A109 – A113段) |
| ISA315.26 | 为了实现这一目的,审计师应当:<br>(a) 在了解被审计单位及其环境(包括与风险相关的控制)的整个过程中,结合对财务报表中各类交易、账户余额和披露的考虑,识别风险;(参见:第A114 – A115段)<br>(b) 评估识别出的风险,并评价其是否更广泛地与财务报表整体相关,进而潜在地影响多项认定;<br>(c) 结合对拟测试的相关控制的考虑,将识别出的风险与认定层次可能发生错报的领域相联系;(参见:第A116 – A118段)<br>(d) 考虑发生错报的可能性(包括发生多项错报的可能性),以及潜在错报的重大程度是否足以导致重大错报。 |

## 9.1 概述

风险识别(上一章有所涉及)包括:

- 实施风险评估程序以通过了解被审计单位识别风险来源(原因);
- 确定识别出的风险来源可能产生的影响(财务报表中的潜在错报),包括舞弊的可能性;
- 把风险的影响与受到影响的财务报表相关领域和认定相联系,或者判定风险对财务报表整体来说是普遍的并且潜在地影响很多认定。

下一步是评估识别的风险并且判定它们对财务报表审计的重要性。此外,在考虑可以降低风险的内部控制之前评估固有风险会更好。

## 9. 固有风险——评估

风险评估涉及对风险的两个特征的考虑：
- 风险导致错报发生的可能性多大？
- 如果风险真的存在，其严重性有多大（货币影响）？

**错报发生的可能性**

风险发生的可能性是多大？审计师可以简单地用高、中等、低来评估这种可能性，或者能够用分值代替，比如 1 到 5。分值提供了一个稍微精确的评估。得分越高，风险发生的可能性越大。

**如果确实产生了风险，其严重性（货币影响）如何**

如果产生了风险，货币影响将会有多大？需要以某具体金额为标准对这个判断进行评估，比如实际执行的重要性。如果不这样做，不同的人（心里有不同的重要性金额）将得出完全不同的结论。在审计中，该具体金额与财务报表整体的重大错报有关。这个评估也可以简单地用高、中等、低来评价，或者赋以分值，比如 1 到 5。得分越高，风险的严重性越高。

---

**考虑要点**

如果用分值来评估可能性和严重性，两个数相乘可以表示综合或总体的风险评估得分。在考虑是否存在特别风险时这种计算很有用。此外，如果使用了电子工作表格，可以对风险清单进行排序和分类，以便使识别的最重要的风险总是在表格的顶部。这些信息对复核文件和确保对评估的风险作出了恰当应对都很有用。

在风险因素较少并且已经确定了审计应对的小规模企业，这两个评估（可能性和严重性）仍然可以分开考虑，但记录其综合评估结果。

---

风险评估（使用高、中、低的评价标准）的步骤如下图所示。

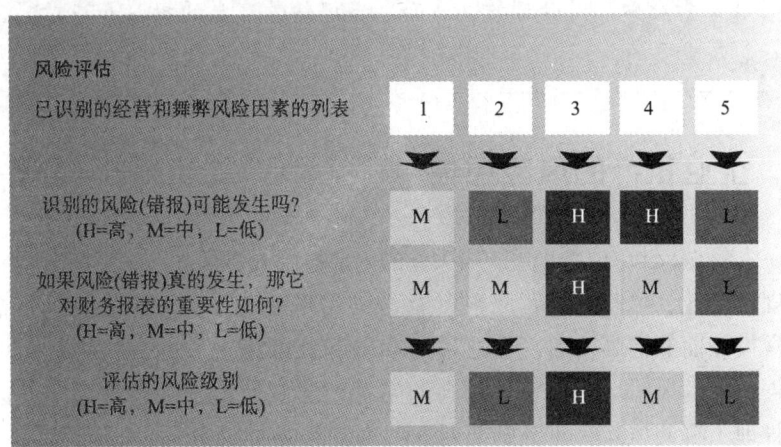

图 9.1-1

风险评估程序的结果也可以用图表来表示，如下图所示。一些商业软件包提供了绘图的工具。

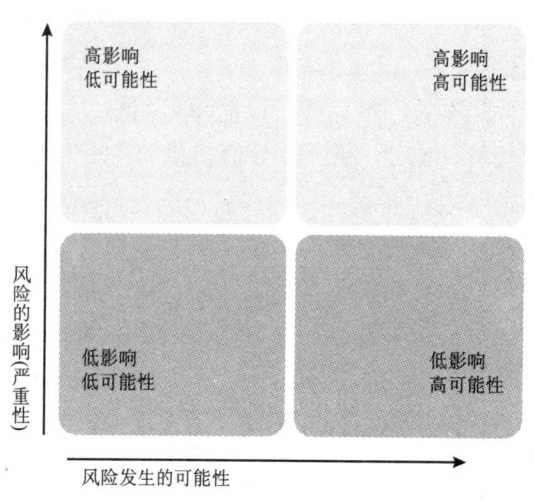

图 9.1 – 2

落在图表中"高影响（重要性），高可能性"区域的风险显然需要管理层采取措施来缓解。此外，这些风险很可能被判断为重大，从而需要进行特殊的审计考虑（参考卷 2 第 10 章）。

> **考虑要点**
>
> **和管理层的讨论**
>
> 当审计师记录并评估风险因素时，和被审计单位管理层讨论评估结果非常重要。这种讨论将有助于确保没有忽视任何一项风险因素并且审计师对风险的评估（可能性和影响）是合理的。然而，当评估管理层的投入和应对时，保持职业怀疑总是重要的。

## 9.2 企业执行的风险评估

风险评估是被审计单位管理层应当关注的内部控制五要素之一（见第 1 卷第 5 章）。在小规模企业，风险评估程序很可能不正式并且是非结构化的。对小企业风险的认识通常模糊而非清晰。管理层通过与雇员和外部第三方的直接接触，可能了解与财务报告相关的风险。因而审计师会询问管理层如何识别和管理风险，以及实际上识别并管理了哪些风险。审计师要对这些询问结果进行记录。

当管理层了解了采用更正式的风险评估流程所带来的好处时，它可能决定建立、实施和记录它自己的流程。当发生这种情况时，审计师将对下列方面进行评价：

- 对管理层的风险评估流程的控制；
- 已识别的经营和舞弊风险的完整性。一般将其记录在通常被称为"风险登记表"的文件中；
- 管理层对风险的严重性及其发生的可能性的评估；
- 管理层针对评估的风险采取的应对措施。

如果管理层没有能识别关键风险，需要考虑被审计单位的风险评估流程是否存在重大缺陷。

## 9.3 记录评估的风险

在评估风险因素时应当运用职业判断。

在以下两个层次对重大错报风险进行评估：

- 财务报表层次；
- 各类交易、账户余额和披露的认定层次。

工作底稿可以采用备忘录或风险（舞弊）清单的形式，如表9.3－1所示。应注意以下几点：

- 下表中头两列在第2卷第8章讨论的风险识别中完成。
- "认定"栏是对以下方面的评估：

——与受风险影响的财务报表领域或披露有关的具体认定。这将有助于在认定层次对风险进行评估；

——影响很多认定，并且影响财务报表层次风险评估的普遍风险。

- 目前评估的风险是固有风险。控制风险在第2卷第11、12章讲述。
- 在对风险发生可能性和重要性进行评估时，用1代表低可能性/严重性，5代表高可能性/严重性。这两个数值相乘可以提供一个综合的总分值。但也可以只是简单地用高、中、低来评估这些风险。

表9.3－1

| 会计期间：20×2年12月31日　　重要性50 000欧元 | | | | | |
|---|---|---|---|---|---|
| 风险事件/来源 | 风险因素的影响 | 认定 PCAEV | 固有风险评估 | | |
| | | | 发生的可能性 | 影响金额 | 综合得分 |
| 销售人员的报酬以销售佣金为基础 | 为了实现奖金目标，可能虚构销售，将销售计入错误的时期，夸大销售，或者采用与标准条款和条件不同的条款 | EA | 4 | 4 | 16 |

续表

| 会计期间：20×2年12月31日　重要性50 000欧元 | | | 固有风险评估 | | |
|---|---|---|---|---|---|
| 风险事件/来源 | 风险因素的影响 | 认定 PCAEV | 发生的可能性 | 影响金额 | 综合得分 |
| 为了避免银行的询问，掩盖无法遵守债务契约的事实 | 将费用递延的未经授权的会计分录，管理层估计的偏差，等等。 | P | 2 | 5 | 10 |
| 员工虚构的供应商 | 在物价上涨时支付费用，或者为没有提供的服务/商品付款 | EA | 2 | 4 | 8 |
| 未识别的关联方交易。没有参与经营的股东可能处于不利地位 | 收入和费用没有以公平市价记录 | P | 3 | 5 | 15 |
| 未加以记录也未存入银行的零件和服务的现金销售收入 | 低估收入和资产 | CAE | 4 | 1 | 4 |

**考虑要点**

在记录风险因素时，要考虑在以后的期间如何更新和运用。用结构化的格式（比如上图）将信息记录在一个地方可能最初花费的时间稍多一些，但是将来更新时要容易得多。结构化的格式还有助于确保：

- 不会多次对同一风险作出应对（如果延伸至整个审计文件，将发生这种情况）；
- 对每个风险的评估都是一致的；
- 识别的特别风险；
- 轻松复核。电子表格使审计师可以按照综合分值，或者根据发生的可能性或者影响对风险（已评分）进行分类；
- 可以与客户共享风险清单（获得他们的输入），或者要求客户编制风险因素清单供审计师审核。

## 9.4　案例研究——固有风险——评估

案例研究的详细资料请参考第2卷第2章——案例研究概述。

在使用结构化表格记录风险评估时，可以使用如第2卷第8章所示的那种表格。审

# 9. 固有风险——评估

计应对栏可以用来将风险因素和特定的审计程序或针对已识别风险的审计程序相互对照。

如果使用了备忘录,可以将风险评估和风险应对加入第 2 卷第 8 章所示的备忘录中。

## 案例研究 A——Dephta 家具公司

| 经营风险 | | | | | | |
|---|---|---|---|---|---|---|
| 风险事件/来源 | 风险因素的影响 | 认定 | 固有风险评估 | | | 特别风险?Y/N |
| | 财务报表的什么领域将以何种方式错报? | PCAEV | 发生的可能性 | 金额影响 | 综合得分 | |
| 持续增长(尽管经济萧条)并且存货控制薄弱 | 违反债务契约 | P | 4 | 5 | 20 | Y |
| 存货人员曾犯过错误 | 存货余额可能被高估或被低估,从而影响了存货价值 | CAEV | 5 | 3 | 15 | N |
| 很多领域的一般信息技术控制薄弱 | 数据完整性可能受到影响或者数据甚至可能丢失 | P | 3 | 5 | 15 | N |
| 经济萧条 | 需要对存货计提资产减值 | V | 3 | 3 | 9 | N |
| 在别国开发新的销售领域 | 应收款项的外汇交易风险 | A | 2 | 2 | 4 | N |
| 经济萧条 | 应收款项将难以收回(例如,估价过高) | V | 1 | 3 | 3 | N |

注释:    用 1–5 评估发生的可能性  用 1–5 评估重要性程度(影响金额)

P = 普遍的(所有认定) 1 = 几乎不可能    1 = 不重要

C = 完整性       2 = 不太可能    2 = 较轻微

A = 准确性       3 = 可能      3 = 中等

E = 存在        4 = 很可能      4 = 较大

V = 估价        5 = 几乎肯定    5 = 重要

(说明:综合风险评估得分超过 20 分的风险因素应该作为"特别"舞弊风险加以考虑。)

注:可能违反银行契约的综合风险得分是 20 分,因此被认为是一项特别风险。特别风险需要审计师进行特殊审计考虑,包括获取对被审计单位与这类风险相关的控制的了解。

| 舞弊风险 | | | | | | |
|---|---|---|---|---|---|---|
| 风险事件/来源 | 风险因素的影响 | 认定 | 固有风险评估 | | | 特别风险？Y/N |
| | 财务报表的哪些领域可能发生错报？是什么样的错报？ | PCAEV | 发生的可能性 | 金额影响 | 综合得分 | |
| **压力** | | | | | | |
| 尽可能降低税务负担 | 未经授权的会计分录或者操纵财务报表 | P | 4 | 5 | 20 | Y |
| 快速成长带来的融资压力 | 操纵财务报表以避免违反银行契约 | P | 4 | 5 | 20 | Y |
| 尽可能降低税务负担 | 为了降低收入，管理层在进行估计时存有偏向 | CAV | 4 | 4 | 16 | Y |
| 根据超过特定门槛的销售收入计算销售人员的奖金 | 虚增销售额以达到门槛，但奖金数额很少 | E | 3 | 2 | 6 | N |
| 通过行贿获得合同 | 声誉受损，高估费用，未预见的罚款 | CAE | 2 | 2 | 4 | N |
| **机会** | | | | | | |
| 收入确认 | 会计政策的应用不一致 | CAE | 3 | 4 | 12 | Y |
| 利用关联方交易大幅扩张 | 销售采购可能被低估高估 | V | 4 | 5 | 20 | Y |
| 价值高、易携带的存货 | 存货中的商品失窃 | E | 4 | 3 | 12 | N |
| 大量发生现金销售 | 商品失窃/现金失窃 | E | 4 | 3 | 12 | N |
| 关联方交易 | 在财务报表中没有完整、准确地对销售/采购进行估价或披露 | P | 3 | 4 | 12 | N |
| **借口** | | | | | | |

续表

| 舞弊风险 | | | | | | |
|---|---|---|---|---|---|---|
| 风险事件/来源 | 风险因素的影响 | 认定 | 固有风险评估 | | | 特别风险? Y/N |
| | 财务报表的哪些领域可能发生错报？是什么样的错报？ | PCAEV | 发生的可能性 | 金额影响 | 综合得分 | |
| 临时工作人员士气低迷 | 商品或现金失窃 | E | 3 | 2 | 6 | N |

注释：　　　　　　　　　用 1–5 评估发生的可能性　　用 1–5 评估重要性程度（影响金额）
P = 普遍的（所有认定）　　1 = 几乎不可能　　　　　　　1 = 不重要
C = 完整性　　　　　　　　2 = 不太可能　　　　　　　　2 = 较轻微
A = 准确性　　　　　　　　3 = 可能　　　　　　　　　　3 = 中等
E = 存在　　　　　　　　　4 = 很可能　　　　　　　　　4 = 较大
V = 估价　　　　　　　　　5 = 几乎肯定　　　　　　　　5 = 重要

（说明：综合风险评估得分超过 20 分的风险因素应该作为"特别"舞弊风险加以考虑。）

注：可能发生的管理层估计偏差、未经授权的会计分录、快速增长带来的融资压力和关联方交易已评估为特别风险（即综合风险得分超过 20 分）。特别风险需要审计师进行特殊的审计考虑，包括获得对被审计单位与这类风险相关的控制的了解。如果没有控制，很可能存在重大缺陷。应当注意的是，收入确认的综合得分虽然低于 16 分，但仍假定为特别风险（参考 ISA240.26）。

## 案例研究 B——Kumar 公司

**备忘录——Kumar 公司**

**固有风险识别**

重要性 = 3 000 欧元

根据工作底稿 ×.×（该底稿包含了需要了解的六个领域中存在的风险的潜在来源），我们实施了风险评估程序，其结果是识别出如下风险因素：

**经营风险**

**Raj 未参加操作过程——普遍风险**

- 由于 Raj 关注于个人的家庭事务，会计记录的质量和准确性可能受到影响。财务报表可能出现重大错报。

**风险评估**：发生的可能性高/严重性高（与重要性相比）= 高风险，同时也是特别风险。见第 ×.× 号工作底稿。

**风险应对：**（在第 2 卷第 16 章介绍）

- Raj 过去一向在装运之前对商品质量进行检查。出售产品的质量可能受到影响，从而导致更多销售退回或无法销售的存货。（估价）

**风险评估：** 可能性低/严重性低＝低风险

**风险应对：**（在第 2 卷第 16 章介绍）

**经济萧条和经济依赖性——普遍风险**

- Kumar 公司依赖于它的主要客户——Dephta 家具股份有限公司，该公司代表其 90% 的销售额。在这次经济萧条中，Dephta 可能取消订单。带来的影响是违反银行契约和高估的资产。如果银行要求还款，企业可能无法继续持续经营。（估价）

**风险评估：** 中等的可能性/中等级别＝中度风险

**风险应对：**（在第 2 卷第 16 章介绍）

**舞弊风险**

**收入确认**

- 会计政策的应用可能不一致。

**风险评估：** 可能性中/严重性中＝中度风险，但是 ISA240.26 将其假定为一项特别风险，此处也将这样处理。

**风险应对：**（在第 2 卷第 16 章介绍）

**尽量降低税金——普遍风险**

- 管理层可能偏向于尽可能降低税务负担。管理层估计可能存在偏向，或使用未经授权的会计分录。（完整性、准确性）

**风险评估：** 可能性高/严重性中＝中度至高度风险，且应该作为一项特别风险考虑。

**风险应对：**（在第 2 卷第 16 章介绍）

**经济萧条和经济依赖性——普遍风险**

- 销售额的下滑和流动性压力可能导致操纵财务报表，以避免违反银行契约。（所有认定）

**风险评估：** 可能性中/严重性高＝中度至高度风险，且应该作为一项特别风险考虑。

**风险应对：**（在第 2 卷第 16 章介绍）

**Raj 未参加业务过程——普遍风险**

- Raj 的缺席将导致对 Ruby 工作的监督降至最低。此外，Ruby 似乎士气低落且承受着个人财务压力。这为现金/商品失窃（存在）和财务报表操纵创造了动机、机会和借口。

## 9. 固有风险——评估

**风险评估：** 可能性中/严重性中＝中度风险

**风险应对：**（在第2卷第16章介绍）

**关联方**

- 可能操纵与关联方的交易，从而导致销售收入高估。（估价）

**风险评估：** 可能性中/严重性中＝中度风险，且应该作为一项特别风险来考虑

**风险应对：**（在第2卷第16章介绍）

注：特别风险需要审计师作出特殊的审计考虑，包括获得对被审计单位与这类风险相关的控制的了解。如果没有控制，很可能存在重大缺陷。

# 10. 特别风险

| 本章内容 | 相关国际审计准则 |
|---|---|
| 介绍特别风险的性质和判断,以及对审计的影响。 | ISA240、315、330 |

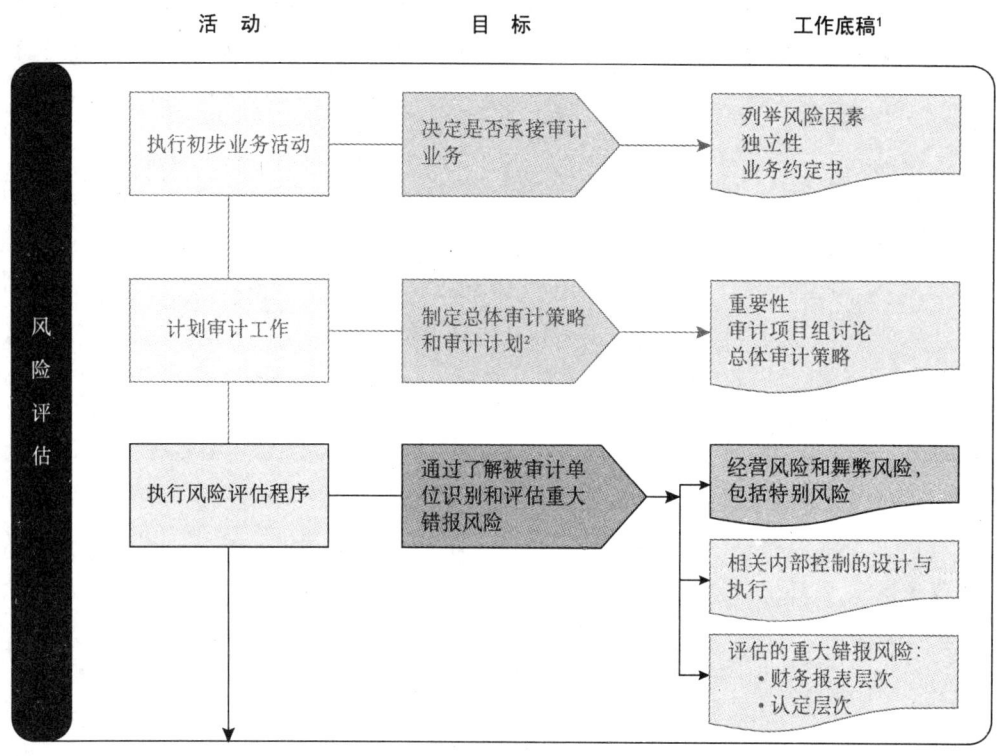

图 10.0–1

注:
1. 所要求的更为完整的工作底稿清单,请参见 ISA230。
2. 计划审计工作(ISA300)是一个持续的、不断修正的过程,贯穿于整个审计过程中。

# 10. 特别风险

| 条款 | 国际审计准则相关内容摘录 |
|---|---|
| ISA240.26 | 在识别和评估由于舞弊导致的重大错报风险时,审计师应当基于收入确认存在舞弊风险的假定,评价哪些类型的收入、收入交易或认定导致舞弊风险。如果审计师认为收入确认存在舞弊风险的假定不适用于业务的具体情况,从而未将收入确认作为由于舞弊导致的重大错报风险领域,审计师应当按照本国际审计准则第47段的规定形成相应的审计工作底稿。(参见:第A28-A30段) |
| ISA315.4 | 就国际审计准则而言,对下列术语给予以下定义:<br>(e) 特别风险——审计师识别和评估的、根据判断认为需要特别审计考虑的重大错报风险。 |
| ISA315.25 | 审计师应当在下列两个层次识别和评估重大错报风险,为设计和实施进一步审计程序提供基础:<br>(a) 财务报表层次;(参见:第A105-A108段)<br>(b) 各类交易、账户余额和披露的认定层次。(参见:第A109-A113段) |
| ISA315.27 | 作为第25段所述的风险评估的一部分,审计师应当根据职业判断,确定识别出的风险是否为特别风险。在进行判断时,审计师不应考虑识别出的控制对相关风险的抵消效果。 |
| ISA315.28 | 在判断哪些风险是特别风险时,审计师应当至少考虑下列方面:<br>(a) 风险是否属于舞弊风险;<br>(b) 风险是否与近期经济环境、会计处理方法或其他方面的重大变化相关,因而需要特别关注;<br>(c) 交易的复杂程度;<br>(d) 风险是否涉及重大的关联方交易;<br>(e) 财务信息计量的主观程度,特别是计量结果是否具有高度不确定性;<br>(f) 风险是否涉及异常或超出正常经营过程的重大交易。(参见:第A119-A123段) |
| ISA315.29 | 如果认为存在特别风险,审计师应当了解被审计单位与该风险相关的控制(包括控制活动)。(参见:第A124-A126段) |
| ISA330.21 | 如果认为评估的认定层次重大错报风险是特别风险,审计师应当专门针对该风险实施实质性程序。如果针对特别风险实施的程序仅为实质性程序,这些程序应当包括细节测试。(参见:第A53段) |
| ISA550.18 | 在按照ISA315的规定识别和评估重大错报风险时,审计师应当识别和评估与关联方关系及其交易相关的重大错报风险,并确定这些风险是否为特别风险。在确定时,审计师应当将识别出的、超出被审计单位正常经营过程的重大关联方交易确定为特别风险产生的来源。 |

续表

| 条款 | 国际审计准则相关内容摘录 |
|---|---|
| ISA550.19 | 如果在实施与关联方有关的风险评估程序和相关工作中识别出舞弊风险因素（包括与存在具有支配性影响的关联方有关的情形），审计师应当按照ISA240的规定，在识别和评估由于舞弊导致的重大错报风险时考虑这些信息。（参见：第A6段，A29-A30段） |

## 10.1 概述

在识别和评估了经营和舞弊风险之后，就要考虑是否存在特别风险。根据审计师的判断，评估的重大错报风险高到需要给予特殊的审计考虑时，就存在特别风险。

应当在考虑任何减轻风险的控制之前对特别风险进行评估。特别风险以固有风险（在考虑相关内部控制之前）而非综合风险（同时考虑固有风险和内部控制风险）为基础。例如，一家拥有大量钻石存货的公司被偷窃的固有风险很高。管理层的应对措施是保持安全设施。重大错报的综合风险因此减至最小。然而，因为失窃的风险（考虑内部控制之前）很高，而且风险的大小对财务报表有重要的影响，这项风险将被判断为"重大的"。

> **考虑要点**
>
> 在考虑是否存在特别风险时，可能很难忽视相关内部控制的缓解作用。当审计师很了解执行内部控制的人员并且这些人非常胜任其工作的时候，情况尤其如此。
>
> 需要把固有风险从存在的控制中分离出来。例如，当一个成年人穿过一条繁忙的街道时，他可能不会认为这个行为非常危险。这是因为，可以预期成年人会用他们的眼睛、耳朵和以前的经验（穿过街道的经验）来确保安全通过。但是这样的风险评估将穿越街道涉及的固有风险和许多控制活动（眼睛、耳朵和以前经验的使用）结合起来了。为了评估穿越街道是否存在特别风险（也就是，没有任何控制活动之前），必须让人们蒙上眼睛、塞住耳朵，然后要求他们穿过街道。

## 10.2 举例

下表列示了特别风险的一些例子。

## 10. 特别风险

图 10.2 – 1

| 来源 | 举例 |
|---|---|
| 高风险活动 | 包括很容易发生重大错报的业务和事件。例如，珠宝商持有的值钱的钻石和金条等存货，或者即将引进的新的/复杂的会计系统。 |
| 大型非常规交易（规模或性质） | 对于识别出的在被审计单位正常的经营范围之外的重大关联方交易，应当认为其将导致特别风险。<br>包括很少发生的大额交易。例如：<br>• 与某关联方的常规交易额出现异常；<br>• 主要的销售或供应合同；<br>• 主要营业资产或业务部门的购买或销售；<br>• 将业务出售给第三方。<br>由系统化流程处理的常规简单交易不太可能引起特别风险。 |
| 需要判断或管理干预的事项 | 相关例子包括：<br>• 管理层在作出主要估计时使用的假设和计算；<br>• 复杂的计算或会计原则；<br>• 有着不同解释的收入确认（假定为一项特别风险）；<br>• 大量的手工数据的收集与处理；<br>• 需要管理层干预并指定所用会计处理的地方。 |
| 舞弊的可能性 | 没有发现由于舞弊（故意的并且刻意隐藏的）导致的重大错报的风险比没有发现由于错误导致的重大错报的风险高。<br>在评价团队讨论中识别出的舞弊风险因素以及可能的情景是否会导致特别风险的时候，考虑以下因素：<br>• 潜在犯罪者的技能。<br>• 被操纵的各个金额的相对规模。<br>• 管理层或者员工在下列方面的授权水平：<br>——直接或间接地操纵会计记录；<br>——越过控制程序。<br>• 有关操纵的频率和范围。<br>• 可能的合谋程度。<br>• 对审计师所作的故意不实的陈述。<br>• 以前的审计经验或者他人表现的疑虑。<br>由于不断获得新的信息，所以在审计的任何阶段都可能识别出重大的舞弊风险。 |

## 10.3 识别特别风险

如果已经识别并评估重大错报风险,接下来需要对发现进行复核并选出(以职业判断为基础)那些确实重大的风险。例如,如果风险评估用下面这种图表示(星星代表评估的风险),那么落在阴影区域中的那两个风险(有着高级别和高可能性)将首先被视为特别风险。

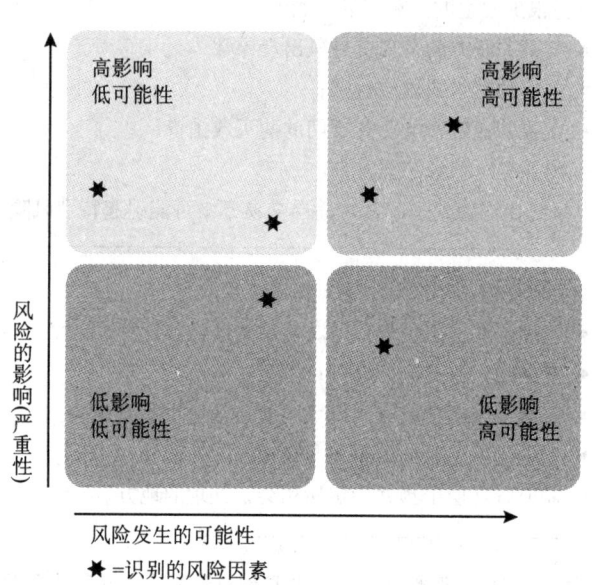

图 10.3－1

在考虑是否存在特别风险的时候,审计师应该考虑下表所列的事项:

| | 考虑事项 |
| --- | --- |
| 那些可能表明存在"特别风险"的因素 | 舞弊风险。 |
| | 和近期重大的经济、会计或其他方面的发展相关,因此需要特别注意的风险。 |
| | 交易的复杂性。 |
| | 与关联方的重大交易。 |
| | 和风险相关的财务信息计量的主观程度,尤其包括那些有许多各种不同测量的不确定性。 |
| | 超过被审计单位正常的经营范围或其他似乎不寻常的重大交易。 |

在小规模的企业,特别风险通常可能与下表阐述的事项相关。

# 10. 特别风险

图 10.3–1

| 对象/信息 | 特征 |
|---|---|
| 重大非常规交易 | • 高度的固有风险（可能性和影响）。<br>• 不经常发生并且不受系统流程控制的交易。<br>• 规模和性质异常的交易（比如收购另一企业）。<br>• 在以下方面需要管理层干预：<br>——指定会计方法；<br>——数据搜集和处理。<br>• 牵涉到复杂的计算或者会计原则。<br>• 交易的性质使企业难以对风险实施有效的内部控制。 |
| 重大判断性事项 | • 高度的固有风险。<br>• 牵涉到重大计量的不确定性（比如作出会计估计）。<br>• 涉及的会计原则有着不同的解释（比如会计估计的确定或者收入确认的应用）。<br>• 需要管理层作出的判断可能是主观的、复杂的或者需要对未来事件的影响作出假设（比如对公允价值、容易很快过时的存货估价的判断等）。 |
| 重大交易风险 | • 如果没有加以控制，可能有少量与主要经营流程相关的交易风险（比如商品已经发货但是没有在销售程序中开发票）会导致财务报表的重大错报。当这些风险需要特殊审计考虑时，它们将被视为特别风险。如果没有减轻这些风险的内部控制，那么它们也被作为重大缺陷报告给管理层。 |
| 舞弊 | • 收入确认。这是假定的特别风险。<br>• 管理层越权或在作出估计时存有偏向，等等。<br>• 利用主要关联方交易提高销售额或采购额。<br>• 与供应商或顾客合谋，比如价格或串通投标。<br>• 隐瞒的或者虚构的交易。 |

## 10.4 特别风险应对

当风险被归类为"特别风险"时，审计师应当作出如下表所示的应对。

图 10.4 – 1

| 审计步骤 | 描述 |
| --- | --- |
| 针对每项特别风险评估内部控制的设计与执行 | 管理层设计并实施了减轻特别风险的内部控制吗？考虑是否存在直接控制（如控制活动）和间接（普遍）控制，后者可能包括在内部控制环境、风险评估、信息系统和监控等要素中。这些信息将有助于对已识别的风险进行有效的审计应对。<br>当重大非常规事项或需要判断的事项没有常规的内部控制（比如一次性的或每年只发生一次的事件）时，审计师应当评估管理层是否意识到风险以及其应对是否恰当。例如，如果被审计单位购买了另一企业的资产，被审计单位的应对措施可能包括：<br>• 聘请独立的评估师对所获资产进行评估；<br>• 运用适当的会计原则；<br>• 在财务报表中恰当地披露交易。<br>当审计师判断管理层没有恰当地应对时（通过对特别风险实施内部控制），被审计单位的内部控制就会存在重大缺陷，这一点需要（尽快）与治理层沟通。 |
| 针对识别出的特别风险设计审计应对措施 | 计划的进一步审计程序是否明确针对特别风险？这些程序旨在获取高度可靠的审计证据，并且可能包括控制测试和实质性程序。<br>在很多情况下，审计程序可能仅仅是一般程序（在任何情形下都可能实施）的扩展。例如，如果特别风险涉及潜在的管理层偏见（如作出估计），扩展的实质性程序将包括：<br>• 评估所用假设的有效性；<br>• 识别所用信息（包括内部和外部信息）的来源和可靠性；<br>• 考虑上期作出的估计和实际相比是否存在偏见；<br>• 复核在计算估计时所用的方法（包括电子工作表中的公式） |
| 无法依赖前期获取的证据 | 在计划对减轻某项特别风险的控制的运行有效性进行测试时，审计师可能不依赖在前期审计中获取的关于内部控制运行有效性的审计证据。 |
| 单独的实质性分析程序是不充分的 | 仅使用实质性分析程序并不是处理特别风险的恰当反应。当处理特别风险的方法只有实质性程序时，审计程序应当包括下列程序之一：<br>• 单独进行细节测试；或<br>• 细节测试与实质性分析程序相结合。 |

## 10.5 记录特别风险

应当对特别风险的识别和设计的审计应对进行记录。如果所有的风险都记录在一个单独的地方，对特别风险的记录可能只是已记录信息的延伸。

**注意：** 如果审计师作出结论，收入确认不是由于舞弊引起的特别的重大错报风险，作出该结论的原因应该记录在审计工作底稿中。

## 10.6 案例研究——特别风险

案例研究的详细资料请参考第2卷第2章——案例研究概述。

可以从风险因素及其评估的列表中识别出特别风险。参见第2卷第8、9章讨论的案例研究中包含的表格。这样的表格也可以用来将每项特别风险和相关的具体审计计划相互对照。

对于每项识别出的特别风险，应当记录管理层的应对，并对特定风险采取适当的审计程序。

### 案例研究 A——Dephta 家具公司

（摘录）

| 特别风险 | 管理层应对 | 审计应对 | 工作底稿索引 |
| --- | --- | --- | --- |
| 是否可能违反银行的融资条款？ | 现金流量预测的编制和监控。重新对融资金额和条款进行谈判。 | 考虑公司的发展计划，以及预测的现金流是否现实。对实际的结果和现金流进行审核和比较。确保应收款项和存货的估计（贷款的安全性）是合理的。审核公司向银行提交的再融资申请。审核银行的所有回函/通讯记录。 | （略） |
| 可能发生财务报表操纵以避免违反银行契约 | 没有。管理层根本没有将其视为风险。 | 仔细审核现金流预测中使用的假设和编制实际现金流报告时的基础。确保应收款项和存货估价的基础是有效和正确的。认真测试销售收入的存在和准确性，因为面临经济环境的挑战，存在保持和增长销售水平的压力。 | |

续表

| 特别风险 | 管理层应对 | 审计应对 | 工作底稿索引 |
|---|---|---|---|
| 收入确认不一致（一项假定的舞弊风险） | 超过 500 欧元的销售合同由销售经理复核。 | 审核主要的合同（以及小额合同的一个样本）并与销售经理讨论以确保本期收入的确认是恰当的。 | |
| 未经授权的会计分录 | 管理层同意制定政策，要求对所有会计分录进行确认，但还没有实施。 | 识别和复核所有超过 1 500 欧元的会计分录，以及第一个月和最后一个月的所有分录。 | |
| 利用关联方交易大幅扩张 | 政策要求识别所有的关联方交易，并按正常的销售条件进行交易。包括管理人员或员工由于个人需要而使用的公司资产或服务。 | 通过问卷和检查审核员工对于政策的了解。设法确保所有关联方交易已经被识别，而且交易、销售条款、交易性质和数据等确实是恰当的。 | |

编制：FJ　　　日期：20×2 年 12 月 9 日
复核：LF　　　日期：20×3 年 1 月 5 日

## 案例研究 B——Kumar 公司

**存档的备忘录：Kumar 公司**

**特别风险的识别**

以下对各特别风险领域进行阐述，包括管理层应对和审计应对。

**经济萧条**

公司在经济萧条中没有受到太大影响。然而，Raj 应当定期地审核银行契约的计算，但是在当前审计期间没有留意到这个问题。我们将重新计算所有比率以观察违反契约的状况。我们还将在影响计算结果的审计领域实施更多审计程序。因为财务报表可能被操纵，公司离违反契约越近，风险越高。

**尽可能降低税金**

没有专门针对这个问题的管理控制。对这项风险的应对措施就是仔细复核管理层估计和会计分录（如下所示）。

**未经授权的会计分录**

Raj 应当确认所有的会计分录，但是这一点并没有持续执行。我们将识别并复核所有超过 500 欧元的会计分录以及第一个月和最后一个月的所有分录。

## 10. 特别风险

**关联方交易**

公司政策要求识别出所有的关联方交易，并按正常的销售条件进行交易。我们将通过询问和检查，审核 Raj 和 Ruby 对于政策的了解情况。我们要确保对于所有的关联方交易来说，销售条款、交易性质和日期都确实是恰当的。我们还将在对超过正常经营范围的交易和实际上已识别的关联方交易进行审计的整个过程中保持警惕。

**收入确认**

销售的收入确认政策相当简单，并且 Kumar 公司的大多数销售是对 Depata 家具股份有限公司的。对截止和关联方交易实施的审计用于应对通过不恰当的收入确认实施舞弊的可能性。

制作：FJ　　　日期：20×2 年 12 月 9 日
审核：LF　　　日期：20×3 年 1 月 5 日

# 11. 了解内部控制

| 本章内容 | 相关国际审计准则 |
|---|---|
| 对涉及了解与审计相关的内部控制的步骤提供指南：<br>● 评价控制设计和执行情况；<br>● 使用两种可能的方法记录工作底稿。 | ISA315 |

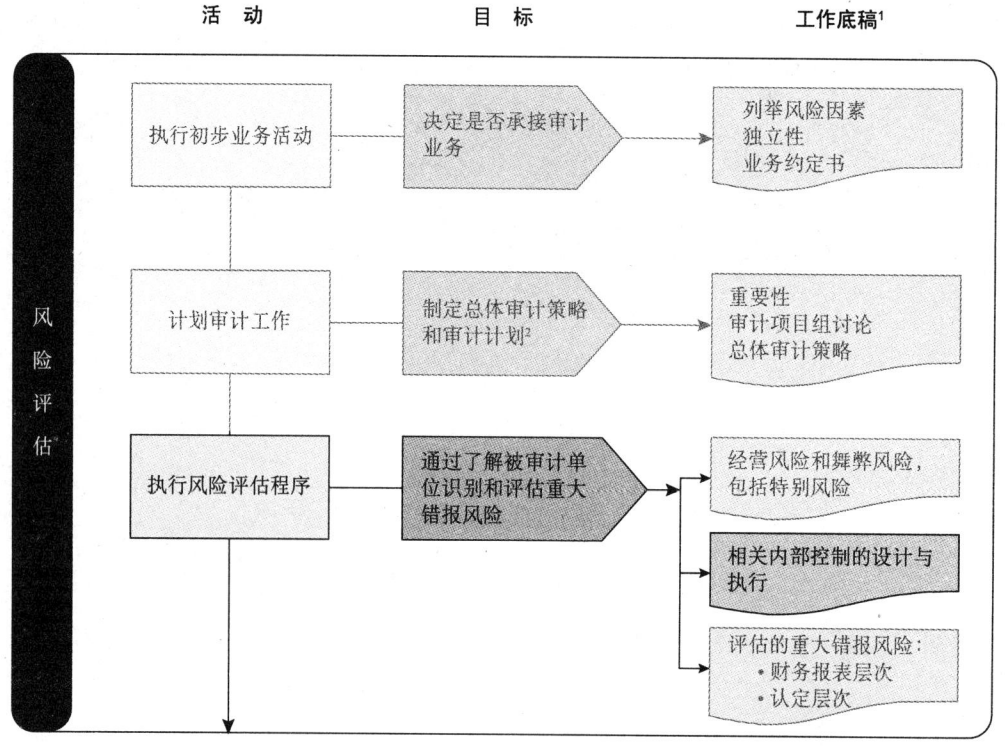

图 11.0 – 1

注：
1. 所要求的更为完整的工作底稿清单，请参见 ISA230。
2. 计划审计工作（ISA300）是一个持续的、不断修正的过程，贯穿于整个审计过程中。

# 11. 了解内部控制

| 条款 | 国际审计准则相关内容摘录 |
|---|---|
| ISA315.4 | 就国际审计准则而言，对下列术语给予以下定义：<br>(a) 认定—管理层在财务报表中作出的明确隐含的表达，审计师将其用于考虑可能发生的不同类型的潜在错报；<br>(b) 经营风险—可能对被审计单位实现目标和实施战略的能力产生不利影响的重要状况、事项、情况、作为（或不作为）而导致的风险，或由于制定不恰当的目标和战略而导致的风险；<br>(c) 内部控制—被审计单位为了合理保证财务报告的可靠性、经营的效率和效果以及对法律法规的遵守，由治理层、管理层和其他人员设计、执行和维护的政策和程序。"控制"是指内部控制一个或多个要素的任何一个方面。 |
| ISA315.12 | 审计师应当了解与审计相关的内部控制。虽然大部分与审计相关的控制可能与财务报告相关，但并非所有与财务报告相关的控制都与审计相关。确定一项控制单独或连同其他控制是否与审计相关，需要审计师作出职业判断。（参见：第A42–A65段） |
| ISA315.14 | 审计师应当了解控制环境。作为了解控制环境的一部分，审计师应当评价：<br>(a) 管理层在治理层的监督下，是否营造并保持了诚实守信和合乎道德的文化；<br>(b) 控制环境总体上的优势是否为内部控制的其他要素奠定了适当的基础，以及这些其他要素是否未被控制环境中存在的缺陷所削弱。（参见：第A69–A78段） |
| ISA315.15 | 审计师应当了解被审计单位是否已建立风险评估过程，包括：<br>(a) 识别与财务报告目标相关的经营风险；<br>(b) 估计风险的重要性；<br>(c) 评估风险发生的可能性；<br>(d) 决定应对这些风险的措施。（参见：第A79段） |
| ISA315.18 | 审计师应当从下列方面了解与财务报告相关的信息系统（包括相关业务流程）：<br>(a) 在被审计单位经营过程中，对财务报表具有重大影响的各类交易；<br>(b) 在信息技术和人工系统中，被审计单位的交易生成、记录、处理、必要的更正、结转至总账以及在财务报表中报告的程序；<br>(c) 用以生成、记录、处理和报告（包括纠正不正确的信息以及信息如何结转至总账）交易的会计记录、支持性信息和财务报表中的特定账户；<br>(d) 被审计单位的信息系统如何获取交易以外的对财务报表重大的事项和情况；<br>(e) 用于编制被审计单位财务报表（包括作出的重大会计估计和披露）的财务报告过程；<br>(f) 与会计分录相关的控制，这些分录包括用以记录非经常性的、异常的交易或调整的非标准会计分录。（参见：A81–A85） |

续表

| 条款 | 国际审计准则相关内容摘录 |
| --- | --- |
| ISA315.19 | 审计师应当了解被审计单位如何沟通与财务报告相关的人员的角色和职责以及与财务报告相关的重大事项。这种沟通包括：（参见：第 A86 – A87 段）<br>（a）管理层与治理层之间的沟通；<br>（b）外部沟通，如与监管机构的沟通。 |
| ISA315.20 | 审计师应当了解与审计相关的控制活动。与审计相关的控制活动，是审计师为评估认定层次重大错报风险并设计进一步审计程序应对评估的风险而认为有必要了解的控制活动。审计并不要求了解与财务报表中每类重大交易、账户余额和披露或与其每项认定相关的所有控制活动。（参见：A88 – A94） |
| ISA315.21 | 在了解被审计单位控制活动时，审计师应当了解被审计单位如何应对信息技术导致的风险。（参见：A95 – A97） |
| ISA315.22 | 审计师应当了解被审计单位用于监督与财务报告相关的内部控制的主要活动，包括了解针对与审计相关的控制活动的监督，以及被审计单位如何对控制缺陷采取补救措施。（参见：第 A98 – A100 段） |

## 11.1 概述

本章讨论了解与审计相关的内部控制所要求的工作范围。在第 1 卷第 5 章中已经讨论了内部控制的性质并提供了对内部控制五要素的详细描述。第 2 卷第 12 章概述了内部控制评价的四步法。

内部控制是指由管理层设计的流程、政策和程序，目的是确保财务报告可靠以及财务报表的编制符合适用的会计框架。内部控制涉及管理层对控制的态度、关键人员的胜任能力、风险评估、会计和其他使用中的财务信息系统以及传统的控制活动。

审计师必须在所有审计项目中获取对内部控制的了解。这适用于所有规模的被审计单位，即使审计师已经确定完全采用实质性程序可以适当地应对重大错报风险。

获取对内部控制（与审计相关）的充分了解，涉及实施风险评估程序以识别那些直接或间接地减轻重大错报的控制。获得的这些信息将在以下几个方面对审计师有所帮助：

- 评估财务报表层次和认定层次的剩余重大错报风险（固有风险和控制风险）；
- 针对评估的风险设计进一步审计程序。

但是，并非所有的控制活动都与审计相关，因此不需要了解这些与审计不相关的控制活动。审计师只关注对那些能够减轻财务报表重大错报风险（由舞弊或错误引起）的控制进行评价。可以将不相关的内部控制活动剔出审计范围。

## 11.2 风险与控制

风险与控制的关系可以图示如下。

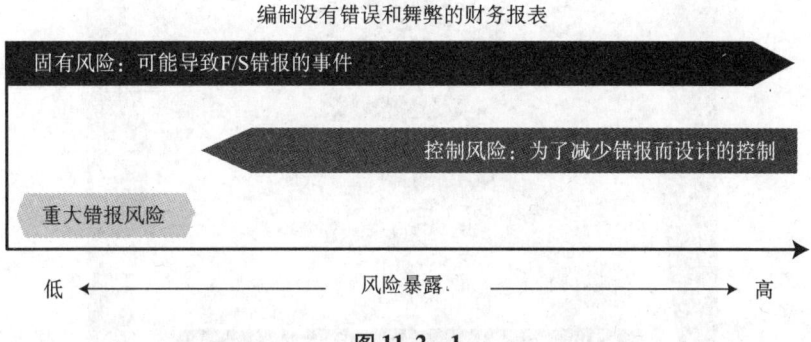

图 11.2－1

固有风险条代表可能导致财务报表发生重大错报（不考虑内部控制）的经营和舞弊风险因素。控制风险条反映了管理层为降低固有风险而实施的控制程序。控制风险条不能完全抵消的固有风险部分通常被称为管理层的剩余风险。

在风险识别和风险评估阶段可以识别固有经营风险和舞弊风险。管理层通过设计和实施会将这些风险降至可接受的低水平的内部控制和程序来减轻这些风险。在设计和实施内部控制之后剩下的风险就是重大错报风险（有时也称为剩余风险）。

理想的情况是，管理层为了内部管理和外部审计的双重目的设计了充分的控制，以确保将剩余风险降至可接受的低水平。在实务中，有些管理人员倾向于制定一个较高的风险承受能力（即适当的控制较少，导致了较高的残余风险），而有些管理人员（通常是公共部门）则趋于保守，设计的控制几乎将风险降至零。

> **考虑要点**
>
> 控制的唯一目的就是减轻风险。没有减轻任何风险的控制，显然是多余的。因此，在可以被管理控制减轻之前，风险就应当存在。但是，有些审计师忽略了这一事实。他们在评价内部控制时，在花时间识别哪些风险确实需要减轻之前，首先记录现有的系统和控制。这种方法可能导致在记录流程和控制上做了很多不必要的工作，而这些工作后来证明与审计目标完全无关。

## 11.3 普遍性内部控制和具体性内部控制

内部控制大致可分为针对普遍存在的风险的普遍（或企业层次的）控制和针对特定风险的具体（或交易性）控制。两者之间的差异如下图所示。

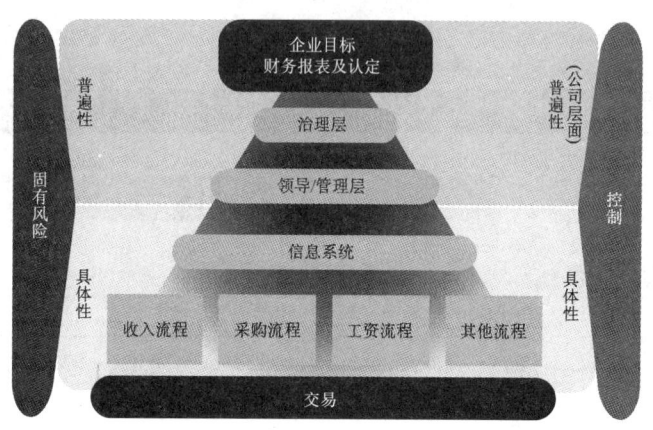

图 11.3－1

图 11.3－1

| | 说明 |
|---|---|
| 普遍（企业层次的）控制 | 普遍（企业层面的）控制针对治理和综合管理，旨在建立总体控制环境或"高层基调"。典型的控制流程包括人力资源、舞弊、风险评估（管理层越权），一般信息技术管理，财务信息编制（包括财务报表和相关的估计等）以及对运营的持续监控。在小规模企业中，这些控制措施主要是指管理层对诚信和控制的态度。<br>对内部控制中普遍性要素的深入了解，为在交易（业务流程）层面评估财务报告相关控制提供了重要基础。例如，如果企业层面对数据完整性的控制薄弱，会影响销售、采购和工资等系统产生的所有信息的可靠性。 |
| 具体控制 | 交易性（业务流程）控制是指旨在确保下列目标的特殊过程/控制：<br>● 为编制财务报表对交易进行适当地记录；<br>● 会计记录保持合理的详细程度，以准确、公允地反映所有交易和资产处置；<br>● 收入和支出必须根据管理层的授权进行；<br>● 防止或及时发现未经授权的资产收购、使用或处置。<br>交易性控制流程包括常规交易（如收入、采购和工资）和非常规交易（如购买设备或开展新业务涉及的成本）。 |

## 11.4 内部控制的五要素

被审计单位中存在的各种类型的内部控制可以分为五个关键要素，如下图所示。

## 11. 了解内部控制

审计师应将每个要素视为:
- 了解(针对财务报告的)内部控制的一部分内容;
- 在考虑内部控制不同方面可能如何影响审计时所需的信息。

下面的图 11.4-1 列出了内部控制的五要素,管理层可以用它们降低财务报表的重大错报风险。圆圈意味着各要素在实现被审计单位财务报告目标过程中是持续的。

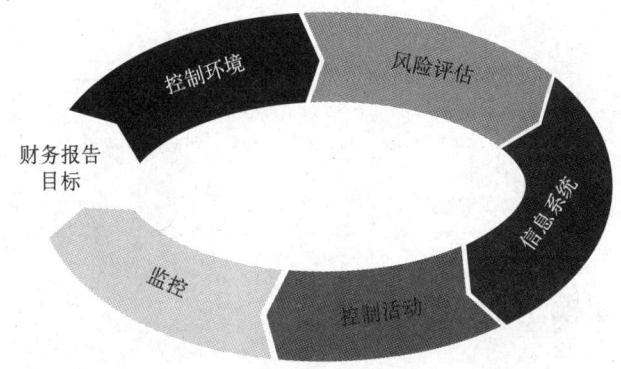

图 11.4-1

普遍(企业层面的)控制与具体交易性(业务流程)控制的五个要素之间的相互关系如下图所示。

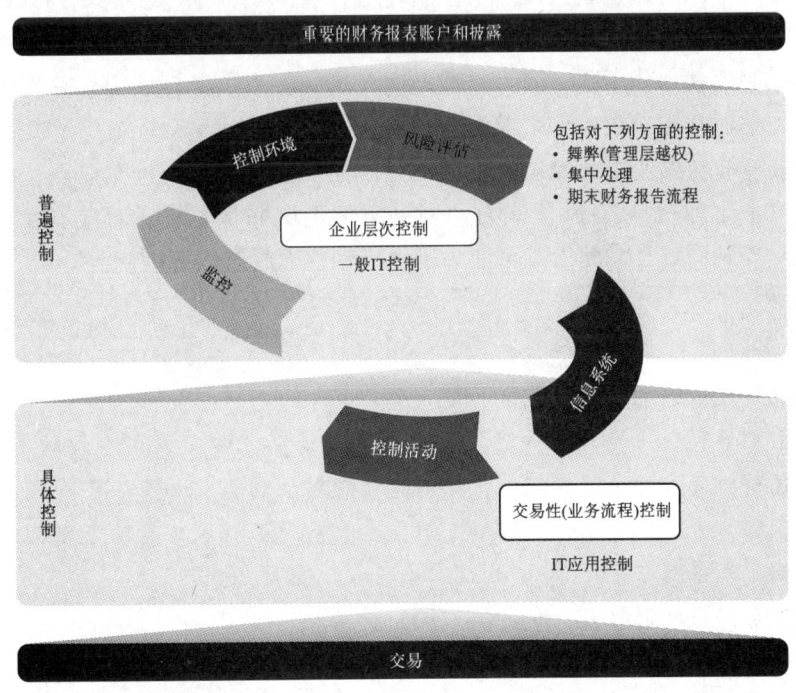

图 11.4-2

361

普遍（企业层次的）控制整体上为其他所有内部控制要素提供了适当的基础，因为企业层次的控制薄弱甚至可以使最好的业务流程控制变得无效。例如，被审计单位可能有一个有效的采购系统，但如果簿记员/会计不具备胜任能力（即控制环境不好），就可能发生各种各样的错误，并可能导致财务报表中的重大错报。管理层越权和不良的"高层基调"（它们主要在企业层次发生）是公司不良行为中普遍存在的问题。

> **考虑要点**
>
> 被审计单位实际上如何设计和实施其内部控制将随企业的规模和复杂性而变化。在较小规模的被审计单位中，业主兼经理履行的职能可能涉及几个内部控制要素。

## 11.5 小规模企业中的内部控制

在小规模企业中，通常只有少量员工，这可能对以下两个方面形成限制：
- 职责分离的可行性；
- 工作底稿是否能够留下适当的书面线索。

这些企业中的内部控制往往源于控制环境（管理层对道德价值观的承诺，胜任能力，对控制的态度以及其日常行动）而非对交易的具体控制。对控制环境的评价与传统的控制活动十分不同，因为它涉及对行为、态度、胜任能力和管理行动的评估。这种评估通常记录在备忘录或调查问卷中。

一个高度参与的业主兼经理的存在往往既是控制优势也是控制弱点。控制优势是指此人（假定他/她具有胜任能力）对各方面情况非常了解，而且不太可能错过重大错报。控制弱点是指此人有可能为了个人利益而越过内部控制。

> **考虑要点**
>
> **识别普遍性（企业层次的）控制**
>
> 在对小规模企业进行审计时，存在着一种诱惑，即假设内部控制不存在，因此不值得对其进行了解。但是，任何想继续经营的企业都有一定形式的内部控制。例如，会有哪个业务经理不关心现金收入是否存入银行，或发运的货物是否开出了发票？
>
> **考虑如何证明普遍性（企业层次的）控制**
>
> 在存在业主兼经理或同等人员批准了交易并仔细审核了财务结果的情况下，控制可以防止或发现在认定层次发生的错报。如果依赖该控制活动会减少

> 对其他实质性程序的需要，应当考虑这些控制能否得到证明，例如通过报告上的签名或表明进行了审核或批准的报告或调节表。这些证据可以用来测试控制的运行有效性。

## 11.6 缺乏内部控制

几乎所有的企业中，都存在一定形式的内部控制，例如业主兼经理的胜任能力（控制环境）。它可能是非正式的、简单的，但它仍然是内部控制。企业如果不设法减轻它所面临的任何主要风险（通过控制环境，风险评估，信息系统，控制活动或监控等控制要素），将很难长期经营下去。

在没有识别出许多控制活动时，审计师可以从以下几个方面加以考虑：
- 是否可能通过实施进一步审计程序（主要是实质性程序）确定相关认定；
- 缺乏控制活动或其他控制要素（在极少数情况下）是否可能导致无法获取充分、适当的审计证据。

其他事项也可能引发关于是否应当开展审计的问题，这些事项包括：
- 关注管理层的正直，不道德行为，或对内部控制的消极态度。控制环境的缺陷会破坏其他控制要素中存在的控制。它还提高了管理层错误陈述和舞弊的风险；
- 关注被审计单位的情况和记录的可靠性，看其是否使审计师难以获得充分、适当的审计证据以支持无保留意见。

如果出现这些或类似的问题，审计师应当考虑是否需要修改审计报告或者解除业务预定。

如果决定解除业务约定，审计师应考虑他/她的职业和法律的责任，包括向审计业务委托人和监管机构报告的要求。审计师还应与适当层级的管理层和治理层讨论解除业务约定的决定和理由。

## 11.7 防止舞弊的控制（反舞弊控制）

在小规模企业中，通过建立和记录重要的政策和程序来减轻或减缓管理层越权。例如，某书面政策要求所有非常规的会计分录都需要批准，该政策授权簿记员请求经理批准提议的会计分录。它不会防止管理层越权发生，但会起到威慑作用。如果没有执行反舞弊政策和程序，审计师需要通过实施其他审计程序来处理管理层越权的风险。

**注意**：针对与审计无关的法规的遵循性的控制（即违规不会导致财务报表出现重大错报），不需在审计中考虑。

## 11.8 与审计相关的内部控制（了解的范围）

并非所有的控制都与审计相关。审计师只侧重于了解和评估那些可以减轻重大错报风险（由舞弊或错误引起）的控制。这意味着某些控制活动可以从审计范围中剔出，如下图所示。这些控制包括：

- 不影响财务报告的控制（例如，操作控制和针对合规性的控制）
- 即使不存在也不大可能产生财务报表发生重大错报的控制。

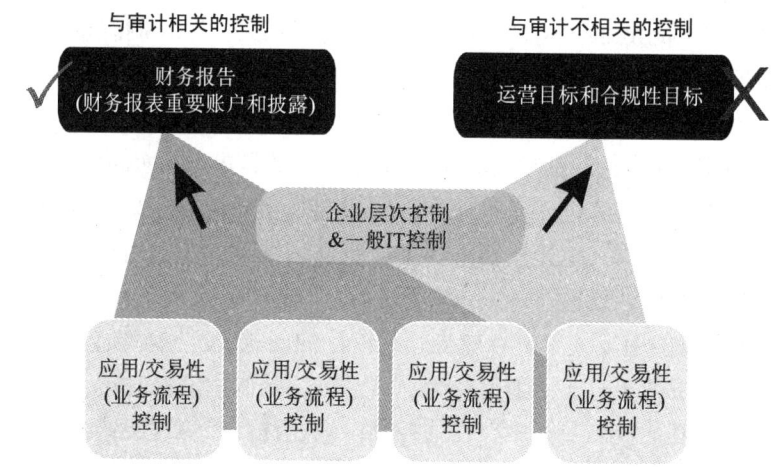

图 11.8－1

在有些情况下，财务控制和与运营、合规性目标相关的控制存在重叠。例如针对审计师在应用下列其他审计程序时评估和使用的数据的控制：

- 分析程序所需的数据（例如生产统计）；
- 发现违法违规情况的控制；
- 与财务报告有关的资产保护控制；
- 信息的完整性和准确性控制，这些信息可能形成计算关键业绩指标的基础。

能够减轻下列风险的控制通常与审计相关。

表 11.8－1

|  | 说明 |
| --- | --- |
| 特别风险 | 特别风险是指审计师识别和评估的、根据判断认为需要特别考虑的重大错报风险。 |
| 不易通过实质性程序处理的风险 | 是指审计师识别和评估的、仅仅实质性程序不能提供充分、适当的审计证据的重大错报风险。 |
| 其他重大错报风险 | 是指审计师识别和评估的、根据判断认为可能导致重大错报发生的重大错报风险。 |

## 11. 了解内部控制

审计师对某特定控制是否与审计相关的判断，受到下列因素的影响：

- 对内部控制其他要素中存在或缺乏的控制的了解。如果某特定的风险已得到解决（如通过控制环境，信息系统等），就没有必要识别可能存在的其他控制；
- 是否存在为了实现同一目标设置多重控制的情况。没有必要了解与该目标相关的每一控制活动；
- 是否需要测试某些关键控制的运行有效性。例如，如果没有一个可行的方法测试销售的完整性（即通过实施实质性程序），那就需要测试控制的运行有效性；
- 测试控制的运行有效性对所需实质性程序的范围产生的影响（即减少）。

审计师需要运用职业判断，确定某内部控制单独或与其他内部控制联合是否实际上与审计相关。

---

**考虑要点**

**自上而下和基于风险**

审计师应当采用自上而下的方法了解内部控制。第一步是识别相关的企业层次风险和交易性风险，然后确定管理层的应对是否适当。

对企业层次控制的深入了解，为在交易性（业务流程）层次评估相关的财务报告控制提供了重要的基础。例如，如果企业层次对数据完整性的控制很薄弱，将对销售、采购和工资等系统产生的所有信息的可靠性产生影响。

**范例**

自上而下和基于风险的了解内部控制的方法包括：

- 识别每个重要的账户余额所涉及的业务流程（包括会计）；
- 针对每个识别出的流程确定是否可能发生财务报表重大错报，或者是否存在其他可能使其变得相关的因素；
- 将不相关的流程和控制剔出审计范围。

例如，一个饼干生产企业可能采用下列流程得出销售收入的数字：

- 主要的销售订单系统追踪每一个电话订单的细节和过程。这部分占销售总额的70%。
- 当顾客在生产车间后面的小商店购买碎饼干时会发生"窗口销售"。这部分占销售总额的2%。
- 网络销售——在线订购并以信用卡支付；这部分占销售总额的28%。
- 会计系统记录各种销售的具体情况。

> 在这种情况下,"窗口销售"不太可能导致财务报表中的重大错报,因此可能被剔出审计范围。但在做出这一决定之前,仍然可以通过下列做法之一保持谨慎:
> - 询问是否存在对"窗口销售"的控制,以确保所有此类销售都得以记录,且没有故意弄碎饼干后低价出售给相关方的情况;
> - 对各种销售额实施分析性复核,确保"窗口销售"没有偏离预期的占销售额2%的水平。

## 11.9　案例研究——识别相关控制

案例研究的详细资料请参考第2卷第2章——案例研究概述。

注意,下列步骤通常作为审计计划阶段的一部分执行。

由于并非所有的业务流程和控制都与审计相关,因此了解哪些财务报表领域和控制可能对财务报表产生重大影响十分重要。

确定哪些财务报表领域和相关的业务流程在审计范围内,涉及以总体重要性为指导对下列方面进行识别:

- 哪些财务报表领域是或可能是重大的;
- 哪些企业层次的控制和业务流程是相关的。

不会导致重大错报的不重要的余额、交易、业务流程和控制,可以在对审计作进一步考虑时剔出审计范围。但在此之前应考虑以下方面:

- 不重要的错报累积起来的总额可能达到重大错报;
- 财务报表领域是否由于舞弊或错误而被低估。

### 案例研究 A——Dephta 家具公司

| | 识别能减轻风险的所有流程 |
|---|---|
| 普遍风险 | 年度经营计划循环,管理层/所有者月度会议,这些会议包括对财务信息、员工行为规范、IT预算、管理层参与日常运作、人力资源政策以及信息系统一般控制的复核 |
| 现金和现金等价物 | 应收账款,收款流程,短期(30–60天)银行存款投资,银行对账单及现金管理 |
| 应收账款和其他应收款 | 收入、应收账款、收款流程,过期账户估价,资产销售 |

续表

| 识别能减轻风险的所有流程 ||
|---|---|
| 存货 | 采购、应付账款,付款流程,存货管理,盘点,过时存货估价 |
| 财产、厂房和设备 | 采购、应付账款,付款流程,摊销计算,资产资本化、资产销售 |
| 银行欠款 | 应收账款、收款流程,银行对账单,现金管理 |
| 应付账款和其他应付款 | 采购、应付账款、工资、付款流程、计算或摊销,资本化,或资产 |
| 应付所得税 | 所得税纳税准备金 |
| 附息贷款 | 财务费用,银行对账流程 |
| 资本和公积金 | 资本的发行/赎回、分红 |
| 销售额 | 收入、应收账款、收款流程(包括废品现金销售,网络销售,产品目录,客户销售订单) |
| 销售成本 | 采购、应付账款、工资、付款流程、存货调整 |
| 销售费用 | 采购、应付账款、工资、付款 |
| 管理费用 | 采购、应付账款、工资、付款 |
| 折旧 | 折旧和摊销计算 |
| 财务成本 | 财务费用,银行对账流程 |
| 所得税 | 所得税纳税准备金 |

制表:FJ 日期:20×3.02.18

审核:LF 日期:20×3.03.05

## 案例研究 B——Kumar 公司

**存档的备忘录:界定重要的财务报表领域(FSAs)和流程**

企业层次和一般 IT
- Raj 每期为银行编制年度预算。
- Raj 每季度向银行送交财务报告时与银行经理沟通。
- Raj 通常 Suraj 和 Jawad 一起复核这些问题,因为 Dephta 是其股东,而且 Raj 感激他们的投入并欣赏 Jawad 的会计和金融知识。

没有正式的 IT 框架或流程。Raj 根据需要决定更换哪些软件和硬件。虽然 Raj 保证 Ruby 每周备份会计数据,但并没有灾难恢复计划或书面的 IT 流程。

**重要的财务报表领域**

除了现金和现金等价物之外(似乎会在不同期间波动),财务报表中的所有领域都很重要且在审计范围之内。因此,作为审计工作的一部分,我们需要对以下业务流程进行检查:

| 业务流程 | 受到影响的财务报表领域 |
| --- | --- |
| 应收账款/收入 | 收入、应收账款和其他应收款、现金和现金等价物 |
| 逾期应收账款估价 | 应收账款和坏帐费用 |
| 销售流程(现金销售,销售订单) | 收入 |
| 采购,应付账款,付款 | 应付账款和其他应付款,财产、厂房和设备,存货,利润表费用类别 |
| 工资 | 工资费用 |
| 应交税金,汇款 | 收益,工资和销售税 |
| 存货计价和管理 | 采购与存货 |
| 银行存款对账 | 现金和现金等价物,附息贷款,利息费用 |
| 计算折旧和摊销 | 财产、厂房和设备,折旧/摊销费用 |

制表:FJ　日期:20×3.02.18
审核:LF　日期:20×3.03.05

# 12. 评价内部控制

| 本章内容 | 相关国际审计准则 |
|---|---|
| 关于评价控制设计和执行涉及的四个关键步骤和记录其结果的指南。 | ISA 315 |

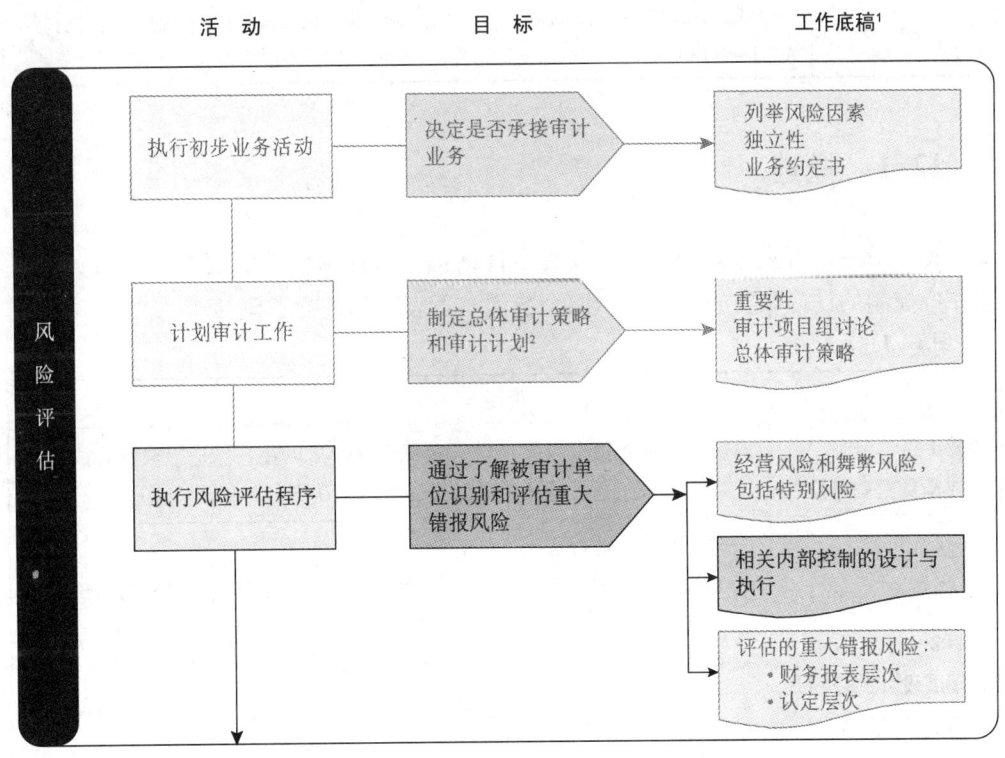

图 12.0-1

注：
1. 所要求的更为完整的工作底稿清单，请参见 ISA230。
2. 计划审计工作（ISA300）是一个持续的、不断修正的过程，贯穿于整个审计过程中。

| 条款 | 国际审计准则相关内容摘录 |
|---|---|
| ISA315.13 | 在了解与审计相关的控制时,审计师应当综合运用询问被审计单位内部人员和其他程序,以评价这些控制的设计并确定其是否得到执行。(参见:第A66 – A68段) |
| ISA315.29 | 如果认为存在特别风险,审计师应当了解被审计单位与该风险相关的控制(包括控制活动)。(参见:第A124 – A126段) |
| ISA315.32 | 审计师应当就下列事项形成审计工作底稿:<br>(a) 根据第10段的规定,项目组进行的讨论以及得出的重要结论;<br>(b) 根据第11段的规定对被审计单位及其环境各个方面的了解要点、根据第14 – 24段的规定对内部控制各项要素的了解要点,获取上述了解的信息来源,以及实施的风险评估程序;<br>(c) 根据第25段的规定,在财务报表层次和认定层次识别和评估的重大错报风险;<br>(d) 根据第27 – 30段的规定,识别出的风险和了解的相关控制。(参见:第A131 – A134段) |

## 12.1 概述

无论最终是否实施控制测试以收集审计证据,审计师仍然需要在每个审计项目中评价控制的设计和实施。这包括四个步骤,下表对其进行了概括。

图12.1 – 1

| | 说明 |
|---|---|
| **步骤1**<br>需要降低哪些风险? | 识别固有重大错报风险(经营和舞弊风险)以及它们是影响所有认定的普遍风险,还是影响特定财务报表领域和认定的具体风险。 |
| **步骤2**<br>管理层设计的控制是否降低了风险? | 识别业务流程是否适当(如有):<br>• 与被审计单位人员面谈,以识别哪些控制可以降低上述**步骤1**识别出的风险。<br>• 对结果进行复核,并评估控制是否确实降低了这些风险。<br>• 与管理层和治理层沟通在被审计单位的内部控制中识别出的所有重要缺陷。<br>在大型企业中,本步骤可能需要参考或编制一些系统文件(见下文**步骤3**)以提供关于特定控制运行环境的一些情况。 |
| **步骤3**<br>减轻这些风险因素的控制是否有效? | 观察或检查相关内部控制的运行,以确保它们真正得到实施。应注意的是,询问管理层不足以对某相关控制是否确已实施作出评价。<br>本步骤通常可以与上述步骤2结合起来。 |

## 12. 评价内部控制

续表

| | 说明 |
|---|---|
| 步骤 4<br>是否对相关控制的运行进行了记录? | 本步骤包括对主要流程的简单文字描述（由被审计单位管理层或审计师编写），对识别出的相关内部控制的运行进行描述。<br>相关记录不需要包括：<br>• 对业务流程或者被审计单位内部文件流转的详细说明；<br>• 可能存在但与审计不相关的内部控制。 |

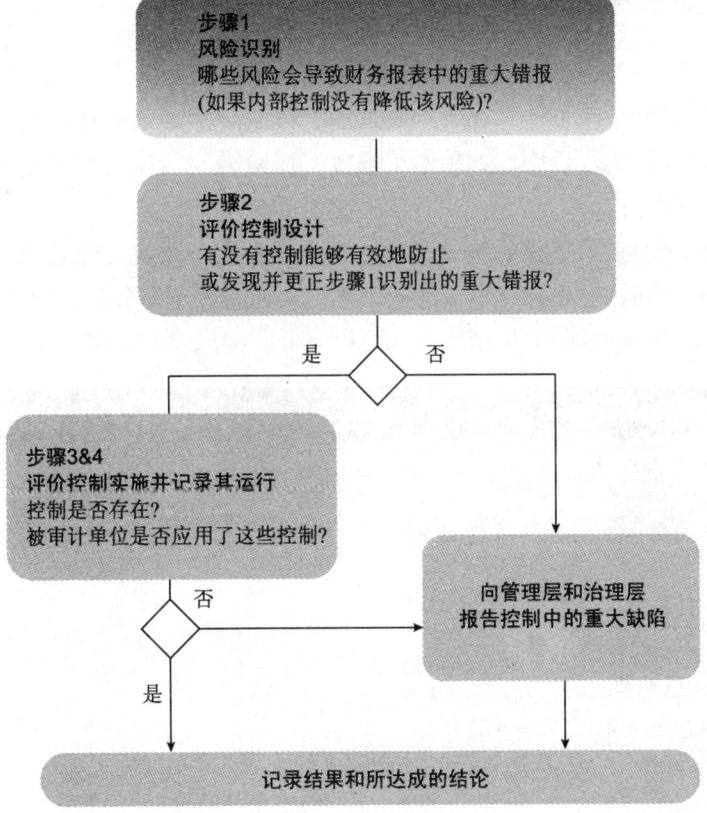

图 12.1-2

注：无论控制如何设计和实施，由于某些固有局限，它只能为实现被审计单位与财务报告可靠性有关的目标提供合理保证。以下对固有局限进行了描述。

| | 描述 |
|---|---|
| 内部控制局限 | • 人为判断或者简单的人为失败（如错误或误解）；<br>• 通过两个或更多的人串通规避内部控制；<br>• 管理层不适当地凌驾于内部控制之上，如修改销售合同的条款或超出客户的信用额度。 |

第2卷第11章讨论要求了解的内部控制。第1卷第5章论述了内部控制的性质,并提供了对内部控制五要素的详细说明。

## 12.2 步骤1——需要降低哪些风险?

| 识别哪些风险需要被降低 | 风险评估程序 |
|---|---|
| | 存在哪些风险(普遍或具体风险),如果没有通过控制降低这些风险就会导致重大错报发生? |

图 12.2-1

在审计师开始记录可能存在的控制之前,第一步是确定并评估现有的重要风险因素和其他风险因素。否则,如果不了解哪些风险需要通过内部控制来降低,就无法实施内部控制评价。

风险的识别已在第2卷第8章中讨论。需要降低的风险可能是普遍性的,与很多财务报表领域和认定相关,也可能是具体的,只与特定财务报表领域和认定相关。

下图总结了一些风险的典型来源和可以降低此类风险的控制类型。

| 哪些风险可能出错? | 风险来源 | 降低风险的控制 |
|---|---|---|
| 不可靠的财务报表<br>(普遍风险) | 外部行业因素<br>被审计单位性质<br>会计政策<br>目的和目标<br>业绩计量<br>舞弊 | 企业层次的控制和流程<br>一般IT控制<br>交易性控制 |
| 财务报表编制过程中产生的错报<br>(普遍风险) | 会计估计<br>准备金<br>会计政策<br>电子表格的使用<br>非常规交易<br>会计分录、调整<br>财务报表披露所需的信息 | 企业层次的控制和流程<br>一般IT控制<br>交易性控制 |
| 未适当处理或记录的交易<br>(特别风险) | 识别/记录已授权交易<br>交易类型<br>计量、截止<br>保护资产 | 交易性控制<br>一般IT控制<br>一些具体的企业层次的控制 |

图 12.2-2

按照业务流程编制风险因素清单之后,下列措施可能有用(但并非必须):
- 剔除不太可能导致重大错报的风险因素,即使该风险没有被降低。针对这些

# 12. 评价内部控制

风险的控制与审计无关。
- 自定义风险因素的表述，使其更适合特定被审计单位；
- 确保所有相关的认定都已得到应对；
- 考虑是否存在其他如果未被降低会导致重大错报的风险（企业层面和交易层面）。

> **考虑要点**
>
> 有些被审计单位可能会使用一个内部控制框架（如 COSO 发布的框架）作为列出内部控制目标及内部控制程序的依据。如果在审计中使用这个框架，可以采用与上文所述相同的步骤：
> - 排除不太可能导致重大错报的控制目标（或风险因素），即使没有内部控制；
> - 添加其他如果未被降低可能导致被审计单位重大错报的控制目标（风险因素）；
> - 识别受到风险因素影响的财务报表领域和认定。

## 12.3 步骤 2——管理层设计的控制能否降低风险？

评估控制设计 ▶ 识别和评估用来降低风险的控制
分别针对5个控制要素，
是否存在严重控制缺陷？

图 12.3-1

评价管理层设计的某项控制是否适当，涉及评估识别出的控制（单独或连同其他控制）是否确实能够减轻风险因素。这包括考虑控制能否有效地实现下列目标：
- 首先防止重大错报发生；或者
- 在发生重大错报后发现并纠正这些重大错报

建议从普遍性控制开始对控制设计进行评价。这些类型的控制构成了评估具体交易性控制的设计和运行的十分重要的基础。

这时，有些审计师（尤其是在审计较大和较复杂的企业时）可能会发现获取一些描述业务流程、文件在企业中的传递方式以及何处存在控制的信息非常有用，这些信息最好由被审计单位准备。但这并不是 ISAs 的具体要求。

有两种常用的将内部控制与其意图降低的风险因素（或控制目标）对应的方式。在本指南中，这些方法也被称作：

- 一（风险）对多（控制）
- 多（风险）对多（控制）

## 一（风险）对多（控制）

采用这种方法时，审计师单独考虑每个风险因素。所有应对该项风险因素的控制被识别出来。这种方法在将普遍性（企业层面的）风险因素与控制相联系时特别有用。该方法如下表所示：

表 12.3 – 2

| 风险/控制目标 | 认定 | 降低风险的控制 |
|---|---|---|
| 1. 风险因素 | C | 1. 控制程序 A<br>2. 控制程序 B<br>3. 控制程序 C<br>4. 控制程序 D |
| 2. 风险因素 | EA | 1. 控制程序 E<br>2. 控制程序 F<br>3. 控制程序 G<br>4. 控制程序 H |
| 3. 风险因素 | A | 1. 控制程序 I<br>2. 控制程序 J<br>3. 控制程序 K<br>4. 控制程序 L |
| 4. 风险因素 | CA | 1. 控制程序 M<br>2. 控制程序 N<br>3. 控制程序 O<br>4. 控制程序 P |

一（风险）对多（控制）方法通常用于找出所有类型的控制，包括交易性控制。但是，因为一个交易性控制通常可以应对一个以上的风险（因此在这个方法中会多次重复），多对多矩阵（见图 12.3 – 4）通常对交易性控制更有效。

下面的例子说明一（风险）对多（控制）方法是可行的。控制环境的一个目标是管理层需要在治理层的监督下建立和保持一种诚信和道德行为的文化。这一目标作为风险因素可能意味着管理层尚未建立或保持一种诚信和道德行为的文化。

管理层可能设计并实施，以解决这项普遍风险的部分控制包括：

## 12. 评价内部控制

- 管理层通过语言和行动，不断兑现承诺的高道德标准；
- 管理层消除或减少可能导致人们从事不道德或不诚实行为的动机或诱惑；
- 以行为守则或类似的文件列示关于伦理和道德的期望标准；
- 员工清楚地了解哪些行为是可以接受的，哪些行为是不能接受的，并且在遇到不当行为时知道应该怎么做；
- 员工的不当行为应当受到惩戒。

审计师首先查阅风险和控制目标，然后识别存在的用来降低风险的控制（可能从类似上表的清单中）。由此形成的工作底稿可以采用下表格式：

注：控制设计栏列出了审计师评估控制设计可以采用的步骤。

表 12.3–3

| 内部控制要素 | 风险因素 | 识别出的控制 | 控制设计 |
|---|---|---|---|
| 控制环境 | 未强调诚信和道德 | 员工每年签署行为守则，并通过惩戒措施强制实施 | 已阅读行为守则，且该守则强调诚信和道德 |
| | 可能雇佣不具备胜任能力的员工 | 根据岗位确定需要的知识和技能 | 审核会计等关键岗位职责说明书，且认为可以接受 |
| 风险评估 | 管理层经常对可以预期的事件感到吃惊 | 每年识别和评估经营风险，作为业务规划的一部分 | 复核业务规划，且风险已经识别、更新和应对。 |

一旦控制被识别出来，审计师应当运用职业判断，对控制设计是否足以应对风险因素作出结论。

在形成关于控制环境的结论时，审计师需要根据 ISA 315.14 对以下方面进行评价：

- 管理层是否在治理层的监督下建立和保持了一种符合诚信和道德行为的文化；
- 控制环境中的优势联合起来是否为其他内部控制要素提供了适当的基础，其他要素是否被控制环境中的缺陷所削弱。

这可以被审计师用来作为对企业层面控制的总体结论。这一结论对于审计师评估财务报表层次的风险也将有重大影响。

### 多（风险）对多（控制）

对于具体的交易性风险，最常用的评价控制设计的方法是使用"控制设计矩阵"。这些矩阵使审计师能够一看便知：

- 风险和控制之间的多对多关系；
- 哪里的内部控制强；
- 哪里的内部控制弱；
- 应对多个风险/认定、且可以测试其运行有效性的关键控制。

一个简单的控制设计矩阵示例如下：

表 12.3 - 4

| 流程 = 销售 | | | | | | |
|---|---|---|---|---|---|---|
| 重要的风险因素 | | 风险 A | 风险 B | 风险 C | 风险 D | 关键控制 |
| | 认定 | C | EA | AC | CE | |
| 控制 | 内部控制要素 | | | | | |
| 程序#1 | 控制环境 | D | | | | |
| 程序#2 | 信息系统 | | D | | | |
| 程序#3 | 控制活动 | P | P | | P | 是 |
| 程序#4 | 监控 | D | | | | |
| 程序#5 | 控制活动 | | P | | P | 是 |
| 程序#6 | 控制活动 | | | | | |
| 程序#7 | 信息系统 | D | D | | D | |
| 控制设计是否可以接受？即识别出的控制是否能降低风险因素？ | | 是 | 是 | 否 | 是 | |

注：

P：预防控制

D：发现并纠正控制

注：上述矩阵包含了以下信息：

- 如果未被降低，可能导致财务报表重大错报的风险因素；
- 受风险因素影响的认定；
- 在矩阵中内部控制程序和风险结合（交叉）的地方，用 P 或 D 表示，其中 P 是指预防错报，D 是指在错报发生后发现并纠正错报。

该矩阵也可以扩展，以包括其他信息，如：

- 控制运行的频率，比如连续的，每周或每月；
- 控制是人工的还是自动的；
- 一段期间内部控制的预期可靠性。例如，这可能包括评估执行该项控制人员的胜任能力（以及相对于其他职能的独立性），控制是否及时执行以及是否曾经发生过错误。

## *12.* 评价内部控制

> **考虑要点**
>
> **多重控制程序**
>
> 　　注意任何一项控制程序本身都不太可能降低一项关键的风险因素。通常，各种控制活动联合起来，与内部控制的其他要素（如控制环境）一起发挥作用，将足以应对风险因素。
>
> **从风险开始**
>
> 　　避免列出所有已知的控制并将其与风险对应。先有风险，然后才有对应的控制来降低风险。逐个解决风险然后确认何种控制解决了该风险更加有效率。当有足够控制来解决风险，那么没有意义花费更多时间来确认其他控制。

　　将风险与控制相对应，不仅有助于帮助评价控制设计，而且可以识别可能进行测试的关键控制。它还能帮助审计师确认下列控制缺陷：

- 需要定期与管理层和治理层沟通其重要缺陷以便采取纠正行动的控制缺陷；
- 需要进行适当地审计应对的控制缺陷。

　　控制设计矩阵（见表12.3－4）可以用来识别控制的优势和缺陷。该流程叙述如下：

表12.3－5

| 识别 | 说明——使用控制设计矩阵 |
|---|---|
| 内部控制缺陷 | 往下看每个风险栏（在上述控制设计矩阵中），看是否存在降低风险的内部控制程序。如果存在充分的控制，那就没有控制缺陷。<br>当只有很少或根本没有内部控制程序来降低风险的时候，很可能存在重大的内部控制缺陷。参考矩阵中的风险C，似乎存在重要缺陷。在这种情况下，审计师可以：<br>• 询问是否可能存在其他内部控制或者补偿性的内部控制程序。如果没有，则可能存在重要缺陷。审计师应尽快与管理层和治理层沟通该重要缺陷，以便可以采取纠正行动；<br>• 考虑需要实施哪些进一步审计程序以应对识别出的风险。<br>补偿性控制可能是间接影响风险因素的活动。比如，销售经理每季复核销售结果时可能发现货物已发运但未开具发票的风险。该控制本身显然不足以降低风险。 |
| 内部控制优势 | 横向看控制设计矩阵，识别哪些能防止或发现并更正由于许多风险因素导致的错报。应当注意的是，上述矩阵中的控制程序3对应3个风险和3个认定。这个例子说明，某类控制（通常称为关键控制）如果被认为是可靠的，可以对其运行有效性进行测试，特别是该测试可以用来减少其他更详细的测试时。 |

## 12.4 如何识别相关内部控制？

审计师通常通过与负责管理风险或特定流程的人（们）讨论（面谈）来识别控制。在较小的企业中，通常是指业主兼经理或高级经理。识别控制的典型方法如下所述：

图 12.4 – 1

| 行动 | 说明 |
| --- | --- |
| 识别固有风险 | 识别需要通过内部控制对其进行管理，以防止或发现并更正重大错报的普遍（企业层面）控制和具体（交易性）控制。 |
| 询问针对该固有风险的内部控制程序（每次针对一个风险因素） | 针对每一个风险因素询问业主兼经理或负责人，企业中是否存在用来降低每一特定风险因素的内部控制程序。记录从被询问人的回答中识别出的控制。当（基于职业判断）已经识别出足够的可以有效降低风险的控制时，审计师应停止寻找更多的控制。没有必要列出所有可能降低该风险的其他控制，除非是其他目所特别要求的。 |
| 记录结果 | 识别出的控制可以采用多种方式记录。比如列在他们对应的每个风险因素之下，或者列在控制矩阵中并与他们对应的所有（各种）风险相联系。<br>关键在于确保将识别出的控制程序和他们意图降低的风险因素相联系。这样使审计师能够对识别出的控制是否确实降低了风险作出评估。如果使用控制矩阵，审计师应当：<br>• 直接把识别出内部控制程序记录在矩阵中，并且表明（在和风险相交的位置）它们是防止还是发现并更正风险因素导致的重大错报；<br>• 考虑控制是否还可以有效地降低其他风险。有些控制程序很可能会防止或发现许多风险因素。<br>如果没有识别出针对某项风险的控制，审计师需要立即提请管理层注意可能需要解决的控制缺陷（可能是重要缺陷）。 |

> **考虑要点**
>
> **避免使用通用的控制**
>
> 避免被诱惑使用适用于所谓"典型"企业的内部控制活动清单。"标准"或"典型"的控制清单需要花费大量时间阅读和理解，而且通常对小型企业而言过于复杂或不相关。但可以在需要的时候把它们作为参考来源。用企业自己的说明来记录每一控制的性质会好得多。

## *12.* 评价内部控制

### 多任务

可以将控制设计评价与控制文档（见下文步骤3）和检查/观察文件集合起来，以支持控制执行（见下文步骤四）。例如，如果发现可能导致未经授权编制非常规会计分录的政策，应要求查看实际的政策（评估控制设计）和部分会计分录得到批准的证据（控制执行）。

### 风险管理

很多被审计单位按照流程（比如销售流程或者采购流程）而非风险来分配管理风险责任。结果，有许多重要的风险因素处于部门之间（如销售，采购和会计），没有人直接对此负责。如果没有明确地识别出风险并将责任分派给某人，那么当出现问题时，就会出现许多推卸责任的情况。员工之间可能相互指责，辩称"我以为这个风险是由玛丽、杰克，或会计、IT、销售部门负责管理的"等等。

### 对控制设计得出结论

评估控制设计的最后一步是对识别出的控制实际上是否降低了特定风险因素作出结论。这需要运用职业判断。对于每个相关的认定或风险因素，考虑管理层的应对是否足以把重大错报降至可以接受的低水平。如果使用了控制设计矩阵方法，矩阵最下面一行可以用来记录对于控制是否足以降低每个风险因素的结论。

下图对整个控制评价（针对五个控制要素）进行了总结：

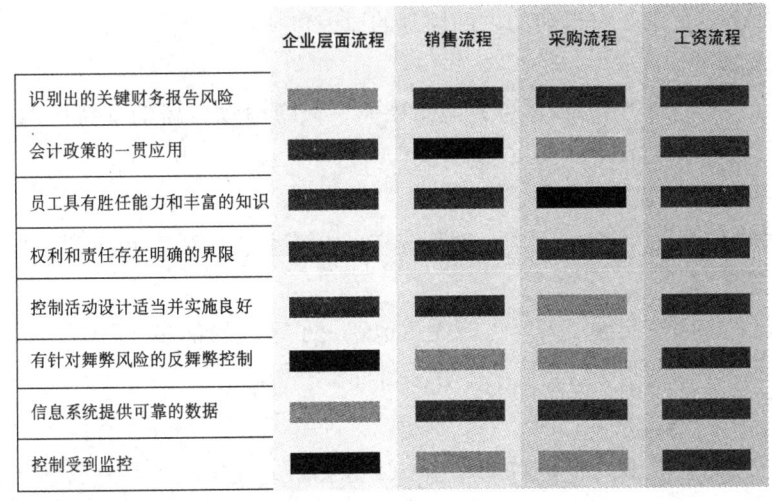

图 12.4-2

**考虑要点**

对于较小的企业，有一个更简单的方法来评估交易性控制。首先，识别风险因素（见上步骤1）和被影响的认定。然后，识别那些针对被影响的认定的控制，而不是将识别出的控制与每一个单独的风险因素相对应。

如果没有识别出针对某个特定认定的控制，那么需要采取实质性的审计应对。如果预期识别出的控制运行可靠，审计应对可以包括测试相关的关键控制。例如，未记录销售的风险影响完整性认定。相关控制的识别可以仅限于总体上针对完整性认定，而不是某一具体风险。

## 12.5 步骤3——用来降低风险的控制是否有效？

评估控制实施  一个风险评估程序
确保识别出的(相关)控制确实按照设计运行

图 12.5－1

仅仅询问管理层不足以评价内部控制程序的设计，也不足以确定控制是否得到执行。这是因为，人们本能地会以为或希望特定控制是存在的，尽管事实上不存在。如果控制不存在或没有运行，对控制的书面描述（不管多好）对审计没有任何意义。

审计师需要观察正在运转的内部控制的原因包括：

- 流程改变

经过修订的/新的产品或服务，运行效率，人事变动，新的支持性IT应用包的实施，会导致流程随着时间而发生变化。

- 一厢情愿的想法

被审计单位人员可能向审计师解释系统应当如何运行，而非实际上到底如何运行。

- 缺乏了解

在获取对内部控制的了解时可能无意地忽视了系统的某些方面。

**考虑要点**

如果对上述步骤2中识别出的部分控制实际上没有被执行有任何疑问，就不要评估控制的设计或记录控制的运行，直到采取一些措施确定那些控制确实存在并在运行。或者，不要浪费时间评估那些不太可能和审计相关或者设计不当的控制。

## 12. 评价内部控制

为获取关于控制实施的审计证据所需的风险评估程序包括下表中所列的内容:

表 12.5 – 2

| | 说明 |
|---|---|
| 评估控制实施 | • 询问被审计单位人员;<br>• 观察或重新执行特定控制的应用;<br>• 检查文件和报告;<br>• 在信息系统中追踪和财务报告相关的一项或两项交易。这通常被称为"穿行测试"。 |

注:穿行测试不能测试控制的运行效果。

控制的实施提供了关于控制在某特定时点确实在运行的证据。但它不能确定控制在整个被审计期间的运行有效性。审计师需要通过控制测试收集关于控制在一段时间(如一年)内运行情况的证据,才能获得运行有效性的证据(如果这是正在制定的审计策略的一部分)。

只有当确定了与审计相关的内部控制设计合理且得到实施以后,才值得考虑以下问题:

- 哪些对控制运行有效性的测试(如果有)会减少其他实质性测试的需要;
- 哪些控制因为没有其他获取充分、适当的审计证据的方法而需要测试;

**考虑要点**

确保审计项目组清楚地了解控制设计,控制实施和控制测试之间的区别。以下对此进行了总结:

**控制设计**

控制的设计是否能够降低固有风险?

**控制实施**

设计的控制实际上是否有效?控制实施程序在每期都必须执行,以识别系统的所有变化。

**控制测试**

在特定时段中控制是否一直有效运行?除非没有可替代的方法(比如在高度自动化和无纸化的系统中)来获取必要的审计证据,否则不需要测试控制的运行有效性。因此审计师应运用职业判断,决定是否测试控制的运行有效性。

> **不要忽略控制设计和实施之间的关系**
>
> 如果对步骤 2 中识别出的部分控制实际上没有被实施有疑虑，就不要评估控制设计，直到采取措施确定那些控制确实存在并得到实施。而且，如果审计师判断控制设计不适当，那么继续对控制实施进行评价就没有意义。可能已经存在重要缺陷了。
>
> **每期评估控制的实施**
>
> 在初次审计业务之后，审计师应当首先评价控制的实施，确定发生了哪些变化。以前期获得的控制设计工作底稿作为出发点。如果识别出内部控制的变化，应考虑经过修订的或者新的控制是否能够继续降低风险因素，或者现在是否出现了新的必须降低的风险。

## 12.6 步骤 4——相关控制的运行是否已记录？

记录相关控制  记录相关控制的运行
提供控制从开始到财务报告的运行背景

图 12.6 – 1

本步骤的目的在于提供关于上述步骤 2 中识别的相关控制的运行的一些信息。所需工作底稿的范围取决于审计师的职业判断。

由此产生的工作底稿将有助于审计师：

- 了解识别出的控制的性质、运行（开始，流程，记录等）和环境（例如控制由谁实施，在哪里实施，实施的频率，以及由此形成的工作底稿）；
- 确定控制是否可靠并有效运行。如果是，可以对其进行测试以作为对评估风险的审计应对的一部分。如果决定测试控制的运行有效性，这份工作底稿也有助于审计师对测试进行设计，比如选样时使用的总体是什么，要检查哪些控制属性，由谁来执行控制以及在哪里能找到必要的工作底稿。

> **考虑要点**
>
> 控制的工作底稿不需要很复杂或者很全面。审计师没有必要记录整个业务流程，或者描述与审计无关的控制的运行情况。

下表列出了在记录相关内部控制时需要考虑的一些问题。

## *12.* 评价内部控制

图 12.6-2

| 记录相关内部控制 |
|---|
| • 重大交易如何生成、授权、记录、处理和报告;<br>• 足够详细的交易流程,以识别可能发生由于错误或舞弊导致的重大错报的地方;<br>• 与期末财务报告流程相关的内部控制,包括重要的会计估计和披露。 |

管理层或审计师最常用的编制工作底稿的方式有:
- 文字叙述或备忘录;
- 流程图;
- 文字叙述和流程图相结合;
- 问卷和检查表。

工作底稿的性质和范围是一个职业判断问题。需要考虑的因素包括:
- 被审计单位及其内部控制的性质、规模和复杂性;
- 被审计单位信息的可获得性;
- 在审计过程中使用的审计方法和技术。

工作底稿的范围也能反映出审计项目组的经验和能力。与由更富有经验的人员组成的项目组相比,缺乏经验的项目组在开展审计时可能需要更加详细的工作底稿,以帮助他们获取对被审计单位的适当了解。

## 12.7 在随后期间更新控制工作底稿

审计师在计划下一期间的审计时可能会使用上一审计期间编制或获取的工作底稿。这可能涉及下列工作底稿。

表 12.7-1

| | 说明 |
|---|---|
| 更新前期编制的控制工作底稿 | • 取得上期关于控制的工作底稿的副本,作为本年更新的起点。如果没有发生任何变化,在评价设计前先评价控制的实施。如果该控制已经实施并且风险没有发生变化,那么该设计可以接受;<br>• 更新需要通过控制而降低的风险的清单;<br>• 在企业层面和交易层次识别内部控制的变化,这可以通过针对控制实施的程序来实现;<br>• 当发现风险或控制的变化时,确定是否已经设计和实施了新的内部控制;<br>• 更新内部控制和适当的风险因素之间的联系;<br>• 更新对控制风险的结论。 |

如果审计策略可能涉及对特定控制的有效运行的依赖（如通过控制测试）和已经发生的控制变化，那就需要对变化发生前和变化发生后处理的交易进行穿行测试。

> **考虑要点**
>
> **普遍性（企业层面）控制的变化**
>
> 在更新控制工作底稿时，审计师应仔细考虑普遍性（企业层面）控制中发生的变化。这些变化可能对其他具体（交易性）控制的有效性产生重大影响，同时可能影响审计师对评估风险的审计应对。例如，管理层打算雇佣一名合格的专业人员来编制财务报表，这可能会大大降低财务信息中发生错误的风险，同时提高以前可能受到损害的交易性控制的有效性。另外，管理层未能更换不称职的IT经理或者没有对IT安全风险投入足够的资源，可能会损害正在实行的其他内部控制程序。不管在哪种情况下，这些变化都可能引起适当的审计应对发生重大变化。

## 12.8　关于内部控制的书面声明

审计师应当要求管理层提供书面声明承认其对内部控制的责任，管理层认为该内部控制对于使财务报表编制能够不包含重大错报（无论是舞弊还是错误导致的）是必要的。

## 12.9　案例研究——内部控制评价

案例研究的详细资料请参考第2卷第2章——案例研究概述。
以下内部控制工作底稿摘录提供了使用前面介绍的四步法获取信息的一个例子。

### 案例研究 A——Dephta 家具公司

#### 步骤1——风险识别

在评估内部控制的过程中，第一步也是最重要的一步就是识别哪些风险需要通过内部控制降低。这包括获取对被审计单位的了解时所识别的风险，其他普遍的风险因素，以及与销售、采购和工资等业务循环相关的常规交易风险因素。

#### 步骤2——控制设计

第二步是询问和评估管理层针对上述步骤1中识别出的风险已经采取的控制。

## 12. 评价内部控制

企业层面的控制

下面结构化的表格针对本章所概述的四个步骤。它可以用来记录以下内容：

内部控制的各要素所针对的风险因素（风险识别 – 上述步骤1）；

存在哪些（如果有）控制可以降低风险（控制设计 – 上述步骤2）；

获得关于控制确实存在和正在使用的证据（实施控制 – 下述步骤3）；

已经识别并实施的控制的背景和运行（控制工作底稿 – 下述步骤4）。

| 控制环境 | 控制是否存在？ | 描述支持性工作底稿的性质或管理层行动 | 描述询问/观察以确保识别出的控制已得到实施 |
|---|---|---|---|
| 1. 风险：没有强调对正直和道德价值观的需要 | | | |
| 可能的控制（选择那些适用的控制）<br>(a) 管理层通过语言和行动不断证明对较高道德标准的承诺。 | YES | Suraj 和管理团队通过与员工的日常沟通，不断加强遵循安全和道德标准的需要。 | 与 Jon 和 Amad 两名员工面谈，他们证实了这一点。 |
| (b) 管理层消除或减少可能使员工参与不诚信或不道德行为的诱因或诱惑。 | YES | Suraj 上期接受了我们的建议并编写了行为守则，列出期望的员工行为。 | 员工已经拿到一份行为守则，并参加了5月13号的会议，会上对指南进行了解释。 |
| (c) 一份行为守则或与之等效规范存在，规定了预期伦理和道德标准行为。 | YES | 看对上述（b）的反应 | 审核了行为守则。 |
| (d) 员工清楚地了解哪些行为是可以接受的，哪些行为是不能接受的，同时知道在遇到不当行为时怎么做。 | YES | 员工过去曾因不当行为受到惩戒。 | 如果有人被抓住盗窃或行为不道德，Suraj 立即解雇他们。去年在临时工作人员中发生了两起这种案例。 |
| (e) 员工的不当行为通常会受到惩戒。 | YES | Suraj 不会容忍员工、客户或供应商的非法或不道德行为。 | 应当注意，有一名新员工被发现偷办公用品后很快被开除。 |
| (f) 其他（解释） | NO | | |

续表

| 控制环境 | 控制是否存在？ | 描述支持性工作底稿的性质或管理层行动 | 描述询问/观察以确保识别出的控制已得到实施 |
|---|---|---|---|
| **2. 风险：可能雇佣或保留不称职的员工** | | | |
| 可能的控制（选择那些适用的）<br>（a）企业员工具有其被分配的责任所需的胜任能力和培训。 | YES | 所有工作人员在工作中接受培训和充分的监督。 | 采访 Jon 和 Amad 两名员工。他们具有以下特点：<br>• 即使没有书面的岗位说明，也能清楚地了解他们的角色和责任。<br>• 表明每当机器或流程发生变化他们都会得到指导。<br>• 当情况比预期的好时受到称赞，当工作做得不太好时立即被告知。<br><br>通过询问管理人员（Mirelli 和 Cliff）发现人员配备水平在本期内保持不变。 |
| （b）管理层明确提出员工职位所要求的必要知识和技能 | YES | 管理层熟悉制造、销售和管理。Ravi 和 Parvin 提供经营、市场营销和法律实务方面的建议。 | |
| （c）岗位说明存在并被有效使用。 | NO | | |
| （d）管理层为员工提供参加相关主题的培训项目的机会。 | NO | | |
| （e）保持适当的人员水平，以有效完成规定的任务。 | YES | 本年中影响财务报表的工作岗位没有任何空缺。 | |
| （f）员工的技能自始至终与其岗位说明匹配。 | NO | | |
| （g）员工的良好表现会获得补偿和奖励。 | NO | 员工干得好会受到鼓励。除了销售人员之外没有奖金制度。 | |
| （h）其他（解释） | | | |

续表

| 控制环境 | 控制是否存在？ | 描述支持性工作底稿的性质或管理层行动 | 描述询问/观察以确保识别出的控制已得到实施 |
| --- | --- | --- | --- |
| **3. 风险：管理层对内部控制和（或）管理经营风险的态度消极。** | | | |
| 可能的控制（选择那些适用的）：<br>管理层证明对下列方面采取积极的态度和措施：<br>（a）建立和维护健全的与财务报告有关的内部控制（包括管理层越权和其他舞弊）：<br>——会计政策的适当选择和应用；<br>——信息处理的控制；<br>——会计人员的待遇。 | YES | 管理层对那些不花成本或破坏实施的建议负有责任，同时对内部控制有一个积极的态度。 | 审核销售计划，包括：<br>• 销售和现金流预测<br>• 预计的资本性支出<br>• 讨论萧条如何影响他们的经营，例如在销售额和某供应商破产的可能性方面。<br><br>如果可行，我们的管理建议书通常会被接受。 |
| （b）管理层强调对人事运作的适当的行为。 | YES | 见上文对态度和行为守则的评论。 | 根据我们与员工面谈（见步骤2）的情况，员工明白哪些是必须的，哪些规定应当遵守。 |
| （c）管理层已设立程序，以防止未经授权的接触或销毁，资产、文件和记录。 | YES | | |
| （d）管理层分析了经营风险并采取了适当的行动。 | SOME | 尽管风险管理是非正式的，但在管理层会议上会讨论经营风险，同时经营计划中也会有所反映。 | 在与Jawad面谈的过程中，他表示Suraj讨论这些问题时很开放，同时他没有感到有操纵财务报表的压力。Suraj则说，"这些数字就是它们本来的样子，无论这个月是好是坏。" |

运用国际审计准则执行中小企业审计指南（第三版）

| 注释：认定<br>C=完整性<br>E=存在性<br>A=准确性<br>V=评价 | 内部控制要素<br>CE=控制环境<br>CA=控制活动<br>IS=信息系统<br>MO=监控<br>控制类型<br>P=预防控制<br>D=发现并更正控制 | 薄弱控制部内 | 收款部分或全部未存入银行或未入账 | 现金销售部分全部未入账 | 入账的收入错入记的客户或账户 | 收入计入错误的会计期间 | 逾期收入未能及时追踪 | | | | 控制测试（是否） | 参见工作底稿 |
|---|---|---|---|---|---|---|---|---|---|---|---|---|
| 通过风险因素的认定 | | | CAE | CAE | CAE | CAE | AV | | | | | |
| Karla编制存款单而由Jawad将现金存入银行,以确保职责分离。 | | CA | P | | | | | | | | | |
| 打开信件时,在支票上打上"仅限转账"的标记,并带有Dephta家具公司的账号,告知银行不得将其兑现。 | | CA | P | | | | | | | | | |
| 收到的支票应在存入银行前进行登记、加总和复核。 | | CA | P | | | | | | | | | |
| 超过90天的账户由Suraj和Jawad进行调查,同时记录其所采取的行为。 | | CA | | | | D | | | | | | |
| 使用截止程序来确保收款记入了正确的期间。 | | CA | | | | P | | | | | | |
| 定期编制长期挂账的应收账款收款表,每月交给Suraj和Jawad。 | | IS | | | | D | | | | | | |
| Suraj定期检查长期挂账的应收账款账户,并负责跟踪逾期账户。将违约账户转入"货到付款"类 | | MD | | | | P | | | | | | |
| 控制程序是否降低了风险因素? | | | No | No | | | | | | | | |
| 注释：Y=风险被降低S=有一些降低NO=存在重大弱点 | | | | | | | | | | | | |
| 识别出的漏洞 | | | | | | | | | | | | |
| 由于不与客户对账,因此存在一个控制漏洞,即可能将应收账款记入错误的账户。 | | | | | | | | | | | | |
| 由于大多数展厅销售收取现金并在客户要求时才会开具收据,因此存在未将所有现金销售入账的风险。 | | | | | | | | | | | | |

## 业务流程或交易性控制

上述控制设计矩阵涉及四个步骤中的两个步骤。它将交易性风险与识别的控制相对应，也可用来与控制实施交叉索引。

## 步骤3——控制实施

第三步是确定控制是否存在以及被审计单位是否使用。

收入/应收账款控制实施程序摘录

询问处理交易的人员。

面谈人员：

## 12. 评价内部控制

| Karla | 日期：20×3年2月16日 |
|---|---|
| Dameer | 日期：20×3年2月17日 |
| Maria Ho | 日期：20×3年2月17日 |

| | |
|---|---|
| 描述实施的与该交易有关的程序。针对生成，授权，会计记录的记录，和财务报表的报告。 | 系统的运转如同系统文件所述。证明内部控制有效的文件副本参见工作底稿530号。但我们注意到Maria Ho是新员工，对目前的系统了解不多。 |
| 描述信息从一个人（流程所有者）传递到下一个人的过程。 | 销售和会计之间存在移交。根据穿行测试的结果，该移交运作良好。 |
| 注意内部控制程序执行的时间和频率。 | 在控制设计矩阵中记录。 |
| 识别所有一般IT控制，以保护交易数据文件，并确保应用内部控制适当发挥作用。 | 由于被审计单位规模小，一般IT控制非常少。 |
| 记录与员工疾病和休假有关的适当程序。如果在过去的12个月中没有休假，记录其原因。 | 在Maria被雇佣前，有个销售员岗位空缺了四个月。这意味着在此期间职责分离较少。 |
| 询问上期发现的错误的范围与性质。 | 大多数的错误是由于定价错误造成的，定价目前主要是人工流程。 |
| 询问是否有人被要求偏离书面程序。 | 销售经理要求为一个朋友大大降低单室套的价格，但被拒绝了。 |

## 步骤4——控制记录

使用文字叙述法的业务流程记录摘录

Dephta 家具公司

**业务流程——收入/应收账款/收款循环**

**须解决的关键风险和相关控制程序**

1. 货物发运/提供服务没有发票

当客户签字确认销售订单时，订单被输入会计系统，该系统会自动分配一个序列号。当该订单准备装运时，会开出装运单据，随后录入系统，并与订单相匹配。之后，Karla 通过会计系统开具发票，这个发票也会被系统自动分配一个序列号。严格规定装运单编号未被录入系统不得发运。系统就可以跟踪哪些订单已经完成以及哪些订单的交付日期仍悬而未决。

2. 销售收入不正确/未记录（例如现金销售）

为收到的每个订单编制销售订单，并将其录入会计系统，该系统会为每个订单自动分配顺序号。唯一的例外是从商店直接销售的家具或者手头上的其他小商品。

3. 未识别的关联方交易

目前没有控制。

4. 未遵循收入确认政策

提交发票时记录收入。所有超过 500 欧元的订单，或者销售价格低于最低价格的订单，必须经过 Arjan 审查和批准。

5. 虚构销售/赊销

所有超过 500 欧元的订单，或者销售价格低于最低价格的订单，必须经过 Arjan 审查和批准。

6. 货物发运/提供服务产生了坏账风险

Arjan 不对客户进行信用检查，除非他不认识他们或者订单很大。授信时他主要依赖以前与客户交往的经验。

7. 销售/服务被记录到错误的会计期间

Karla 编制收入和现金收款的月终报告。Suraj 负责审核。

8. 收款部分或全部没有存入/记录（舞弊或错误）

在存入银行之前对收到的支票进行登记、加总和复核。Karla 每天编制存款单，但是 Jawad 负责将现金存入银行，以确保职责分离。

9. 收款被计入错误的账户（舞弊或错误）

在每月的销售和应收账款审查中可以注意到。

10. 收款被计入错误的会计期间

Karla 每月检查截止期是否适当，以确保收款计入正确的会计期间。

11. 没有对可疑的或不可收回的余额提取坏账准备

超过六十天的账户要跟踪付款情况，但只有年底才对可疑的账户提取坏账准备。

12. 逾期应收账款没有及时跟进

Jawad 编制逾期应收账款表并交给 Suraj 审查。六十天以上的账户必须每月跟踪，同时在表中注明客户同意何时付清余款。对于超过九十天且没有作出其他付款安排的客户，以后的销售采用付款提货的方式。

关于对网络销售的控制请参阅单独的备忘录 546-6（未包含在本指南中）。

## 案例研究 B——Kumar 公司

### 步骤 1——风险识别

在评估内部控制的过程中，第一步也是最重要的一步就是识别哪些风险需要通过内部控制降低。这包括获取对被审计单位的了解时所识别的风险，其他普遍的风险因素，以及与销售、采购和工资等业务循环相关的常规交易风险因素。

## *12.* 评价内部控制

### 步骤 2——控制设计

第二步是询问和评估管理层针对上述步骤 1 中识别出的风险已经采取的控制。

### 企业层面的控制和一般 IT 控制

下面结构化的表格针对本章所概述的四个步骤。它可以用来记录以下内容：
内部控制的各要素所针对的风险因素（风险识别——上述步骤 1）；
存在哪些（如果有）控制可以降低风险（控制设计——上述步骤 2）；
获得关于控制确实存在和正在使用的证据（实施控制——下述步骤 3）；
已经识别并实施的控制的背景和运行（控制工作底稿——下述步骤 4）。

| 企业层面的控制 ||
|---|---|
| 考虑的风险 | 相关控制 |
| 控制环境：<br>• 没有强调正直和道德价值观的必要/重要性。<br>• 未保证员工的胜任能力。<br>• 治理层对管理层的监督无效。<br>• 管理层对内部控制和（或）经营风险管理的态度消极。<br>• 计划、控制和实现目标的组织结构无效/不恰当。<br>• 没有确保人力资源管理有效的政策/程序。 | Raj 通过与员工的日常交流或自己的行动，持续地传递正直和道德行为的必要性。<br>他对内部控制持积极态度——以前审计中可行的审计意见都已得到执行。<br>没有正式的治理结构，但是 Raj 定期与 Suraj 和 Jawad 会面。 |
| 控制是否降低了风险因素？ | 是的 |
| 对询问/观察的情况进行描述，以确保已识别的控制得到了实施。 | 与 Ruby 面谈，她证实 Raj 承诺道德地、公平地对待供应商和客户。<br>审核了由 Jawad 编制的上次会议的会议记录。 |
| 风险评估：<br>管理层经常对未事先识别/评估的事件感到吃惊，或者总是在事件发生后被动反应而不是事先计划。 | 每年制定了经营计划。Raj 每月对现金流和销售趋势进行监控。 |
| 控制是否降低了风险因素？ | 是的 |

续表

| 企业层面的控制 ||
|---|---|
| 考虑的风险 | 相关控制 |
| 对询问/观察的情况进行描述，以确保已识别的控制得到了实施。 | 审核经营计划的副本，该计划强调了经济对销售的潜在影响。<br>审核送给 Raj 的一个文件夹，其中包含了月度现金流状况。对所需的文件和变化的评论提供了 Raj 审查的证据。 |
| 财务报告风险：<br>• 对财务报表很重要的事件和情况（除了交易之外的）可能没有被获知或记录；<br>• 对财务报表的监督/控制不良，作出的重要估计/揭露可能导致财务报表中的重大错报；<br>• 与财务报告相关的重要事件没有与董事会或银行与监管机构等外部关系人等进行沟通。 | Raj 与 Suraj 和 Jawad（Dephta 公司的）会面，对财务报表和经营计划进行审核。<br>Raj 复核财务报表，但只在有时间时复核会计分录。（缺乏职责分离导致风险增加，同时使 Ruby 能够登记不会被发现的分录。） |
| 控制是否降低了风险因素？ | 没有。控制弱点包括管理层越权的风险，以及在这样一个小规模企业中缺乏职责分离。 |
| 对询问/观察的情况进行描述，以确保已识别的控制得到了实施。 | 审核送给 Raj 的一个文件夹，其中包含了月度财务报表。但是，没有证据表明 Raj 确实审查过这些报表。 |
| 舞弊防范：<br>管理层没有考虑或评估舞弊发生的风险（包括管理层越权）。 | Raj 将现金和贵重物品上锁保管。<br>Raj 参与每一个经营环节，包括生产，因此对整个经营过程的监督使舞弊风险降到最小。 |
| 控制减少了风险的因素吗？ | 没有。贵重物品被安全地保管，但是 Raj 今年有相当长一段时间不在，这减弱了管理层监督的程度。另外，据说记账人员有个人财务问题。 |
| 对询问/观察的情况进行描述，以确保已识别的控制得到了实施。 | 检查现金被锁起来保管的地方，并证实只有 Raj 有钥匙。 |

| 一般 IT 控制 ||
|---|---|
| **考虑的风险** | **相关控制** |
| 考虑的风险：<br>• 没有政策/程序能确保有效的 IT 管理或对 IT 员工的监督；<br>• 经营目标、风险、和 IT 计划之间不存在联系；<br>• 信赖的系统/程序不能适当地处理数据或处理不适当的数据；<br>• 未经授权接触数据。可能造成数据损坏、不适当的改变、未授权或者不存在的交易，或者不准确的交易记录。 | 没有 IT 政策和程序。<br>IT 支出和资本性采购是年度预算的一部分（如果可以预见）。<br>Raj 确保软件更新同时 Ruby 对数据进行备份。 |
| 控制是否降低了风险的因素？ | 是的，如果业务规模较小。 |
| 对询问/观察的情况进行描述，以确保已识别的控制得到了实施。 | 复核年度预算中的 IT 支出预算。本期没有主要的资本性采购计划。 |

## 业务流程或交易性控制

本表（收入、应收账款、收款）涉及四个步骤中的两个。它按照认定将交易性风险与相关内部控制程序（RICPs）相对应。它也可用来与控制实施工作进行交叉索引。

被审计单位：Kumar 有限公司　　　　本期期末：20×3 年 12 月 31 日

| | 第一步：描述<br>交易性风险 | 受影响的认定 | 第二步：描述相关<br>内部控制程序<br>（如果存在多重控制，<br>考虑使用控制矩阵） | 评价<br>控制<br>设计 | 评价<br>控制<br>执行 | 剩余<br>风险<br>（H, M, L） |
|---|---|---|---|---|---|---|
| 1 | 货物发运/提供服务没有开发票。 | C | 航运日志与销售日志每周核对，确保所有发运货物都开具发票 | 好 | 545－2 | L |
| 2 | 收入部分或者全部未入账（例如现金销售）。 | CA | 记账员每月调节开出的销售发票与会计记录中确认的收入。 | 好 | 545－2 | L |
| 3 | | CE | Raj 每月复核销售、应收账款和现金日记账（注：客户数量很少，大部分销售在剑桥） | 好 | 545－2 | L |

续表

| 第一步：描述交易性风险 | 受影响的认定 | 第二步：描述相关内部控制程序（如果存在多重控制，考虑使用控制矩阵） | 评价控制设计 | 评价控制执行 | 剩余风险（H, M, L） |
|---|---|---|---|---|---|
| 4 收入确认政策没有执行。 | CEA | 当货物发运并开具发票时记录收入。但是没有对截止的实际控制。 | 不完整 | 545-2 | M |
| 5 收入/收款计入错误的会计期间。 | A | Ruby 和 Raj 每月对销售进行复核。 | 不完整 | 545-2 | M |
| 6 收款部分/全部未存入银行或未入账。 | CA | Raj 每月复核应收账款时，可能发现没有存入银行的收入。 | 无 | 无 | M |
| 7 没有对可疑的或不可收回余额提取坏账准备。 | V | 只在年终计提。 | 无 | 无 | M |
| 8 关联方交易没有识别出来。 | CEAV | 对 Dephta 的销售记录在一个单独的账户中，由 Raj 每月符合。但其他关联方没有认定。 | 不完整 | 545-2 | M |
| 9 | | | | | |

运用职业判断（基于对上述信息的审查）按认定评估重大错报风险（简称 RMM）。

| 认定 | 重大错报风险 | 描述针对已评估风险的审计程序（例如细节测试或控制测试） | 工作底稿索引号 |
|---|---|---|---|
| 完整性 | 低 | 参见销售与应收账款审计程序 | 705 - C.100 |
| 存在性 | 低 | 参见销售与应收账款审计程序 | 705 - C.100 |
| 准确性 | 中等 | 对截止和收入确认执行额外的工作，详见销售和应收账款审计计划。 | 705 - C.100 |
| 估价 | 中等 | 如 C.100 中所述，仔细审查坏账准备。 | 705 - C.100 |

注：认定层次的重大错报风险以受上述交易性风险影响的认定和采取措施后剩下的"剩余风险"程度为基础。

## 步骤3——控制实施

交易性控制的实施
收入/应收账款控制实施程序摘录
面谈人员：

Ruby　　　　　　　日期：20×3年2月22日
Raj　　　　　　　　日期：20×3年2月22日

| | |
|---|---|
| 描述所执行的与该交易有关的程序。包括生成、授权、计入会计记录，以及在财务报表中报告。 | 系统的运转如同系统文件中所述。证明内部控制有效的文件副本参见工作底稿535。 |
| 描述信息从一个人（流程所有者）传递到下一个人的过程。 | 销售和会计之间存在移交。根据穿行测试的结果，该移交运作良好。 |
| 注意内部控制程序执行的时间和频率。 | 在控制设计矩阵中记录。 |
| 识别所有一般IT控制，以保护交易数据文件，并确保应用内部控制适当发挥作用。 | 识别所有一般IT控制，以保护交易数据文件，并确保应用内部控制适当发挥作用。 |
| 记录与员工疾病和休假有关的适当程序。如果在过去的12个月中没有休假，记录其原因。 | 作为非全日的员工，Ruby不论何时回到办公室都会补齐所有的记录。由于交易的数量很少，这已经足够了。 |
| 询问上期发现错误的范围与性质。 | 大多数的错误是由于订货和发货数量的错误导致的。我们的穿行测试发现，Raj通过将销售日志与订单日志进行比对来发现那些错误，该控制看起来是有效的。 |
| 询问是否有人被要求偏离书面程序。 | 没有人提到。 |

## 步骤4——内部控制记录

注：识别出的控制用加粗字体表示。
使用文字叙述法的业务流程记录摘录——Kumar公司
**业务流程——收入/应收账款/收款系统**
**销售订单**
　　根据收到的每一份订单编制销售订单，并录入会计系统，系统自动为该订单分配一个顺序编号。唯一的例外是，直接从商店出售的家具或其他库存小件物品。
　　Raj保留一份订单日志，记录订单日期、数量、产品类型、承诺日期、价格等。他还保留一份销售日志，记录客户姓名、订单细节、价格等。月底Raj比对和审核

订单日志和销售日志的准确性。

当货物已装好准备发运时，Ruby 开具一张发票并与订单一起送交客户。

**商店销售**

对商店发生的所有销售，Raj 都在销售时开具发票并录入会计系统。系统针对每一销售自动生成发票编号。发票通常被交给客户。

大多数商店销售是现金交易，因此几乎没有信贷风险。

**应收账款**

Ruby 打开所有的邮件并将收到的货款分类，准备存入银行。Raj 通常在回家的途中去银行存款。然后 Ruby 将收到的货款录入会计系统，并将客户支付的货款与显示的发票对应起来。

Ruby 负责编制应收账款账龄分析表，并交给 Raj 审核。

超过九十天的账户要每月跟踪，并在账龄分析表上注明客户同意何时付清余款。

# 13. 通报内部控制缺陷

| 本章内容 | 相关国际审计准则 |
|---|---|
| 指导审计师与管理层和治理层沟通根据其职业判断应当得到管理层和治理层注意的、在内部控制中识别出的缺陷。 | ISA 265 |

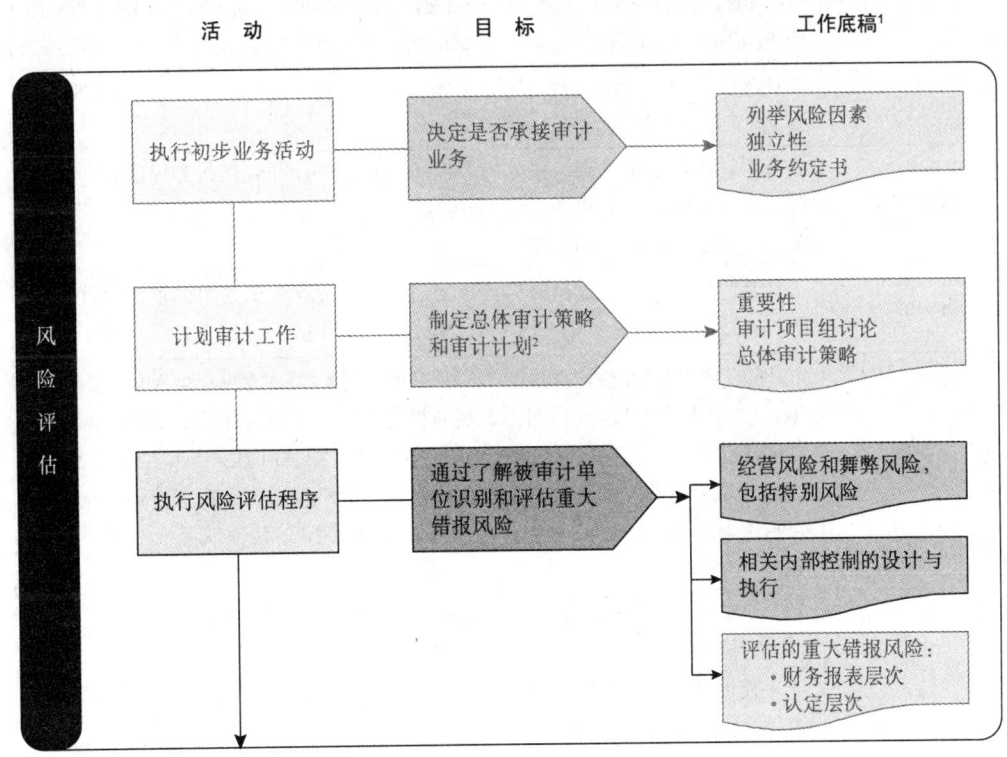

图 13.0-1

注:
1. 所要求的更为完整的工作底稿清单,请参见 ISA230。
2. 计划审计工作(ISA300)是一个持续的、不断修正的过程,贯穿于整个审计过程中。

| 条款 | 国际审计准则相关内容摘录 |
| --- | --- |
| ISA260.10 | 就国际审计准则而言，对下列术语给予以下定义：<br>（a）治理层——对被审计单位的战略方向负有监督责任，并对被审计单位履行受托责任负有相关义务的人员或机构（例如，公司的受托人）。治理层的责任包括监督财务报告过程。对于某些司法管辖区的某些实体而言，治理层可能包括管理层成员，如私人或公共部门实体的治理委员会中的执行成员，或者业主兼经理。对治理结构多样性的讨论，参见第 A1 – A8 段。<br>（b）管理层——对被审计单位经营活动的执行负有经营管理责任的人员。对于某些司法管辖区的某些实体而言，管理层包括治理层的部分或全部成员，例如，治理委员会中的执行成员，或者业主兼经理。 |
| ISA265.6 | 就国际审计准则而言，对下列术语给予以下定义：<br>（a）内部控制缺陷——在下列任一情况下内部控制存在的缺陷：<br>（i）某项控制的设计、执行或运行不能及时防止或发现并纠正财务报表错报；<br>（ii）缺少用以及时防止或发现并纠正财务报表错报的必要控制。<br>（b）值得关注的内部控制缺陷——根据审计师的职业判断，认为足够重要从而值得治理层关注的内部控制的一个缺陷或多个缺陷的组合。（参见：第 A5 段） |
| ISA265.7 | 审计师应当根据已经执行的审计工作，确定是否识别出一个或多个内部控制缺陷。（参见：第 A1 – A4 段） |
| ISA265.8 | 如果审计师识别出一个或多个内部控制缺陷，审计师应当根据已经执行的审计工作，确定该缺陷单独或连同其他缺陷是否构成值得关注的内部控制缺陷。（参见：第 A5 – A11 段） |
| ISA265.9 | 审计师应当以书面形式及时向治理层通报审计过程中识别出的值得关注的内部控制缺陷。（参见：第 A12 – A18 段，第 A27 段） |
| ISA265.10 | 审计师还应当及时向适当级别的管理层通报下列事项：（参见：第 A19，A27 段）<br>（a）以书面形式已向或拟向治理层通报的值得关注的内部控制缺陷，除非在具体情况下不适合直接向管理层通报；（参见：第 A14 段，A20 – A21 段）<br>（b）在审计过程中识别出的，其他方尚未向管理层通报，而审计师根据职业判断认为足够重要从而值得管理层关注的内部控制其他缺陷。（参见：第 A22 – A26 段） |
| ISA265.11 | 审计师应当在值得关注的内部控制缺陷的书面沟通文件中包括：<br>（a）对缺陷的描述以及对其潜在影响的解释；（参见：第 A28 段）<br>（b）使治理层和管理层能够了解沟通背景的充分信息。尤其是，审计师应当解释：（参见：第 A29 – A30 段）<br>（i）审计师执行审计工作的目的是对财务报表发表意见；<br>（ii）审计工作包括考虑与编制财务报表相关的内部控制，其目的是设计适合具体情形的审计程序，并非对内部控制的有效性发表意见；<br>（iii）报告的事项仅限于审计师在审计过程中识别出的、认为足够重要从而值得向治理层通报的缺陷。 |

# 13. 通报内部控制缺陷

## 13.1 概述

在审计过程中，可能识别出内部控制中的缺陷。这可能是在进行风险评估、实施审计程序时了解和评价内部控制（参见第2卷，第11和第12章）的结果，也可能是在审计过程的任一阶段进行其他观察的结果。

对哪些控制缺陷可以与治理层和管理层沟通没有限制。然而，当某个识别出的缺陷被审计师评估为严重时，审计师应首先与管理层进行讨论，然后必须就该缺陷（或其他重要缺陷）与治理层进行书面沟通。

下表中列示了部分常见的控制缺陷：

图13.1-1

| | 潜在的内部控制缺陷 |
|---|---|
| 普遍性（企业层面）控制 | 薄弱的控制环境（企业层面）的控制，例如监督不力，对内部控制的态度消极，或发现的管理层越权或舞弊的案例等。 |
| | 导致关键职位空缺的人事变动，或者在职人员（例如会计）不具备完成规定的任务所需的胜任能力。 |
| | 识别出的一般IT控制中的缺陷。 |
| | 未实施适当的控制去处理非经常性事件，例如引入新的会计系统、销售系统的自动化、收购一个新业务等。 |
| | 管理层没有能力监督财务报表编制。这可能包括下列方面的不足：<br>• 一般监控控制（例如对财会人员的监督）；<br>• 与舞弊的预防和发现有关的控制<br>• 与重要会计政策的选择和应用有关的控制；<br>• 与重大关联方交易有关的控制；<br>• 与超出被审计单位正常经营过程的重大交易有关的控制；<br>• 与期末财务报告过程有关的控制（如与非经常性会计分录有关的控制）。 |
| | 之前已与管理层或治理层进行沟通，但在一段合理期间后仍未更正的控制缺陷。 |
| 具体性（交易性）控制 | 管理层对识别出的特别风险的无效应对（例如，缺乏与该风险有关的控制）。 |
| | 审计师发现了本可以通过被审计单位的内部控制防止或发现并更正的错报。 |
| | 现有的内部控制具有以下特征：<br>• 不足以降低风险（设计不佳）；<br>• 未按照设计运行（执行不佳）。可能导致这一问题的原因包括：缺乏培训、员工缺乏胜任能力、执行规定任务的资源不足。 |

## 13.2 舞弊

如果取得的证据表明存在或可能存在舞弊，应尽快提醒适当层次的管理层注意这个问题。即使可能认为该事项无关紧要，也应该这样做。

选择适当层次的管理层是一个职业判断的问题，但至少应该比涉嫌疑似舞弊中的人员高一级。这也受到串通的可能性及疑似舞弊的性质和严重程度的影响。如果舞弊涉及高级管理层，还应当与治理层沟通。沟通可以口头或书面的形式进行。

> **考虑要点**
>
> **业主兼经理或治理层进行的舞弊**
>
> 当舞弊发生在一个组织的最高层时，审计师不能向被审计单位内部的任何人报告。在这种情况下，审计师可以寻求法律意见，以确定在当时情况下应采取的行动。获取该意见的目的在于，弄清在考虑识别出的舞弊对公共利益的影响时需要采取哪些步骤。
>
> 在大多数国家，审计师负有职业责任对客户信息保密。这可能制约审计师向外部关系人报告被审计单位的舞弊。但是，审计师的法律责任因国家而异。在有些情况下，法律、法规或法院的要求可能超过保密的责任。在有些国家，金融机构的审计师负有法律责任向监管部门报告舞弊的发生。此外，在有些国家，如果管理层和治理层未能采取纠正措施，审计师有责任向权威机构报告错报。

## 13.3 评估缺陷的严重性

重要缺陷是指根据审计师的职业判断，其重要性足以引起管理层注意的一个或多个内部控制缺陷的组合。

在内部控制评估时（参见第2卷，第12章），有人建议把不太可能导致财务报表重大错报的风险因素从审计师了解内部控制的范围中去除。如果遵循这一指引，审计师识别的大多数控制缺陷可能是重要的。

判断一个控制缺陷是否重要的标准与其他风险（参见第2卷，第9章）不同。审计师应运用职业判断来评估错报发生的可能性，以及已经发生的错报可能有多严重。如果某项错报确实已经发生，审计师将根据实际错报的范围对其进行评估。

不太严重甚至轻微的控制缺陷也可能在审计过程中被识别出来。这可能源于与管理层和员工的面谈，对内部控制运行的观察，进一步审计程序的实施和其他可能

## 13. 通报内部控制缺陷

获取的信息。这些控制缺陷是否重要到应当向管理层和治理层报告取决于审计师的职业判断。

下表列出了在评估缺陷的严重程度时审计师应该考虑的一些问题：

图 13.3–1

| | 识别重要缺陷 |
|---|---|
| | 缺陷导致未来财务报表发生重大错报的可能性。 |
| | 资产或负债受损失或舞弊影响的敏感度。 |
| | 确定预估金额的主观性和复杂性，例如公允价值会计估计。 |
| | 暴露在缺陷下的财务报表金额。 |
| 评估缺陷的标准 | 暴露在该缺陷（或多个缺陷）下的账户余额或某类交易中已经发生或可能发生的活动数量。 |
| | 控制对财务报告过程的重要性。 |
| | 已发现的由于控制缺陷所导致的例外情况的原因和频率。 |
| | 内部控制中不同控制缺陷的相互影响。 |

## 13.4 较小规模的企业

在评估小规模企业的控制缺陷时，审计师应注意以下因素：

图 13.4–1

| | 考虑 |
|---|---|
| | 较大规模企业而言，小规模企业的控制不太正式，关于其执行情况的证据也较少。 |
| 小规模企业中的控制 | 某些类型的控制活动可能没有存在的必要。通过高级管理人员的控制（例如，企业层面的控制，包括可以防止或发现某一特定错误的发生的控制环境）可以降低这些风险。 |
| | 员工数量较少，这可能会限制职责分离的程度。业主兼经理实施比大型企业中更有效的监督（如控制环境等企业层面的控制）可能对这一问题有所弥补。 |
| | 管理层越过控制的可能性更大。 |

另外，与大规模企业的情况相比，与治理层沟通控制缺陷可能更没有结构性。

## 13.5 记录控制缺陷

ISAs 中没有明确规定应如何记录控制缺陷。记录的范围取决于审计师的职业判断。如果审计项目组经验不足,那么与由经验丰富的人员组成的项目组相比,他们需要更为详细的记录和指导。

下面概述了一种可以对识别出的控制缺陷进行记录的方法。该工作底稿可用于下列目的:

- 与管理层讨论控制缺陷;
- 评估控制缺陷的严重程度;
- 考虑是否需要额外的审计程序以应对未减缓的风险;
- 准备与管理层和治理层进行必要的沟通。

下面是一个这种工作底稿的示例(没有索引到支持性工作底稿和其他工作底稿):

图 13.5-1

| 哪些风险因素或认定受到影响? | 描述识别出的控制缺陷 | 对财务报表有哪些潜在影响? | 重要缺陷?(yes/no) | 审计应对 |
|---|---|---|---|---|
| 管理层没有考虑或评估舞弊发生的风险 | 管理团队成员之间相互信任,不愿引入针对舞弊风险的成本高昂的政策等。 | 管理层可能越过控制并实质上操纵财务报表。 | YES | 查看对会计分录、关联方和收入确认实施的特定程序 |
| 销售/服务被记入错误的会计期间 | 没有防止这种情况发生的控制,而且我们在细节测试中发现许多截止错误。 | 财务报表中的收入可能出现重大错报。 | YES | 查看实施的与截止测试有关的附加程序。 |
| 支持估计的监督和文件不佳。 | 客户几乎没有提供支持其估计的备份文件。 | 对于估计的规模而言,一个错误可能会导致财务报表中的重大错报。 | YES | 获取支持假设的证据,并重新计算。 |

> **考虑要点**
>
> **在一个单独的地方记录缺陷**
>     选定一种特殊的审计表格,以在识别出控制缺陷时记录其有关细节。这将确保所有识别出的缺陷都被根据相同的基础记录在同一个地方。如果分散在档案中,缺陷可能会被遗漏。这也会导致对有关风险采取的审计应对不全面以及与管理层和治理层的沟通不全面。
>
> **描述其影响**
>     在记录控制缺陷时,需要花些时间描述该缺陷的影响("哪里可能出错")以及针对未减少的风险提出的审计应对(如果有)。
>
> **推荐什么做法?**
>     审计师并非一定要向管理层推荐一种更正已识别控制缺陷的做法。但是,建议对管理层选择适当的纠正行动可能有用。如果要向管理层提出建议,应当在记录控制缺陷的同时记录改进建议。如果这一步留待以后处理,可能又要花费额外的时间再次熟悉情况。

## 13.6 与管理层的口头沟通

在签发书面通知之前,通常认为与适当人员或适当级别的管理层,有可能包括治理层,口头讨论(比如基于草稿的讨论)有关发现是最好的方式。适当人员是指能够评价控制缺陷并采取必需的补救措施的人。这一步有助于审计师确定他们的发现确实正确,而且在这种情况下措辞恰当。它也可以使审计师能够了解管理层对这些发现的初步反应。

对于严重的控制缺陷而言,适当级别的管理层是指被审计单位中最高级别的管理者,例如业主兼经理、首席执行官、首席财务官(或类似人员)。对其他的控制缺陷,适当级别可能是指直接涉及受影响控制领域的经营管理者。应当注意的是,如果所有的治理层也参与管理企业,与最高管理层沟通可能不能充分告知所有的治理层。

如果缺陷直接指向管理层(例如,关于其正直或胜任能力的问题),与管理层直接讨论就不适当。通常会与治理层讨论这类发现。

运用国际审计准则执行中小企业审计指南（第三版）

> **考虑要点**
>
> 如果某重要缺陷直接指向业主兼经理或者治理层的行为或胜任能力，那么对审计师来说，在这个企业中没有更高级别的人可以去报告。在这种情况下，审计师应该考虑他/她能否继续进行审计。这可能涉及审计师寻求法律意见。

在所发现的问题最终确定并以书面方式沟通之前，审计师与管理层的讨论提供了讨论所发现问题、了解管理层反应的机会。如下表所示：

图 13.6－1

|  | 好处 |
|---|---|
| 与管理层的讨论 | 及时警告管理层控制缺陷的存在。|
|  | 是获取关于进一步考虑的相关信息的机会，例如：<br>● 确认对该缺陷和相关事实（如实际错报的程度）的描述是准确的；<br>● 可能存在其他的补偿性控制；<br>● 管理层对导致缺陷的实际的或可疑的原因的反应和了解；<br>● 由管理层已经注意到的缺陷所导致的例外事项的存在。|
|  | 获取管理层对所发现问题的初步反应。|

## 13.7 书面沟通

重要缺陷应以书面的形式报告。这既反映了这些问题的重要性，又可以帮助管理层和治理层履行各项职责。

以书面形式沟通重要缺陷的要求适用于各种规模的被审计单位，包括所有者管理型企业和规模非常小的企业。以书面的形式沟通这些问题确保治理层确实被告知了这些问题。

在作出存在重要缺陷的结论后，审计师应尽快与管理层讨论这些问题并以书面形式与治理层沟通。尽管没有要求，但是沟通信函也可以包括一些补救措施的建议。通过采取这些步骤，管理层可以及时采取更正措施。

## 13.8 管理层对沟通的反应

管理层和治理层有责任适当回应审计师提出的内部控制中的重要缺陷和所有补救措施建议。其回应的方式可能有如下几种：

● 采取补救措施，纠正审计师识别出的缺陷；

- 决定不采取任何行动。管理层可能已经意识到了重要缺陷，但是鉴于成本或其他考虑，选择不对其进行补救；
- 完全没有反应。这可能表明管理层对内部控制的态度消极，并且会影响财务报表层次的风险评估。在有些情况下，这种不作为本身可能就构成重要缺陷。

不管管理层采取何种措施，审计师必须与管理层书面沟通所有重要缺陷。这包括前期已经报告的重要缺陷。审计师的职责不包括判断减轻某一缺陷的成本是否超过获得的好处。但是，在一定程度上考虑相对企业规模的比例和根据具体情况应用常识是适当的。

如果之前沟通过的重要缺陷仍然存在，本期的沟通可以再次对其进行描述，或者简单地参考之前的沟通。

如果该缺陷并不重要，审计师没有必要写入书面报告或者在本期重复沟通。但如果管理层发生了变动，或者新的信息引起了审计师的注意，那么审计师重复沟通其他缺陷是适当的。

### 沟通的内容

关于重要缺陷的沟通通常包括：
- 对每个重要缺陷的性质和潜在影响的描述。没有必要对这些影响进行量化；
- 针对这些缺陷的补救措施的建议；
- 管理层实际的或建议的答复；
- 关于审计师是否采取行动来证实管理层的答复是否已经得到执行的声明。

如果情况允许，重要缺陷可以汇集在一起进行报告。

作为沟通的附加内容，沟通信函还应包括如下内容：
- 关于如果已经对内部控制实施了更广泛的程序，审计师可能已经识别了更多要报告的缺陷，或者作出有些已报告的缺陷实际上没有必要报告的结论的说明；
- 关于该沟通是为治理层的目的准备的，可能并不适用于其他目的的说明。

### 地方报告要求

有些地方的法律法规可能对审计师提出额外的要求，如针对在审计中识别出的内部控制缺陷的一种或多种特殊类型进行沟通。如果这种情况：
- ISA265 的要求仍然适用，尽管该法律或法规可能要求审计师使用特定条款或定义；
- 审计师将根据适用法律法规，使用以沟通为目的的术语和定义。

## 13.9 书面沟通的时间

审计师必须及时以书面形式与治理层沟通在审计过程中识别出的内部控制重要缺陷。要考虑的因素包括：
- 信息报告的过度拖延是否会导致它丧失相关性？
- 该信息是否是能使治理层履行其监督职责的一个重要因素？

除非地方要求指定了特别的日期，书面沟通发布的最后期限可以是审计报告日之前或稍晚。由于书面沟通是审计档案的一部分，这使审计师能够及时完成最终审计档案装订。

---

**考虑要点**

如果可能的话，就在期末审计工作开始之前沟通内部控制缺陷。提前通知可能使管理层能够采取纠正行动，从而有助于降低审计师评估的财务报表层次或认定层次的重大错报风险。例如，建议更换或调动一个不称职的会计/记账人员可以大幅减少在复核期末财务报表的编制时所需开展的工作。

---

## 13.10 案例研究——沟通内部控制缺陷

案例研究的详细资料请参考第 2 卷第 2 章——案例研究概述。

内部控制缺陷的识别贯穿整个审计的过程（风险评估，风险应对和报告），审计师必须累积这些缺陷以便随后向管理层汇报。重要的内部控制缺陷（无论是在设计和运行中）应采用类似以下信件的形式报告给管理层：

### 案例研究 A——Dephta 家具公司

20×3 年 3 月 15 日
Suraj Dephta
Dephta 家具公司
［地址］

## 13. 通报内部控制缺陷

回复：20×2 年财务报表审计

亲爱的 Suraj：

我们审计的目的是对财务报表不存在重大错报获取合理的保证。我们的审计不是为了识别拟沟通的事项。因此，我们的审计通常不能识别你可能感兴趣的所有这类事项，同时不能合理地作出不存在这类事项的结论。

在对 Dephta 家具公司截至 20×2 年 12 月 31 日的会计期间进行审计的过程中，我们识别出下列我们认为重要的内部控制缺陷。根据我们的职业判断，下列内部控制的一个重要缺陷或多个重要缺陷的组合，其重要性足以引起治理层的重视。

**未经授权的会计分录**

目前没有对整个被审计期间的手工会计分录的控制。没有任何对编制分录的职责分离和复核，错误或错报就不能被发现。虽然我们的审计发现没有因此造成的重大错误或错报，目前公司所有员工都可以不受限制和监督地进入记账系统，给财务报表准确性带来风险。

我们建议，在岗位角色和责任的基础上，进行适当的职责分离。此外，建立一个正式的复核过程。所有重要的分录应当被批准后录入，同时管理层应当每月进行两次复核。

**不完善的存货控制**

目前针对存货的控制非常有限。没有适当的控制，库存可能出现短缺，错误估价，或被盗。

我们建议 Dephta 对存货的标记和定期盘点实施正式的控制。存货记录每月应与仓库的实际库存进行比较。还应每月检查过时存货和受损存货，确保所有存货减值的记录都符合规定。

本沟通仅为向管理层提供信息而准备，不做其他用途。我们不对使用本沟通信息的第三方承担责任。

您真诚的，

Jamel, Woodwind & Wing, LLP

# 案例研究 B——Kumar 公司

20×3 年 3 月 15 日

Rajesh Kumar

Kumar 公司

[地址]

回复：20×2 年财务报表审计

亲爱的 Rajesh：

  我们审计的目的是对财务报表不存在重大错报获取合理的保证。我们的审计不是为了识别拟沟通的事项。因此，我们的审计通常不能识别你可能感兴趣的所有这类事项，同时不能合理地作出不存在这类事项的结论。

  在对 Kumar 公司截至 20×2 年 12 月 31 日的会计期间进行审计的过程中，我们识别出下列我们认为重要的内部控制缺陷。根据我们的职业判断，下列内部控制的一个重要缺陷或多个重要缺陷的组合，其重要性足以引起治理层的重视。

**缺乏职责分离**

  Kumar 公司目前缺少职责分离。兼职记账员拥有访问和控制 Kumar 公司所有账户记录的权限。由于没有将职责在几个员工之间分配，可能产生记账员有意或无意地犯了错误而未被发现的风险。

  我们建议 Kumar 公司考虑聘请另一名兼职人员，与该记账人员职责分离。鉴于该组织的小规模和成本限制，如果这不可行，我们建议 Rajesh Kumar 在经营中更多地参与记账工作，以对记账员的工作进行适当的监督。

  本沟通仅为向管理层提供信息而准备，不做其他用途。我们不对使用本沟通信息的第三方承担责任。

您真诚的，

Jamel，Woodwind & Wing，LLP

# 14. 完成风险评估阶段

| 本章内容 | 相关国际审计准则 |
|---|---|
| 通过记录财务报表和认定层次的评估风险对审计的风险评估阶段进行总结。 | ISA 315 |

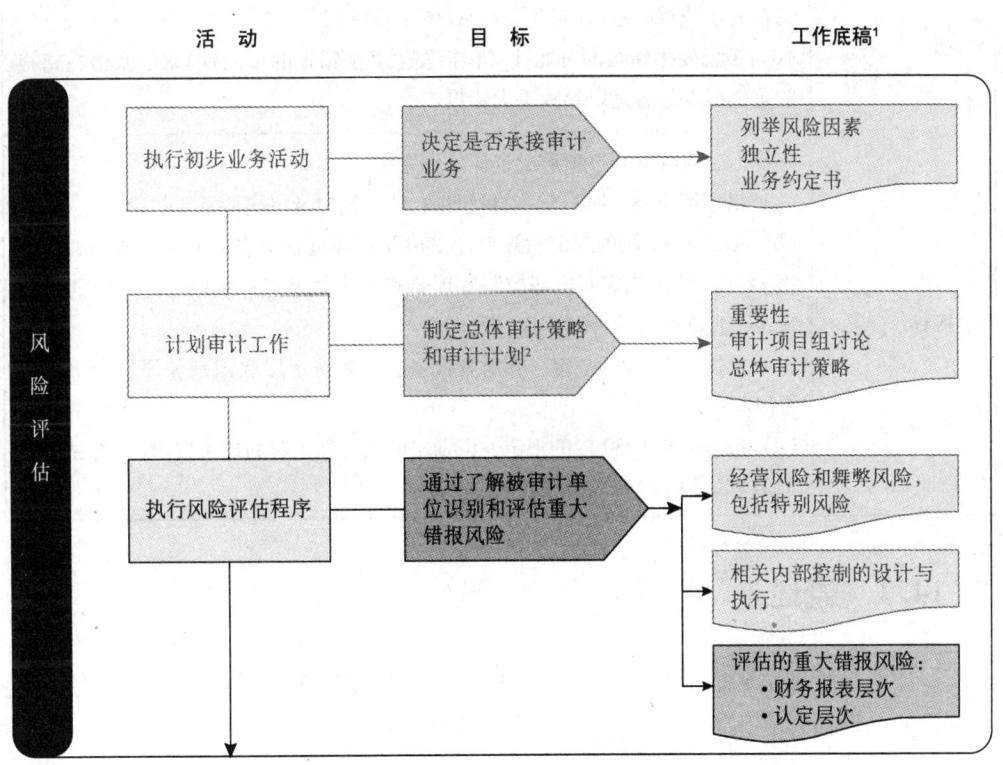

**图 14.0－1**

注：
1. 所要求的更为完整的工作底稿清单，请参见 ISA230。
2. 计划审计工作（ISA300）是一个持续的、不断修正的过程，贯穿于整个审计过程中。

| 条款 | 国际审计准则相关内容摘录 |
| --- | --- |
| ISA315.25 | 审计师应当在下列两个层次识别和评估重大错报风险，为设计和实施进一步审计程序提供基础：<br>(a) 财务报表层次；(参见：第 A105 – A108 段)<br>(b) 各类交易、账户余额和披露的认定层次。(参见：第 A109 – A113 段) |
| ISA315.26 | 为了实现这一目的，审计师应当：<br>(a) 在了解被审计单位及其环境（包括与风险相关的控制）的整个过程中，结合对财务报表中各类交易、账户余额和披露的考虑，识别风险；(参见：第 A114 – A115 段)<br>(b) 评估识别出的风险，并评价其是否更广泛地与财务报表整体相关，进而潜在地影响多项认定；<br>(c) 结合对拟测试的相关控制的考虑，将识别出的风险与认定层次可能发生错报的领域相联系；(参见：第 A116 – A118 段)<br>(d) 考虑发生错报的可能性（包括发生多项错报的可能性），以及潜在错报的重大程度是否足以导致重大错报。 |
| ISA315.32 | 审计师应当就下列事项形成审计工作底稿：<br>(a) 根据第 10 段的规定，项目组进行的讨论以及得出的重要结论；<br>(b) 根据第 11 段的规定对被审计单位及其环境各个方面的了解要点、根据第 14 – 24 段的规定对内部控制各项要素的了解要点；获取上述了解的信息来源；实施的风险评估程序；<br>(c) 根据第 25 段的规定，在财务报表层次和认定层次识别和评估的重大错报风险；<br>(d) 根据第 27 – 30 段的规定，识别出的风险和了解的相关控制。(参见：第 A131 – A134 段) |

## 14.1 概述

审计的风险评估阶段的最后一步是复核实施风险评估程序的结果，并评估（或总结，如已评估）在下列层次是否存在重大错报风险：

- 财务报表层次；
- 各类交易、账户余额和披露的认定层次。

风险评估的结果清单将成为审计下一阶段的基础，即通过设计进一步审计程序决定怎样恰当地应对评估的风险。

下图列示了风险评估的两个层次：

# 14. 完成风险评估阶段

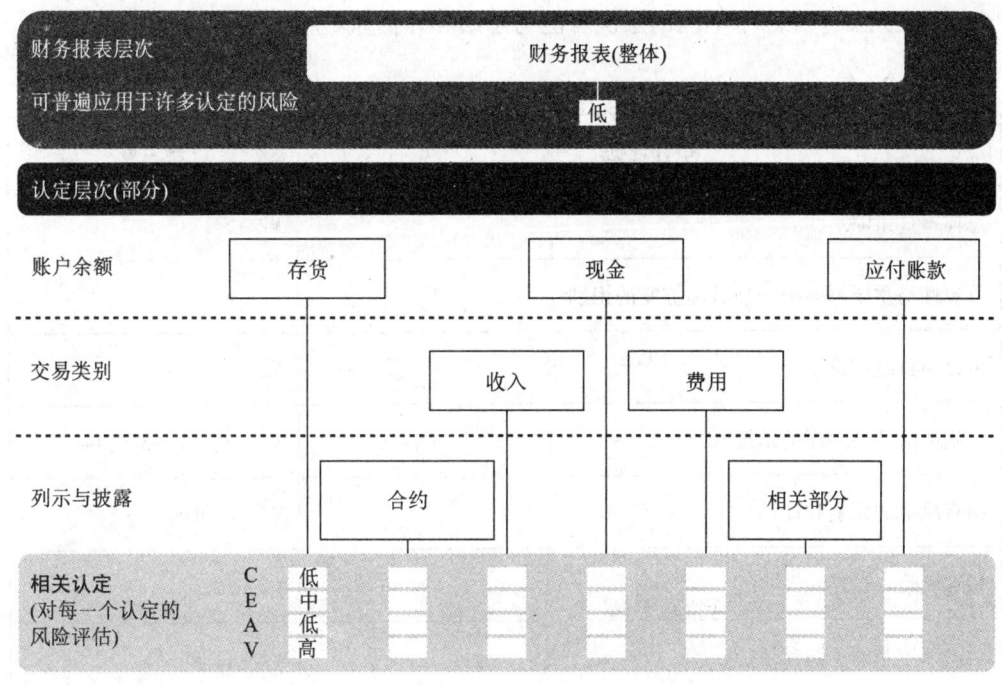

图 14.1 – 1

## 14.2 迄今获取的审计证据

迄今为止通过实施风险评估获取的证据包括固有风险的识别和评估，针对这些风险的内部控制的设计与实施。剩下的就是重大错报的风险。即在考虑了旨在降低固有风险的内部控制的效果之后的剩余风险。下表对此进行了说明。

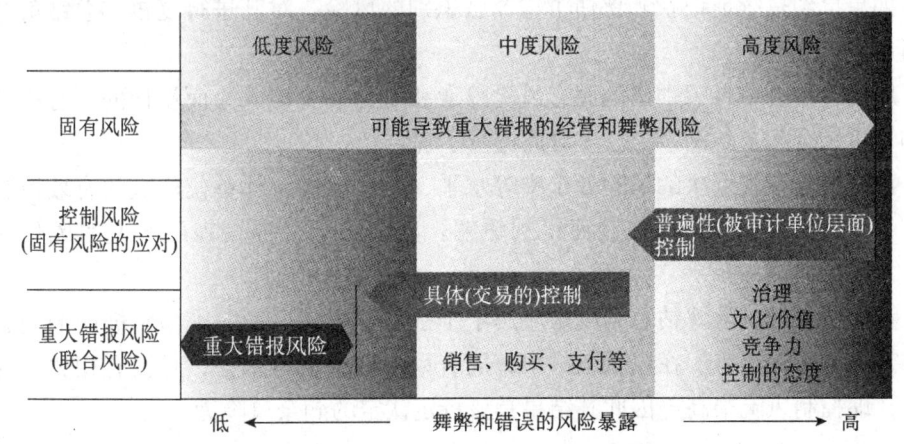

图 14.2 – 1

注：图中横条的长度纯粹是为了解释目的，且不同的被审计单位之间有所差异。

运用国际审计准则执行中小企业审计指南（第三版）

下表列示了在两个不同的层次可能与总结和评估风险相关的审计证据的来源。

表 14.2 – 1

| 审计证据 | 卷 – 章 |
|---|---|
| 总体审计策略 | V2 – 5 |
| 重要性与重要财务报表领域和披露的识别 | V2 – 6 |
| 审计项目组讨论 | V2 – 7 |
| 实施风险评估程序的结果 | V1 – 3；V2 – 3 至 14 |
| 固有风险的识别和评估 | V2 – 8 和 9 |
| 特别风险 | V2 – 10 |
| 对内部控制的了解和评价 | V2 – 11 和 12 |
| 识别的重要缺陷 | V2 – 13 |

## 14.3 总结各种风险评估

风险评估的目的是为了给需要采用设计良好、有效率的进一步审计程序来恰当应对的风险提供基础和参考。

如果已经持续地记录和评估了迄今已识别的风险，对其进行复核和总结就会相对简单。

风险评估总结将识别出的固有风险因素和对为减少该风险而设计的所有内部控制的评价结合起来。图 14.3 – 1 对此进行了解释。

**注：** 财务报表层次的风险处于中等水平，但由于被审计单位层次的有效控制和可能存在的其他控制而得到缓解。其结果是财务报表层次上的风险评估为低。

认定层次的风险评估总结则是应用于个别财务报表余额、交易和披露的固有风险和控制风险的结合。在以下案例中，固有风险处于中等水平，且没有相关的内部控制，即控制风险很高。因此其结果是该特定认定的剩余风险为中。

## 14. 完成风险评估阶段

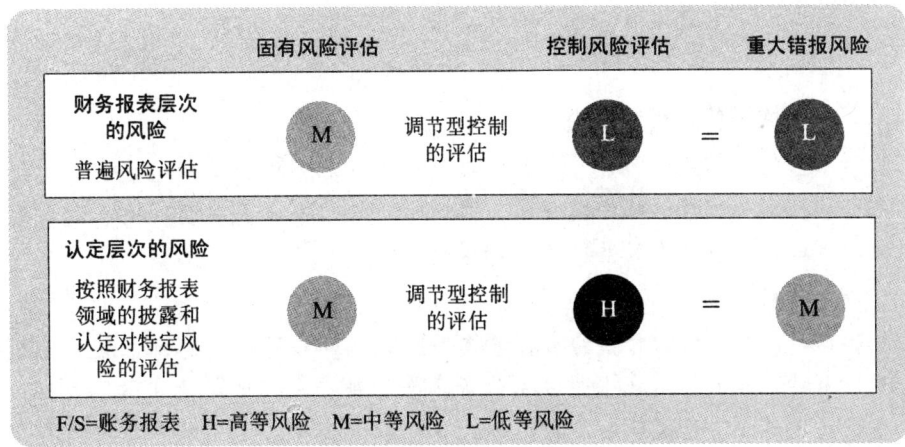

图 14.3－1

注：

在作出财务报表某一领域或披露中没有特定风险的结论之前，考虑是否存在其他相关因素，如已知错误的历史、资产或负债发生舞弊的可能性、潜在的管理层越权，以及前期经验。

如果审计师计划依赖某项评估为低的控制风险（如减少实质性程序的范围），需要对控制的运行有效性进行测试，以支持该评估结果。

在有些情况下，被审计单位也许有一些内部控制，但审计师认为它们和审计不相关因而没有进行评估。在这些情况下，控制风险被评估为高。

具体的（交易的）控制通常运行（导致较低的评估风险）或者不运行（导致较高的评估风险）。这意味着没有评估为中等的控制风险。然而，当某项控制的运行总体上不可靠，但预期该项控制大多数时候运行时，有些审计师将控制风险评估为中等。这种情况经常在小型企业中发生。

确定由固有风险和控制风险共同决定的剩余风险水平属于职业判断。下表列示了风险的各种组合，但它不能替代根据特殊环境所作的职业判断。

表 14.3－1

| 固有风险 | 控制风险 | 重大错报风险 |
| --- | --- | --- |
| H | H | H |
| H | M | M |
| H | L | M 或 L |
| M | H | M |
| M | M | M |
| M | L | L |
| L | H | M/L |
| L | M | L |
| L | L | L |

注：H＝高　M＝中　L＝低

> **考虑要点**
>
> **记录风险评估背后的原理**
>
> 在总结评估的风险时,一定要对每一评估的原因进行简短地说明,或提供前后参照以使人们能够找到该说明。这通常比评估本身更重要,因为它有利于设计合理的、具有成本效益性的应对措施。
>
> **评估固有风险**
>
> 记住对固有风险的评估通常在考虑可能降低风险的控制之前完成。假设大多数被审计财务报表领域将超过总体重要性,那么很可能(在大多数情况下)大多数认定的固有错报风险(在内部控制之前)会很高。
>
> **所有认定的低风险**
>
> 当财务报表某领域的所有认定被评估为低风险时,就不必对每一项认定重复相同的原因。但是,要记录所有的评估结果都很低的原因。

## 14.4 风险评估的修正

风险评估不会在某一时点结束。随着审计过程的推进,也许会获得新的信息,审计程序的实施也可能识别额外的风险,或者发现内部控制的运行与预期存在差异。当发生这种情况时,应当修正最初的风险评估,并考虑对进一步审计程序的性质和范围的影响。

## 14.5 工作底稿

风险评估总结可以用许多方式记录。以下是三种可能的方法:

- 独立记录

用一份单独的记录总结固有风险和控制风险的评估,以及综合风险评估的关键原因。该记录也可用来对风险应对进行概括(一般而言)。

- 包括总体审计策略和审计计划

审计计划每一章节的第一部分(如应收账款、应付账款等)可以概括风险评估及对计划审计程序的影响。

- 将风险评估纳入审计师的进一步审计程序工作底稿中

在这种情况下,财务报表每一领域的风险评估、审计计划和执行工作的结果都可以记录在一个综合的工作底稿中。

支持风险评估的工作底稿的形式和范围受到下列因素的影响:

- 被审计单位的性质、规模和复杂性以及它的内部控制;
- 来自于被审计单位的信息的可获得性;
- 在审计过程中运用的审计方法和技术。
  在设计审计工作底稿时要考虑的其他因素:
- 是否易于理解;
- 恰当的审计应对的设计和实施是否互为参照;
- 是否能够促进随后期间的更新;
- 是否易于复核。复核人应当能够确定是否已经识别出关键风险,产生的审计应对是否适当。

证据充分的风险评估总结在随后期间的项目组计划会议上也有用处,在这个会议上会讨论风险的性质和审计应对。

有一种方法使用了独立记录,但与审计计划紧密联系;下表将对这种方法加以解释。请注意,根据第1卷第6章的定义,本例使用了四个"综合"的认定(用于本指南的目的)。

图 14.5–1

| | | 认定 | IR | CR | RMM | 记录关键风险和影响风险评估的其他因素 |
|---|---|---|---|---|---|---|
| 财务报表层次 | | P | M | L | L | 随着新技术的出现整个行业处于下降趋势。但销售仍然强劲且被审计单位增加了对 R&D 的投资。 |
| | | | | | | 管理层对内部控制的态度很好。具有胜任能力的人处于关键岗位。 |
| | | | | | | 可能存在管理层越权,但新出台的政策应该能阻止最常见的问题。 |
| | | | | | | 治理委员会是由家庭成员组成的。 |
| 认定层次 | | | | | | |
| | FSA 或财务报表披露 | | | | | |
| 1 | 销售收入 | C | H | L | M | 所有者希望节税。收入确认已发生了变化。 |
| | | E | M | L | L | 相关的内部控制已经识别出来。对该认定进行内控测试是可能的。 |
| | | A | M | L | L | 相关的内部控制已经识别出来而且以前没有发生过错误。 |
| | | V | NA | L | NA | |

续表

| | | 认定 | IR | CR | RMM | 记录关键风险和影响风险评估的其他因素 |
|---|---|---|---|---|---|---|
| 2 | 应收账款 | C | L | L | L | 相关控制已经识别出来而且以前没有发生过错误。 |
| | | E | H | M | M | 销售人员的报酬以记录的销售收入为基础。 |
| | | A | L | L | L | 相关的内部控制已经识别出来而且以前没有发生过错误。 |
| | | V | H | M | M | 在下降的行业中,应收账款的收回可能成为一个问题。 |
| 3 | 存货 | C | L | L | L | 相关控制已经识别出来而且以前没有发生过错误。 |
| | | E | H | H | H | 存货失窃,仓库的实物内部控制很薄弱。 |
| | | A | L | L | L | 相关控制已经识别出来而且以前没有发生过错误。 |
| | | V | H | H | H | 新技术会使部分甚至全部的产品过时。 |

注释:

| H = 高 | NA = 不适用 | FSA = 财务报表领域 | A = 准确性 |
| M = 中 | IR = 固有风险 | P = 普遍风险 | V = 估价 |
| L = 低 | CR = 内部控制风险 | C = 完整性 | |
| D = 发现并纠正控制 | RMM = 重大错报风险(综合风险) | E = 存在性 | |

**风险评估的工作底稿也会提到下列事项:**
- 需要特别关注的特别风险的细节;
- 仅实质性程序不能提供充分、适当的审计证据的风险。

## 14.6 案例研究——对风险评估阶段进行总结

案例研究的详细资料请参考第 2 卷第 2 章——案例研究概述。

风险评估阶段的最后一步是综合评估财务报表层次和认定层次的重大错报风险。可以用下表概述的方法对风险评估进行总结。补充材料(关于固有和控制风险评估的记录)并未列出。在实务中会对补充数据进行交叉索引。

## 案例研究 A——Dephta 家具公司

### 评估的风险水平

| | 认定 | IR | CR | RMM | 记录关键的风险和影响风险评估的其他因素 |
|---|---|---|---|---|---|
| **财务报表层次** | P | M | L | L | 管理层对内部控制的态度很好。具有胜任能力的人处于关键岗位。 |
| | | | | | 可能存在管理层越权,但我们还没发现存在管理层越权的情况,且管理层对待控制的态度很好。 |
| | | | | | 旨在复核业绩的月度会议为管理层提供了一些解释。 |
| **认定层次** | | | | | |
| **FSA 或财务报表披露** | | | | | |
| 1 销售 | C | H | L | M | 收入确认政策不一致。 |
| | E | L | L | L | 收入确认政策不一致。销售奖金和市场压力导致了销售扩张的压力。 |
| | A | L | L | L | 销售系统运行良好。 |
| | V | NA | L | NA | |
| 2 应收账款 | C | L | L | L | 没有识别出特别风险。 |
| | E | H | M | M | 销售人员的奖金以记录的销售收入为基础。 |
| | A | L | L | L | |
| | V | H | M | M | 如果产品质量和销售退回受到关注,大量零售应收账款的回收可能成为问题。此外,尽管经济衰退,但在授信之前没有实施信用检查。 |

注释:

| | | |
|---|---|---|
| H = 高 | NA = 不适用 | FSA = 财务报表领域 | A = 准确性 |
| M = 中 | IR = 固有风险 | P = 普遍风险 | V = 估价 |
| L = 低 | CR = 内部控制风险 | C = 完整性 | |
| D = 发现并纠正控制 | RMM = 重大错报风险(综合风险) | E = 存在性 | |

这时候,为管理层准备一份沟通函是很好的做法,该沟通函概括了已识别出的内部控制重大缺陷。

# 案例研究 B——Kumar 公司

## 对风险评估阶段进行总结

### 评估的风险水平

| | | 认定 | IR | CR | RMM | 记录关键的风险和影响风险评估的其他因素 |
|---|---|---|---|---|---|---|
| 财务报表层次 | | | | | | 管理层对内部控制的态度很好。具有胜任能力的人处于关键岗位。 |
| | | | | | M | 由于遵守银行契约和最小化税负的压力,可能存在管理层越权。在整个期间,Raj 没有对簿记员的工作进行持续地复核。簿记员显得不太高兴,且有机会篡改数据。因此,无意的错误和有意的舞弊都不会被发现。 |
| | | | | | | 旨在复核业绩的月度会议为管理层提供了一些解释。 |
| 认定层次 | | | | | | |
| | FSA 或财务报表披露 | | | | | |
| 1 | 销售 | C | H | L | M | 该认定的相关内部控制已识别出来。 |
| | | E | H | L | M | 该认定的相关内部控制已识别出来,但应关注关联方交易。 |
| | | A | H | L | M | 该认定的相关内部控制已识别出来,但应关注关联方交易。 |
| | | V | M | M | M | 由于行业状况可能发生销售退回。 |
| 2 | 应收账款 | C | H | L | M | 应收账款余额大部分是 Dephta 公司的,没有识别出其他特别风险。 |
| | | E | H | M | M | 应收账款余额大部分是 Dephta 公司的,没有识别出其他特别风险。 |

续表

|  | 认定 | IR | CR | RMM | 记录关键的风险和影响风险评估的其他因素 |
|---|---|---|---|---|---|
|  | A | M | M | M | 应收账款余额大部分是 Dephta 公司的，没有识别出其他特别风险。 |
|  | V | H | M | M | 在日益严峻的经济形势下，小客户支付货款可能存在困难。 |

注释：

| H = 高 | NA = 不适用 | FSA = 财务报表领域 | A = 准确性 |
| M = 中 | IR = 固有风险 | P = 普遍风险 | V = 估价 |
| L = 低 | CR = 内部控制风险 | C = 完整性 | |
| D = 发现并纠正控制 | RMM = 重大错报风险（综合风险） | E = 存在性 | |

这时候，为管理层准备一份沟通函是很好的做法，该沟通函概括了已识别出的内部控制重大缺陷。

# 15. 风险应对——概述

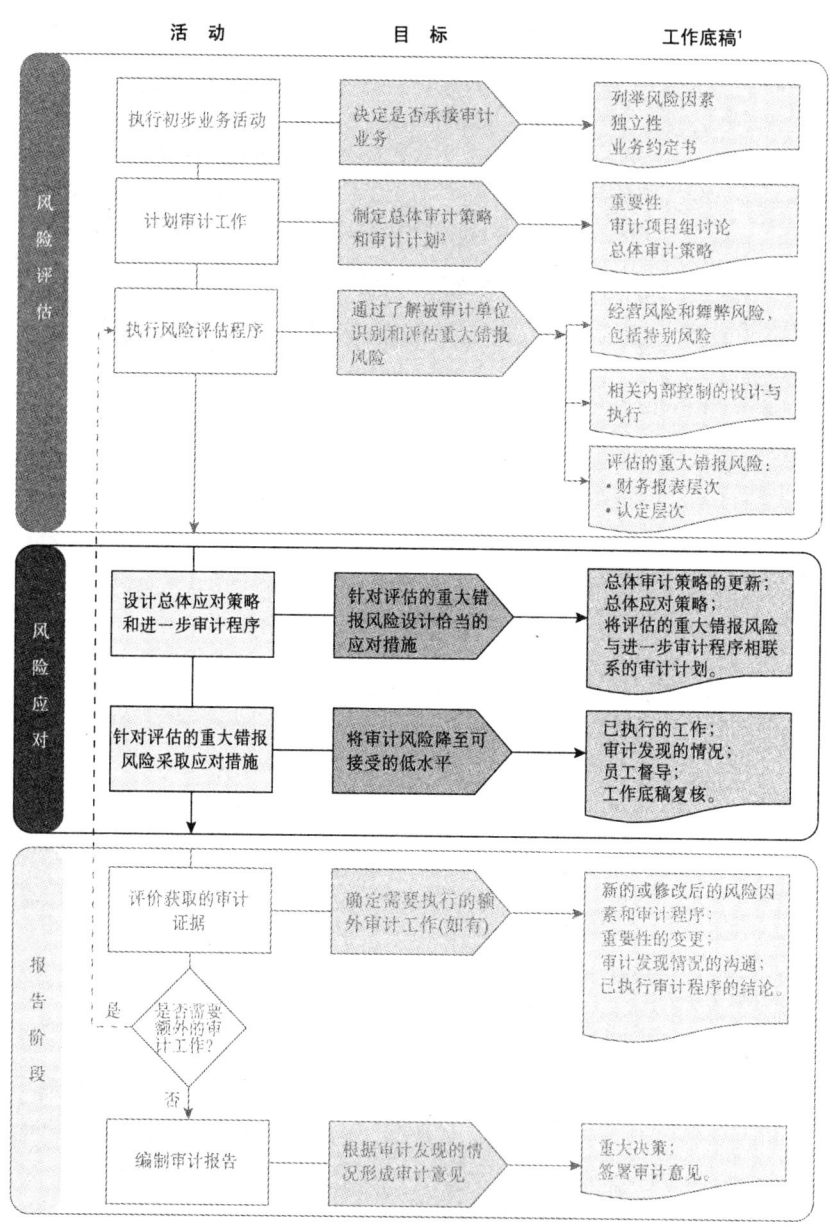

图 15.0-1

注:
1. 所要求的更为完整的工作底稿清单,请参见 ISA230。
2. 计划审计工作(ISA300)是一个持续的、不断修正的过程,贯穿于整个审计过程中。

## 15. 风险应对——概述

| 条款 | 国际审计准则相关内容摘录 |
|---|---|
| ISA330.5 | 审计师应当针对评估的财务报表层次重大错报风险设计和实施总体应对措施。(参见:第 A1 – A3 段) |
| ISA330.6 | 审计师应当针对评估的认定层次重大错报风险,设计和实施进一步审计程序,包括审计程序的性质、时间安排和范围。(参见:第 A4 – A8 段) |

风险应对阶段包括以下步骤:

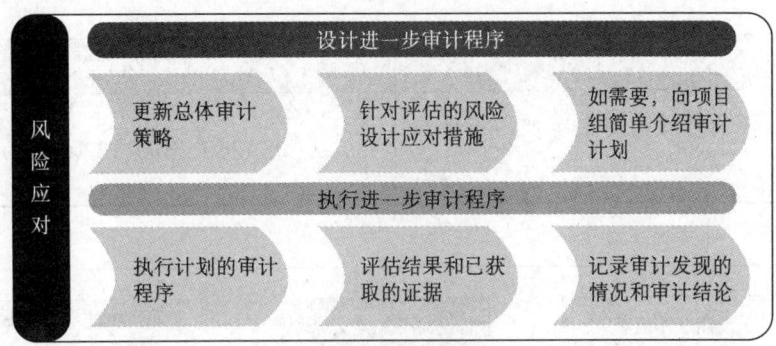

图 15.0 – 2

风险应对阶段涉及的基本概念列示如下:

| | 所在分卷和章节 |
|---|---|
| 针对评估的风险采取的应对措施 | 第 1 卷,第 9 章 |
| 进一步审计程序 | 第 1 卷,第 10 章 |
| 会计估计 | 第 1 卷,第 11 章 |
| 关联方 | 第 1 卷,第 12 章 |
| 期后事项 | 第 1 卷,第 13 章 |
| 持续经营 | 第 1 卷,第 14 章 |
| 其他 ISA 要求的汇总 | 第 1 卷,第 15 章 |
| 审计工作底稿 | 第 1 卷,第 16 章 |

# 16. 风险应对审计计划

| 本章内容 | 相关国际审计准则 |
|---|---|
| 如何针对评估的风险制定有效的审计应对计划。 | ISA260、300、330、500 |

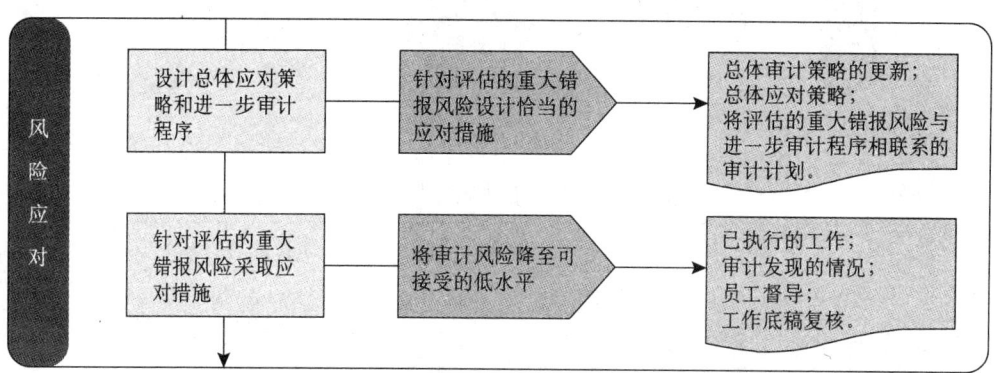

图 16.0-1

| 条款 | 国际审计准则相关内容摘录 |
|---|---|
| ISA260.15 | 审计师应当与治理层沟通计划的审计范围和时间安排的总体情况。（参见：第 A11－A15 段） |
| ISA300.9 | 审计师应当制定具体审计计划，具体审计计划应当包括下列内容：<br>（a）按照《国际审计准则第 315 号——通过了解被审计单位及其环境识别和评估重大错报风险》的规定，计划实施的风险评估程序的性质、时间安排和范围；<br>（b）按照《国际审计准则第 330 号——审计师针对评估的风险采取的应对措施》的规定，在认定层次计划实施的进一步审计程序的性质、时间安排和范围；<br>（c）根据国际审计准则的规定，计划应当实施的其他审计程序。（参见：第 A12 段） |

## 16. 风险应对审计计划

续表

| 条款 | 国际审计准则相关内容摘录 |
|---|---|
| ISA300.10 | 在审计过程中,审计师应当在必要时对总体审计策略和具体审计计划作出更新和修改。(参见:第 A13 段) |
| ISA300.11 | 审计师应当制定计划,确定对项目组成员的指导、监督以及对其工作进行复核的性质、时间安排和范围。(参见:第 A14 – A15 段) |
| ISA300.12 | 审计师应当就下列事项形成审计工作底稿:<br>(a) 总体审计策略;<br>(b) 具体审计计划;<br>(c) 在审计过程中对总体审计策略或具体审计计划作出的任何重大修改及其理由。(参见:第 A16 – A19 段) |
| ISA330.5 | 审计师应当针对评估的财务报表层次重大错报风险设计和实施总体应对措施。(参见:第 A1 – A3 段) |
| ISA330.6 | 审计师应当针对评估的认定层次重大错报风险,设计和实施进一步审计程序,包括审计程序的性质、时间安排和范围。(参见:第 A4 – A8 段) |
| ISA330.7 | 在设计拟实施的进一步审计程序时,审计师应当:<br>(a) 考虑形成某类交易、账户余额和披露的认定层次重大错报风险评估结果的依据,这些依据包括:<br>(i) 因相关交易类别、账户余额或披露的具体特征而导致重大错报的可能性(即固有风险);<br>(ii) 风险评估是否考虑了相关控制(即控制风险),从而要求审计师获取审计证据以确定控制是否有效运行(即审计师在确定实质性程序的性质、时间安排和范围时,拟信赖控制运行的有效性);以及(参见:第 A9 – A18 段)<br>(b) 评估的风险越高,需要获取越有说服力的审计证据。(参见:第 A19 段) |
| ISA330.8 | 当存在下列情形之一时,审计师应当设计和实施控制测试,针对相关控制运行的有效性,获取充分、适当的审计证据:<br>(a) 在评估认定层次重大错报风险时,预期控制的运行是有效的(即审计师拟信赖控制的运行有效性来确定实质性程序的性质、时间安排和范围);<br>(b) 仅实施实质性程序并不能够提供认定层次充分、适当的审计证据。(参见:第 A20 – A24 段) |
| ISA330.9 | 在设计和实施控制测试时,对控制有效性的信赖程度越高,审计师应当获取越有说服力的审计证据。(参见:第 A25 段) |

续表

| 条款 | 国际审计准则相关内容摘录 |
| --- | --- |
| ISA330.10 | 在设计和实施控制测试时，审计师应当：<br>(a) 将询问与其他审计程序结合使用，以获取有关控制运行有效性的审计证据，包括：<br>(i) 控制在所审计期间的相关时点是如何被执行的；<br>(ii) 控制是否得到一贯执行；<br>(iii) 控制由谁或以何种方式执行。（参见：第 A26 – A29 段）<br>(b) 确定拟测试的控制是否依赖其他控制（间接控制）。如果依赖其他控制，确定是否有必要获取支持这些间接控制有效运行的审计证据。（参见：第 A30 – A31 段） |
| ISA330.15 | 如果确定评估的认定层次重大错报风险是特别风险，并拟信赖针对该风险实施的控制，审计师应当在本期审计中测试这些控制运行的有效性。 |
| ISA330.18 | 无论评估的重大错报风险结果如何，审计师都应当针对所有重大类别的交易、账户余额和披露，设计和实施实质性程序。（参见：第 A42 – A47 段） |
| ISA330.19 | 审计师应当考虑是否将函证程序用作实质性程序。（参见：第 A48 – A51 段） |
| ISA330.20 | 审计师实施的实质性程序应当包括下列与财务报表编制完成阶段相关的审计程序：<br>(a) 将财务报表与其所依据的会计记录进行核对或调节；<br>(b) 检查财务报表编制过程中作出的重大会计分录和其他调整。（参见：第 A52 段） |
| ISA330.21 | 如果认为评估的认定层次重大错报风险是特别风险，审计师应当专门针对该风险实施实质性程序。如果针对特别风险实施的程序仅为实质性程序，这些程序应当包括细节测试。（参见：第 A53 段） |
| ISA330.22 | 如果在期中实施了实质性程序，审计师应当针对剩余期间实施下列程序之一，以将期中测试得出的结论合理延伸至期末：<br>(a) 结合对剩余期间实施的控制测试，实施实质性程序；<br>(b) 如果认为对剩余期间拟实施的实质性程序是充分的，仅实施实质性程序。（参见：第 A54 – A57 段） |
| ISA330.24 | 审计师应当实施审计程序，评价财务报表的总体列报与相关披露是否符合适用的财务报告框架的规定。（参见：第 A59 段） |
| ISA500.6 | 审计师应当根据具体情况设计和实施恰当的审计程序，以获取充分、适当的审计证据。（参见：第 A1 – A25 段） |

续表

| 条款 | 国际审计准则相关内容摘录 |
|---|---|
| ISA500.7 | 在设计和实施审计程序时,审计师应当考虑用作审计证据的信息的相关性和可靠性。(参见:第 A26 – A33 段) |
| ISA500.10 | 在设计控制测试和细节测试时,审计师应当确定选取测试项目的方法,以有效实现审计程序的目的。(参见:第 A52 – A56 段) |

## 16.1 概述

在审计的风险应对阶段,其目标是针对评估的风险获取充分、适当的审计证据。这是通过针对评估的财务报表层次和认定层次重大错报风险设计和实施恰当的应对措施来实现的。

审计师可以采取不同的方式来完成这一任务,例如:

- 根据风险的性质(如经济衰退)相应地处理每个评估的风险,并设计恰当的审计应对措施作为进一步审计程序;
- 通过重大的财务报表领域或受影响的披露应对评估的风险。然后,审计师应当设计恰当的应对措施作为进一步审计程序;
- 对于每个重大财务报表领域和认定,都以标准审计程序清单入手,并不断对其进行调整(如增加、修订和删减程序),以针对评估的风险设计恰当的应对措施。

针对评估的风险采取应对措施,并非意味着针对所有认定使用一套标准(适用于所有情形)的审计方案,而不对该标准审计方案进行相应的调整,以使其能够应对特定被审计单位财务报表领域评估的风险。通常,应当调整审计方案(在必要的限度内),以使其适合被审计单位的风险水平和特殊情形。

## 16.2 起点

根据审计风险评估阶段(见第 2 卷第 14 章)得出的结论列出评估风险的清单,是设计一套有效审计应对措施的起点。

风险应当已经在下列层次得到识别和评估:

- 财务报表层次;
- 财务报表领域和披露的认定层次。

为制定恰当的审计应对措施,可以将较小的财务报表领域合并为一组,作为一个较大的领域来处理。

第 1 卷第 9 章列举了针对这两个层次评估的风险可能采取的应对措施。所要求的应对措施的类型汇总如下表所示：

表 16.2－1

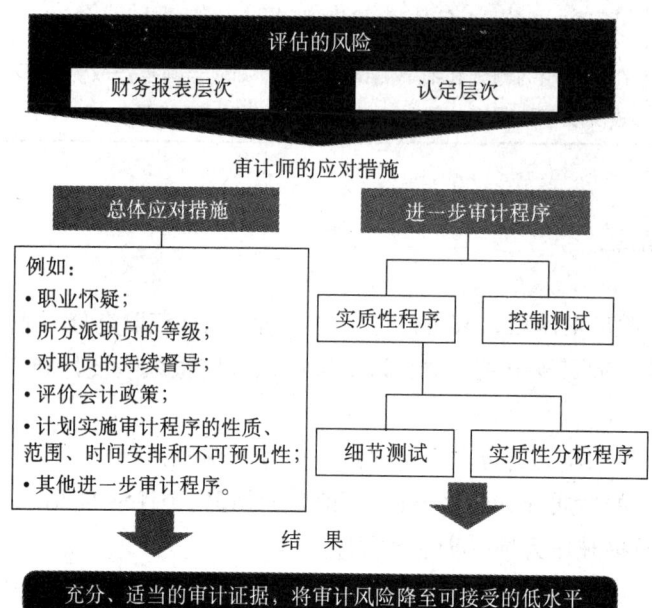

## 16.3 总体应对措施

针对财务报表层次具有普遍性的风险（如控制环境的缺陷和/或可能影响多项认定的潜在舞弊风险），审计师可以通过设计和实施总体应对措施来加以应对，图 16.3－1 列示了可能采取的总体应对措施。关于普遍性风险的额外信息，请参见第 2 卷第 8 章。

在制定总体应对措施的过程中，审计师需要涉及的领域包括确定下列事项：

- 需要提醒审计项目组，在多大程度上运用职业怀疑；
- 指派哪些职员，包括那些拥有专业技能的职员，或是否利用专家的工作；
- 在审计过程中需要督导的范围；
- 在选择拟实施的进一步审计程序时，需要加入哪些不可预见的因素；
- 在审计程序的性质、时间安排或范围方面需要做出什么样的变更。这可能包括审计程序的时间安排（期中或期末），或针对特殊风险因素（如舞弊）的新的或扩展的审计程序。

*16.* 风险应对审计计划

图 16.3 – 1

| 风险评估 | 可能的总体应对措施 |
|---|---|
| 有效的控制环境 | 这使审计师对内部控制和被审计单位内部产生的审计证据的可靠性更有信心。<br>总体应对措施可能包括在中期而非期末实施的一些审计程序。 |
| 无效的控制环境<br>（存在缺陷） | 很可能要求审计师执行一些额外的工作，如：<br>• 指派更有经验的审计成员；<br>• 在期末而非中期实施更多的审计程序；<br>• 通过实质性程序获取更广泛的审计证据；<br>• 改变拟实施审计程序的性质、时间安排或范围。 |

**考虑要点**

如果可能，在计划审计工作的阶段对财务报表层次的风险作出初步评估。这将能够针对诸如指派哪些职员（包括拥有特殊技能的职员）、需要实施督导的程度和拟实施的审计程序等事项形成初步的总体应对措施。这一初步的风险评估应当随审计工作的进展而更新，并对总体应对措施做出相应的调整。

然而，在较小的被审计单位，由于无法获得中期或月度财务信息，不能执行分析程序，并识别/评估重大错报风险，因而不可能作出初步风险评估。除非审计师能够实施有限的分析程序，或者能够通过询问程序获取信息，以便计划审计工作，否则审计师可能需要等到能够获得被审计单位财务报表最初的草稿后才能作出初步风险评估。

## 16.4 在设计测试程序时对认定的使用

审计师应当在财务报表层次和认定层次评估重大错报风险。设计恰当的审计应对措施，其目的是针对每类相关认定的风险评估获取审计证据。关于认定的更多信息，请参见第1卷第6章。

当针对特定的交易流程制定应对措施时，审计师会注意到，认定也能在控制测试和实质性程序之间提供共同的联系。这对审计师确定控制测试和实质性程序的组合何时能够将重大错报风险降至可接受的低水平十分重要。

例如，对于存货的"存在"认定，审计师实施的审计程序将集中于测试那些已记录于存货账面的项目是否具有可验证性，以及测试那些能够降低本不存在的存货项目被记录在存货账面的风险的控制。对于存货的"完整性"认定，审计师的测试

将集中于那些未包括在存货账面，但可以提供证据证明被遗漏的项目。这可能包括测试商品采购单和能够降低存货遗漏风险的控制。

## 16.5 在设计测试程序时对重要性的应用

在考虑需要执行审计程序的范围时，一个关键的因素就是已经确定好的实际执行的重要性。实际执行的重要性基于财务报表整体的重要性，但是，审计师可能为应对与某账户余额、交易流程或财务报表披露相关的特定风险时对财务报表整体的重要性作出修改。

审计师在考虑了实际执行的重要性、已评估的风险以及审计师计划获得的保证程度之后，才能确定必要的审计程序的范围。一般来说，审计程序的范围（如细节测试的样本规模、执行实质性分析程序的详细程度）会随着重大错报风险的提高而扩大。然而，只有当审计程序本身与特定风险相关时，扩大审计程序的范围才是有效的。关于在设计测试程序时对重要性的应用，更多信息请参见第1卷第7章、第2卷第6章和第17章。

## 16.6 审计师的工具箱

在制定详细的审计计划时，审计师应当运用职业判断，以选择恰当的可能实施的审计程序的类型。关于进一步审计程序的更详细描述，请参见第1卷第10—15章。

有效的审计方案将建立在恰当的审计程序组合的基础上，这些程序的组合能够将审计风险降至可接受的低水平。本指南将审计师可实施的各种类型的审计程序分为几类，如下图所示：

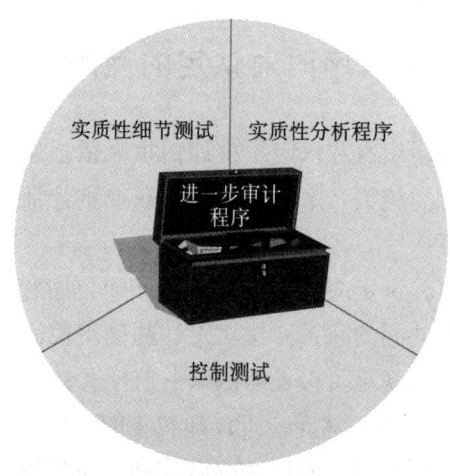

图 16.6 – 1

## 16. 风险应对审计计划

图 16.6–2

| 审计程序类型 | 说明 |
|---|---|
| 实质性程序 | 国际审计准则第 330 号（ISA330）第 18 段要求，无论评估的重大错报风险结果如何，审计师都应当针对所有重大类别的交易、账户余额和披露实施实质性程序。这种要求反映了如下事实：<br>• 审计师的风险评估是一种职业判断，因此，可能没有识别出所有重大错报风险；<br>• 内部控制存在固有局限性，包括管理层凌驾于内部控制之上的可能。<br>如果重大错报风险很低，一些有限的实质性程序，如细节测试和分析性复核，就很可能是为某个特殊的认定获取充分、适当的审计证据所要求的全部程序。 |
| 分析程序 | 实质性分析程序包括通过分析不同财务数据之间以及财务数据与非财务数据之间的内在关系，对财务信息作出评价。实质性分析程序要求对于某些金额（如销售收入金额）制定精确的期望值，而当将这一期望值与实际记录的金额比较时，能够足以识别一项错报。<br>分析程序可分为如下类别：<br>• 数据的简单比较，这通常包括在基本的实质性程序中。这些程序通常与针对认定层次的其他细节测试结合使用。它们本身不能提供充分的审计证据；<br>• 预测模型，它们本身（或结合控制测试或其他实质性程序）足以将审计风险降至可接受的低水平。例如，假设一个企业有六名员工，在整个期间内支付他们固定工资，那么就能以高度的准确性估计该期间的薪酬成本总额。假设员工人数和工资率是准确的，这个程序就能够为薪酬提供完整的审计证据。这就可以不需要执行其他实质性程序（基本的或扩展的）。 |
| 细节测试 | 当仅实施实质性程序来应对特别风险时，这些实质性程序必须包括细节测试。<br>有关特别风险及其适当的审计应对措施的更详尽的说明，请参阅第 2 卷第 10 章。 |
| 控制测试 | 针对某些认定，如果存在关键控制（并且关键控制很可能有效运行），就可以执行控制测试，以获取关于该认定的必要证据。<br>将风险降至低水平而执行的控制测试（要求较大的样本规模）可以为特定认定提供所要求的大部分证据。另外，执行控制测试能够将风险降至中等程度（要求相对较小的样本规模）。对于后者，为获取所要求的证据，审计师应当以针对相同认定而实施的实质性程序来补充控制测试。<br>根据某些标准，内部控制只需要在每三次审计中测试一次。关于控制测试的讨论，请参考第 1 卷第 10 章第 5 节。 |

## 16.7 制定审计应对措施计划

为制定能够恰当应对评估的风险的审计计划,需要运用专业判断和审慎思考。制定恰当的计划所花费时间,几乎毫无疑问地将产生一个更有效率和效果的审计,并将使审计项目组花费的时间更少。

在制定计划的过程中,审计师通常将采取以下三个步骤:
- 应对财务报表层次评估的风险(总体应对措施);
- 识别重大财务报表领域所要求的全部特定程序;
- 确定所要求的审计程序(来自工具箱的工具)和测试的范围。

### 步骤1——应对财务报表层次评估的风险

第一步是对财务报表层次所评估的风险制定恰当的总体应对措施。因为这些风险具有广泛性,风险评估的中等水平或高水平通常将导致对几乎每个财务报表领域执行额外的工作。关于总体应对措施的讨论,请参见第2卷第16章第3节。

### 步骤2——识别重大财务报表领域所要求的全部特定程序

在制定所评估风险的具体应对措施之前,审计师可能发现考虑下表所列问题(对每个重大财务报表领域)是有用的。

图 16.7-1

| 对每个重大的或潜在重大的财务报表领域 | |
|---|---|
| 在制定恰当的审计应对措施时所考虑的问题 | 是否存在仅依靠实质性测试不能应对的认定?如果是,就需要实施控制测试。<br>当存在下列情况时,就可能出现这种情形:<br>• 没有相关的书面文件来提供某个认定(如销售收入的完整性)的审计证据;<br>• 企业通过应用信息技术(IT)来开展经营活动,除了通过信息系统(IT)外,没有产生或保存交易的书面文件。 |
| | 与交易流程/过程相关的内部控制预期可靠吗?如果可靠,除非交易的数量很小,实施实质性程序更有效率,否则,可以实施控制措施。 |
| | 能否实施实质性分析程序(如针对相关的交易流)? |
| | 是否需要考虑不可预见性因素(如为应对舞弊风险等)? |
| | 是否存在应对时需要特殊考虑的"特别风险"(如舞弊、关联方等)? |

### 步骤3——确定所要求的审计程序的性质和范围

第三步是运用职业判断来选择所要求的测试程序的恰当组合与需要执行测试的范围,以恰当应对认定层次评估的风险。

下表针对应收账款的存在认定,在风险被评估为低、中、高的情况下,提供了一种可能用来确定程序的恰当组合的方法。

**应收账款——评估的风险水平为低**

实际执行的重要性 = 12 000 欧元

**计划的审计应对措施**

| 针对存在认定评估的风险 | 低 | 备 注 |
|---|---|---|
| 实质性程序 | √ | 为应对所评估的风险,这些程序本身被认为是充分的。它们包括标准的细节测试和/或简单的分析程序,这些程序在几乎所有的应收账款审计中都实施。这些程序通常包括在应收账款的标准审计方案中。 |

**应收账款——评估的风险水平为中**

实际执行的重要性 = 10 000 欧元

**计划的审计应对措施**

| 针对存在认定评估的风险 | 中 | 备 注 |
|---|---|---|
| 实质性程序 | √ | 这些程序通常可用于应对与存在认定相关的风险(如上述应对低风险的程序),并能够:<br>• 应对识别出的与应收账款的存在认定相关的风险(如舞弊风险);<br>• 执行充分的细节测试,将评估的风险降至可接受的低水平。 |

如果被审计单位有针对应收账款存在认定的内部控制(如与销售相关的内部控制),仅执行实质性程序的一个替代性措施是测试这些控制运行的有效性。

**应收账款——评估的风险水平为高**

实际执行的重要性 = 10 000 欧元

**计划的审计应对措施**

| 针对存在认定评估的风险 | 高 | 备 注 |
|---|---|---|
| 实质性程序 | √ | 这些程序通常可用于应对与存在认定相关的风险（如上述应对低风险的程序），并能够：<br>• 应对识别出的与应收账款的存在认定相关的风险（如舞弊风险）；<br>• 执行充分的细节测试，将评估的风险降至可接受的低水平。 |
| 控制测试（运行有效性） | √ | 为减少将风险降至较低水平的细节测试的样本规模，需要测试与存在认定相关的内部控制，以将风险降至中等水平。这结合上面所列的细节测试，可以将评估的风险降至可接受的低水平。 |

在上述例子中，通过执行能够将风险降至可接受的低水平的控制测试，也能够获取所要求的大部分证据。这可以消除对许多实质性程序的需求。

当对特定账户余额或交易制定审计策略时，审计师通常要考虑对交易流程其他部分执行的工作。

销售收入完整性的另一个例子是，一家企业拥有一栋公寓楼并向外出租小的单位。

**应收账款——评估的风险水平为中**

实际执行的重要性＝6 000 欧元

**计划的审计应对措施**

| 针对存在认定评估的风险 | 中 | 评 论 |
|---|---|---|
| 实质性细节测试 | — | 考虑到下面所列的实质性分析程序，这些程序可能根本就没有必要，或局限于获取证据以验证所运用的假设。 |
| 实质性分析程序 | √ | 已知租赁的单位数是 64 套，46 套双卧室房间的租金是每月 1 000 欧元，18 套单卧室房间的租金是每月 800 欧元。<br>• 经计算，预测的租金收入为 724 800 欧元。<br>• 在会计记录中已入账的实际收入为 718 800 欧元，差额为 6 000 欧元。<br>这个差额被证实是由于有 6 套双卧室房间在该年度空闲了一个月造成的。 |

## 16. 风险应对审计计划

**考虑要点**

**尽可能避免实施一般的或标准的审计程序**

最有效的审计程序是那些专门针对所评估的风险的原因执行的审计程序。

**多项认定**

如果可能,选择那些针对多个认定的审计程序。这可以减少对其他细节测试的需求。

**低风险区域**

运用在重大错报风险评估中所获取的信息,以减少在低风险领域对实质性程序的需要。

**考虑运用控制测试**

运用所获取的关于内部控制的信息,以识别能够测试其运行有效性的关键控制。与执行大量的细节测试相比,测试控制(有些测试可能只需要每三年测试一次)通常能够大幅度地减少工作量。也可参见第 2 卷第 17 章。

**不要忽视 IT 控制**

用于测试自动化控制的样本规模,可以少到只有一个项目,因为自动化控制很可能每一次均以相同的方式运行,这使得它能够代表总体中的其他所有项目。但是,这需要建立在被审计单位具有有效的 IT 一般控制的假设之上。

**双重目的测试**

当计划对相同类别的交易实施控制测试和实质性测试时,考虑实施双重目的测试的可能性。也就是说,对于相同的交易,同时实施控制测试和细节性测试。尽管控制测试的目的不同于细节测试,但两者的目标可以同时实现。例如,通过检查一张发票,可以确定该发票是否已经核准(控制测试),也可以确定该交易是否已被恰当地记入会计记录(细节测试)。

**考虑对一项交易流程的所有部分已执行的工作**

考虑所执行的工作对交易流程的其他部分产生的影响。例如,对销售收入完整性的控制测试可以提供应收账款完整性的证据。

**在计划阶段确定审计策略和程序**

如果可能,在审计的计划阶段确定审计程序的性质和范围,此时审计项目组能够就应遵循的方法达成一致意见。这就避免了初级审计人员不得不自己设计审计程序或简单地实施与去年相同的审计程序。

**记得运用分析程序**

分析程序可被用于审计中的每个阶段。

- 在审计初期,分析程序被用作风险评估程序;

> - 在审计过程中，执行分析程序，用来分析数据间的差异，证实某些交易流程和账户余额；
>
> 临近审计期末，执行分析程序，以确定财务报表是否与审计师对被审计单位的了解一致，或者表明存在先前未被确认的因舞弊导致的重大错报风险。

## 16.8 舞弊风险的应对

舞弊风险（包括管理层凌驾于内部控制之上）几乎存在于所有的企业，需要在制定审计计划时加以应对。第一步是评估因舞弊导致的潜在风险，然后设计恰当的总体应对措施和具体应对措施。

**注意：** 审计师应当把评估的因舞弊导致的重大错报风险作为特别风险。对于特别风险，要求审计师：

- 了解被审计单位的相关控制，包括与该风险相关的控制活动；
- 执行专门应对那些风险的实质性程序。

当应对特别风险的方法仅由实质性程序构成时，这些程序应当包括细节测试。
当评估潜在风险和恰当应对舞弊时，审计师应当考虑以下几点：

- 已经针对财务报表层次评估的风险制定的总体应对措施；
- 已经针对认定层次评估的其他风险制定的具体应对措施；
- 在讨论计划的过程中，确定的舞弊的情形（如果存在）；
- 实施风险评估程序识别出的舞弊风险（机会、动机和借口）；
- 某些财务报表余额和交易对舞弊的敏感性；
- 过去或本期任何已知的实际舞弊的例子；
- 与管理层凌驾于内部控制之上相关的风险。

下表列举了应对上述所识别风险的一些可能措施。

图 16.8 – 1

| | 针对舞弊的总体应对措施 |
|---|---|
| 财务报表层次的普遍性风险 | 需要考虑：<br>• 在检查某些书面文件或验证重要的管理层声明时，应保持高度的职业怀疑；<br>• 具有特殊技能或知识的人员，如信息技术（IT）专业人员；<br>• 设计特定的审计程序，以识别舞弊的存在性；<br>• 在选择拟实施的审计程序时，考虑不可预见的因素。考虑调整某些审计程序的时间安排，使用不同的抽样方法，或突击实施审计程序。 |

## 16. 风险应对审计计划

| | 针对潜在舞弊风险的特定应对措施 |
|---|---|
| 在认定层次的特别风险 | 考虑：<br>• 针对该风险，改变审计程序的性质、时间安排和范围。包括下例：<br>——为支持管理层认定，获取更加可靠且相关的审计证据或额外的佐证信息；<br>——实地观察或检查某些资产；<br>——突击观察存货盘点；<br>——对存货记录实施进一步复核，以便为执行后续的程序识别异常项目、未预期的金额和其他项目；<br>• 执行进一步审计工作，以评价管理层估计及其所依据的判断和假设的合理性；<br>• 在更加详细的层次上，扩大样本规模或实施分析程序；<br>• 使用计算机辅助审计技术。如：<br>——针对重大账户包含的数据或电子交易文档收集更多的证据；<br>——针对电子交易和账户文档实施更广泛的测试；<br>——从重要的电子文档中选择交易样本；<br>——根据具体特征对交易进行分类；<br>——测试整体，而不是测试样本；<br>• 在外部函证中要求提供额外信息。如在应收账款函证中，审计师可以要求确认销售协议的细节，包括协议日期、所有退货权利和运输条件。但是，应考虑要求提供补允信息是否可能会极大地耽搁回复时间。<br>• 改变实质性程序的时间安排，将其从中期变更至临近期末。但是，如果存在故意错报风险或操纵行为，将中期得出的审计结论扩展至期末而实施的审计程序就会失效。 |
| | 与管理层凌驾于内部控制之上相关的风险 |
| 风险来源 | 考虑事项 |
| 会计分录 | 根据下面所述情形，识别、选择和测试会计分录和其他调整事项：<br>• 了解被审计单位财务报告过程以及内部控制的设计和实施；<br>• 同时考虑下面三个因素：<br>——虚假分录或其他调整分录的特征；<br>——是否存在与特定类别会计分录和其他调整分录相关的舞弊风险因素；<br>——向参与财务报告编制过程的人员询问不恰当或异常的活动。 |
| 管理层估计 | 复核与特定交易和余额相关的估计，以识别管理层可能存在的偏向。进一步程序可能包括以下程序：<br>• 重新考虑整体上的估计；<br>• 追溯复核管理层的判断以及与上期作出的重大会计估计相关的假设；<br>• 确定管理层估计中存在偏向的累积影响是否导致财务报表存在重大错报。 |

续表

| 风险来源 | 考虑事项 |
| --- | --- |
| 重大交易 | 对于异常的或超出正常经营过程的重大交易，了解其商业理由。这包括评价：<br>• 管理层是否更加重视对其作出特殊会计处理的需要，而不是交易本身的经济实质；<br>• 围绕该交易的安排是否明显过于复杂；<br>• 管理层是否就该交易的性质和会计处理与治理层进行过讨论；<br>• 该交易是否涉及以前未识别的关联方，或者那些没有被审计单位协助就没有物质条件或财务实力来支撑该交易的企业；<br>• 涉及未纳入合并报表范围的关联方（包括特殊目的实体）的交易是否已经治理层适当复核和批准；<br>• 是否存在充分的书面记录。 |
| | 与管理层凌驾于内部控制之上相关的风险 |
| 关联方交易 | 通过如下方式，了解关联方可能已经与被审计单位建立的直接或间接的商业关系：<br>• 询问管理层和治理层，并与他们进行讨论；<br>• 询问关联方；<br>• 检查与关联方签订的重要合同；<br>• 实施恰当的背景研究，如通过互联网或特定的外部商务资讯数据库。<br>根据上述发现的情况：<br>• 识别并评估与关联方关系相关的重大错报风险；<br>• 将识别的超出被审计单位正常经营过程之外的重大关联方交易作为导致特别风险的因素；<br>• 确定是否需要针对已识别风险实施实质性审计程序。 |
| 收入确认 | 实施实质性分析程序。考虑计算机辅助审计技术，以识别异常的或未预期的收入关系或交易。<br>与客户确认有关的合同条款（如验收标准、运输和付款条件）及是否存在补充协议（如向客户提供在会计期末之后立即退货的权利）。 |

## 16.9 列报和披露中的错报风险

某些评估的风险可能来源于根据适用的财务报告框架作出的列报与披露。因此，可能需要设计特定程序，以恰当应对列报与披露中包含的风险。

这些审计程序将针对:
- 单一财务报表是否以反映财务信息的恰当分类和表述的方式列报;
- 财务报表的列报包括对重大事项和不确定性的充分披露。这包括财务报表的格式、布局和内容以及报表附注(包括所使用的专业术语),报表中列示的明细金额、项目分类和详细的金额依据;
- 管理层已经根据特定环境披露了特定事项和在审计报告签发时审计师已知悉的事实。

## 16.10 确定审计计划是否已完成

在得出审计工作已经完成的结论之前,审计师应当考虑是否已经恰当应对了下列因素:

图 16.10-1

| 程序类型 | 说明 |
| --- | --- |
| 针对所有重要财务报表领域,是否均已采取了应对措施? | 针对所有重大类别的交易、账户余额和披露,均要求设计和实施实质性程序,而不论重大错报风险的评估结果如何。 |
| 是否需要实施函证? | 考虑外部函证程序是否可以作为实质性审计程序。例如,针对下列项目实施函证程序:<br>• 银行存款余额;<br>• 应收账款;<br>• 第三方持有的存货和投资;<br>• 贷款余额;<br>• 协议条款;<br>• 合同;<br>• 被审计单位与其他方之间的交易;<br>针对某些条件缺失的情况,也可以采用外部函证。如是否存在能够影响收入截止的"销售补充协议"。 |
| 能否使用以前期间获取的证据? | 假定证据并不涉及特别风险和某些其他标准(如控制没有变化和在控制运行中没有重大人工因素),则对内部控制运行有效性实施的测试可以只需要每三次审计中实施一次(为获取更多信息,请参见第1卷10章第5节) |
| 审计师是否需要专家? | 为获取充分、适当的审计证据,是否需要除会计或审计领域之外的专长? |

续表

| 程序类型 | 说明 |
|---|---|
| 针对财务报表编制完成阶段，是否已采取应对措施？ | 针对财务报表编制完成阶段，要求实施以下实质性程序：<br>• 将财务报表与其所依据的会计记录进行核对或调整；<br>• 检查在财务报表编制过程中编制的重要会计分录和其他调整。 |
| 是否已应对特别风险？ | 针对所有评估的特别风险，要求审计师设计和实施实质性程序（可能由控制测试做补充）。实质性分析程序不能单独使用，且应当补充以细节测试。<br>当信赖与特别风险相关的内部控制时，审计师应当在本期审计中测试这些控制。 |
| 期中测试获取的证据是否已被更新？ | 将期中实施的实质性程序更新至覆盖整个剩余期间。这包括：<br>• 结合剩余期间的控制测试，实施实质性程序；<br>• 为将期中得出的审计结论扩展至期末，实施进一步实质性程序。 |
| 针对潜在的舞弊风险，是否已采取应对措施？ | 例如，增强职业怀疑，在设计审计程序时考虑不可预见的因素，等等。（参见第2卷第16章第8节） |

## 16.11 记录总体应对措施和具体审计计划

总体应对措施可以记录为单独的文档，或更通常的是，将其作为总体审计策略的一部分。

具体审计计划通常以审计方案的形式进行记录，这些审计方案列举了审计程序的性质和范围以及所针对的认定。留出空白，详细记录每一步的实施者及其发现的情况。

> **考虑要点**
>
> **时间安排**
> 考虑某些计划实施的进一步审计程序能否与风险评估程序同时进行。
>
> **计划的变更**
> 如果获取新的审计证据和其他信息导致需要修改计划实施的审计程序，则更新总体审计策略和审计计划并提供更新的理由。
>
> **复核**
> 确保审计程序和相关工作底稿由编制者和复核者在审计完成之前签署姓名和日期。

## 16.12 关于审计计划的沟通

总体审计策略、总体应对措施和审计计划全都是审计师的责任。然而，与管理层讨论具体审计计划中的一些要素（如时间安排）通常是有用的。这些讨论通常导致计划的细微变更，以配合时间安排和方便某些审计程序的实施。

计划实施的审计程序的确切性质、时间安排和范围不能与管理层讨论，也不能为了满足管理层要求而变更或缩减。这些要求会损害审计的效果，使审计程序太容易被预见，并能构成审计范围的限制。

国际审计准则第 260 号（ISA260）列举了大量的要求审计师与治理层沟通的事项。（这些事项的清单请参见第 2 卷第 5 章第 3 节。）这些要求旨在确保审计师、管理层和治理层之间有效的双向沟通。

> **考虑要点**
>
> 审计师应当考虑与管理层保持定期的、有规律的状态更新，以告知初步发现的情况，索要补充性书面文件，要求提供必要的协助和/或讨论其他事项。
>
> 对于审计计划的任何重大变更，均应与管理层和治理层沟通。

## 16.13 案例分析——风险应对审计计划

案例研究的详细资料请参考第 2 卷第 2 章——案例研究概述。

下面的案例分析例子概述了审计师在编制应收账款具体审计计划时考虑的事项和可能实施的审计程序。由于审计计划的目的是将重大错报风险降低至可接受的低水平，因此，对于收入、应收账款、收款循环，复核其在风险评估阶段识别的风险就很重要。

### 案例研究 A——Dephta 家具公司

根据第 2 卷第 14 章第 6 节——"形成风险评估阶段的结论"中实施的风险评估程序，评估的风险如下：

| 财务报表层次评估的风险（高、中、低） | 低 | | | |
|---|---|---|---|---|
| 认定（完整性、存在性、准确性和估价） | 完整性 | 存在性 | 准确性 | 估价 |
| 认定层次评估的风险（高、中、低） | 低 | 中 | 低 | 中 |
| 前期评估的风险的变更：无 | | | | |

编制应收账款审计计划应考虑的问题:

| 编制计划考虑的问题 | 应对措施 |
| --- | --- |
| 1. 是否存在仅实施实质性测试不能应对的认定? | 销售收入的完整性认定将采取控制测试与分析程序结合的方法来应对。注意:下一年度——如果网络销售收入继续增长,由于缺少书面记录,可能需要补充实施控制测试。 |
| 2. 与交易流程/过程相关的内部控制预期可靠吗?如可靠,能否实施控制测试以减少对其他实质性程序的需要,或缩减其他实质性程序的范围? | 对于应收账款,通过实施控制测试,能降低实施其他实质性程序(如函证)所要求的风险减少水平。但是,由于我们不能完全确定控制运行的可靠性,因此,仅实施实质性程序。 |
| 3. 是否可以通过实施实质性分析程序减少对其他审计程序的需要或缩减其范围? | 否 |
| 4. 是否需要加入不可预见因素或实施进一步审计程序(如针对舞弊、风险等)? | 针对已识别的管理层凌驾于内部控制之上的风险,将实施一些扩展的审计程序。 |
| 5. 是否存在需要特殊关注的特别风险? | 可能存在一些与收入确认相关的舞弊风险(参见第 2 卷第 9 章)。为应对这些风险,将实施适当订制的实质性细节测试。应收账款的估价是一个需要特别关注的特定风险。将对期后的付款情况实施补充分析和复核。在整个审计过程中,需要注意正常经营过程之外的未披露的关联方交易。 |

根据审计师的职业判断,对于相关认定(适用于应收账款余额),要求审计师实施恰当的审计程序组合,以便将重大错报风险降至可接受的低水平。以下是针对应收账款评估的风险水平拟采取的审计应对措施的例子。

| 建议的审计应对措施汇总 | | | | |
| --- | --- | --- | --- | --- |
| 核对完整性、存在性、准确性和估价栏适用的内容 | 完整性 | 存在性 | 准确性 | 估价 |
| 1. 实质性细节测试——所有重大类别的交易、账户余额和披露 | × | × | × | × |
| 2. 实质性细节测试——为应对特定风险而订制(抽样、舞弊、特别风险等) | | | | × |

续表

| 核对完整性、存在性、准确性和估价栏适用的内容 | 完整性 | 存在性 | 准确性 | 估价 |
|---|---|---|---|---|
| 3. 实质性分析程序（整体校验等） |  | × |  |  |
| 4. 控制测试（运行有效性） | × |  |  |  |
| 根据职业判断，上述程序是否足以应对评估的风险？（是/否）如果否，在下栏解释原因。 | 是 | 是 | 是 | 是 |
| 解释： | | | | |

第 2 卷第 17 章第 7 节的案例分析提供了为应对已识别出的风险而实施的审计程序的例子。

## 案例分析 B——Kumar 公司

根据第 2 卷第 14 章第 6 节——"形成风险评估阶段的结论"中实施的风险评估程序，评估的风险如下：

| 财务报表层次评估的风险（高、中、低） | 中 | | | |
|---|---|---|---|---|
| 认定（完整性、存在性、准确性、估价） | 完整性 | 存在性 | 准确性 | 估价 |
| 认定层次评估的风险（高、中、低） | 低 | 中 | 中 | 低 |
| 前期评估的风险的变更：无。由于 Raj 的缺席，导致与交联方交易和舞弊相关的风险提高。 | | | | |

编制应收账款审计计划应考虑的问题：

| 编制计划考虑的问题 | 应对措施 |
| --- | --- |
| 1. 是否存在仅实施实质性测试不能应对的认定？ | 否 |
| 2. 与交易流程/过程相关的内部控制预期可靠吗？如可靠，能否实施控制测试以减少对其他实质性程序的需要，或缩减其他实质性程序的范围？ | 由于公司规模较小，内部控制不健全。我们了解了内部控制，但我们将不实施控制测试，也不拟信赖内部控制。 |
| 3. 是否可以通过实施实质性分析程序减少对其他审计程序的需要或缩减其范围？ | 针对销售收入的完整性认定，将采取实质性分析性复核与细节测试结合的方式来应对。 |
| 4. 是否需要加入不可预见因素或实施进一步审计程序（如针对舞弊、风险等）？ | 没有必要，因为应收账款期末余额主要与Dephta公司相关。 |
| 5. 是否存在需要特殊关注的特别风险？ | 针对收入确认不一致或舞弊的可能性，将通过实施订制的实质性细节测试来应对。在整个审计过程中，需要注意超出正常经营过程之外的未披露的关联方交易。 |

以下是针对应收账款评估的风险水平拟采取的审计应对措施的例子：

| 建议的审计应对措施汇总 | | | | |
| --- | --- | --- | --- | --- |
| 核对完整性、存在性、准确性和估价栏适用的内容 | 完整性 | 存在性 | 准确性 | 估价 |
| 1. 实质性细节测试——所有重大类别的交易、账户余额和披露 | × | × | × | × |
| 2. 实质性细节测试——为应对特定风险而订制（抽样、舞弊、特别风险等） | × | × | × | |
| 3. 实质性分析程序（整体校验等） | × | | | |
| 4. 控制测试（运行有效性） | | | | |
| 根据职业判断，上述程序是否足以应对评估的风险？（是/否）如果否，请在下栏解释原因。 | 是 | 是 | 是 | 是 |
| 解释：<br>无 | | | | |

第 2 卷第 17 章第 7 节的案例分析提供了为应对已识别出的风险而实施的审计程序的例子。

# 17. 确定测试范围

| 本章内容 | 相关国际审计准则 |
|---|---|
| 指导审计师确定为应对评估的重大错报风险而需要实施测试的范围。 | ISA330、500、530 |

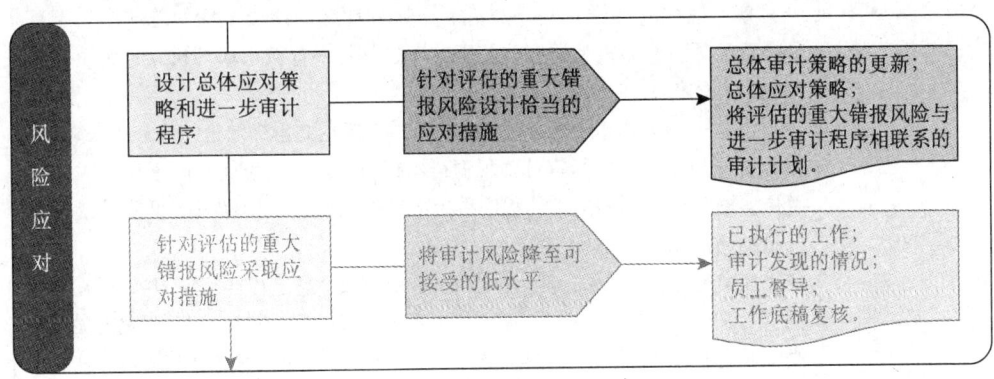

图 17.0-1

| 条款 | 国际审计准则相关内容摘录 |
|---|---|
| ISA330.12 | 如果已获取有关控制在期中运行有效性的审计证据，审计师应当：<br>(a) 获取这些控制在剩余期间发生重大变化的审计证据；<br>(b) 确定针对剩余期间还需获取的补充审计证据。（参见：第 A33 – A34 段） |
| ISA330.13 | 在确定利用以前审计获取的有关控制运行有效性的审计证据是否适当，以及再次测试控制的时间间隔时，审计师应当考虑下列因素：<br>(a) 内部控制其他要素的有效性，包括控制环境、被审计单位对控制的监督以及被审计单位的风险评估过程；<br>(b) 控制特征（人工控制还是自动化控制）产生的风险；<br>(c) 信息技术一般控制的有效性；<br>(d) 控制设计及其运行的有效性，包括在以前审计中发现的控制运行偏差的性质和程度，以及是否发生对控制运行产生重大影响的人员变动；<br>(e) 是否存在由于环境发生变化而特定控制缺乏相应变化导致的风险；<br>(f) 重大错报风险和对控制的信赖程度。（参见：第 A35 段） |

续表

| 条款 | 国际审计准则相关内容摘录 |
|---|---|
| ISA330.14 | 如果拟利用以前审计获取的有关控制运行有效性的审计证据，审计师应当通过获取这些控制在以前审计后是否发生重大变化的审计证据，确定以前审计获取的审计证据是否与本期审计持续相关。审计师应当通过实施询问并结合观察或检查程序，获取这些控制是否发生重大变化的审计证据，以确认对这些控制的了解，并根据下列情况作出不同处理：<br>（a）如果已发生变化，且这些变化对以前审计获取的审计证据的持续相关性产生影响，审计师应当在本期审计中测试这些控制运行的有效性；<br>（b）如果未发生变化，审计师应当每三年审计中至少对控制测试一次，并且在每年审计中测试部分控制，以避免将所有拟信赖控制的测试集中于某一年审计，而在之后的两年审计中不进行任何测试。（参见：第 A37 – A39 段） |
| ISA530.5 | 就国际审计准则而言，对下列术语给予以下定义：<br>（a）审计抽样（抽样）——是指审计师对具有审计相关性的总体中低于百分之百的项目实施审计程序，使所有抽样单元都有被选取的机会，为审计师对整个总体得出结论提供合理基础；<br>（b）总体——是指审计师从中选取样本并期望据此得出结论的整个数据集合；<br>（c）抽样风险——是指审计师根据样本得出的结论，可能不同于如果对整个总体实施与样本相同的审计程序得出的结论的风险。抽样风险可能导致两种类型的错误结论：<br>（i）在实施控制测试时，审计师推断的控制有效性高于其实际有效性，或在实施细节测试时，审计师推断某一重大错报不存在而实际上存在。审计师主要关注这类错误结论，原因是其影响审计效果，非常可能导致发表不适当的审计意见；<br>（ii）在实施控制测试时，审计师推断的控制有效性低于其实际有效性，或实施细节测试时，审计师推断某一重大错报存在而实际上不存在。这类错误结论影响审计效率，原因是其通常导致审计师实施额外的工作，以证实初始结论是错误的。<br>（d）非抽样风险——是指审计师由于任何与抽样风险无关的原因而得出错误结论的风险；（参见：第 A1 段）<br>（e）异常误差——是指对总体中的错报或偏差明显不具有代表性的错报或偏差；<br>（f）抽样单元——是指构成总体的个体项目；（参见：第 A2 段）<br>（g）统计抽样——是指同时具备下列特征的抽样方法：<br>（i）随机选取样本项目；<br>（ii）运用概率论评价样本结果，包括计量抽样风险。<br>不同时具备上述两个特征的抽样方法为非统计抽样。<br>（h）分层——是指审计师将总体划分为多个子总体的过程，每个子总体由一组具有相同特征（通常是货币金额）的抽样单元组成；<br>（i）可容忍错报——是指审计师设定的货币金额，审计师试图对总体中的实际错报不超过该货币金额获取适当水平的保证；（参见：第 A3 段）<br>（j）可容忍偏差率——是指审计师设定的偏离规定的内部控制程序的比率，审计师试图对总体中的实际偏差率不超过该比率获取适当水平的保证。 |

# 17. 确定测试范围

## 17.1 概述

通过选择和检查下列项目，可以获取充分、适当的审计证据：

图 17.1-1

| 选择和检查 | |
|---|---|
| 所有项目（100%测试） | 当存在以下情况时，这种方法是恰当的：<br>• 总体由少量的大额项目组成；<br>• 存在特别风险，并且用其他方法不能提供充分、适当的审计证据；<br>• 能够使用计算机辅助审计技术对大量总体中的重复计算和其他程序进行电子测试。 |
| 特定项目 | 当存在以下情况时，这种方法是恰当的：<br>• 单个高额项目或关键项目就能导致重大错报；<br>• 所有项目都超过了特定金额；<br>• 存在任何异常或敏感的项目或财务报表披露；<br>• 存在任何对错报具有高度敏感性的项目；<br>• 存在能够提供关于公司性质、交易性质和内部控制等方面信息的项目；<br>• 能够测试某些控制活动运行情况的项目。 |
| 总体中具有代表性的样本项目 | 通过在总体中选择和检查具有代表性的样本，以得出有关数据整体（总体）的结论，这种方法是恰当的。<br>抽样能使审计师获取和评价具有特定特征的审计证据。样本规模的确定可以采用统计方法或非统计方法。 |

使用哪种方法视被审计单位的具体情况而定。采用上述方法中的一种或多种的组合，在特定情况下可能是恰当的。

审计抽样是降低与某一认定相关的风险最有效率的方法，它具有许多优点，如下表所示：

图 17.1-2

| 优 点 | |
|---|---|
| 使用具有代表性的样本 | 能够得出有效的结论。审计师的目标是合理地降低风险，而非绝对的保证。<br>抽样审计得出的结论可以与其他测试的结论相结合。<br>如果从某一来源获取的审计证据能被从其他来源获取的证据验证，能够进一步降低审计风险。<br>检查所有的数据并不能提供绝对保证。例如，未记录的交易将不会被发现。<br>节约成本。对所有会计记录中的每笔会计分录和所有支持性证据都进行检查是不经济的。 |

第1卷第10章概述了进一步审计程序的性质和使用方法。本章主要关注测试范围和抽样技术的使用。

## 抽样技术

审计抽样并非一定要选择的审计程序，但一旦被使用，就要求总体（如销售交易或应收账款余额）中所有的抽样单元都有被选中的机会。这对审计师就整个总体形成合理的结论是很有必要的。

在任何小于总体100%的样本中，始终存在错报可能未被识别的风险以及可能超出可容忍的错报或偏差水平的风险。这就是所谓的抽样风险。通过增加样本规模能够降低抽样风险，而通过恰当地安排业务计划、督导和复核可以降低非抽样风险。

在审计过程中，有两类常用的抽样方法，如下表所示：

表 17.1－3

| | 样本属性 |
|---|---|
| 统计抽样 | 抽样是建立在随机的基础之上。这也就意味着总体中的每个项目被选中的机会是已知的（统计上的合理性）。 |
| | 能够通过数学方法推测结果。能够运用概率论来评价样本结果，包括计量抽样风险。 |
| 非统计抽样或判断抽样 | 这是一种不具有以上所列的统计抽样特征的抽样方法。 |

在确定样本规模时，审计师应当确定可接受的可容忍偏差（例外）率。

- **实质性程序**

  实际执行的重要性（无论是整体重要性还是特定项目的重要性）是依据总体重要性（不论是整体重要性还是特定项目的重要性）来设定的。可容忍误差水平是依据实际执行的重要性（整体重要性或特定项目的重要性，根据特定情况而定）来设定的。设定的可容忍错报水平越高，所需样本规模越小。设定的可容忍错报水平越低，所需样本规模越大。注意，可容忍错报水平通常与实际执行的重要性相同。

- **控制测试**

  在执行控制测试时，可容忍的偏差水平很可能非常小，通常要求没有偏差或只有一处偏差。控制测试为控制是否有效运行提供证据，因此，当内部控制运行预期可靠时，才使用控制测试。

## 17.2 抽样的运用

| 条款 | 国际审计准则相关内容摘录 |
|---|---|
| ISA530.6 | 在设计审计样本时,审计师应当考虑审计程序的目的和抽样总体的特征。(参见:第 A4 – A9 段) |
| ISA530.7 | 审计师应当确定足够的样本规模,以将抽样风险降至可接受的低水平。(参见:第 A10 – A11 段) |
| ISA530.8 | 审计师在选取样本项目时,应当使总体中的每个抽样单元都有被选取的机会。(参见:第 A12 – A13 段) |
| ISA530.9 | 审计师应当针对选取的每个项目,实施适合具体目的的审计程序。 |
| ISA530.10 | 如果审计程序不适用于选取的项目,审计师应当针对替代项目实施审计程序。(参见:第 A14 段) |
| ISA530.11 | 如果未能对某个选取的项目实施设计的审计程序或适当的替代程序,审计师应当将该项目视为控制测试中对规定控制的一项偏差,或细节测试中的一项错报。(参见:第 A15 – A16 段) |
| ISA530.12 | 审计师应当调查识别出的所有偏差或错报的性质和原因,并评价其对审计程序的目的和审计其他方面可能产生的影响。(参见:第 A17 段) |
| ISA530.13 | 在极其特殊的情况下,如果审计师认为样本中发现的某项错报或偏差是异常误差,审计师应当对该项错报或偏差对总体不具有代表性获取高度保证。在获取这种高度保证时,审计师应当实施追加的审计程序,获取充分、适当的审计证据,以确定该项错报或偏差不影响总体的其余部分。 |
| ISA530.14 | 在细节测试中,审计师应当根据样本中发现的错报推断总体错报。(参见:第 A18 – A20 段) |
| ISA530.15 | 审计师应当对下列方面进行评价:<br>(a) 样本结果;(参见:第 A21 – A22 段)<br>(b) 使用审计抽样是否已为审计师针对所测试的总体得出的结论提供合理基础。(参见:第 A23 段) |

### 基本原理

无论是采用统计抽样技术还是非统计抽样技术,审计师都应当应对并记录以下事项:

图 17.2 – 1

| 考虑的因素 | 解 释 |
|---|---|
| 测试的目的？ | 测试设计的起点是明确测试目的以及涉及的认定。 |
| 证据的主要来源？ | 对于所涉及的每一项认定，证据的主要来源有哪些，次要来源有哪些？这种区分有助于确保审计资源被用于正确的领域。 |
| 以前的审计经验？ | 在以前期间（如有）实施类似测试的经验是什么？考虑测试的效果以及在所选择的测试样本中是否发现偏差（误差），如果发现，如何处理。 |
| 总体是什么？ | 确保拟测试项目的总体对于实现测试目标来说是恰当的。抽样不能识别或测试未包括在总体中的项目。例如，一个应收账款余额的样本可用来测试应收账款的存在性，但这一总体对测试应收账款的完整性来说是不恰当的。<br>还应当考虑总体的规模。在某些情况下，如果所测试的总体规模太小，不适合使用抽样的方法，将可能无法得出统计结论。 |
| 使用什么样的抽样单元？ | 考虑测试的目的和所针对的认定。这个决策将确定选择哪些项目进行测试。这样的例子包括销售发票、销售订单和客户明细账的余额。 |
| 统计抽样还是非统计抽样？ | 从统计抽样中能够得出统计结论，从判断性的非统计抽样中可以得出基于职业判断的结论。非统计抽样通常能够与针对相同认定的其他审计程序结合使用。 |
| 偏差的定义 | 未能正确定义偏差，将导致工作人员审查可能不构成偏差的细小例外情况，从而浪费时间。同时，确定如何发现偏差的原因与影响，审计人员还可以对其进行跟进。 |
| 是否存在需要排除的高额项目？ | 如果总体中有能被单独评价的较大交易或余额，那么，就可以从总体的其余项目里选择较小的样本规模。在某些情况下，从测试较大额交易或余额获取的证据可能足以消除对抽样的需求。 |
| 是否使用计算机辅助审计技术 | 计算机辅助审计技术（CAATs）能够提供更好的或更有效的结果吗？对于很多测试，能够使用计算机辅助审计技术测试总体中的100%（而不仅是样本），并能够编制识别异常项目以便追踪的用户报告。 |
| 是否可能进行分层？ | 考虑能否将总体划分为若干个具有相同识别特征的子总体。<br>例如，如果总体中包含大量的高额交易，就可以将总体按货币金额分层（对细节测试）。这将使更多的审计资源直接指向大额项目，因为这些项目包含的潜在高估错报最大。<br>总体也可以按照可能表明存在较高错报风险的识别特征来分层。当测试坏账准备的充分性时（应收账款估价），可以将应收款余额按账龄分层。<br>当分别测试子总体时，就可以分别推断每一层的错报。然后，汇总每一层的推断错报，就能够得出账户余额或交易类别可能的错报。 |

续表

| 考虑的因素 | 解 释 |
|---|---|
| 所要求的精确度是什么？ | 实际执行的重要性通常用作可容忍错报的基础。这也代表了统计测试的精确度。<br>实际执行的重要性被设定为一个金额，在这个金额上，未被发现的错报和不重要的错报汇总起来能够达到一个重大的金额。 |
| 所要求的置信水平是什么？ | 置信水平是测试将不会产生正确结果的可接受的风险水平（检查风险）。要求高的置信水平（导致较大的样本），还是较低的置信水平（导致较小的样本规模）？<br>可根据下列因素来确定在特定测试中所要求的置信水平：<br>• 从其他来源获得的证据，如分析性复核、其他实质性程序以及测试相关控制运行的有效性；<br>• 与整体重要性比较，财务报表认定或项目的重要性。<br>例如，95%的置信水平表明，如果执行一个特定的测试 100 次（随机选择代表性的交易），其结果将是 100 次测试中有 95 次将是准确的（在错报范围之内）。存在 100 次测试中有 5 次产生不准确结果的风险。 |

当计划实施统计抽样时，还将涉及可容忍错报或可容忍偏差率的概念。

图 17.2-2

| 考虑的因素 | 说 明 |
|---|---|
| 什么是可容忍错报或可容忍偏差率？ | 可容忍错报用于针对单个非重大错报的汇总数可能导致财务报表存在重大错报风险的抽样细节测试，并为可能未被发现的错报提供余地。可容忍错报是实际执行的重要性在特定抽样程序中的运用。可容忍错报可能等于或低于实际执行的重要性。 |
| | 可容忍偏差率用于控制测试，审计师设定一个偏离规定的内部控制程序的比率，以获得适当的保证水平。审计师试图对设定的偏差率不超过总体中实际偏差率获取适当的保证水平。 |

## 17.3　实质性程序的范围（使用统计抽样）

重大错报风险越高，所要求实施的实质性程序的范围就越大。通过测试内部控制运行的有效性可以减少实质性程序的范围。但是，如果控制测试的结果不能令人满意，实质性程序的范围实际上可能需要扩大。

运用国际审计准则执行中小企业审计指南（第三版）

### 确定样本规模——货币单元抽样

最常见的细节测试抽样方法是货币单元抽样。根据这一方法，一个项目（如应收账款余额）被选中进行测试的概率与该项目的货币金额成正比例。因此，一个余额为6 000欧元的应收账款账户被抽中作为样本的概率是余额为2 000欧元的应收账款账户的3倍。这种方法不适用于选取物理单元，如每50张发票或每50笔交易。

虽然货币单元抽样可能是审计师最常用的抽样方法，但是，在某些情况下，可能存在更恰当的其他抽样方法。在本指南中，没有讨论这些其他抽样方法。

### 置信系数的选择

当设计实质性测试时，审计师可能发现，使用三个层次（如高、中、低）的风险降低水平是有用的。水平之间的差异可以根据选择样本所使用的置信系数来确定。置信系数越高，样本规模就越大，所获得的风险降低水平就越高。下表列示了为实现高、中和低的风险降低水平而通常采用的置信水平。

图 17.3 – 1

| 要求的风险降低水平 | 置信水平 | 置信系数 |
| --- | --- | --- |
| 高 | 95% | 3.0 |
| 中 | 80%—90% | 1.6 — 2.3 |
| 低 | 65%—75% | 1.1 — 1.4 |

一套有效的旨在应对评估的风险和具体认定的审计程序可能包含控制测试和实质性程序的组合。

下表列示了部分置信水平对应的置信系数的列表。例如，如果所要求的置信水平是90%，那么使用的置信系数是2.3。

图 17.3 – 2

| 置信水平 | 置信系数 |
| --- | --- |
| 50% | 0.7 |
| 55% | 0.8 |
| 60% | 0.9 |
| 65% | 1.1 |
| 70% | 1.2 |
| 75% | 1.4 |
| 80% | 1.6 |

续表

| 置信水平 | 置信系数 |
|---|---|
| 85% | 1.9 |
| 90% | 2.3 |
| 95% | 3.0 |
| 98% | 3.7 |
| 99% | 4.6 |

## 选择样本

图 17.3 - 3

| 货币单元 | 说明 |
|---|---|
| 样本选择过程 | 从总体中移除大额项目和重要项目。 |
| | 计算抽样间隔。 |
| | 随机确定选择第一个项目的起点。随机起点的范围可以从 1 欧元到抽样间隔之间。下一个连续选择的样本是之前选择的金额加上一个抽样间隔。 |

注：确保样本选择过程，包括选择随机起点的依据（使用随机数码生成器或运用职业判断），被恰当记录。

### 第一步：计算抽样间隔

计算公式如下。

> 抽样间隔 = 实际执行的重要性（可容忍错报）÷ 置信系数

如果抽样间隔是 17 391 欧元，第一个账户可以从包含第 10 000 欧元的账户中随机选择。第二个被选择的账户将是包含累计金额 27 391 欧元（起点 + 抽样间隔 = 10 000欧元 + 17 391 欧元）的账户。第三个被选择的账户将是包含累计金额 44 782 欧元（27 391 欧元 + 17 391 欧元）的账户。这一过程将持续到总体的末尾。

### 第二步：计算样本规模

使用货币单元抽样法选取具有代表性的项目，样本规模通常由以下公式确定。

> 样本规模 = 拟测试的总体 ÷ 抽样间隔

拟测试的总体将不包括为单独评价而排除的任何特定项目。

### 第三步：选择样本

从总体中移除所有的大额项目和重点项目（单独考虑），并计算抽样间隔（参照上述第一步）。然后，为选择第一个项目而选择随机起点。随机起点的范围可以从1欧元到抽样间隔。每一个连续选择的样本是对先前的选择加上一个抽样间隔。

以下三个例子说明了这一过程：

#### 例1：应收账款余额抽样

图 17.3－4

| 问题 | 答案 |
| --- | --- |
| 测试目的 | 通过选择应收账款余额的样本并寄发询证函，以确保应收账款的存在性 |
| 相关认定中的重大错报风险 | 存在性＝高风险 |
| 拟测试的总体 | 期末应收账款余额 |
| 总体的货币金额 | 177 203 欧元 |
| 需要单独评价的特定项目 | 38 340 欧元 |
| 通过控制测试所获得的风险降低 | 无 |
| 通过其他程序（如风险评估程序）获得的风险降低 | 有限 |
| 拟使用的置信系数（随从其他来源获得的风险降低而降低） | 没有从其他来源获得风险降低，因此，使用95%或者3.0 |
| 实际执行的重要性 | 15 000 欧元 |
| 样本中的预期偏差 | 无 |

抽样间隔＝15 000 欧元/3.0＝5 000 欧元

样本规模＝（177 203 欧元－38 340 欧元）/5 000 欧元＝28

在这个例子中，抽样间隔为5 000 欧元。因此，如果随机选择的第一个项目是436欧元，下一个项目将是包含累计金额5 436 欧元的交易或余额的项目。第三个项目将是包含累计金额10 436 欧元的交易或余额，依此类推，直至选出28个项目。

注：较大金额的项目很可能被选中进行测试（请参见下表部分应收账款余额的总体）。

## 17. 确定测试范围

图 17.3 – 5

|  | 应收账款余额 | 累计金额 | 抽样间隔 | 是否包含于样本中？ |
|---|---|---|---|---|
| 客户 A | 4 750 | 4 750 | 436 | 是 |
| 客户 B | 3 500 | 8 250 | 5 436 | 是 |
| 客户 C | 1 800 | 10 050 | 10 436 | 否 |
| 客户 D | 2 700 | 12 750 | 10 436 | 是 |
| 客户 E | 950 | 13 700 | 15 436 | 否 |
| 客户 F | 2 580 | 16 280 | 15 436 | 是 |

### 例2：应收账款余额抽样

图 17.3 – 6

| 问题 | 答案 |
|---|---|
| 测试目的 | 通过选择应收账款余额的样本并寄发询证函，以确保应收账款的存在性。 |
| 相关认定中的重大错报风险 | 存在性 = 中风险 |
| 拟测试的总体 | 期末应收账款余额 |
| 总体的货币金额 | 177 203 欧元 |
| 需要单独评价的特定项目 | 38 340 欧元 |
| 通过控制测试所获得的风险降低 | 相关控制的控制风险水平为低 |
| 通过其他程序（如风险评估程序）获得的风险降低 | 有限 |
| 拟使用的置信系数（随从其他来源获得的风险降低而降低） | 根据从其他来源获取的证据，将使用的置信系数为70%（1.2） |
| 实际执行的重要性 | 15 000 欧元 |
| 样本中的预期偏差 | 无 |

抽样间隔 = 15 000 欧元/1.2 = 12 500 欧元

样本规模 = （177 203 欧元 – 38 340 欧元）/12 500 欧元 = 12

## 例 3：采购发票抽样

图 17.3 – 7

| 问题 | 答案 |
|---|---|
| 测试目的 | 通过选择采购发货票的样本，确保采购的存在性和准确性 |
| 相关认定中的重大错报风险 | 存在性 = 低风险<br>准确性 = 低风险 |
| 拟测试的总体 | 当期的采购发票 |
| 总体的货币金额 | 879 933 欧元 |
| 需要单独评价的特定项目 | 46 876 欧元 |
| 通过控制测试所获得的风险降低 | 无 |
| 通过其他程序（如风险评估程序）获得的降低风险 | 比较有效的实质性分析程序 |
| 拟使用的置信系数（随从其他来源获得的风险降低而降低） | 根据从其他来源获取的证据，将使用的置信系数为 80%（1.6） |
| 实际执行的重要性 | 15 000 欧元 |
| 样本中的预期偏差 | 无 |

抽样间隔 = 15 000 欧元/1.6 = 9 375 欧元

样本规模 =（879 933 欧元 – 46 876 欧元）/9 375 欧元 = 89

如上所示，当检查交易流时，实质性测试的样本规模可能会变得非常大。通常，测试内部控制（当样本规模较小时）或执行其他类型的审计程序来获取所需的证据是更有效率的。

## 推断错报

推断错报的过程列示如下：

图 17.3 – 8

| 推断错报范围的步骤 |
|---|
| 1. 计算每个项目错报的百分比。如果被发现的金额是 50 欧元，但应当是 60 欧元，则错报金额为 10 欧元或总额的 17%。 |
| 2. 加计错报百分比，将高估和低估相互抵消。 |

续表

| 推断错报范围的步骤 |
|---|
| 3. 通过将汇总的错报百分比除以所有样本的数量（无论是否有错报），计算每个样本项目平均错报百分比。 |
| 4. 将平均错报百分比乘以代表总体的货币金额总额（不包括大额项目和关键项目）。这就是样本的推断错报。显然，这不包括先前从样本中移除的大额项目和重点项目中所发现的错报。 |

例如，从总额为 250 000 欧元的总体中选择的 50 个项目，包含以下三个错报：

图 17.3-9

| 正确值 | 审计后的金额 | 错报 | 错报% |
|---|---|---|---|
| 500 欧元 | 400 欧元 | 100 欧元 | 20.00% |
| 350 | 200 | 150 | 42.86% |
| 600 | 750 | (150) | (25.00%) |
| 总计错报百分比（错报百分比的汇总） | | | 37.86% |
| 平均错报百分比：37.86% ÷ 50（样本规模）= | | | 0.7572% |
| 推断的错报：0.7572% × 250 000 欧元（总体）= | | | 1 893 欧元 |

推断的错报有时也被称为"最有可能的误差"。

**考虑要点**

**异常误差**

可能存在一种不恰当的做法，即将一些错报/偏差（在样本中发现）视为异常误差（对总体不具代表性），并在推断总体中的错报时排除他们。然而，要求实施追加的审计工作，不管该错报/偏差是否对总体具有代表性：

● 如果该偏差对总体具有代表性，审计师就应当调查其性质和原因，并评价其对审计程序的目的和审计的其他领域可能产生的影响。

● 如果该偏差被认为是一种异常误差，审计师就应当获得这种错误或偏差对总体不具有代表性的高度保证。这需要执行进一步审计程序，以获取充分、适当的审计证据，以确定该错误或偏差没有影响总体的其余部分。

注意，**ISA530.13** 阐明，异常误差只在极为罕见的情况下发生。

## 17.4 实质性分析程序的范围

对实质性分析程序的使用，或者作为对账户余额的主要测试，或者与其他细节测试结合使用，该细节测试的范围已被适当地缩小。

第 1 卷第 10 章概述了执行实质性分析程序可以获得的风险降低的两个层次。这种风险降低是非常有效的（即将实质性分析程序作为主要测试）和比较有效的。

简单的分析程序（如将去年的结果与今年的结果进行比较）可能有助于识别需要采取后续行动的问题但不能提供进一步的审计证据。这种类型的分析程序可用于了解被审计单位，执行风险评估程序以及复核最终的财务报表。

在设计实质性分析程序时，审计师应当：

- 确定不实施进一步调查就能被接受的预期差异金额。这主要受重要性水平，以及与理想的风险降低水平是否一致影响；
- 考虑特定账户余额、交易类别或披露中的错报汇总后可能达到不可接受的金额的可能性；
- 随重大错报风险水平的增加，提高风险降低的理想水平。

图 17.4 –1

### 实质性分析程序示例

| 问题 | 答案 |
| --- | --- |
| 说明拟执行的程序和预期的结果 | 将每单位租金与出租单位数量相乘，以预测公寓出租的收入，然后，将结果与被审计单位会计记录中已入账的收入进行比较 |
| 已入账的金额或比例是多少？ | 278 000 欧元 |
| 涉及哪些认定？ | 完整性，存在和准确性 |
| 实际执行的重要性 | 10 000 欧元 |
| 可接受的差异金额（已入账金额与预期金额之间的差额）是多少？ | 1% |
| 执行审计程序后的剩余重大错报风险（中或低） | 低 |

续表

| 详细说明每个用于计算预期结果的数据元素（财务数据与非财务数据） | 说明为评价所使用的每个数据元素的可靠性而执行的程序（考虑来源、可比性、性质、相关性，以及与编制过程相关的控制） | 底稿索引号 |
|---|---|---|
| 1. 出租单位 | 我们审阅了楼面布置，并实地检查了公寓，以发现重大变化。 | |
| 2. 单位租金 | 我们审阅了租赁合同样本，以确定应付租金 | |
| 3. | | |
| 4. | | |
| 提供详细的计算过程、预期结果，以及预期结果与已入账金额或比例进行比较的结果：<br>出租单位的数量 = 26　　每单位租金 = 12 000 欧元/年<br>计算过程 = 26 × 12 000 = 312 000 欧元　与已入账金额的差额是 34 000 欧元 | | |
| 如果该差额（已入账金额与预期金额之差）超过了可接受的金额，需要说明所实施的调查及其结果（如询问管理层，获取补充性证据和实施其他审计程序）。<br>我们询问了该差额并证实：平均起来，在该年度中每月有两个单位是闲置的（不一定是相同的两个单位），一个单位未被出租而被用作会议室，或者偶尔提供给游客临时居住。这样，就说明了 36 000 欧元的差额，但留下 2 000 欧元未能解释。这低于上面设定的可接受的水平。 | | |
| 结论：<br>测试成功完成。 | | |

> **考虑要点**
>
> 　　在实质性分析程序中，"非财务"数据的使用通常能够强化结果。非财务数据可能包括诸如人数、零售商店的面积，或者已运送的特定商品的数量等信息。
>
> 　　当实施分析程序时，设定预期值是非常必要的（如与相关余额的关系，与前期相比的变化等等），然后将这些预期值与财务报表信息进行比较。相反的做法应当避免，即以财务信息入手，然后企图用对被审计单位以及环境的了解来解释差异。当根据对被审计单位及其环境的了解来设定预期值并进而实施分析程序时，分析程序就会更加强大。然而，任何"非财务数据"在应用于实质性分析程序之前，必须确定其可靠性。

## 17.5 控制测试——运行有效性

执行控制测试可以实施下表列示的审计程序的一种或多种。

图 17.5-1

| 测试内部控制的运行有效性 | |
|---|---|
| 审计程序的类型 | 询问适当的人员。（记住，仅仅实施询问不足以测试控制运行的有效性） |
| | 检查相关文件。 |
| | 观察被审计单位的运营。 |
| | 重新执行控制的应用。 |

### 普遍性（企业层面）控制

| 条款 | 国际审计准则相关内容摘录 |
|---|---|
| ISA315.14 | 审计师应当了解控制环境。作为了解控制环境的一部分，审计师应当评价：<br>（a）管理层在治理层的监督下，是否营造并保持了诚实守信和合乎道德的文化；<br>（b）控制环境总体上的优势是否为内部控制的其他要素奠定了适当的基础，以及这些其他要素是否未被控制环境中存在的缺陷所削弱。（参见：第 A69 – A78 段） |

测试企业层面上的具有普遍性的控制，通常比测试特定交易层面的控制更加主观（如测试对胜任能力的承诺，或者了解被审计单位对可接受行为的政策）。然而，这些控制总体上为内部控制其他要素提供了适当的基础。

下表列举了测试普遍性（公司层面）控制的几种可能的方法：

图 17.5-2

| 控制环境 | 可能的控制测试 |
|---|---|
| 诚实守信和道德价值观的沟通与实施 | • 阅读被审计单位网站上的公告和道德行为规范或类似的内容；<br>• 审阅与工作人员之间的沟通；<br>• 对部分工作人员进行访谈。 |
| 对胜任能力的承诺 | • 审阅聘用和解雇政策；<br>• 选取雇员的档案，审阅其中包含的工作岗位职责描述和书面文件。 |

续表

| 控制环境 | 可能的控制测试 |
|---|---|
| 治理层的参与 | • 审阅所作出的全部自我评估;<br>• 审查董事会成员的资格和会议记录;<br>• 以观察员身份出席会议。 |
| 管理层的理念和经营风格 | • 审阅所有相关的、可获得的文件;<br>• 对部分员工进行访谈。 |
| 组织结构 | • 根据符合被审计单位性质的最佳实务审阅其组织结构。 |
| 权力与责任的分配 | • 审查诸如工作岗位职责描述等的所有文件。 |
| 人力资源政策和实务 | • 审查政策、实务和遵守情况;<br>• 审阅员工评价的雇员档案,审阅参与的培训方案,等等。 |

设计相似类型的控制测试,以针对其他普遍性(公司层面)控制,如:
- 风险评估;
- 信息系统;
- 监控;
- 期末结账过程;
- 反舞弊控制。

与经营过程层面(如检查付款是否已被授权,这可以用简单的是/不是的回答来记录)的内部控制相比,执行普遍性控制测试的结果更难以被记录。因此,对普遍性(公司层面和一般IT层面)控制的评价通常以备忘录连同支持性证据的方式记录在档案中。

例如,为了测试管理层是否对所有人员沟通了有关诚信和道德价值观的需要,并实施了政策,就会选取部分雇员进行访谈。这些雇员会被问到他们从管理层那里收到的沟通,现有的相关政策和程序,他们从管理层日常表现中看出的道德价值观,以及这些政策是否确实执行。如果这些员工的普遍反应是,管理层确实沟通了诚信和道德价值观的需要,并且政策也被执行,那么测试就是成功的。每个雇员访谈的细节和支持性书面文件(如被审计单位的政策、沟通以及实施行动)都将被记录在备忘录中,并连同所形成的结论作为档案。

运用国际审计准则执行中小企业审计指南（第三版）

> **考虑要点**
>
> **时间安排**
>
> 在审计程序开始的早期，就对普遍性（公司层面）控制进行测试是很可取的。这些控制的测试结果会影响其他计划的审计程序的性质和范围。例如，如果发现管理层对待控制的态度不像预期的那样好，那就需要对有关账户余额和交易类别实施进一步审计程序。
>
> **编制计划**
>
> 需要花费时间来确定测试普遍性（公司层面）控制的最佳方式。考虑运用询问、观察、重新执行和检查的适当组合进行测试。
>
> **询问开放式问题**
>
> 在询问过程中，应当避免只需回答是或否的问题，而要问一些可能会使你获得未知信息的问题。例如，你可以问"你曾经被要求背离既定的会计政策或者做一些让你感觉不舒服的事情吗？"然后认真听取回答，同时也要留意他（她）在回答时出现的暗示他（她）内心不安或烦恼的肢体语言。
>
> **追查未决事项**
>
> 如果管理层或者员工拒绝提供你所要求的信息，或者你获得了未预期的信息，要确保进行适当的追查，同时，如果必要的话，对整体审计策略和计划的程序作出修改。
>
> **较大被审计单位中的监督性控制**
>
> 一些规模较大的被审计单位制定了公司层面的监督性控制，该监督性控制提供了公司层面控制持续运行的证据。对于存在监督控制的被审计单位，考虑是否可以依赖这种控制，以缩小其他必要测试的总体范围。

虽然大部分普遍性（公司层面）控制和一般 IT 控制都要通过运用职业判断进行测试，并客观应用于特定环境，但在有些情况下，使用具有代表性的样本可能是适用的。例如，是否能够取得证据证明月度财务报告经审阅并采取了适当的行动。

### 交易控制——属性抽样

控制测试提供了某些控制在整个拟信赖期间有效运行的证据，这应当是一个特定的期间，如一年。

由于交易控制要么有效运行，要么相反，去测试能被最终证明不可靠的控制的运行是不值得的。不可靠的控制是那些有可能被发现存在偏差的控制。控制测试的样本规模通常偏小，因为他们以不发现例外情况为基础。否则，所要求的样本规模就应当大得多。

在评估控制的可靠性时需要考虑的一些因素如下表所示：

图 17.5－3

| 控制测试的设计 ||
|---|---|
| 应考虑的因素 | 是否存在既定的审计程序被管理层规避的可能性（即管理层凌驾于内部控制之上）？ |
| | 控制中是否存在重大的易于发生错误的人工要素？ |
| | 是否存在薄弱的控制环境？ |
| | IT 一般控制薄弱吗？ |
| | 对内部控制的持续监督是否薄弱？ |
| | 在该期间内是否发生了严重影响控制应用的人事变动？ |
| | 控制的运行是否只有少数员工参与，从而导致适当的职责分离变得不切实际？ |
| | 环境的改变是否使得控制运行需要作出改变？ |

## 对间接内部控制的信赖

考虑是否需要获取证据，以支持重大间接内部控制的有效运行。间接内部控制决定其他控制，例如，由独立的过程、对例外情况的处理，以及管理人员对报告的定期复核而产生的非财务信息。如果间接内部控制重大，就需要获取其有效运行的证据。如果上述因素中的任何一个是重大的，那么实施实质性程序就可能更有效。

在设计控制测试时，审计师应当把重点放在针对相关认定而获取的证据上（如财务报表中可能出现错报的项目），而不是控制本身的性质。控制的目的是降低风险和提供保证，例如，销售收入的完整性。

在设计控制测试时首先关注控制所针对的认定还有很多实务上的优点。例如：
- 被测试的控制可以直接与财务报表中的重大错报风险相联系；
- 因为测试目的并不取决于具体的控制，针对同样风险的其他控制（或控制目标）同样能被测试。这就使得能够利用测试中的不可预测性和变化；
- 这使得评价和测试被审计单位针对相同认定而引入的新控制更加容易。

控制测试的目的通常旨在提供正被测试的控制在有效运行的低或中等水平的控制风险（高或中等的风险降低水平（置信度））。

在设计控制测试时，审计师可能发现，考虑从控制测试中获取的两个置信水平会非常有用：
- 一个高的置信水平（低的剩余风险水平）。这适用于主要证据来自于控制测试的情况；

- 一个中等置信水平（中等的剩余风险水平）。这适用于针对特定认定，将控制测试与其他实质性程序结合使用的情况。

属性抽样经常用于控制测试。这一技术使用最小的样本规模，但能够发现超过可容忍偏差率的偏差率。

图 17.5-4

| | 优点 |
|---|---|
| 属性抽样/发现抽样 | 如果在评价控制测试和运行时将一项内部控制评价为高度可信赖的内部控制，则该种方法是测试控制运行有效性的理想方法。 |
| | 如果在控制执行中预期存在偏差，建议考虑采用替代方法来收集审计证据。 |
| | 如果在控制测试样本中没有发现偏差，审计师就能够断言该控制正在有效运行。如果发现了偏差，停止实施程序并执行替代实质性审计程序通常更为有效。仅一个控制偏差就可能导致修改评估的控制风险水平。如果在发现一个偏差后继续执行测试，将需要显著扩大样本规模，并且可能不能发现其他偏差。 |

### 确定样本规模

样本规模的确定如下所示：

> 样本规模 = 置信系数 ÷ 可容忍偏离率

以最小依赖其他工作来测试控制的运行有效性，通常采用 90% 的置信水平（相关置信系数 = 2.3）（关于置信系数表，请参见表 17.3-2）。最大可容忍偏差率为 10%。在这个例子中，最小的样本规模为 23，计算方法如下：

> 置信系数（2.3）÷ 可容忍偏离率（0.1）= 样本规模 23

对于一个特定认定，如果已经获取了其他证据（如来自实质性审计程序的证据），置信系数能被降低，因此，只需要通过测试控制运行的有效性获得中等水平的风险降低即可。在这种情况下，就可以使用 80% 的置信水平（相关的置信系数 = 1.61），从而导致最小的样本规模为 8。一些会计师事务所采用略高的置信系数，为获得中等水平的风险降低选择的最小样本规模为 10，对于高水平的风险降低水平，最小样本规模为 30。

## 17. 确定测试范围

### 选择样本

样本选择如下表所示。

**图 17.5–5**

| | 采取的步骤 |
|---|---|
| 选择样本 | 确定程序的目的,并确定该程序将提供的与认定相关的证据,该认定隐含在拟测试的控制属性之中。 |
| | 为实现测试目标,选择恰当的项目总体。这可能根据针对的认定的不同而不同。例如,发票可被选择用于测试销售的存在性,但这些文件不能提供销售完整性的证据。在这个例子中,较好的选择应该是从订单输入或者运输文件入手,追踪至发票以及所记录的应收账款。 |
| | 确定必须的最小样本规模,以提供所需水平的风险降低。这可能是风险降低的高或中等水平。 |
| | 使用随机数码生成器或其他恰当的方法来选择拟核对的个别项目。总体中的每一个项目都应该有同等被选取的机会。 |

### 运行频率低于每天一次的控制程序

对于运行频率低于每天一次的控制,以下指引可能有助于进行样本选择。但是,实际使用的样本规模始终应当以职业判断为基础。

**图 17.5–6**

| 控制运行的频率 | 建议的最小样本规模 | 测试覆盖的百分比 |
|---|---|---|
| 每周一次 | 10 | 19% |
| 每月一次 | 2—4 | 25% |
| 每季度一次 | 2 | 50% |
| 每年一次 | 1 | 100% |

> **考虑要点**
>
> 当统计抽样用于测试内部控制的运行有效性时,所需样本规模不会随总体规模的增加而增加。一个没有发现偏差的随机样本,即使只有30个项目,也能够提供控制运行有效的高的置信水平。
>
> 在设计控制测试时,需要花费一定时间来准确定义错误或异常由什么来构成。这将在执行测试或评价结果的过程中节省时间,并在确定什么是控制偏差时避免产生犹豫不决。
>
> 如果对某项控制的运行有效性预期存在偏差,建议考虑采用替代方法来收集审计证据。一个可用于属性抽样的简单计划如下:
>
> 在95%的置信率(5%的偏差率)的基础上,建议:
>
> - 无偏差的10个项目的样本将提供风险降低的中等水平。如果发现一个偏差,就不能获得风险降低;
> - 无偏差的30个项目的样本将提供风险降低的高水平。如果发现一个单一的偏差,只能获得风险降低的中等水平。如果发现一个以上的偏差,就不能获得风险降低;
> - 60个项目的样本且至多有一个偏差,将提供风险降低的高水平。如果发现两个偏差,就只能获得风险降低的中等水平。如果发现两个以上的偏差,从控制测试中就不能获得风险降低。

## 17.6　评价偏差

评价偏差的过程如下表所示:

图17.6–1

| | 采取的步骤 |
|---|---|
| 评价偏差 | 识别偏差。将每个样本项目分为两类:"偏差"或者"无偏差"。 |
| | 应当仔细考虑每个偏差的性质和原因。例如,是否存在管理层凌驾于内部控制之上或者可能存在舞弊的迹象,或者该问题只因负责人休假时而产生? |
| | 考虑抽样风险。如果发现有偏差,考虑是否应当降低对控制有效性的依赖程度,扩大样本规模(见下文),或执行替代程序。 |

## 17. 确定测试范围

**考虑要点**

　　如上所述，如果发现偏差的可能性很大的话，那么控制测试的意义不大。这是因为获得所需保证的唯一途径就是扩大样本规模。然后，如果发现另一偏差，样本规模将不得不再次扩大，以此类推。此时，执行替代程序而不是扩大样本规模将更好。

　　一种可能的例外情况是，能够清楚地识别某类偏差的原因，并在设计测试程序时加以考虑。例如，特定期间发生的偏差，如通常执行控制的员工在休假时，这可通过执行一些实质性程序来解决。

　　抽样的结果可以通过将最大可容忍偏差率和偏差率上限进行比较来评价。偏差率上限可近似通过下列公式计算：

> 偏差率上限 = 调整后的置信系数 ÷ 样本规模

调整后的置信系数可以根据发现的偏差数量来确定。如下表所示：

**图 17.6－2**

| 针对已发现偏差调整后的置信系数 | | | | | |
|---|---|---|---|---|---|
| 要求的置信水平 | 1 | 2 | 3 | 4 | 5 |
| 95% | 4.7 | 6.3 | 7.8 | 9.2 | 10.5 |
| 90% | 3.9 | 5.3 | 6.7 | 8.0 | 9.3 |
| 80% | 3.0 | 4.3 | 5.5 | 6.7 | 7.9 |
| 70% | 2.4 | 3.6 | 4.7 | 5.8 | 7.0 |

　　例如，假定抽取 30 个项目（使用 90% 的置信水平和 10% 的最大可容忍偏差率），并发现了两个偏差。则偏差率上限可计算如下：

> 调整后的置信系数（5.3）÷ 样本规模（30）= 偏差率上限（17%）

　　偏差率上限为 17% 的结果远高于最大可容忍偏离率 10%，这意味着对控制有效性的信赖度不得不降低。然而，如果要增加样本规模，它必须扩大到 60 个项目，并且不会进一步发现偏差。这将使偏差率上限（计算如下）降至可接受的水平（也就是说接近原来的 10%）。

> 调整后的置信系数（5.3）÷ 样本规模（60）= 偏差率上限（9%）

　　然而，如果进一步发现有偏差，仍然需要再扩大样本规模，以期达到预期结果。

若仍再次发现偏差，则很可能导致审计时间的无效使用。

> 调整后的置信系数（6.7）÷样本规模（75）＝偏差率上限（9%）

## 17.7　案例分析——测试的范围

案例研究的详细资料请参考第 2 卷第 2 章——案例研究概述。

## 案例研究 A——Dephta 家具公司

确定测试的范围

设计进一步审计程序——应收账款

下面是应收账款审计方案概要。这个审计方案包括应收账款的统计性抽样样本。

**Dephta 家具股份有限公司**
应收账款——审计程序
客户：Dephta 家具股份有限公司

| 程序 | 针对的认定 | 工作完成人（缩写） | 工作底稿索引号 | 备注 |
|---|---|---|---|---|
| **1. 分析程序**<br>根据对被审计单位的了解所获得的信息，制定期末应收账款余额的期望值。<br>从以下几个方面调查重大变化或趋势：<br>• 应收账款余额。<br>• 按客户分类的应收账款账龄分析。<br>• 应收账款的平均收现期。<br>• 应收账款贷方余额。<br>• 其他未预期的偏差及解释。<br>• 其他（非营业性应收项目）记录发现的情况。 | 完整性、存在性、准确性 | MAG | C.120 | 应收账款较上期增加了 60%。应收账款中债务人的还款期限也从 39 天增加到 45 天。 |

466

续表

| 程序 | 针对的认定 | 工作完成人（缩写） | 工作底稿索引号 | 备注 |
|---|---|---|---|---|
| **2. 编制清单**<br>获得期末应收账款详情（含账龄）的清单：<br>（1）核对计算准确性，并与总账核对一致；<br>（2）与明细账核对客户名称和金额；<br>（3）向处理应收账款的员工询问下列情况：<br>• 客户是否享有优惠待遇；<br>• 销售条款是否已被修改；<br>• 是否与关联方发生了交易；或者<br>• 是否有严重超越内部信用限额的情况。 | 存在性<br><br>存在<br>准确性 | MAG<br><br>MAG<br><br>MAG | C.110 | 根据与 Arjan 和 Karla 的讨论，虽然销售条款因客户不同而存在差异，但是都得到了 Arjan 的批准。 |
| **3. 坏账准备**<br>确保坏账准备与特定账户相关，并且计提充分：<br>（1）检查应收账款账龄试算平衡表，并与前期比较。 | 完整性、计价 | MAG | C.120 | 与上期比较，超过60天的应收账款占销售收入的百分比增加。<br>与 Arjan 一起复核过期账户的清单，并获得坏账的详情。 |
| （2）检查期后付款的情况（如可能，对于期后的还款，获得相关的账龄试算表附在上面）。 | 准确性、计价 | MAG | | |

续表

| 程序 | 针对的认定 | 工作完成人（缩写） | 工作底稿索引号 | 备注 |
|---|---|---|---|---|
| **4. 截止**<br>实施和记录截止测试程序 | 准确性 | MAG | C.115 | 获得销售退回清单，作为截止测试的一部分。去年有几笔大的销售退回。<br>销售合同中关于销售退回的条件已被检查，作为销售测试的一部分。参见工作底稿503.1。<br>检查所有临近期末的日记账。见工作底稿626。 |
| **实质性程序——抽样** | | | | |
| **S1. 扩展的函证**<br>在应收账款函证核对清单中，选择15个账户的函证。通过检查支持性书面文件和询问，总结结果并调查差异。 | 存在性、准确性 | MAG | C.200 | |
| 控制测试 | | | | 无 |

续表

| 程序 | 针对的认定 | 工作完成人（缩写） | 工作底稿索引号 | 备注 |
|---|---|---|---|---|
| 控制测试 | | | | 无 |
| 扩展的程序——对识别出的特定舞弊风险 | | | | |
| E1. 应收账款函证——（舞弊风险）<br>（1）核对所选择客户样本的名称、地址和传真/电话号码，验证其在电话或业务目录中的准确性，确保他们是有效的企业。<br>（2）除了向企业发询证函验证账户详情和销售条款/条件之外，还可以考虑审阅关于客户的网站信息或其他网上信息。询问有无补充交易条款或特别条款的情况。<br>（3）考虑只接受询证函的原件（已签字）。 | 存在性、准确性 | MAG | C.200 | 从选取的询证函中核实了5家客户的名称、地址、传真号。没有发现例外情况。<br>打电话给两位客户，核实和确认了销售合同的详情和合同条款。没有发现例外情况。 |
| E2. 坏账准备<br>（1）测试在期后付款至银行账户的10个样本。<br>（2）检查所有期后签发的贷方冲账事项。考虑适当地检查客户档案或支持性书面文件。<br>（3）检查期后核销的所有应收账款，以确保这些账户在上期是没有问题的。 | 计价 | MAG | C.121 | 没有发现例外情况。<br>有两笔期后签发的贷方冲账事项，但不重要。客户退回货物，是因为货物在抵达时发生了损毁。目前尚不清楚这些货物发生的损毁是在运输过程中，还是在出厂时就已损毁。 |

### 实质性程序——抽样

下面举例说明统计抽样的测试设计，该设计是为了确定应收账款余额的存在和准确性。某些零售商表示，他们将无法确认实际的期末余额，因此，发票被选定为对该客户进行函证的源文件。

执行统计抽样（使用货币单元抽样）程序，以确定应收账款的存在和准确性。

| 问 题 | 答 案 |
|---|---|
| 测试目的 | 通过选择应收账款余额的样本并发送询证函，以确保应收账款的存在和准确性 |
| 相关认定中的重大错报风险 | 存在性 = 中等风险<br>准确性 = 低风险 |
| 拟测试的总体 | 期末应收账款余额 |
| 总体的货币金额 | 177 203 欧元 |
| 需单独评价的特定项目的金额 | 38 340 欧元 |
| 通过测试内部控制的运行有效性获得的风险降低 | 中等 |
| 通过其他程序（如风险评估程序）获得的风险降低 | 有限 |
| 拟使用的置信系数（因从其他来源获得的风险降低而降低） | 计划对收入/应收账款/收款进行控制测试；因此，将使用75%的置信区间，或是1.4的置信系数。 |
| 重要性水平 | 15 000 欧元 |
| 样本中的预期偏差 | 无 |

### 估计样本规模

特定项目将被单独测试。有两笔关联方应收账款，分别是 Kalyani Dephta 的 28 340 欧元和 Vinjay Sharma 的 10 000 欧元，应当单独确认。

剩下的 138 863 欧元（177 203 欧元 – 38 340 欧元）应收账款需要利用应收账款函证来测试它的存在和准确性。由于一些客户在发生业务后不能确认账户余额，因此，将采用函证发票的形式来确认应收账款：

- 抽样区间：

精确性（重要性水平）÷ 置信系数

15 000 欧元 ÷ 1.4（75%） = 10 714 欧元

- 样本规模

拟测试的总体÷样本区间

# 17. 确定测试范围

不包括将单独评价的特定项目

138 340 欧元 ÷ 10 714 欧元 = 13

由于在总体中的抽样单元是发票，拟选取由 13 张发票构成的样本来实施函证，加上前面认定的两家关联方交易的余额。

### 选择要测试的发票

为选择实施函证的发票和客户，将采用货币单元抽样来选择发票。对于剩下的 138 340 欧元的应收账款余额，选择 913 欧元作为起点。使用 10 714 欧元作为抽样区间，选择 13 张发票样本。

## 案例分析 B——Kumar 公司

### 确定测试的范围

#### 设计进一步程序——应收账款

Kumar 的审计程序方案：

余额——应收账款（AR）

基本程序：

| 程　序 | 认　定 | 工作完成人和工作底稿索引 | 备　注 |
|---|---|---|---|
| **分析程序**<br>对应收账款余额、账龄和重要比率执行分析程序，并与上期比较其趋势和结果。 | 完整性、存在、准确性 | C.110<br>LP | 应收账款的平均收现期从两年前的 58 天增加到 106 天。大部分的增加是由于对 Dephta 公司应收账款的增加。 |
| **编制清单**<br>获取应收账款的账龄清单，核对计算准确性，核对与总账的一致性，与 Ruby 一起检查关联方交易余额的清单。<br>通过判断抽样选择 5 张发票进行检查，核对账龄分析的准确性，并确保账龄分析报告是准确的。 | 准确性 | C.105<br>LP<br><br><br><br>C.105<br>LP | 清单和总账核对一致，没有发现账龄和计算错误。<br><br><br><br>没有发现异常证据。 |

续表

| 程 序 | 认 定 | 工作完成人和工作底稿索引 | 备 注 |
|---|---|---|---|
| **坏账准备**<br>同 Raj 一道，获取坏账准备的详情，并检查账龄分析。讨论账龄超过 90 天的账户的可收回性。在我们期后事项测试结束时，获取期后付款的清单。 | 计价 | C. 120<br>LP | 同 Raj 一起检查了清单。仅有两个账户超过 90 天。来自 Dephta 公司的超过 90 天的发票总额 10 590 欧元。根据 Raj 的判断，这些款项都是可收回的，并将很快支付。一些发票已在期后支付。 |
| **截止**<br>检查期末前、后一段时间 10 张发票的样本，并记录其他截止程序，以确保交易记录在正确的期间。对于选取的交易，检查货物在期末之前已发运的证据。 | 准确性 | C. 122<br>LP | 在此以及收入截止测试没有发现错误。<br>所有临近期末的日记账均已检查，见工作底稿 626。 |
| **函证**<br>函证所有关联方账户。<br><br>运用判断抽样，选择应收账款余额的 60%（不包括前述关联方余额）进行函证。在寄发询证函之前，核对函证对象的名称和地址，以确保公司信息是准确的。采用传真方式返回来的函证，打电话进行追踪，以证实函证的详情。<br>对未回复的函证，实施替代程序。 | 存在性、准确性 | C. 130<br>LP | 函证了 Dephta 公司的应收账款余额，并与 Dephta 公司工作文件档案的余额一致。<br><br>应收账款函证仅有 45% 的回函率，因此，实施了替代程序。 |

## *17.* 确定测试范围

**实质性程序——抽样**

由于中等风险水平,扩大了函证的样本。可以信赖实质性程序。

**扩展的/其他实质性程序**

考虑到管理层凌驾于内部控制之上的风险,对于所寄发的函证,核对了名称和地址。对于以传真形式收到的所有函证,均以电话方式确认了函证详情,以确保其准确性。

# 18. 记录执行的工作

| 本章内容 | 相关国际审计准则 |
|---|---|
| 为在审计工作底稿中适当和充分地记录审计风险应对措施提供指南。 | ISA230 |

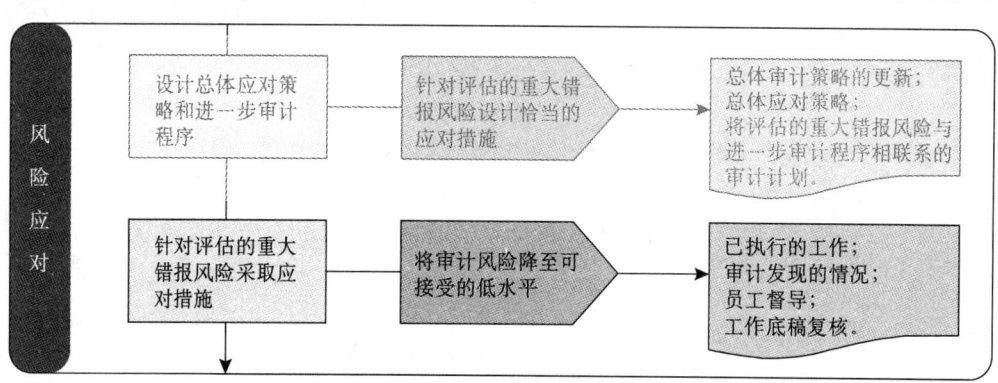

图 18.0-1

| 条款 | 国际审计准则相关内容摘录 |
|---|---|
| ISA230.7 | 审计师应当及时编制审计工作底稿。（参见：第 A1 段） |
| ISA230.8 | 审计师编制的审计工作底稿，应当使得未曾接触该项审计工作的有经验的审计师清楚了解：（参见：第 A2-A5 段，第 A16-A17 段）<br>（a）按照国际审计准则和适用的法律法规规定实施的审计程序的性质、时间安排和范围；（参见：第 A6-A7 段）<br>（b）实施审计程序的结果和获取的审计证据；<br>（c）审计中遇到的重大事项和得出的结论以及在得出结论时作出的重大职业判断。（参见：第 A8-A11 段） |
| ISA230.9 | 在记录已实施审计程序的性质、时间安排和范围时，审计师应当记录：<br>（a）测试的具体项目或事项的识别特征；（参见：第 A12 段）<br>（b）审计工作的执行人员及完成审计工作的日期；<br>（c）审计工作的复核人员及复核的日期和范围。（参见：第 A13 段） |

续表

| 条款 | 国际审计准则相关内容摘录 |
|---|---|
| ISA230.10 | 审计师应当记录与管理层、治理层和其他人员对重大事项的讨论,包括所讨论的重大事项的性质以及讨论的时间和参加人员。(参见:第 A14 段) |

## 18.1 概述

工作记录在审计的计划和执行过程中发挥十分关键的作用。它提供了审计工作实际已被执行的记录,同时它构成了审计报告的基础。它也将用于质量控制的复核,对遵循国际审计准则、适用的法律法规以及监管要求的监督以及第三方可能的检查。

关于审计工作底稿的具体要求以及其性质已在第一卷第十六章中作了详细讨论,这里不再重复。下表提供了一些事项的核对清单,这些事项是在完成审计档案的过程中应当考虑的问题。

图 18.1-1

| 工作底稿应考虑的问题 | 是/否 |
|---|---|
| 对会计师事务所的工作底稿要求(在会计师事务所质量控制手册中列出的要求)的遵守情况已被记录? | |
| 审计工作底稿是否已被很好地整理和完成?包括清楚地索引至所针对的重大事项? | |
| 归档的审计工作底稿是否表明:<br>• 审计工作的执行人员以及完成审计工作的日期?<br>• 审计工作的复核人员以及复核的日期与范围?<br>• 与管理层、治理层和其他人员对重大事项的讨论的结果,包括所讨论的重大事项的性质以及讨论的时间、地点和参加人员? | |
| 未曾接触该项审计工作的有经验的审计师是否能够清楚了解:<br>• 按照适用的法律、法规和职业要求实施的审计程序的性质、时间安排和范围;<br>• 实施审计程序的结果和获取的审计证据;<br>• 审计中遇到的重大事项和得出的结论,以及在得出结论时作出的重大职业判断。 | |

续表

| 工作底稿应考虑的问题 | 是/否 |
|---|---|
| 档案是否包含了针对下列事项的书面记录：<br>• 审计的前提条件是否存在以及承接或继续该项审计业务的决策？<br>• 总体审计策略？<br>• 审计项目组内的讨论？<br>• 通过了解被审计单位获取的关键要素，通过了解内部控制五项要素中任一要素而获取的关键信息，包括所获取信息的来源？<br>• 实施风险评估程序的结果？<br>• 在财务报表层次和认定层次识别和评估的重大错报风险？<br>• 应对评估的风险的详细审计计划？<br>• 执行审计程序的结果，包括所获取证据的相关性和可靠性，以及对发现的例外情况的处理，包括对评估的风险所要求的任何改变？<br>• 在审计过程中识别出的关于舞弊迹象的信息，以及针对该迹象执行的程序？<br>• 由于获取的新信息而导致的重要性的改变？<br>• 如果重新执行程序曾经是必要的，重新执行每个程序所需的足够信息？<br>• 在审计业务中对总体审计策略或审计计划作出的重大改变，以及这种改变的原因？<br>• 重大事项的详细情况以及解决结果，如重大不确定性，与管理层估计相关的事项，期后事项以及能够导致发表无法表示意见的其他事项？ | |
| 在会计师事务所内部的咨询以及与审计师和管理层聘请的专家的讨论是否已被记录？<br>如果利用了专家工作，将专家的工作用作审计证据的适当性是否已被记录？ | |
| 为遵守国际审计准则第600号（ISA600）的要求，与组成部分审计师之间的沟通是否已被记录？ | |
| 是否已涉及每项相关国际审计准则中关于审计工作底稿的要求？（第1卷第16章提供了有特定审计工作底稿要求的国际审计准则清单。） | |

## 审计工作底稿的所有权

除非法律、法规有其他的要求，审计工作底稿是会计师事务所的财产。

## 被审计单位记录的复印件

如果认为适当的话，被审计单位记录的摘要或复印件（如重大和特别的合同和协议）可被作为审计工作底稿的一部分。然而，被审计单位会计记录的复印件不能替代适当的审计工作底稿。

## 18. 记录执行的工作

**考虑要点**

**审计工作底稿编制的及时性**

及时编制审计工作底稿有助于提高审计质量,并在审计报告最终完成之前,有助于有效复核和评价获取的审计证据和得出的审计结论。与在审计工作执行时编制的审计工作底稿相比,在审计工作已经完成后编制的工作底稿不太准确。

**审计档案能够独立存在吗?**

如果可能,审计工作底稿应当清晰且可理解,不需要额外的口头解释。尽管口头解释可能用于解释或澄清审计工作底稿中包含的信息,但是,口头解释本身不能构成对所执行工作或所得出结论的充分支持。

**不一致性**

如果获取的审计证据与重大事项的最终结论不一致,要确保在档案中增加工作底稿,以解释审计师如何应对该项不一致。这并不意味着审计师应当保留不正确或被替代的工作底稿。

运用国际审计准则执行中小企业审计指南（第三版）

# 19. 书面声明

| 本章内容 | 相关国际审计准则 |
| --- | --- |
| 为获取管理层声明的书面确认提供指南。 | ISA580 |

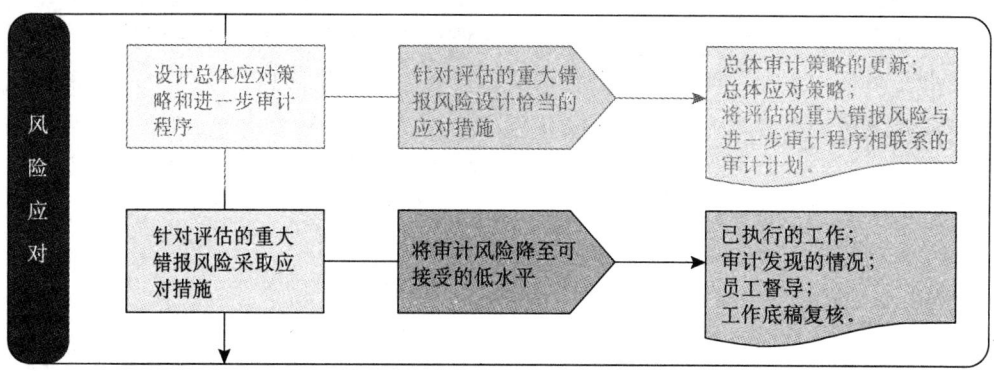

图 19.0 – 1

| 条款 | 国际审计准则相关内容摘录 |
| --- | --- |
| ISA580.6 | 审计师的目标是：<br>（a）向管理层或治理层（如适用）获取其认为自身已履行编制财务报表和向审计师提供完整信息的责任的书面声明；<br>（b）如果审计师认为有必要或其他国际审计准则有要求，通过书面声明支持与财务报表或具体认定相关的其他审计证据；<br>（c）恰当应对管理层或治理层（如适用）提供的书面声明或管理层或治理层（如适用）不提供审计师所要求的书面声明的情况。 |
| ISA580.9 | 审计师应当要求对财务报表承担相应责任并了解相关事项的管理层提供书面声明。（参见：第 A2 – A6 段） |
| ISA580.10 | 审计师应当要求管理层提供书面声明，确认管理层已根据审计业务约定条款，履行了按照适用的财务报告框架编制财务报表（包括实现公允列报（如相关））的责任。（参见：第 A7 – A9 段，第 A14 段和第 A22 段） |

## 19. 书面声明

续表

| 条款 | 国际审计准则相关内容摘录 |
|---|---|
| ISA580.11 | 审计师应当要求管理层就下列事项提供书面声明：<br>(a) 按照审计业务约定条款，管理层已向审计师提供所有相关信息和接触权限；<br>(b) 所有交易均已记录并反映在财务报表中。（参见：第 A7 – A9 段，第 A14 段和第 A22 段） |
| ISA580.12 | 第 10 段和第 11 段要求的管理层责任应当按照审计业务约定条款中对管理层责任的描述方式在书面声明中予以描述。 |
| ISA580.13 | 其他国际审计准则要求审计师获取书面声明。如果除此要求之外，审计师认为有必要获取一项或多项其他书面声明，以支持与财务报表或者一项或多项具体认定相关的其他审计证据，审计师应当要求管理层提供这些书面声明。（参见：第 A10 – A13 段，第 A14 段和第 A22 段） |
| ISA580.14 | 书面声明的日期应当尽量接近对财务报表出具审计报告的日期，但不得在其之后。书面声明应当涵盖审计报告针对的所有财务报表和期间。（参见：第 A15 – A18 段） |
| ISA580.15 | 书面声明应当以声明书的形式致送审计师。如果法律法规要求管理层就其责任作出公开的书面陈述，且审计师认为这些陈述提供了第 10 段或第 11 段要求的部分或全部声明，则这些陈述所涵盖的相关事项不必包括在声明书中。（参见：第 A19 – A21 段） |
| ISA580.16 | 如果审计师对管理层的胜任能力、诚信、道德价值观或勤勉尽责存在疑虑，或者对管理层在这些方面的承诺或贯彻执行存在疑虑，审计师应当确定这些疑虑对口头或书面声明以及审计证据总体可靠性可能产生的影响。（参见：第 A24 – A25 段） |
| ISA580.19 | 如果管理层不提供所要求的一项或多项书面声明，审计师应当：<br>(a) 与管理层讨论该事项；<br>(b) 重新评价管理层的诚信，并评价该事项对口头或书面声明以及审计证据的总体可靠性可能产生的影响；<br>(c) 采取适当措施，包括本国际审计准则第 20 段提及的按照《国际审计准则第 705 号——在独立审计师报告中发表非无保留意见》的规定，确定该事项对审计意见可能产生的影响。 |
| ISA580.20 | 按照《国际审计准则第 705 号——在独立审计师报告中发表非无保留意见》的规定，如果存在下列情形之一，审计师应当对财务报表发表无法表示意见：<br>(a) 审计师对管理层的诚信产生重大疑虑，以至于认为管理层按照第 10 段和第 11 段的要求作出的书面声明不可靠；<br>(b) 管理层不提供第 10 段和第 11 段要求的书面声明。（参见：第 A26 – A27 段） |

## 19.1 概述

审计师需要从编制财务报表的责任方（通常是管理层，但也可能扩展至治理层，这取决于被审计单位以及相关的法律或法规）获取书面声明。当管理层签署审计业务约定书时（参见：第2卷第4章），他们的责任之一就是确认审计师的期望，即获取管理层作出的与审计相关的声明的书面确认。

在审计过程中，管理层将向审计师作出许多口头声明，这些声明可用做审计证据，以补充其他审计程序。在审计业务结束时，这些口头声明将被包括在获取自管理层和治理层（如适用）的书面声明中。

注：许多国际审计准则包含了对审计师获取书面声明的具体要求。

书面声明包括所要求的具体声明以及管理层关于下列事项的承诺：
- 他们已经履行了编制财务报表的责任；
- 向审计师提供的信息是完整的。

书面声明的日期应当尽可能接近审计师对财务报表出具审计报告的日期，但不得在审计报告日之后。书面声明应当涵盖审计报告提及的所有财务报表和期间。

书面声明不用于：
- 替代执行其他审计程序；
- 重大审计事项唯一的证据来源。

> **考虑要点**
>
> **谁签署声明书？**
>
> 对于被认为是高风险的业务，应当考虑由多人在声明书上签名。例如，声明书应当由业主兼经理以及管理层中的其他关键成员签名。
>
> **声明书用作证据**
>
> 声明书本身不能就其涉及的任何事项提供充分、适当的审计证据。管理层已提供可靠的书面声明，并不影响审计师获取关于管理层的责任的履行情况或关于特定认定的其他审计证据的性质和范围。

## 19.2 所涉事项

管理层声明可以是：

- **口头的，不管是请求的，还是非请求的**

这种声明通常在审计业务过程中获取。

## 19. 书面声明

- **书面的**

在审计业务结束时,要求审计师获取管理层确认某些事项的书面陈述,如:

——前面提及的口头声明;
——管理层履行了按照适用的财务报告框架编制财务报表的责任;
——所有的交易均已记录并反映在财务报表中;
——为支持获取的审计证据所必需的其他声明。

图 19.2–1

| 管理层声明的形式 | 在讨论过程中沟通的事项。 |
|---|---|
| | 通过电子方式沟通的事项,如电子邮件,记录的电话信息或者文字信息。 |
| | 被审计单位编制的计划、分析和报告,以及管理层所做的注释和评论。 |
| | 内、外部的备忘录或通信。 |
| | 治理层与薪酬委员会的会议记录。 |
| | 已签名的财务报表复印件。 |
| | 来自管理层的声明书。 |

### 19.3 执行审计业务时的考虑

在评价管理层声明时,应当考虑下列事项:

图 19.3–1

| | 评价管理层声明 |
|---|---|
| 考虑的问题 | 作出声明的人能否被认为是客观的,并熟悉所涉事项? |
| | 根据下列情形,能否认为声明是合理的:<br>• 审计师对被审计单位及其环境的了解?<br>• 获取的其他证据,包括从管理层获取的其他声明?<br>• 为实现其他审计目标而执行的审计程序获取的其他证据? |
| | 为证实声明,要求实施哪些进一步审计程序?<br>为证实管理层的意图,考虑证据的来源,如董事会的会议记录,投资管理委员会的会议记录,法律文件,或内部通信和电子邮件。例如,作为审计师对持续经营的考虑的一部分,证实性证据应当包括检查董事会的会议记录,法律文件以及融资信息的可获得性等。<br>当不能获得验证性证据时,是否构成范围限制? |

续表

| 评价管理层声明 ||
|---|---|
| 考虑的问题 | 当管理层声明与获取的其他审计证据互相矛盾时：<br>• 是否有理由怀疑管理层的诚信和正直？若是，审计师应当与治理层讨论该事项，并考虑对风险评估的影响和进一步审计程序的需要。<br>• 是否继续信赖所有其他管理层声明的适当性和正当性？<br>考虑记录声明的最恰当的方法。例如：<br>• 审计师创建的备忘录；<br>• 被审计单位管理层创建的书面备忘录；<br>• 包括在管理层声明书中。 |

## 19.4 书面声明

书面声明是审计证据的一个重要来源，原因如下：

- 如果管理层修改或不提供要求的书面声明，审计师应当警觉存在一个或多个重大问题的可能性；
- 对书面（而不是口头）声明的要求可以促使管理层更严格的考虑这些事项，因此，能够提高声明的质量。

书面声明可以要求对编制和列报财务报表负责的人员和了解该事项的人员提供。通常，他们是被审计单位的首席执行官和首席财务官，或其他类似职位的人员，如业主兼经理。

审计师应当要求管理层提供下列事项的书面声明：

- 他们已履行了按照适用的财务报告框架编制财务报表的责任；
- 按照审计业务约定条款，向审计师提供了所有的相关信息，并允许审计师不受限制地接触所有相关信息；
- 所有交易均已记录并反映在财务报表中。

如果管理层不提供这些所要求的书面声明，或者审计师认为管理层的诚信存在足够疑虑，以致这些书面声明不可靠，那么审计师必须对财务报表出具无法表示意见的审计报告。

书面声明也支持与财务报表相关的其他证据（如其他国际审计准则所要求的证据），或者支持财务报表的一个或多个特定的认定。

要求书面声明的其他国际审计准则如下表所示：

## 19. 书面声明

图 19.4-1

| 国际审计准则 | 名 称 | 所在段落 |
|---|---|---|
| 240 | 财务报表审计中与舞弊相关的责任 | 39 |
| 250 | 财务报表审计中对法律法规的考虑 | 16 |
| 450 | 评价审计过程中识别出的错报 | 14 |
| 501 | 审计证据：对选取的项目的具体考虑 | 12 |
| 540 | 审计会计估计（包括公允价值会计估计）和相关披露 | 22 |
| 550 | 关联方 | 26 |
| 560 | 期后事项 | 9 |
| 570 | 持续经营 | 16（e） |
| 710 | 比较信息：对应数据和比较财务报表 | 9 |

书面声明针对如下表所列事项：

图 19.4-2

| | 管理层： |
|---|---|
| 管理层的责任 | • 已履行按照适用的财务报告框架（包括与之相关的公允反映，如审计业务约定中列明的要求）编制财务报表的责任以及向审计师提供信息的完整性的责任。 |
| | • 在某些情况下（如其他方也同意的审计业务约定条款），也可能要求管理层在书面声明中重新确认他们对这些责任的认可和理解。 |
| | 按照审计业务约定条款，向审计师提供了所有相关信息，并允许审计师不受限制地接触所有相关信息。 |
| | 在会计记录中记录了所有交易，并在财务报表中反映了这些交易。 |

图 19.4-3

| | 管理层声明： |
|---|---|
| 特定声明 | 会计政策的选择和应用是适当的，并遵循了适用的财务报告框架。 |
| | 根据适用的财务报告框架，如果下列事项相关，这些事项已按照该基础进行了确认、计量、列报或披露： |
| | • 可能影响资产和负债的账面价值或分类的计划或意图； |
| | • 实际负债和或有负债； |
| | • 资产的所有权或控制权； |
| | • 资产的留置权或抵押权以及以作抵押的资产； |
| | • 可能影响财务报表的法律、法规以及合同协议，包括没有遵循的情况。 |
| | 沟通了管理层已知的所有内部控制缺陷。 |
| | 沟通了被审计单位选择采取特定行动的所有原因。 |
| | 与［特定事项］相关的意图如下：［描述被审计单位的计划或意图］。 |

## 其他考虑

图 19.4 – 4

| | 注解： |
|---|---|
| 限定性语言 | 在某些情况下，管理层可能使用一些限定性语言，以达到这样的效果，即该声明是根据他们的最佳理解和承诺做出的。<br>如果审计师确认该声明是由那些具有适当的责任并了解包括在声明中的事项的人员所做出的，这种措辞就能被接受。 |
| 微小错报 | 当获取关于错报的声明时，应当制定一个最低金额，低于该金额的单个错报可被认为是微小的错报。 |
| 声明书的日期 | 审计报告的日期不应早于书面声明的日期，因为声明是审计证据的一部分。 |
| 致送审计师的声明书 | 书面声明应当包括在致送审计师的信函中。 |
| 向治理层报告 | ISA260 要求审计师与治理层沟通获取自管理层的书面声明。 |
| 管理层向其他人询问 | 如果管理层对书面声明所依据的事项没有足够了解，他们可以决定询问参与编制/列报财务报表和认定的其他人员。这可能包括有特定知识的个人。 |

## 对所提供声明的疑虑或不提供声明

如果对书面声明的可靠性存在疑虑，或要求的书面声明未被提供，审计师应当考虑本事项的性质并采取相应的行动。

图 19.4 – 5

| 疑虑 | 要求审计师采取的应对措施 |
|---|---|
| 要求的声明未被提供 | • 与管理层讨论该事项；<br>• 重新评价管理层的诚信，并评价该事项对声明（口头或书面）和审计证据总体的可靠性可能产生的影响；<br>• 采取适当的行动，包括确定对审计报告中的意见可能产生的影响。 |
| 已识别出不一致 | • 执行追加审计程序，以试图解决该事项。<br>• 如果该事项仍未解决，重新考虑管理层的专业胜任能力、诚信、道德价值观或勤勉尽责的评估结果，或者在这些方面的承诺或贯彻执行的评估结果，并确定其对声明（口头或书面）和审计证据总体可靠性可能产生的影响。 |

续表

| 疑虑 | 要求审计师采取的应对措施 |
|---|---|
| 管理层不能胜任；缺乏诚信或道德价值观 | 确定这些方面可能对声明（口头或书面）和审计证据总体可靠性可能产生的影响。<br>如果存在下列情形之一，审计师应当对财务报表发表无法表示意见：<br>• 审计师认为管理层的诚信存在重大疑虑，以至于要求的书面声明不可靠；<br>• 管理层不提供要求的书面声明。 |

### 补充/额外的声明

除要求的书面声明外，审计师可能考虑有必要获取以下声明：

### 财务报表的补充声明

该书面声明可能补充 ISA580 第 10 段要求的书面声明，但并不构成其中的一部分。这样的例子包括：
- 会计政策的选择和运用是否恰当；
- 诸如以下事项，是否已按照财务报告框架进行了确认、计量、列报或披露：
  ——可能影响资产和负债的账面价值或分类的计划或意图；
  ——实际负债和或有负债；
  ——资产的所有权或控制权，资产的留置权或抵押权，以及作为抵押的资产；
  ——可能影响财务报表的法律、法规以及合同协议，包括没有遵循的情况。

### 额外的书面声明

除 ISA580 第 10 段要求的书面声明外，审计师可能认为有必要获取以下书面声明：
- 确认管理层已沟通了其已知的所有内部控制缺陷；
- 特定认定。

在某些情况下，如果没有来自管理层的书面声明来确认与财务报表中的特定认定相关的原因、判断或意图，就可能不能获取充分、适当的审计证据。应当考虑的事项包括：
——被审计单位过去执行其公开意图的情况；
——被审计单位选择特定行动的原因；
——被审计单位采取特定行动的能力；
——存在或缺少其他可能在审计过程中获取的信息，这些信息可能与管理层的判断或意向不一致。

运用国际审计准则执行中小企业审计指南(第三版)

> **考虑要点**
>
> 花些时间与管理层会见,以便解释所要求声明的性质,并确保管理层充分了解他们同意签署的声明。

## 19.5 书面声明的范例

本案例分析材料中的管理层声明书的范例遵循了 ISA580 要求的格式。

## 19.6 案例分析——管理层声明

关于案例分析的详细资料,请参见第 2 卷第 2 章——案例分析导论。

### 案例研究 A——Dephta 家具公司

#### 管理层声明

以下是由 Suraj 提供的管理层声明的例子以及可以实施的进一步审计程序的例子:

| 管理层声明 | 评价 |
| --- | --- |
| 用新机器取代的工具不存在减值的情况。这是因为如果机器发生故障,在修理时,可以使用旧机器。 | 询问生产经理或其他人员,以确定新的或旧的工具和机器是否同时在使用,且仍可操作。这可以通过实物检查和审阅维修记录来确定。 |
| 对于在存货盘点过程中识别的轻微损坏的货物,不要求计提追加的准备。 | 检查损坏的货物是否已在期后实际售出。询问生产经理,损坏的货物是否售出或修复(如果修复,以怎样的修复成本),或以折扣价格售出。 |

在形成审计结论时,重要的声明应当记录在管理层声明书中,并由 Suraj Dephta 和 Jawad Kassab 签署声明书。

这类声明可能包括在如下信函中:

## 19. 书面声明

**Dephta 家具股份有限公司信笺**

20×3 年 3 月 15 日

致：Jamel，Woodwind & Wing 有限责任合伙会计师事务所

金士顿大街 55 号

Cabetown，United Territories

123—50004

亲爱的李先生：

这封声明书是为您审计 Dephta 家具股份有限公司截至 20×2 年 12 月 31 日的财务报表而提供的。您的审计目的是对财务报表发表意见，以确定财务报表是否在所有重大方面按照国际财务报告准则的规定编制，并实现公允反映。

我们确认：

**财务报表**

- 我们履行了在 20×2 年 10 月 15 日签署的审计业务约定条款中提及的责任，即按照国际财务报告准则的规定编制财务报表；特别是按照国际财务报告准则的规定对财务报表实现公允反映。
- 我们用于做出会计估计的重大假设（包括与公允价值计量相关的假设）是合理的。
- 按照国际财务报告准则的要求，已对关联方关系及其交易进行了恰当的会计处理和披露。
- 所有财务报表日后事项以及国际财务报告准则要求的调整或披露都已调整或披露。
- 未更正错报（单独的和汇总起来的）对财务报表整体的影响不重大。未更正错报的清单附在本声明书之后。
- 公司遵守了合同协议的所有方面，如果不遵守这些方面，会对财务报表产生重大影响。
- 没有违反监管机构的要求，如果不遵守这些要求将会对财务报表产生重大影响。
- 除了在财务报表附注 X 中所披露的之外，公司对所有资产享有产权，不存在对公司资产留置或抵押的情况。
- 我们没有废弃生产线的计划，我们也没有将导致存货过剩或过时的其他计划或意图，没有存货以超过其可变现净值的金额进行列报。
- 其功能已被新机器设备取代的固定资产（工具），其可变现净值不存在减值的情况。

> **提供的信息**
> - 我们已向您提供：
>   - ——没有限制地接触我们所了解的所有信息，这些信息与财务报表的编制相关，如记录、书面文件及其他事项；
>   - ——基于审计目的，您要求我们提供的其他信息；
>   - ——允许您在获取审计证据时没有限制地接触您认为必要的本公司中的所有人员。
> - 所有交易均已在会计记录中记录，并反映在财务报表中。
> - 我们已向您披露了由于舞弊可能导致的财务报表重大错报风险的评估结果。
> - 我们已向您披露了我们注意到的、可能影响本公司的与舞弊或舞弊嫌疑相关的所有信息，这些信息涉及：
>   - ——管理层；
>   - ——在内部控制中发挥重大作用的员工；
>   - ——存在舞弊行为时可能对财务报表产生重大影响的其他人员。
> - 我们已向您披露了从现任员工和前任员工、分析师、监管机构或其他人员获知的、影响财务报表的舞弊指控或舞弊嫌疑的所有信息。
> - 我们已向您披露了所有已知的、在编制财务报表时应当考虑其影响的违反或涉嫌违反法律法规的行为。
> - 我们已向您披露了我们知悉的本公司的关联方，关联方关系及其交易。
>
> 真诚的，
>
> ——————
> Suraj Dephta
>
> ——————
> Jawad Kassab

## 案例分析 B——Kumar 公司

### 管理层声明

以下是由 Raj 提供的管理层声明的例子以及可能实施的进一步审计程序的例子：

| 管理层声明 | 评价 |
| --- | --- |
| 没有必要追加坏账准备。Dephta 公司的应收账款是完全可收回的，其他应收账款并不重大到足以估计坏账准备。 | 向 Dephta 公司寄发询证函。<br>询问 Raj 和 Ruby，以了解各种应收账款客户的账户及其他们付款的历史，并寻找任何趋势。验证非 Dephta 公司的应收账款如客户所说，所占比重并不重大。<br>复核随后的付款情况，以支持账户的可回性。<br>考虑来源于 Dephta 公司审计的所有相关信息。 |
| Dephta 公司继续对我们销售给他们的货物的质量表示满意。 | 复核销售退回的历史记录，并寻找趋势。<br>复核对 Dephta 公司应收账款函证的结果，并关注货物质量的评价以及可收回金额的评价。<br>执行存货观察，并寻找过期存货项目和没有移动过的存货。<br>询问 Ruby，以了解货物的质量以及他是否收到 Dephta 公司关于其所购货物的质量的沟通。 |

在形成审计结论时，重要的声明应当记录在管理层声明书中，并由 Raj Kumar 签署。

这类声明可以包括在信件中，如在案例研究 A——Dephta 家具股份有限公司中所述的。

# 20. 报告——概述

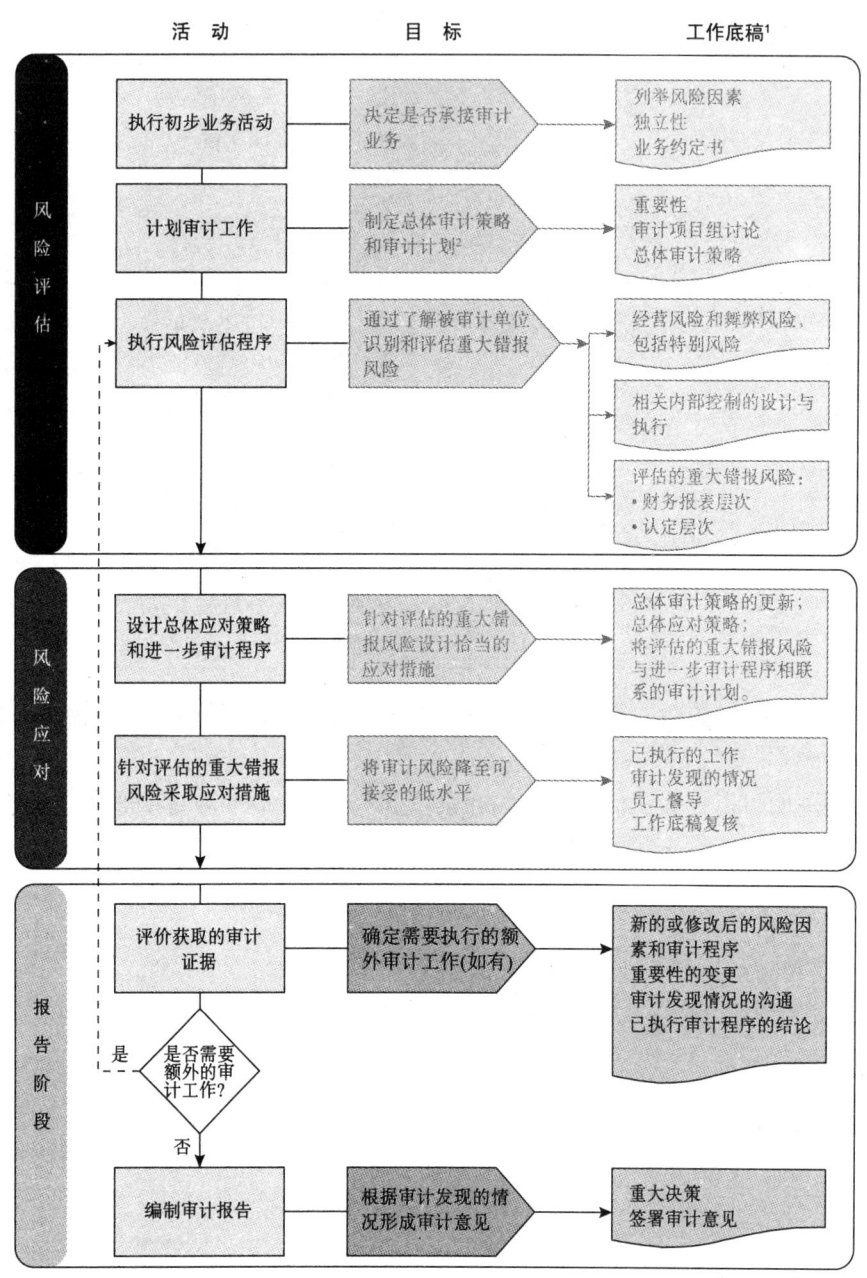

图 20.0-1

注：
1. 所要求的更为完整的工作底稿清单，请参见 ISA230。
2. 计划审计工作（ISA300）是一个持续的、不断修正的过程，贯穿于整个审计过程中。

## 20. 报告——概述

| 条款 | 国际审计准则相关内容摘录 |
|---|---|
| ISA200.11 | 在执行财务报表审计工作时，审计师的总体目标是：<br>（a）对财务报表整体是否不存在由于舞弊或错误导致的重大错报获取合理保证，使得审计师能够对财务报表是否在所有重大方面按照适用的财务报告框架编制发表审计意见；<br>（b）按照国际审计准则的规定，根据审计结果对财务报表出具审计报告，并与管理层和治理层进行沟通。 |
| ISA200.12 | 在任何情况下，如果不能获取合理保证，并且在审计报告中发表保留意见也不足以实现向财务报表预期使用者报告的目的，国际审计准则要求审计师出具无法表示意见的审计报告，或者在适用的法律法规允许的情况下终止审计业务或解除业务约定。 |

审计的最后阶段如下：

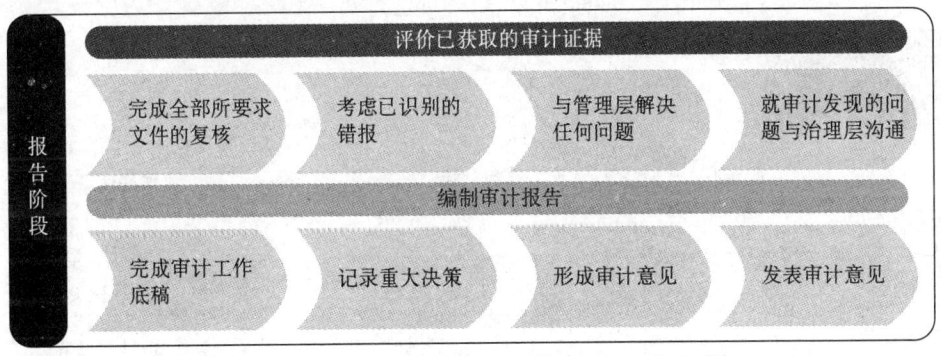

图 20.0 – 2

报告阶段涉及的基本概念如下：

图 20.0 – 2

| 所在卷和章 | |
|---|---|
| 期后事项 | 第1卷第13章 |
| 持续经营 | 第1卷第14章 |
| 审计工作底稿 | 第1卷第16章 |
| 沟通审计发现的情况 | 第2卷第22章 |
| 审计报告 | 第1卷第17章 |

# 21. 评价审计证据

| 本章内容 | 相关国际审计准则 |
|---|---|
| 为评价审计证据的充分性和适当性，以得出合理的结论作为形成审计意见的基础提供指南。 | ISA220、330、450、520、540 |

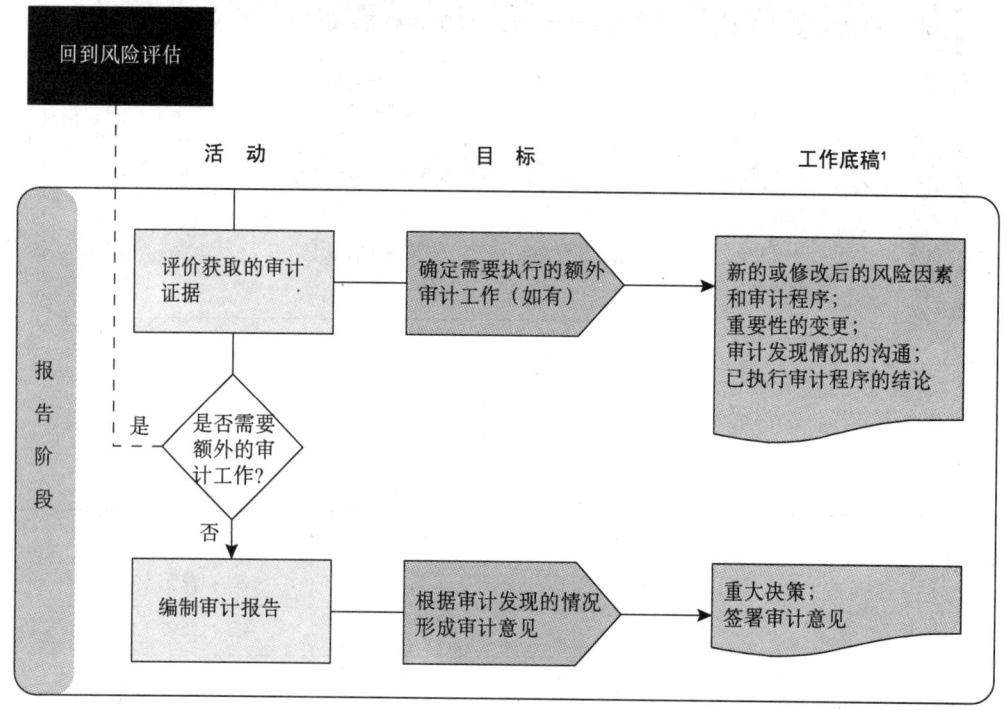

图 21.0－1

注：
1. 所要求的更为完整的工作底稿清单，请参见 ISA230。
2. 计划审计工作（ISA300）是一个持续的、不断修正的过程，贯穿于整个审计过程中。

| 条款 | 国际审计准则相关内容摘录 |
|---|---|
| ISA220.15 | 项目合伙人应当对下列事项负责：<br>(a) 按照职业准则和适用的法律法规的规定指导、监督与执行审计业务；（参见：第 A13－A15，第 A20 段）<br>(b) 根据具体情况出具恰当的审计报告。 |
| ISA220.16 | 项目合伙人应当对项目组按照会计师事务所复核政策和程序实施的复核负责。（参见：第 A16－A17，第 A20 段） |
| ISA220.17 | 在审计报告日或审计报告日之前，项目合伙人应当通过复核审计工作底稿和与项目组讨论，确信已获取充分、适当的审计证据，支持得出的结论和拟出具的审计报告。（参见：第 A18－A20 段） |
| ISA220.18 | 项目合伙人应当：<br>(a) 对项目组就疑难问题或争议事项进行适当咨询承担责任；<br>(b) 确信项目组成员在审计过程中已就相关事项进行了适当咨询，咨询可能在项目组内部进行，或者在项目组与会计师事务所内部或外部的其他适当人员之间进行；<br>(c) 确信这些咨询的性质、范围以及形成的结论已由被咨询者认可；<br>(d) 确定这些咨询形成的结论已得到执行。（参见：第 A21－A22 段） |
| ISA220.19 | 对于上市实体财务报表审计以及会计师事务所确定需要实施项目质量控制复核的其他审计业务，项目合伙人应当：<br>(a) 确定会计师事务所已委派项目质量控制复核人员；<br>(b) 与项目质量控制复核人员讨论在审计过程中遇到的重大事项，包括在项目质量控制复核过程中识别出的重大事项；<br>(c) 只有完成项目质量控制复核，才能签署审计报告。（参见：第 A23－A25 段） |
| ISA220.20 | 项目质量控制复核人员应当客观地评价项目组作出的重大判断以及在编制审计报告时得出的结论。评价工作应当涉及下列内容：<br>(a) 与项目合伙人讨论重大事项；<br>(b) 复核财务报表和拟出具的审计报告；<br>(c) 复核选取的与项目组作出的重大判断和得出的结论相关的工作底稿；<br>(d) 评价在编制审计报告时得出的结论，并考虑拟出具审计报告的恰当性。（参见：第 A26－A27，第 A29－A31 段） |

## 21.1 概述

在完成计划实施的审计程序后,审计师需要对结果进行评价。这包括审计工作底稿的复核以及与项目组的讨论以及由于已执行程序所导致的审计计划的变更。一些需要重点考虑的事项如下。

图 21.1-1

| | |
|---|---|
| 质量控制 | 确保文件复核遵循了会计师事务所的复核政策和程序,并确保审计意见的恰当性,是项目合伙人的责任。 |
| 咨询 | 项目合伙人有责任确保:<br>● 项目组对疑难问题或有争议的事项进行了适当的咨询(包括事务所内部和外部第三方);<br>● 这些咨询形成的结论已被记录和执行。 |
| 项目质量控制复核(EQCR) | 当会计师事务所的政策要求进行项目质量控制复核时,项目合伙人应当:<br>● 保证已指派恰当的有胜任能力的项目质量控制复核人员;<br>● 与项目质量控制复核人员讨论重大审计事项;<br>● 只有完成了项目质量控制复核,才能签署审计报告。 |

审计师的目标是确信已获取充分、适当的审计证据,以支持所得出的结论和拟出具恰当措辞的审计报告。

评价已获取的审计证据,应当针对以下事项:

图 21.1-2

| | |
|---|---|
| 重要性 | 根据被审计单位的实际财务结果,对总体重要性和实际执行的重要性所确定的金额是否仍然适当?<br>如果一个低于初始确定的整体重要性水平(对财务报表整体而言)是适当的,审计师需要确定:<br>● 是否有必要修改实际执行的重要性水平;<br>● 进一步审计程序的性质、时间安排和范围是否仍然适当。 |
| 风险 | 根据审计发现的情况,认定层次重大错报风险的评估结果是否仍然适当?如果不,应当修订风险评估结果,并修改计划的进一步审计程序。 |

续表

| | |
|---|---|
| 错报 | 是否已考虑已识别错报和未更正错报对审计的影响？<br>是否已考虑错报或偏差产生的原因？它们可能表明存在未识别风险和内部控制存在重大缺陷。<br>总体审计策略和审计计划是否需要修订？当出现下列情况，应当修订总体审计策略和审计计划：<br>• 已识别错报的性质及错报发生的环境表明可能存在其他错报，且这些错报与审计过程中累积的错报汇总起来可能是重大的；<br>• 审计过程中累积的错报汇总起来接近重要性水平。<br>对于审计师要求管理层更正的错报（在各类交易、账户余额或披露中），是否实施了追加的审计程序，以确定错报是否仍然存在。 |
| 舞弊 | 在执行其他风险评估程序和相关活动时所获取的信息是否表明存在一个或多个舞弊风险因素？<br>在审计结束时执行的分析程序是否表明之前未识别的重大错报风险是由舞弊导致的？<br>是否评价了已识别错报，以确定该错报是否表明存在舞弊？<br>如果是，评价该错报对审计其他方面的影响，特别是管理层声明的可靠性。<br>舞弊事件不太可能是孤立发生的。<br>是否有理由相信管理层能够参与已识别的、由于舞弊导致的重大或非重大错报？<br>如果是，重新评价因舞弊导致的重大错报风险的评估结果，并重新评价对应对所评估风险的审计程序的性质、时间安排和范围的影响。同时，在重新考虑已获取证据的可靠性时，考虑环境和条件是否表明涉及员工、管理层和第三方串通合谋的可能性。<br>如果舞弊风险已被识别，就有可能证实财务报表没有因舞弊而导致重大错报。如果不能，则确定对审计的影响，包括对继续实施审计的能力是否存在疑虑。 |
| 证据 | 是否已获取充分、适当的审计证据，以将财务报表重大错报风险降至可接受的低水平？考虑是否有必要实施进一步审计程序。 |
| 分析程序 | 在审计的最终复核阶段，是否执行了分析程序，以便：<br>• 证实审计发现的情况；<br>• 识别之前未确认的重大错报风险。 |

## 21.2 再评估重要性水平

| 条款 | 国际审计准则相关内容摘录 |
|---|---|
| ISA450.10 | 在评价未更正错报的影响之前,审计师应当重新评估按照《国际审计准则第320号——计划和执行审计工作时的重要性》的规定确定的重要性,以根据被审计单位的实际财务结果确认其是否仍然适当。(参见:第 A11–A12 段) |

在审计师评价所执行程序的效果及由此识别的所有错报之前,第一步是重新评估对总体重要性水平及实际执行的重要性所确定的金额。这是十分必要的,因为初始确定的重要性水平通常是基于对审计单位财务结果的估计,而实际结果可能不同。可能引起变更的因素包括:

- 根据被审计单位的实际财务结果,初始确定的重要性不再适当;
- 新获取的信息(如使用者的预期)导致审计师确定一个不同于初始的金额;
- 未预期错报可能会导致特定类别的交易、账户余额或披露的重要性金额被超过。

当必须进行变更时,审计师应当考虑并记录对评估的风险和要求的进一步审计程序的性质、时间安排和范围的影响。

如果财务报表整体所要求的重要性水平较低,同样需要确定是否有必要变更实际执行的重要性。如果需要变更,则确定进一步审计程序的性质、时间安排和范围是否仍然适当。

> **考虑要点**
>
> 如果必须变更重要性水平,不要等到审计结束时再变更。如果重要性水平被降低,则应当变更风险评估结果,并实施额外的或进一步的审计程序。

## 21.3 风险评估的变更

| 条款 | 国际审计准则相关内容摘录 |
|---|---|
| ISA330.25 | 在得出总体结论之前,审计师应当根据实施的审计程序和获取的审计证据,评价对认定层次重大错报风险的评估是否仍然适当。(参见:第 A60–A61 段) |

认定层次的风险评估通常基于实施进一步审计程序之前可获得的审计证据。在实施进一步审计程序时,可能获得新的信息,从而要求变更初始的风险评估。

例如,在存货审计中,基于内部控制有效运行的预期,对完整性认定所评估的

## 21. 评价审计证据

风险可能为低。如果在控制测试中发现内部控制并非有效,就需要变更风险评估结果,并执行进一步审计程序,以将风险降至可接受的低水平。当结果与预期不一致时,对所有已执行的审计程序都是如此。

在确定初始风险评估结果是否需要变更时,需要考虑的事项如下表所列:

图 21.3－1

| | |
|---|---|
| 内部控制 | **控制测试**<br>• 实施控制测试的结果是否支持基于内部控制运行有效得出的计划风险降低的水平?<br>**管理层凌驾于内部控制之上**<br>• 是否存在管理层凌驾于现有内部控制之上的证据?<br>**控制缺陷**<br>• 由于内部控制缺陷而导致的潜在错报,是否应当立即提交管理层关注? |
| 已获取审计证据的性质 | **新的风险因素**<br>• 该证据是否识别出新的经营风险、舞弊风险因素或管理层凌驾于内部控制之上的情况?<br>**相互矛盾的证据**<br>• 已获取的证据是否与从其他渠道可获得的信息相矛盾?<br>**有冲突的证据**<br>• 已获取的证据是否与目前对被审计单位的了解相冲突?<br>**会计政策**<br>• 是否存在被审计单位会计政策未被一贯运用的证据?<br>**不可预料的关系**<br>• 该证据是否证实了财务数据与非财务数据之间的关系?<br>**舞弊**<br>• 在执行测试时,是否存在各种形式的证据、古怪行为、例外情况或者偏差表明可能发生了舞弊(包括管理层凌驾于内部控制之上)?<br>**声明的可靠性**<br>• 是否有证据质疑管理层或治理层所作声明的可靠性? |
| 错报的性质 | **估计的偏向**<br>• 会计估计和公允价值计量中出现的错报,能否表明是管理层偏向的一种倾向?<br>**错报**<br>• 单个的错报或与所有未更正的其他错报汇总后的错报,对财务报表整体而言,是否构成了重大错报? |

当初始的风险评估结果变更后,审计师应当记录其详细情况,并确定变更后的风险评估结果。具体审计计划如何变更,以针对变更后的风险评估结果,也应当详细记录。这可能是对其他计划的审计程序的性质、时间安排和范围的修改,或者是对执行进一步审计程序的修改。

> **考虑要点**
>
> 在审计预算中分配时间,以便审计项目组在工作完成后立即讨论他们发现的情况(分组)。上表中所列事项应当成为这样的议题。记住,舞弊的发现通常来源于零星的信息,以及小的和似乎不重大的事项的信息。

## 21.4  评价错报的影响

| 条款 | 国际审计准则的目标 |
|---|---|
| ISA450.3 | 审计师的目标是:<br>(a) 评价识别出的错报对审计的影响;<br>(b) 评价未更正错报(如有)对财务报表的影响。 |

| 条款 | 国际审计准则相关内容摘录 |
|---|---|
| ISA450.5 | 审计师应当累积在审计过程中识别出的错报,除非错报明显微小。(参见:第 A2 – A3 段) |
| ISA450.6 | 如果出现下列情况之一,审计师应当确定是否需要修改总体审计策略和具体审计计划:<br>(a) 识别出的错报的性质以及错报发生的环境表明可能存在其他错报,并且可能存在的错报与审计过程中累积的错报合计起来可能是重大的;(参见:第 A4 段)<br>(b) 审计过程中累积的错报合计数接近按照《国际审计准则第 320 号——计划和执行审计工作时的重要性》的规定确定的重要性。(参见:第 A5 段) |
| ISA450.7 | 如果管理层应审计师的要求,检查了某类交易、账户余额或披露并更正了已发现的错报,审计师应当实施追加的审计程序,以确定错报是否仍然存在。(参见:第 A6 段) |
| ISA450.8 | 除非法律法规禁止,审计师应当及时将审计过程中累积的所有错报与适当层级的管理层进行沟通。审计师还应当要求管理层更正这些错报。(参见:第 A7 – A9 段) |

续表

| 条款 | 国际审计准则相关内容摘录 |
|---|---|
| ISA450.9 | 如果管理层拒绝更正沟通的部分或全部错报,审计师应当了解管理层不更正错报的理由,并在评价财务报表整体是否不存在重大错报时考虑该理由。(参见:第A10段) |
| ISA450.11 | 审计师应当确定未更正错报单独或汇总起来是否重大。在确定时,审计师应当考虑:<br>(a) 相对特定类别的交易、账户余额或披露以及财务报表整体而言,错报的金额和性质以及错报发生的特定环境;(参见:第A13 – A17段,第A19 – A20段)<br>(b) 与以前期间相关的未更正错报对相关类别的交易、账户余额或披露以及财务报表整体的影响。(参见:第A18段) |
| ISA450.12 | 除非法律法规禁止,审计师应当与治理层沟通未更正错报,以及这些错报单独或汇总起来可能对审计意见产生的影响。审计师在沟通时应当逐项指明重大的未更正错报。审计师应当要求被审计单位更正未更正错报。(参见:第A21 – A23段) |
| ISA450.13 | 审计师应当与治理层沟通与以前期间相关的未更正错报对相关类别的交易、账户余额或披露以及财务报表整体的影响。 |
| ISA450.14 | 审计师应当要求管理层和治理层(如适用)提供书面声明,说明其是否认为未更正错报单独或者汇总起来对财务报表整体的影响不重大。这些错报项目的概要应当包含在书面声明中或附在其后。(参见:第A24段) |
| ISA540.18 | 审计师应当根据获取的审计证据,评价财务报表中的会计估计在适用的财务报告框架下是合理的还是存在错报。(参见:第A116 – A119段) |

评价错报的目的是确定错报对审计的影响,并确定是否需要执行追加的审计程序。

当存在下列情形时,可能要求对审计策略和具体审计计划进行修改:
- 已识别错报的性质或环境表明可能存在其他错报,且其他错报与已知错报汇总后可能会超过实际执行的重要性;
- 已识别且未更正错报汇总起来接近或超过实际执行的重要性。

> **考虑要点**
>
> 记住,财务报表中经常存在未发现错报的风险。这是由于本指南第1卷第4章第1节中所列的审计的固有限制。

错报可能会出现在下表所列领域中。

图 21.4-1

| 来 源 | 描 述 |
|---|---|
| 不准确或舞弊 | 被审计单位的员工在收集与处理数据时可能产生错误，而这些数据是编制财务报表的基础。这也包括在期末截止中产生的错误。除了识别特定错报之外，审计师还需要：<br>• 通过货币单元抽样量化特定总体中的错报（如销售）。当使用有代表性的样本时，就有可能推断累积的错报。<br>• 考虑已识别错报的性质。如果存在影响特定余额或经营场所的众多错报，这可能是因舞弊导致的重大错报风险的迹象。 |
| 漏报或舞弊 | 一些交易可能会由于错误或故意而不被记录，后者将构成舞弊。 |
| 重大交易 | 缺乏商业理由的重大交易（异常的或超出正常经营过程之外的）可能是蓄意操纵财务报表或者隐瞒侵占资产。 |
| 会计分录 | 不适当的或未经授权的会计分录可能发生在整个期间或在期末。这些可能被用于操纵财务报表中报告的金额。 |
| 估计中的错误 | 如果被审计单位的估计超出可接受的范围，管理层估计就可能计算不正确，忽视或误解某些事实，使用不当的假设，或包含一些偏向。估计也可能被故意地错误陈述，以操纵财务报表的结果。 |
| 公允价值错误 | 按照适用的财务报告框架的规定，对需要以公允价值计量或披露的某些资产、负债及权益组成部分，管理层的判断与其公允价值可能存在不一致。 |
| 选择与运用会计政策 | 某些会计政策的选择与运用可能与管理层存在分歧。 |
| 期初权益中未更正的错报 | 前期未更正错报会反映在期初权益中。如果未被调整，它们也可能导致本期财务报表存在错报。 |
| 收入确认 | 高估或低估收入（例如，提前确认收入，记录虚构的收入，或不适当地将收入转移到下期）。 |
| 内部控制缺陷 | 错报可能来自未预期的内部控制缺陷。这些缺陷需要与管理层讨论或向管理层报告，并考虑执行额外的审计程序，以识别可能存在的其他错报。 |
| 财务报表列报或披露 | 适用的财务报告框架要求的某些财务报表披露可能存在遗漏，不完整或不准确。 |

## 累积已识别的错报

除非已识别的错报明显的微小,否则就应当累积审计过程中已识别的错报。这些错报能被区分为事实错报,判断错报和推断错报。

> **考虑要点**
>
> 大多数定量错报能被累积,因而能够评价错报对财务报表的总体影响。然而,有些错报(例如,不完整的或不准确的财务报表披露)和定性的审计发现(如存在舞弊的可能性)无法累积。这些错报应当被单独记录并单独评价。

为了能够对未更正错报的累积影响进行评价,可以将其集中记录在工作底稿中。这将提供所有已识别的、非细微的未更正错报的汇总。

累积错报的过程包含很多阶段,在累积错报的过程中,审计师可以考虑累积错报的影响。如下表所示:

图 21.4−2

| | 累积的错报的影响 |
|---|---|
| 考虑未更正错报对右栏所列事项的影响 | 每个特别账户余额或交易类别 |
| | 流动资产总额和流动负债总额 |
| | 资产总额和负债总额 |
| | 收入总额和费用总额(税前利润) |
| | 净利润 |

一种可能的累积错报的方法如下表所示。

**注意**:就本例来说,高达 100 欧元的错报已被认为微不足道,因此将不会被累积。

图 21.4−3

### 已识别错报的汇总

| 高估(低估)金额 | | | | | | | |
|---|---|---|---|---|---|---|---|
| 说明 | 发生的情况 | 工作底稿索引号 | 资产 | 负债 | 税前利润 | 权益 | 是否已更正? |
| 租金负债未能记录 | 事实错报——由于忽略 | | | (5 500) | 5 500 | 4 125 | 是 |
| 未记录销售 | 根据代表性的样本推断 | | (12 500) | | (12 500) | (9 375) | 是 |

续表

| 高估（低估）金额 | | | | | | | |
|---|---|---|---|---|---|---|---|
| 说明 | 发生的情况 | 工作底稿索引号 | 资产 | 负债 | 税前利润 | 权益 | 是否已更正？ |
| 应收账款与应付账款相互抵销 | 事实错报——分类错误 | | (5 500) | (5 500) | | | 是 |
| 资本性设备支出 | 判断错报——会计政策运用错误 | | (13 500) | | (13 500) | (10 125) | 是 |
| 审计过程中已识别错报的总额 | | | (31 500) | (11 000) | (20 500) | (15 375) | |
| 管理层已更正的错报 | | | 31 500 | 11 000 | 20 500 | 15 375 | |
| 尚未更正错报的总额 | | | 0 | 0 | 0 | 0 | |

审计师需要及时与管理层讨论已识别错报，并要求予以更正。更正会影响财务报表金额或纠正不充分的财务报表披露。应对已识别错报所涉及的步骤如下表所示：

图 21.4-4

| 应对已识别的错报 | |
|---|---|
| 重新评价重要性 | 根据实际财务结果，在评价未更正错报的影响之前，考虑是否有必要修改整体重要性。 |
| 考虑原因及其对审计计划的影响 | 考虑审计中已识别错报产生的原因，包括：<br>• 潜在的舞弊迹象；<br>• 可能存在其他错报；<br>• 存在未识别的风险；<br>• 内部控制存在重大缺陷。<br>根据上述所发现的情况，确定是否有必要修改总体审计策略和审计计划。当存在下列情况时，就有必要：<br>• 可能存在其他错报，该错报与审计过程中累积的错报汇总后是重大的。<br>• 审计过程中累积的错报汇总后接近重要性水平。 |
| 要求管理层作出更正 | 要求管理层更正所有已识别错报，除非那些错报明显微小。 |
| 要求管理层执行额外程序 | 如果总体中错报的确切金额是未知的（例如，对在审计样本中识别出的错报进行推断），应要求管理层执行程序，以确定实际错报金额，然后对财务报表作出适当的调整。如果出现这种情况，审计师有必要执行追加审计程序，以确定是否依然存在错报。 |

续表

| | 应对已识别的错报 |
|---|---|
| 管理层拒绝更正部分或全部错报 | 如果管理层拒绝更正部分或全部错报：<br>• 了解管理层不更正错报的理由，并在评价财务报表整体是否不存在重大错报时考虑该理由；<br>• 与治理层讨论未更正错报及其对审计意见的影响（除非法律法规禁止）；<br>• 要求治理层更正管理层未更正的错报。 |

在就未更正错报（单独或累积）是否将导致财务报表整体存在重大错报形成结论时，审计师应当考虑下表所列的因素。

图 21.4–5

| | 考 虑 |
|---|---|
| 是否存在重大错报？ | 错报的规模和性质，涉及：<br>• 财务报表总体；<br>• 特定类别的交易、账户余额和披露；<br>• 错报发生的特定环境。 |
| | 判断或统计测试的固有限制。总有错报未被发现的可能性。 |
| | 累积的未更正错报水平与重要性水平的接近程度如何？重大错报风险随累积错报金额接近重要性水平而增加。 |
| | 当相对小额的错报能够对财务报表产生重大影响时，定量考虑或考虑舞弊的可能性。 |
| | 与前期相关的未更正错报的影响。 |

调整财务报表以更正重大错报（包括披露不充分），以及采取需要的所有其他行动，是管理层的责任。

## 定性考虑

有些错报可能被评价为重大错报（单独或与审计过程中累积的其他错报汇总起来考虑），即使它们低于整体重要性。这些事项的例子如下表所示：

图 21.4–6

| 错 报 | 说 明 |
|---|---|
| 影响遵循性 | 没有遵循监管要求，债务契约，或其他合同要求。 |
| 掩盖改变 | 例如，盈余或其他趋势的改变，尤其是与总体经济和行业状况相关的改变。 |

续表

| 错报 | 说明 |
|---|---|
| 提高管理层报酬 | 错报将确保奖金或其他报酬激励要求能够得到满足。 |
| 影响其他方 | 例如,外方或关联方。 |
| 影响报表使用者的理解 | 漏报的信息虽然不是特别要求的,但根据审计师的判断,对使用者了解被审计单位的财务状况、经营成果和现金流量是重要的。 |
| 现在不重要,但将来重要 | 会计政策的不当选择或运用,对当期财务报表产生的影响不重大,但对未来期间财务报表产生的影响可能是重大的。 |
| 银行契约 | 如果相对小额的错报将导致违反银行或贷款契约,这样的小额错报能被认为是非常重大的。 |
| 影响业绩比率 | 影响用于评价被审计单位财务状况、经营结果和现金流量的比率。 |

### 书面声明

管理层的责任是通过获取来自管理层的书面声明进行证明的。这种声明将陈述:管理层认为,所有未更正错报(后附清单),无论是单独还是累积起来,都是不重大的。如果管理层不同意错报的评估结果,可以在其书面声明中增加如下措辞:

"我们不同意××项目和……构成错报,因为〔说明理由〕。"

**注:**当审计师与治理层沟通审计中发现的情况时,要求审计师分别指明重大的未更正错报。

当管理层向治理层报告了未更正错报且仍然没有做出更正时,审计师应获取类似的声明。这种声明应当陈述,治理层也确信,未更正错报,无论是单独还是累积起来,对财务报表整体产生的影响都不重大。这些项目的汇总也应包括在或后附于书面声明中。

## 21.5 充分、适当的审计证据

| 条款 | 国际审计准则相关内容摘录 |
|---|---|
| ISA330.26 | 审计师应当确定是否已获取充分、适当的审计证据。<br>在形成审计意见时,审计师应当考虑所有相关的审计证据,无论该证据与财务报表认定相互印证还是相互矛盾。(参见:第A62段) |
| ISA330.27 | 如果对重大的财务报表认定没有获取充分、适当的审计证据,审计师应当尽可能获取进一步的审计证据。如果仍然不能获取充分、适当的审计证据,审计师应当对财务报表发表保留意见或无法表示意见。 |

## 21. 评价审计证据

总体目标是获取充分、适当的审计证据,以将财务报表中的重大错报风险降至可接受的低水平。

如何构成充分、适当的审计证据,最终是一个职业判断事项。这将主要根据针对评估的重大错报风险所执行的进一步审计程序的满意程度来做出判断。这包括所有追加的或修正的程序,执行这些程序是为了应对初始的风险评估结果的改变。在评价审计证据的充分性和适当性时,需要考虑的一些因素如下表所示:

图 21.5-1

| | 评价审计证据的充分性和适当性 |
|---|---|
| 应考虑的因素 | **错报的重要性**<br>• 所涉认定中的错报如何重大?其(单独或与其他潜在错报汇总起来)对财务报表产生重大影响的可能性怎样?<br>**管理层的应对措施**<br>• 管理层对审计发现的情况是如何作出反应的?针对风险因素的内部控制的有效程度如何?<br>**以前的经验**<br>• 以前在执行类似程序的经验是怎样的,是否识别出错报?<br>**实施审计程序的结果**<br>• 已实施审计程序的结果支持审计目标吗?是否存在舞弊或错误的迹象?<br>**信息的质量**<br>• 就支持审计结论来说,可获得的信息的来源和可靠性适当吗?<br>**说服力**<br>• 审计证据的说服力(信服力)如何?<br>**了解被审计单位**<br>• 获取的证据是支持风险评估程序(为了解被审计单位及其环境,包括内部控制,所执行的程序)的结果,还是与其相互矛盾? |

如果不能获取充分、适当的审计证据,审计师应当发表保留意见或无法表示意见。

## 21.6 最终分析程序

| 条款 | 国际审计准则相关内容摘录 |
|---|---|
| ISA520.6 | 在临近审计结束时,审计师应当设计和实施分析程序,帮助其对财务报表形成总体结论,以确定财务报表是否与其对被审计单位的了解一致。(参见:第 A17 – A19 段) |

除了为风险评估的目的而实施的分析程序,以及随后作为实质性程序而实施的

分析程序外,审计师应当在审计结束或临近结束而形成总体结论时实施分析程序。(ISA520)

执行最终分析程序的目标是:
- 识别以前未确认的重大错报风险;
- 确保在审计过程中就财务报表各个组成部分或各个要素形成的结论能被验证;
- 有助于对财务报表的合理性形成总体结论。

如果识别出新的风险或数据间的未预期关系,审计师就可能需要重新评价计划的或实施的审计程序。

## 21.7 重大发现和重大问题

评价过程的最后一步是在业务完成文件中记录所有重大发现或重大问题。该文件可能包括:
- 为了解重大发现和重大问题所必需的所有信息;
- 对其他可获得的支持性审计工作底稿的交叉索引(如适用)。

这类文件还应当包括审计师已识别的与重大事项相关的信息所形成的结论,而该重大事项与审计师的最终结论不一致或相矛盾。但是,这个要求并没有扩展到保留不正确的或已被替代的工作底稿,如可能是不完整的财务报表的草稿。

## 21.8 案例分析——评价审计证据

案例研究的详细资料请参考第 2 卷第 2 章——案例研究概述。

作为实施计划的审计程序的结果,应当关注下列未调整错报和事项。

### 案例研究 A——Dephta 家具公司

20×3 年 2 月 18 日
摘自调整事项汇总表——Dephta

| 说　明 | 发生的事项 | 工作底稿索引 | 高估(低估)金额 ||||| 是否已更正 |
| --- | --- | --- | --- | --- | --- | --- | --- |
| | | | 资产 | 负债 | 税前利润 | 权益 | |
| 存货计价计算中的错误 | 新职员发生了一些错误 | D.300 | (19 000) | | (19 000) | (15 200) | 是 |

续表

| 说 明 | 发生的事项 | 工作底稿索引 | 高估（低估）金额 ||||是否已更正 |
|---|---|---|---|---|---|---|---|
| | | | 资产 | 负债 | 税前利润 | 权益 | |
| 通过 Dephta 账户支付个人费用，没有增加到股东账户 | 在费用测试过程中发现。这导致需要实施额外的工作，以发现类似项目。 | 550.8 | | (4 800) | (4 800) | (3 840) | 是 |
| 客户的账户超期 90 天，没有收到期后付款 | 复核账龄分析和期后付款 | C.305 | 12 000 | | 12 000 | 9 600 | 是 |
| 审计过程中已识别错报的总额 | | | (7 000) | (4 800) | (11 800) | (9 440) | |
| 管理层已更正的错报 | | | (7 000) | (4 800) | (11 800) | (9 440) | |
| 尚未更正错报的总额 | | | 0 | 0 | 0 | 0 | |

在上表中，也提供了交叉索引，以了解在哪些领域已实施了额外工作，以确保不存在其他类似的错报，或者该错报不是更严重问题（如管理层凌驾于内部控制之上）的迹象。

摘自与评价审计证据相关的存档备忘录

| 审计发现 | 计划的应对措施 |
|---|---|
| 存货计价中存在大量计算错误，导致低估 19 000 欧元的存货价值。 | 应当复核该错误的性质，以识别内部控制是否存在薄弱领域。<br>应当实施额外的工作，以确保发现所有重大错报。<br>在管理层信函中包括评论。 |
| 在费用测试过程中，发现 4 800 欧元的设备维修费用是与 Suraj 的个人奔驰车的服务成本相关的费用。 | 应当实施额外的工作，以识别与个人使用相关的所有未识别的交易。如果有其他发现，考虑这是否属于管理层诚信的问题以及可能存在舞弊的迹象。 |
| 在应收账款测试过程中，我们注意到，一些账户的账龄大于 90 天，且在我们对应收账款的测试过程中这些账户没有收到付款。尽管 Suraj 向我们保证这些账户是可收回的（因为客户已确认了余额），但收回似乎不可能。记录为未调整错误。 | 继续监测现金收入，直至对期后事项工作的日期。复核该客户过去收款情况的历史，并努力获得该公司更多的信息。 |

续表

| 审计发现 | 计划的应对措施 |
|---|---|
| 会计记录中的一些工具和设备似乎不再被使用。所采购的机器只在短时间内做同样的工作。管理层仍然认为该资产具有价值,因为在机器发生故障时,这些工具和设备仍将被使用。 | 询问该工具和设备在过去期间内是否实际使用。<br>确定这些工具和设备的资本成本以及是否要求减少其账面价值。 |

## 案例分析 B——Kumar 公司

### 摘自调整事项汇总备忘录

**存货**

根据我们的存货盘点所编制的存货清单与最终清单并不相符——低估存货 1 800 欧元,低估利润 1 800 欧元。详见工作底稿 D.108。

**审计应对措施**

该错误是因为 Ruby 没有使用最终存货清单而导致的。我们将扩大实施实质性程序的范围,以确保所讨论的所有调整均反映在最终清单中。

**应付账款截止错误**

Ruby 没有应计对车床的大修和服务费用。在期后付款测试中发现了这一问题。详见工作底稿 CC.110。影响负债和税前利润各 900 欧元。

**审计应对措施**

应当扩大我们截止测试的范围,因为这似乎是 Ruby 在这段期间太忙而不能保持期末之后支付的、与 20×2 财务年度相关所有费用的清单。将测试的起点金额降低到 400 欧元。

管理层已同意更正这些错报。

编制:FJ　　日期:20×3 年 2 月 24 日
复核:LF　　日期:20×3 年 3 月 5 日

# 22. 与治理层的沟通

| 本章内容 | 相关国际审计准则 |
|---|---|
| 指导审计师如何与治理层之间进行有效的双向沟通，沟通哪些审计发现和其他事项。 | ISA260、265、450 |

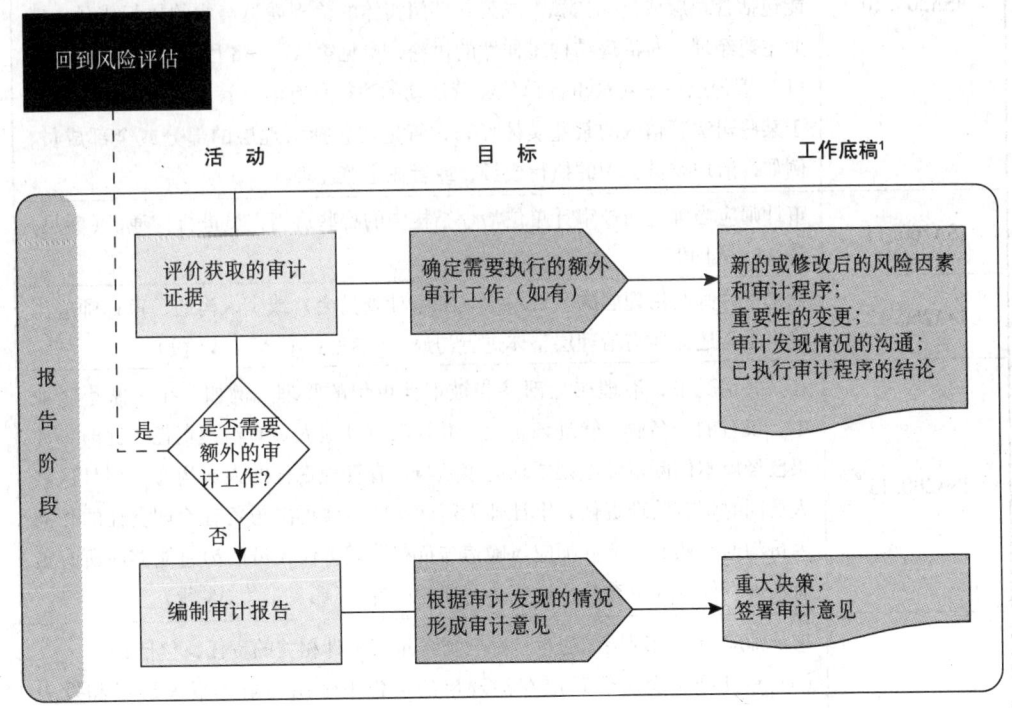

图 22.0－1

注：
1. 所要求的更为完整的工作底稿清单，请参见 ISA230。
2. 计划审计工作（ISA300）是一个持续的、不断修正的过程，贯穿于整个审计过程中。

| 条款 | 国际审计准则的目标 |
|---|---|
| ISA260.9 | 审计师的目标是：<br>（a）就审计师与财务报表审计相关的责任、计划的审计范围和时间安排的总体情况，与治理层进行清晰的沟通；<br>（b）向治理层获取与审计有关的信息；<br>（c）及时向治理层提供审计中发现的与治理层监督财务报告过程的责任相关的重大事项；<br>（d）推动审计师和治理层之间有效的双向沟通。 |

| 条款 | 国际审计准则相关内容摘录 |
|---|---|
| ISA260.10 | 就国际审计准则而言，对下列术语给予以下定义：<br>（a）治理层——对被审计单位的战略方向负有监督责任，并对被审计单位履行受托责任负有相关义务的人员或机构（例如，公司受托人）。治理层的责任包括监督财务报告过程。对于某些司法管辖区的某些实体而言，治理层可能包括管理层成员，如私人或公共部门实体的治理委员会中的执行成员，或业主兼经理。对治理结构多样性的讨论，参见第A1–A8段。<br>（b）管理层——对被审计单位经营活动的执行负有经营管理责任的人员。对于某些司法管辖区的某些实体而言，管理层包括治理层的部分或全部成员，例如，治理委员会中的执行成员，或者业主兼经理。 |
| ISA260.11 | 审计师应当确定与被审计单位治理结构中的哪些适当人员进行沟通。（参见：第A1–A4段） |
| ISA260.12 | 如果审计师与治理层的下设组织（如审计委员会）或个人沟通，审计师应当确定是否还需要与治理层整体进行沟通。（参见：第A5–A7段） |
| ISA260.13 | 在某些情况下，治理层全部参与被审计单位的管理，例如，在一家小企业中，仅有的一名业主管理该企业，并且没有其他人负有治理责任。此时，如果已经就本国际审计准则要求的事项与负有管理责任的人员沟通，而且这些人员同时负有治理责任，审计师无需就这些事项再次与负有治理责任的相同人员沟通。然而，审计师应当确信与负有管理责任人员的沟通能够向所有负有治理责任的人员充分传递应予沟通的内容。（参见：第A8段） |
| ISA260.14 | 审计师应当与治理层沟通审计师与财务报表审计相关的责任，包括：<br>（a）审计师负责对管理层在治理层的监督下编制的财务报表形成和发表意见；<br>（b）对财务报表的审计并不能减轻管理层或治理层的责任。（参见：第A9–A10段） |
| ISA260.15 | 审计师应当与治理层沟通计划的审计范围和时间安排的总体情况。（参见：第A11–A15段） |

续表

| 条款 | 国际审计准则相关内容摘录 |
|---|---|
| ISA260.16 | 审计师应当与治理层沟通：（参见：第 A16 段）<br>（a）审计师对被审计单位会计实务（包括会计政策、会计估计和财务报表披露）重大方面的质量的看法。在适当的情况下，审计师应当向治理层解释为何某项在适用的财务报告框架下可以接受的重大会计实务，并不一定最适合被审计单位的具体情况；（参见：第 A17 段）<br>（b）审计工作中遇到的重大困难；（参见：第 A18 段）<br>（c）除非治理层全部成员参与管理被审计单位，否则沟通下列事项：<br>（i）已与管理层讨论或需要与管理层书面沟通的审计中出现的重大事项；（参见：第 A19 段）<br>（ii）审计师要求提供的书面声明；<br>（d）审计中出现的、根据审计师的职业判断认为对监督财务报告过程重大的其他事项。（参见：第 A20 段） |
| ISA260.18 | 审计师应当就沟通的形式、时间安排和期望沟通的基本内容与治理层沟通。（参见：第 A28－A36 段） |
| ISA260.19 | 对于审计中发现的重大问题，如果根据职业判断认为以口头形式不能充分沟通，审计师应当以书面形式与治理层沟通。书面沟通不必包括审计过程中出现的所有事项。（参见：第 A37－A39 段） |
| ISA260.21 | 审计师应当及时与治理层沟通。（参见：第 A40－A41 段） |
| ISA260.22 | 审计师应当评价其与治理层之间的双向沟通对实现审计目标是否充分。如果不够充分，审计师应当评价其对重大错报风险的评估以及获取充分、适当的审计证据的能力的影响，并采取适当的措施。（参见：第 A42－A44 段） |
| ISA260.23 | 如果本国际审计准则要求沟通的事项是以口头形式沟通的，审计师应当将其包括在审计工作底稿之中，并记录沟通这些事项的时间和对象。如果事项是以书面形式沟通的，审计师应当保存一份沟通文件的副本，作为审计工作底稿的一部分。（参见：第 A45 段） |
| ISA265.09 | 审计师应当以书面形式及时向治理层通报审计过程中识别出的值得关注的内部控制缺陷。（参见：第 A12－A18 段，第 A27 段） |
| ISA450.12 | 除非法律法规禁止，审计师应当与治理层沟通未更正错报，以及这些错报单独或汇总起来可能对审计意见产生的影响。审计师在沟通时应当逐项指明重大的未更正错报。审计师应当要求被审计单位更正未更正错报。（参见：第 A21－A23 段） |
| ISA450.13 | 审计师应当与治理层沟通与以前期间相关的未更正错报对相关类别的交易、账户余额或披露以及财务报表整体的影响。 |

## 22.1 概述

审计师与治理层之间有效的双向沟通是每个审计项目的重要要素。这使得：

- 审计师能够沟通要求的事项和其他事项；
- 治理层能够向审计师提供某些信息，而这些信息是审计师在其他场合不可能获得的信息。这些信息能够有助于审计师计划和评价审计结果。

## 22.2 治理

治理结构因国家或地区，以及被审计单位的不同而不同，反映了诸如不同文化和法律背景、规模和所有制特点的影响。在大多数被审计单位中，治理是一个治理机构的集体责任，如董事会、监事会、合伙人、业主、管理委员会、治理人理事会、受托人，或承担同等职责的人员。

在规模较小的企业中，一个人就可以负责治理。例如，不存在其他所有者的业主兼经理，或只有一个受托人的情况。在这些情况下，对于需要与管理层沟通的事项，没有必要再与负有治理责任的相同人员沟通。但是，如果被审计单位治理层成员多于一人（如其他家庭成员），审计师就应当采取措施，以确保向每个人充分传递了应予沟通的内容。

在其他被审计单位中，如果治理是一项集体责任，审计师的沟通可以直接面向治理层的下设组织（如审计委员会）。在这些情况下，审计师应当确定是否还有必要与治理层整体进行沟通。这种决定应当基于下列情况作出：

- 治理层下设组织和治理层整体各自的责任；
- 拟沟通事项的性质；
- 相关法律或法规的要求；
- 治理层下设组织是否有权采取与拟沟通信息相关的行动，以及能否提供审计师可能需要的进一步信息和解释。

根据适用的法律框架或其他业务情形，不能明确确定合适的沟通对象时，审计师可能需要与聘请方就拟沟通的相关人员进行讨论并达成一致。在决定与谁沟通时，审计师对被审计单位治理结构和过程的了解应当是相关的。合适的沟通对象还可能与拟沟通事项的不同而不同。

当被审计单位是一个企业集团的组成部分时，组成部分审计师适当的沟通对象取决于业务环境和拟沟通的事项。在某些情况下，大多数组成部分在相同的内部控制系统内执行相同的经营业务，并使用相同的会计惯例。当这些组成部分的治理层相同（如共同的董事会）时，通过同时处理这些组成部分的沟通事项能够避免重复沟通。

## 22.3 拟沟通的事项

治理层关心的审计事项包括：
- 审计师与财务报表审计相关的责任；
- 计划的审计范围与时间安排；
- 审计中发现的重大情况。

除非有特别请求，或者所在国家或地区的审计准则或法律法规有要求，否则，审计师并不需要为了识别治理层关心的事项而特意设计审计程序。

在某些情况下，当地要求、法律或法规可能施加保密的责任，限制审计师的沟通。在与治理层沟通之前，审计师应当提及这样的要求。

> **考虑要点**
>
> 花些时间发展与治理层之间建设性的工作关系，将有助于提高双方之间沟通的效率。

### 审计师的责任

应当向治理层传递与他们监督财务报告过程的责任相关的重要事项。这包括沟通下列事项：
- 财务报表审计并不能减轻管理层或治理层的责任；
- 审计师的责任包括：
  ——对管理层在治理层的监督下编制的财务报表形成和发表审计意见；
  ——沟通在财务报表审计中发现的重大事项。

通过向治理层提供审计业务约定书的副本通常能够满足这一要求。这将向治理层传递下表所列事项。

图 22.3 – 1

| | 沟通的性质 |
|---|---|
| 提供审计业务约定书的副本 | 审计师的责任是根据国际审计准则执行审计工作。 |
| | 国际审计准则要求应当沟通审计中发现的、与治理层监督财务报告过程相关的重大事项。 |
| | 国际审计准则并不要求审计师专门设计程序用于识别需要与治理层沟通的补充性事项。 |
| | 审计师沟通特别事项的责任。这些特别事项是法律或法规、与被审计单位达成的协议、适用于该业务的附加要求（例如，国家职业会计团体制定的准则）所要求的事项。 |

### 计划的审计范围和时间安排

讨论审计计划的目的是为了促进审计师与治理层之间的双向沟通。但是，必须注意，不能提供可能损害审计效果的详细信息（如特定审计程序的性质和时间安排）。当治理层的部分或全部成员参与管理被审计单位时，这是特别需要关注的事项。

拟讨论事项应当包括下表所列事项。

图 22.3 - 2

| | 说明 |
|---|---|
| 审计计划 | 审计计划、范围、时间安排的总体情况。 |
| | 审计中重要性概念的应用。 |
| | 如何应对重大错报的特别风险，不论是由舞弊或错误导致的。 |
| | 接触与审计相关的内部控制。 |
| | 会计准则的重要变化及可能产生的影响。 |
| 获取治理层的意见（该意见可能影响审计计划） | 讨论被审计单位的目标与战略、与监管机构的所有重大沟通，以及可能导致重大错报的相关经营风险。 |
| | 对下列事项实施监督的说明：<br>• 内部控制的充分性，包括舞弊风险；<br>• 管理层的专业胜任能力和诚信；<br>• 对以前与审计师的沟通的回应。 |
| | 审计过程中值得特别注意的事项。 |
| | 对审计师实施额外程序的要求。 |
| | 可能影响财务报表审计的其他事项。 |

### 审计过程中发现的重大情况

除了与管理层专业胜任能力或诚信相关的事项外，审计师应当首先与管理层讨论治理层关心的审计事项。这些初始讨论有助于澄清事实和问题，为管理层提供一个机会，以便他们提供进一步的信息。

ISA260 的附录 1（复制如下）提供了一份需要与治理层沟通的特定事项的清单。这些要求已在本指南的其他部分有所涉及。

## 22. 与治理层的沟通

图 22.3-3

| 国际审计准则编号 | 具体沟通要求 | 所在段落 |
| --- | --- | --- |
| ISQC1 | 会计师事务所对执行财务报表审计和审阅、其他鉴证和相关服务业务实施的质量控制 | 30（a） |
| ISA240 | 财务报表审计中与舞弊相关的责任 | 21，38（c）（i），40—42 |
| ISA250 | 财务报表审计中对法律法规的考虑 | 14，19，22—24 |
| ISA265 | 向治理层和管理层通报内部控制缺陷 | 9 |
| ISA450 | 评估审计过程中识别出的错报 | 12，13 |
| ISA505 | 函证 | 9 |
| ISA510 | 首次审计业务涉及的期初余额 | 7 |
| ISA550 | 关联方 | 27 |
| ISA560 | 期后事项 | 7（b）—（c），9，10（a），13（b），14（a），17 |
| ISA570 | 持续经营 | 23 |
| ISA600 | 对集团财务报表审计的特殊考虑（包括组成部分审计师的工作） | 49 |
| ISA705 | 在独立审计师报告中发表非无保留意见 | 12，14，19（a），28 |
| ISA706 | 在独立审计师报告中增加强调事项段和其他事项段 | 9 |
| ISA710 | 比较信息：对应数据和比较财务报表 | 18 |
| ISA720 | 审计师对含有已审计财务报表的文件中的其他信息的责任 | 10，13，16 |

下表列示了一些可以沟通（最好以书面形式）的、治理层关心的更为普遍的事项。

图 22.3-4

| 审计事项 | 沟通考虑 |
| --- | --- |
| 会计政策 | 对被审计单位财务报表产生或可能产生重大影响的重要会计政策和实务的选择（或变更）。 |
| 以前期间的沟通 | 已沟通过的治理层关心的、可能对本期财务报表产生影响的事项。 |
| 重大错报风险 | 要求在财务报表中披露的所有重大风险（如未决诉讼）对财务报表产生的潜在影响。 |

续表

| 审计事项 | 沟通考虑 |
| --- | --- |
| 重大不确定性 | 与可能对被审计单位持续经营能力产生重大疑虑的事项和条件相关的重大不确定性。 |
| 关注 | 影响被审计单位及其经营计划的商业条件,以及可能影响重大错报风险的战略。<br>关注管理层向其他会计专业人士作出的关于会计或审计事项的咨询。 |
| 面临的重大困难 | 可能包括:<br>• 复杂的会计或审计问题的解决办法;<br>• 不能获得审计所需文件;<br>• 职员不能回答问题;<br>• 范围受限以及如何解决;<br>• 就某些事项与管理层存在分歧,这些事项单独或汇总起来可能对被审计单位财务报表或审计报告产生重大影响。 |
| 对被审计单位管理层的评价 | 对管理层胜任能力的质疑:<br>• 内部控制存在重大缺陷;<br>• 对管理层的诚信产生质疑;<br>• 与关联方的重大交易;<br>• 违法行为;<br>• 涉及管理层的舞弊。 |
| 审计调整 | 对被审计单位财务报表产生或可能产生重大影响的未更正审计调整。 |
| 未更正错报 | 管理层认为单独或汇总起来对财务报表整体不重大(除极小金额之外)的未更正错报。 |
| 审计报告 | 概述审计报告非无保留意见的所有预期原因。 |
| 商定事项 | 审计业务约定条款中商定的所有其他事项。 |
| 其他事项 | 根据审计师的职业判断,在审计过程中出现的、对监管财务报告过程而言重大的其他事项。 |

**考虑要点**

在可能的情况下,应当以书面形式沟通重大事项。一封信件或报告可以提供一份概述拟沟通事项的文件,供双方分享。如果所要求的事项以口头形式沟通,对该会议作出纪要,与被审计单位共享,以形成已实施沟通的适当记录。

### 审计工作底稿

当某项国际审计准则要求的拟沟通的事项以口头形式沟通时，应当编制一份记录，以形成文档，描述沟通这些事项的时间和对象。当以书面形式对事项进行了沟通，应当保留沟通文件的副本，将其作为审计工作底稿的一部分。

### 及时性

确保治理层关心的审计事项被及时沟通，以便治理层能够采取适当的行动。

## 22.4 案例分析——与治理层的沟通

关于案例分析的详情，请参见第 2 卷第 2 章——案例分析导论。

### 案例研究 A——Dephta 家具公司

#### 治理层关心的审计事项

以下内容摘自寄给管理层和治理层的信件：

Jamel, Woodwind & Wing LLP
55 Kingston St., Cabetown, United Territories 123-53004

20×3 年 3 月 15 日
常务董事 Suraj Dephta 先生
Dephta 家具股份有限公司
西大街 2255 号
北 Cabetown
United Territories
123—50214

亲爱的 Dephta 先生：
　　在本报告中提及的事项源于我们的财务报表审计，我们认为这些事项需要引起您的关注。
　　我们已经按照职业准则的规定实质上完成了对 Dephta 家具股份有限公司财务报表的审计。我们预期在 20×3 年 3 月 20 日发布审计报告，只要我们获取了

运用国际审计准则执行中小企业审计指南（第三版）

签署的声明书。

我们实施审计工作，是为了获取财务报表不存在重大错报的合理保证。由于审计和内部控制的固有限制，不可避免地存在一些重大错报可能不被发现的风险，因而绝对保证是不可能达到的。

在计划审计工作时，我们考虑了与财务报告相关的内部控制，以确定审计程序的性质、范围和时间安排。但是，财务报表审计不对 Dephta 家具股份有限公司内部控制的有效运行提供保证。然而，如果在我们审计的过程中，发现了内部控制的某些缺陷，我们将向您报告这些缺陷。请参见本函附录 A（本例省略）。

由于舞弊行为是精心安排的，因此，通常可能存在我们实施的财务报表审计工作不能发现的重大错报、舞弊和其他非法行为的风险。

以下是审计执行过程中发现情况的汇总。

1. 我们没有发现需要引起您关注的任何重大事项（除了已与您讨论且现已更正的已识别错报外）。

2. 在我们审计过程中，我们得到了管理层和员工的良好合作。据我们所知，我们也充分接触了为实施审计所需要的会计记录和其他文件。我们与管理层没有任何分歧，我们已经满意地解决了所有审计、会计和披露问题。

我们也想提醒您关注以下事项：
在本期间职业公告发生的变化。参见附录 B（本例省略）
已识别的管理层关心的其他事项。参见附录 C（本例省略）

请注意，国际审计准则没有要求我们为了识别与治理层沟通的补充事项的目的而设计程序。因此，审计通常不会识别所有这些事项。

本次沟通仅为提醒管理层而准备，没有任何其他目的。我们不对使用本沟通函的第三方承担责任。

你真诚的，

Sang Jun Lee
Jamel, Woodwind & Wing LLP

## 案例分析 B—Kumar 公司

文件备忘录：与治理层的沟通

**审计调整和审计发现**

我们与 Raj 讨论了关于存货余额和应计应付账款的调整。他指出，由于他的家庭问题，他没有花太多时间监管 Rudy 和批准这期间的交易，因此，他对遗漏这些事情并不感到惊讶。他承诺，确保 Ruby 为应计目的追踪期末之后付款的账户，以便在下期做得更好。

我们表示，除了已发现的调整之外，我们没有在审计中发现任何其他重大问题，并且 Ruby 对我们非常有帮助。

**其他建议**

在我们对 IT 控制的讨论中，我们已经注意到，Ruby 从来没有测试过会计文件包的备份，并建议 Raj 测试备份文件，以确保会计记录能够被备份。当万一发生故障时，会计记录的丢失将会严重影响我们实施审计的能力。

编写人：SL　　　　日期：20×3 年 3 月 16 日

# 23. 发表非无保留意见

| 本章内容 | 相关国际审计准则 |
|---|---|
| 指导审计师在必要时发表适当的非无保留意见。 | ISA705 |

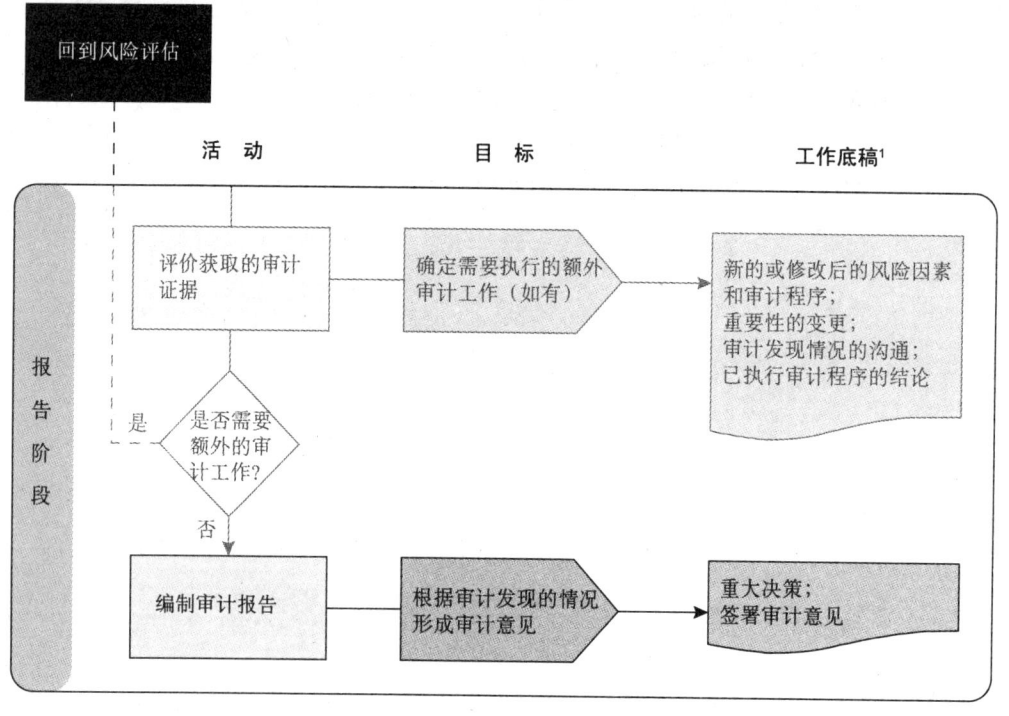

图 23.0–1

注：
1. 所要求的更为完整的工作底稿清单，请参见 ISA230。
2. 计划审计工作（ISA300）是一个持续的、不断修正的过程，贯穿于整个审计过程中。

## 23. 发表非无保留意见

| 条款 | 国际审计准则的目标 |
|---|---|
| ISA705.4 | 审计师的目标是，当存在下列情形之一时，有必要对财务报表清楚地发表恰当的非无保留意见：<br>（a）根据获取的审计证据，得出财务报表整体存在重大错报的结论；<br>（b）无法获取充分、适当的审计证据，不能得出财务报表整体不存在重大错报的结论。 |

| 条款 | 国际审计准则相关内容摘录 |
|---|---|
| ISA705.5 | 就国际审计准则而言，对下列术语给予以下定义：<br>（a）广泛性——是描述错报影响的术语，用以说明错报对财务报表的影响，或者由于无法获取充分、适当的审计证据而未发现的错报（如存在）对财务报表可能产生的影响。根据审计师的判断，对财务报表的影响具有广泛性的情形包括：<br>（i）不限于对财务报表的特定要素、账户或项目产生影响；<br>（ii）虽然仅对财务报表的特定要素、账户或项目产生影响，但这些要素、账户或项目是或可能是财务报表的主要组成部分；<br>（iii）当与披露相关时，产生的影响对财务报表使用者理解财务报表至关重要；<br>（b）非无保留意见——是指保留意见、否定意见或无法表示意见。 |
| ISA705.6 | 当存在下列情形之一时，审计师应当在审计报告中发表非无保留意见：<br>（a）根据获取的审计证据，审计师得出财务报表整体存在重大错报的结论；（参见：第 A2–A7 段）<br>（b）无法获取充分、适当的审计证据，不能得出财务报表整体不存在重大错报的结论。（参见：第 A8–A12 段） |
| ISA705.7 | 当存在下列情形之一时，审计师应当发表保留意见：<br>（a）在获取充分、适当的审计证据后，审计师认为错报单独或汇总起来对财务报表影响重大，但不具有广泛性；<br>（b）审计师无法获取充分、适当的审计证据以作为形成审计意见的基础，但认为未发现的错报（如存在）对财务报表可能产生的影响重大，但不具有广泛性。 |
| ISA705.8 | 在获取充分、适当的审计证据后，如果认为错报单独或汇总起来对财务报表的影响重大且具有广泛性，审计师应当发表否定意见。 |
| ISA705.9 | 如果无法获取充分、适当的审计证据以作为形成审计意见的基础，但认为未发现的错报（如存在）对财务报表可能产生的影响重大且具有广泛性，审计师应当发表无法表示意见。 |

续表

| 条款 | 国际审计准则相关内容摘录 |
| --- | --- |
| ISA705.10 | 在极其特殊的情况下，可能存在多个不确定事项。尽管审计师对每个单独的不确定事项获取了充分、适当的审计证据，但由于不确定事项之间可能存在相互影响，以及可能对财务报表产生累积影响，审计师不可能对财务报表形成审计意见。在这种情况下，审计师应当发表无法表示意见。 |
| ISA705.11 | 在承接审计业务后，如果注意到管理层对审计范围施加了限制，且认为这些限制可能导致对财务报表发表保留意见或无法表示意见，审计师应当要求管理层消除这些限制。 |
| ISA705.12 | 如果管理层拒绝消除第11段提及的限制，除非治理层全部成员参与管理被审计单位，审计师应当就此事项与治理层沟通，并确定能否实施替代程序以获取充分、适当的审计证据。 |
| ISA705.13 | 如果无法获取充分、适当的审计证据，审计师应当通过下列方式确定其影响：<br>（a）如果未发现的错报（如存在）可能对财务报表产生的影响重大，但不具有广泛性，审计师应当发表保留意见；<br>（b）如果未发现的错报（如存在）可能对财务报表产生的影响重大且具有广泛性，以至于发表保留意见不足以反映情况的严重性，审计师应当采取下列措施之一：（参见：第A13－A14段）<br>（i）在适用的法律法规允许的情况下，解除业务约定；<br>（ii）如果在出具审计报告之前解除业务约定被禁止或不可行，发表无法表示意见。 |
| ISA705.14 | 如果根据13段第（b）项第（i）段的规定解除业务约定，审计师应当在解除业务约定前，与治理层沟通在审计过程中发现的、将会导致发表非无保留意见的所有错报事项。（参见：第A15段） |
| ISA705.15 | 如果认为有必要对财务报表整体发表否定意见或无法表示意见，审计师不应在同一审计报告中对按照相同财务报告框架编制的单一财务报表或者财务报表特定要素、账户或项目发表无保留意见。在同一审计报告中包含无保留意见，将会与对财务报表整体发表的否定意见或无法表示意见相矛盾。（参见：第A16段） |
| ISA705.16 | 如果对财务报表发表非无保留意见，除在审计报告中包含《国际审计准则第700号——对财务报表形成审计意见和出具审计报告》规定的审计报告要素外，审计师还应当增加一个段落，说明导致发表非无保留意见的事项。审计师应当直接在审计意见段之前增加该段落，并使用恰当的标题，如"导致保留意见的事项"、"导致否定意见的事项"或"导致无法表示意见的事项"。（参见：第A17段） |

续表

| 条款 | 国际审计准则相关内容摘录 |
| --- | --- |
| ISA705.17 | 如果财务报表中存在与具体金额（包括定量披露）相关的重大错报，审计师应当在导致非无保留意见的事项段中说明并量化该错报的财务影响，除非不可行。如果量化财务影响是不可行的，审计师应当在导致非无保留意见的事项段中说明这一情况。（参见：第 A18 段） |
| ISA705.18 | 如果财务报表中存在与叙述性披露相关的重大错报，审计师应当在导致非无保留意见的事项段中解释该错报错在何处。 |
| ISA705.19 | 如果财务报表中存在与应披露而未披露信息相关的重大错报，审计师应当：<br>(a) 与治理层讨论未披露信息的情况；<br>(b) 在导致非无保留意见的事项段中描述未披露信息的性质；<br>(c) 如果可行并且已针对未披露信息获取了充分、适当的审计证据，在导致非无保留意见的事项段中包含对未披露信息的披露，除非法律法规禁止。（参见：第 A19 段） |
| ISA705.20 | 如果因无法获取充分、适当的审计证据而导致发表非无保留意见，审计师应当在导致非无保留意见的事项段中说明无法获取审计证据的原因。 |
| ISA705.21 | 即使发表了否定意见或无法表示意见，审计师也应当在导致非无保留意见的事项段中说明注意到的、将导致发表非无保留意见的所有其他事项及其影响。（参见：第 A20 段） |

## 23.1 概述

如果存在下表所列的各种情形，审计师应当对财务报表清晰地发表恰当的非无保留意见。

图 23.1-1

| | 情况 |
| --- | --- |
| 必要的非无保留意见（保留意见，否定意见或无法表示意见） | **财务报表存在重大错报**<br>根据已获取的审计证据，财务报表整体存在重大错报。这包括未更正的重大错报、会计政策的恰当性或应用以及未披露信息导致的重大错报。<br>**无法获取充分、适当的审计证据**<br>无法获取充分、适当的审计证据以形成财务报表整体不存在重大错报的结论。这可能包括：<br>• 超出被审计单位控制的情形，如导致会计记录毁损的火灾；<br>• 与审计师工作的性质或时间安排相关的情形，如无法参加存货盘点；<br>• 管理层施加限制的情形，如管理层不允许审计师对某些应收账款实施外部函证。 |

## 23.2 非无保留意见

当审计师形成如下结论时,应当发表非无保留审计意见:
- 根据获取的审计证据,财务报表整体存在重大错报;
- 无法获取财务报表整体不存在重大错报的充分、适当的审计证据。

非无保留意见有三种类型:保留意见、否定意见和无法表示意见。

下表(引自 ISA 705 第 A1 段)列示了拟发表的审计意见如何受审计师对下列事项判断的影响:
- 导致非无保留意见的事项的性质;
- 对财务报表产生或可能产生影响的广泛性。

图 23.2 – 1

| 导致发表非无保留意见的事项的性质 | 这些事项对财务报表产生或可能产生影响的广泛性 ||
|---|---|---|
| | 重大但不具有广泛性 | 重大且具有广泛性 |
| 财务报表存在重大错报 | 保留意见 | 否定意见 |
| 无法获取充分、适当的审计证据 | 保留意见 | 无法表示意见 |

下表列示了对三种非无保留意见类型的恰当使用:

图 23.2 – 2

| 类 型 | 适用范围 |
|---|---|
| 保留意见 | 影响不足以重大且广泛到要求发表否定意见或无法表示意见。这适用于以下情形:<br>- 已获取充分、适当的审计证据,但审计师认为存在的错报单独或汇总起来对财务报表影响重大,但不具有广泛性;<br>- 审计师无法获取充分、适当的审计证据以作为形成审计意见的基础。审计师认为未发现的错报(如存在)对财务报表可能产生的影响重大,但不具有广泛性。 |
| 措辞 | 除"导致保留意见的事项"段中所述事项产生的影响(或可能产生的影响)外…… |
| 否定意见 | 错报的影响重大且具有广泛性。这适用于已获取充分、适当的审计证据,但审计师认为该错报单独或汇总起来对财务报表的影响重大且具有广泛性的情形。 |
| 措辞 | 我们认为,由于"导致否定意见的事项"段所述事项的重要性,……财务报表未能公允反映…… |

续表

| 类　型 | 适用范围 |
| --- | --- |
| 无法表示意见 | 未发现错报（如存在）可能产生的影响重大且具有广泛性。这适用于审计师无法获取充分、适当的审计证据以作为形成审计意见的基础，且认为未发现错报（如存在）可能产生的影响重大且具有广泛性的情形。<br>这也适用于极其罕见的情形，由于多个不确定事项可能存在相互影响，以及可能对财务报表产生累积影响，因此，审计师无法形成审计意见。这甚至还适用于审计师对每个单独的不确定事项获取了充分的审计证据的情形。 |
| 措辞 | 由于"导致无法表示意见的事项"段所述事项的重要性，我们无法获取充分、适当的审计证据以为发表审计意见提供基础，因此，我们不对财务报表发表审计意见。" |

出具否定意见或无法表示意见的唯一替代性选择就是完全退出审计业务（如果允许）且不发表意见。

当需要发表非无保留意见时，应当在"导致非无保留意见的事项"段提供详细情况，如下表所述。

图 23.2-3

| | |
| --- | --- |
| 导致非无保留意见的事项段 | **目的**<br>在对财务报表发表意见或无法表示意见之前，在一单独段落里陈述导致非无保留意见的详细情况（尽可能措辞一致）。该段落应当以"导致保留意见的事项"，"导致否定意见的事项"或"导致无法表示意见的事项"为标题。<br>**措辞**<br>该段落应当包括：<br>● 导致非无保留意见的实质性原因<br>● 除非不可行，量化对发表非无保留意见的财务报表的可能影响，包括财务报表中的具体金额（包括定量披露）。这包括量化受影响的账户余额、交易类别和披露的影响，以及量化对税前利润、净利润和股东权益的影响；<br>● 在适当时，声明量化财务影响是不可行的；<br>● 存在与叙述性披露相关的重大错报时，解释该披露是如何被错报的；<br>● 遗漏信息的性质，除非难以轻易作出披露、披露不是由管理层作出的，或在报告中披露过于繁杂；<br>● 对已识别的、导致发表非无保留意见的所有事项的说明。否定意见或无法表示意见与一个具体事项相关，并不能证明遗漏了将会导致出具非无保留意见审计报告的其他事项的正当性。 |
| 财务报表附注 | 审计报告可以提及财务报表附注中作出的更为广泛的讨论。 |

## 23.3 财务报表存在重大错报

| 条款 | 国际审计准则相关内容摘录 |
| --- | --- |
| ISA450.4 | 就国际审计准则而言,对下列术语给予以下定义:<br>(a) 错报,是指某一财务报表项目的金额、分类、列报或披露,与按照适用的财务报告框架应当列示的金额、分类、列报或披露之间存在的差异。错报可能是由于错误或舞弊导致的。(参见:第 A1 段)<br>当审计师针对财务报表是否在所有重大方面公允反映(或真实和公允反映)发表意见时,错报还包括根据审计师的判断,为使财务报表在所有重大方面公允反映(或真实和公允反映),需要对金额、分类、列报或披露作出的必要调整。<br>(b) 未更正错报,是指审计师在审计过程中累积的且被审计单位未予更正的错报。 |

这适用于已获取充分、适当的审计证据,但审计师认为错报单独或汇总起来对财务报表的影响重大(需要发表保留意见)或重大且具有广泛性(需要发表否定意见)的情况。

这可能是由于下列原因之一:
- 审计师对未更正错报的评价;
- 所选择会计政策的恰当性;
- 所选择会计政策的应用;
- 财务报表披露的恰当性或充分性。

重大错报示例如下:

图 23.3–1

---

**会计政策的不恰当选择**

　　评价:重大但不具有广泛性

　　应对:保留意见

　　财务报告框架:国际财务报告准则

独立审计师报告

【适当的收件人】

　　我们审计了……

---

续表

**管理层对财务报表的责任**

　　管理层应对……负责

**审计师的责任**

　　我们的责任是……

**导致保留意见的事项**

　　如财务报表附注 X 所述,贵公司财务报表中没有计提折旧,我们认为,这不符合国际财务报告准则的规定。根据直线折旧法,并使用5%作为房屋及建筑物的年折旧率,使用20%作为机械设备的年折旧率,20×1年12月31日为报告期期末的折旧额应当是×××。因此,财产、厂房和机械设备的累计折旧为×××,其价值应当减少×××,该期间的损失和累计亏损应分别增加×××和×××。

**保留意见**

　　我们认为,除"导致保留意见的事项"段所述事产生的影响外,财务报表按照国际财务报告准则,在所有重大方面公允反映了(或真实和公允反映了)ABC公司20×1年12月31日的财务状况以及20×1年度的经营成果和现金流量。

**图23.3-2**

**金融工具披露不充分**

　　评价:重大但不具有广泛性

　　应对:保留意见

　　财务报告框架:国际财务报告准则

**独立审计师报告**

【适当的收件人】

　　我们审计了……

**管理层对财务报表的责任**

　　管理层应对……负责

**审计师的责任**

　　我们的责任是……

**导致保留意见的事项**

　　20××年1月15日,贵公司因厂房扩建融资而发行了金额为×××的债券。该债券协议限制将20××年12月31日之后的利润用于支付现金股利。我们认为,根据……的规定,该信息需要披露。

**保留意见**

　　我们认为,除"导致保留意见的事项"段所述事项产生的影响外,财务报表按照……,在所有重大方面公允反映了(或真实和公允反映了)ABC公司……的财务状况……。

运用国际审计准则执行中小企业审计指南（第三版）

图 23.3－3

---

**子公司未纳入合并范围**

　　评价：重大且具有广泛性

　　应对：否定意见

　　财务报告框架：国际财务报告准则

独立审计师报告

【适当的收件人】

　　我们审计了……

**管理层对财务报表的责任**

　　管理层应对……负责

**审计师的责任**

　　我们的责任是……

**导致否定意见的事项**

　　如附注 X 所述，贵公司没有合并在 20×1 年收购的子公司 XYZ 公司的财务报表，因为不能确定该子公司某些重大资产与负债在收购日的公允价值。因此，这项投资是以成本为基础进行会计处理的。根据国际财务报告准则的规定，因该子公司受贵公司控制，所以该子公司应当纳入合并范围。若 XYZ 公司纳入合并范围，后附财务报表中的许多要素将会受到重大影响。我们还不能确定未纳入合并范围对财务报表产生的影响。

**否定意见**

　　我们认为，由于"导致否定意见的事项"段所述事项的重要性，合并财务报表没有按照国际财务报告准则公允反映（或真实和公允反映）ABC 公司及其子公司的 20×1 年 12 月 31 日的财务状况以及 20×1 年度的经营成果和现金流量。

---

图 23.3－4

---

**重大不确定事项披露不充分**

　　评价：重大且具有广泛性

　　应对：否定意见

　　财务报告框架：国际财务报告准则

独立审计师报告

【适当的收件人】

　　我们审计了……

**管理层对财务报表的责任**

　　管理层应对……负责

**审计师的责任**

　　我们的责任是……

---

*续表*

| 导致否定意见的事项 |
| --- |
| 在 20×1 年 12 月 31 日，贵公司融资协议已过期且尚未偿付的金额为应付金额。贵公司已不能重新谈判或获得置换性融资并正在考虑申请破产。这些事项表明存在重大不确定性，即贵公司持续经营能力存在重大疑虑，因此，贵公司可能无法在正常经营过程中变现资产和偿还负债。财务报表（和相关附注）没有披露这个事实。 |
| **否定意见** |
| 我们认为，由于"导致否定意见的事项"段提及的对信息的遗漏，财务报表未能公允反映（或真实和公允反映）贵公司 20×1 年 12 月 31 日的财务状况以及 20×1 年度的经营成果和现金流量。 |

## 23.4 无法获取充分、适当的审计证据

这适用于审计师无法获取充分、适当的审计证据以作为形成审计意见的基础，但认为未发现的错报（如有）对财务报表可能产生的影响重大（保留意见），或重大且具有广泛性（无法表示意见）的情形。

下列情形可能导致审计师无法获取充分、适当的审计证据（或称审计范围受到限制）：

- 超出被审计单位控制的情形，如被审计单位会计纪录被损坏（如因火灾、水灾、偷盗，或计算机数据遗失）或被政府机关查封；
- 与审计师工作的性质或时间安排相关的情况。这些情况可能发生在以下情形，如审计师接受审计委托的时间使其不能实施存货监盘；在审计时点，会计记录不完整；或者审计师确定仅实施实质性程序是不充分的，但被审计单位内部控制是无效的。
- 管理层施加限制，如不允许审计师对某些应收款项实施外部函证；限制接触关键人员，会计记录或经营场所。如果发生这些情形，可能存在其他审计影响，如舞弊风险的评估、是否继续执行该业务。如果在承接业务之前就知道存在审计范围限制，审计师一般不应当承接这种受限的审计业务。

在形成需要发表非无保留意见的结论前，审计师应当：

- 试图通过执行替代程序来获取充分、适当的审计证据；
- 与管理层和治理层讨论该事项，以确定能否解决该问题。如果不能解决，审计师应当沟通发表非无保留意见的意图以及建议的措辞。

运用国际审计准则执行中小企业审计指南（第三版）

**图 23.4 – 1**

---

**范围受限，不能实施存货监盘**

  评价：重大但不具有广泛性

  应对：保留意见

  财务报告框架：国际财务报告准则

独立审计师报告

【适当的收件人】

  我们审计了……

**管理层对财务报表的责任**

  管理层应对……负责

**审计师的责任**

  我们的责任是……

**导致保留意见的事项**

  由于我们是在20××年12月31日之后才首次被聘为该公司的审计师，因此，我们无法观察20××年12月31日的实物存货的盘点。由于贵公司记录的性质，我们也不能实施其他审计程序，使我们对实物存货的数量满意。因此，我们无法确定是否有必要对存货、利润表、股东权益变动表和现金流量表的金额做出调整。

**保留意见**

  我们认为，除"导致保留意见的事项"段所述事项可能产生的影响外，财务报表在所有重大方面公允反映了（或真实和公允反映了）ABC公司……的财务状况……

---

**图 23.4 – 2**

---

**范围受限，管理层对审计工作的范围施加限制**

  评价：重大且具有广泛性

  应对：无法表示意见

  财务报告框架：国际财务报告准则

独立审计师报告

【适当的收件人】

  我们审计了……

**管理层对财务报表的责任**

  管理层应对……负责

**审计师的责任**

  我们的责任是在按照国际审计准则的规定执行审计工作的基础上对这些财务报表发表意见。但由于在"导致无法表示意见的事项"段中所描述的事项，我们无法获取充分、适当的审计证据以为发表审计意见提供依据。

**导致无法表示意见的事项**

  由于贵公司对我们工作的范围施加限制，我们无法观察所有实物存货和函证应收账款。

续表

我们也无法实施替代方法,以使我们对贵公司在20××年12月31日持有的存货数量和应收账款满意,它们在资产负债表中列报的金额分别为×××和×××。由于这些事项,我们无法确定是否有必要对已记录或未记录的存货和应收账款,以及构成利润表、股东权益变动表和现金流量表的组成要素的金额做出调整。

**无法表示意见**

由于"导致无法表示意见的事项"段所述事项的重大性,我们无法获取充分、适当的审计证据以为发表审计意见提供基础,因此,我们不对财务报表发表审计意见。

# 24. 强调事项段和其他事项段

| 本章内容 | 相关国际审计准则 |
|---|---|
| 为在审计报告中补充信息,以提醒财务报表使用者关注某些事项提供指南。 | ISA 706 |

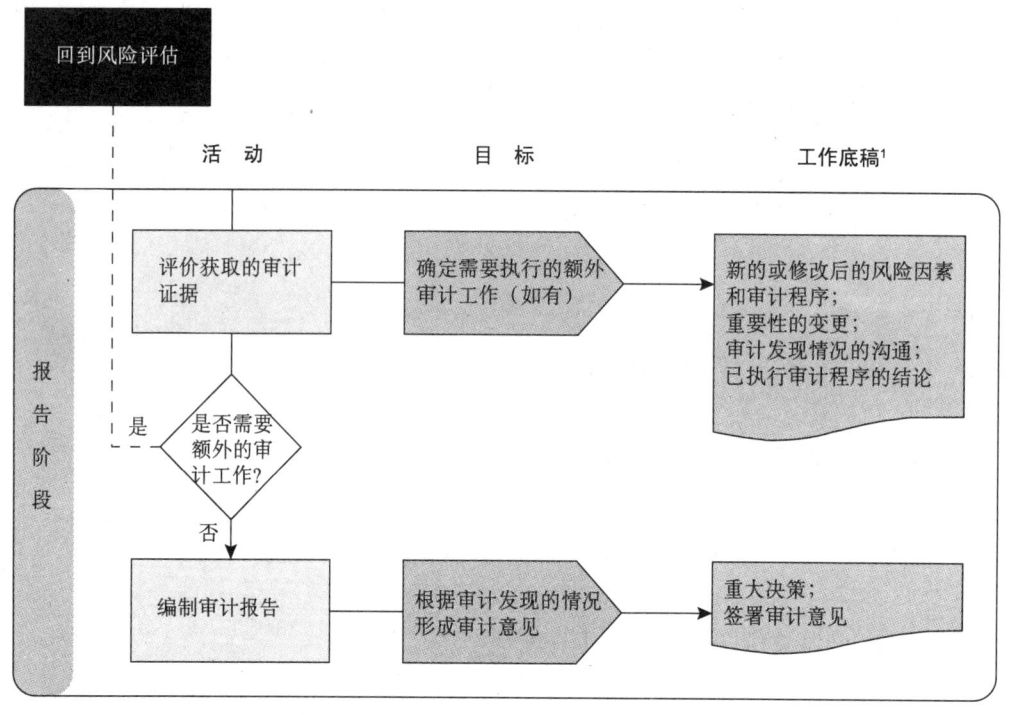

图 24.0-1

注:
1. 所要求的更为完整的工作底稿清单,请参见 ISA230。
2. 计划审计工作（ISA300）是一个持续的、不断修正的过程,贯穿于整个审计过程中。

## 24. 强调事项段和其他事项段

| 条款 | 国际审计准则相关内容摘录 |
| --- | --- |
| ISA706.4 | 审计师的目标是,在对财务报表形成审计意见后,如果根据职业判断认为有必要在审计报告中增加强调事项段或其他事项段,通过明确提供补充信息的方式,提醒财务报表使用者关注下列事项:<br>(a) 尽管已在财务报表中恰当列报或披露,但对财务报表使用者理解财务报表至关重要的事项;<br>(b) 未在财务报表中列报或披露,但与财务报表使用者理解审计工作、审计师的责任或审计报告相关的其他事项。 |

| 条款 | 国际审计准则相关内容摘录 |
| --- | --- |
| ISA706.5 | 就国际审计准则而言,对下列术语给予以下定义:<br>(a) 强调事项段——审计报告中包含的一个段落,该段落提及已在财务报表中恰当列报或披露的事项,根据审计师的职业判断,该事项对财务报表使用者理解财务报表至关重要;<br>(b) 其他事项段——审计报告中包含的一个段落,该段落提及未在财务报表中列报或披露的事项,根据审计师的职业判断,该事项与财务报表使用者理解审计工作、审计师的责任或审计报告相关。 |
| ISA706.6 | 如果认为有必要提醒财务报表使用者关注已在财务报表中列报或披露,且根据职业判断认为对财务报表使用者理解财务报表至关重要的事项,审计师在已获取充分、适当的审计证据证明该事项在财务报表中不存在重大错报的条件下,应当在审计报告中增加强调事项段。强调事项段应当仅提及已在财务报表中列报或披露的信息。(参见:第 A1 – A2 段) |
| ISA706.7 | 如果在审计报告中增加强调事项段,审计师应当:<br>(a) 将强调事项段紧接在审计意见段之后;<br>(b) 使用"强调事项"或其他适当标题;<br>(c) 明确提及被强调事项以及相关披露的位置,以便能够在财务报表中找到对该事项的详细描述;<br>(d) 指出审计意见没有因该强调事项而改变。(参见:第 A3 – A4 段) |
| ISA706.8 | 对于未在财务报表中列报或披露,但根据职业判断认为与财务报表使用者理解审计工作、审计师的责任或审计报告相关且未被法律法规禁止的事项,如果认为有必要沟通,审计师应当在审计报告中增加其他事项段,并使用"其他事项"或其他适当标题。审计师应当将其他事项段紧接在审计意见段和强调事项段(如有)之后。如果其他事项段的内容与其他报告责任部分相关,这一段落也可以置于审计报告的其他位置。(参见:第 A5 – A11 段) |
| ISA706.9 | 如果拟在审计报告中增加强调事项段或其他事项段,审计师应当就该事项和拟使用的措辞与治理层沟通。(参见:第 A12 段) |

## 24.1 概要

在某些情况下,审计师可能想在审计报告中提醒财务报表使用者关注某些事项,该事项对于财务报表使用者理解财务报表,或理解审计工作本身和审计师的责任至关重要。这个目标可以通过在审计报告中增加一个额外的段落来实现。

图 24.1－1

| 段落 | 适用性 |
|---|---|
| 强调事项段 | **提醒关注与财务报表相关,但已在财务报表中披露的重要事项。**<br>已在财务报表中列报或披露的事项对财务报表使用者理解财务报表至关重要。 |
| 举例 | 与特殊诉讼或监管行动相关的不确定性,期后事项,重大灾难,其他重大不确定性和不一致性,以及新会计准则的提前应用(如果允许)。 |
| 其他事项段 | **与财务报表使用者理解审计工作相关,但未在财务报表中披露的事项。**<br>与财务报表使用者理解审计工作、审计师的责任和/或审计报告相关的任何事项(未在财务报表中列报或披露的事项)。 |
| 举例 | 审计师不能解除审计业务约定,审计师的额外责任以及审计报告分发的任何限制。 |

"强调事项"段不能替代下列情形之一:
- 在必要时发表非无保留审计意见;
- 管理层在财务报表中作出必要的披露。

当审计师预期在审计报告中增加强调事项段或其他事项段时,审计师应当与管理层和治理层沟通下列事项:
- 增加强调事项段或其他事项段的必要性;
- 拟使用的措辞。

## 24.2 强调事项段

强调事项段旨在强调有助于增强财务报表使用者对财务报表理解的重要事项(已在财务报表中披露)。

增加强调事项段的关键要求列举如下:

## 24. 强调事项段和其他事项段

图 24.2-1

| 条件 | 解释 |
|---|---|
| 事项已在财务报表中充分披露 | 强调事项段提及已在财务报表中列报或披露的事项,但并不替代这些披露。与已在财务报表中的披露相比,强调事项段不应当包括更详细的情况。 |
| 不存在重大错报 | 审计师需要获取充分、适当的审计证据,证明该事项在财务报表中不存在重大错报。 |
| 紧跟在审计意见段之后 | 强调事项段紧跟在审计意见段之后,但在所有其他报告责任部分之前。该段落使用"强调事项"或其他适当标题。 |
| 不改变审计意见 | 该段落需要指出审计师的意见没有因强调事项而受到影响。 |

下列国际审计准则要求审计师在特定情形下,在审计报告中增加强调事项段:

图 24.2-2

| 国际审计准则 | 标题 | 段落编号 |
|---|---|---|
| 210 | 就审计业务约定条款达成一致意见 | 19(b) |
| 560 | 期后事项 | 12(b),16 |
| 570 | 持续经营 | 19 |
| 800 | 对按照特殊目的框架编制的财务报表审计的特殊考虑 | 14 |

措辞举例如下:

图 24.2-3

**重大不确定性——持续经营**
  假设在财务报表附注中的披露是充分的,强调事项段的措辞如下:
**强调事项**
  我们提醒财务报表使用者关注财务报表附注 X,该附注指出公司在截至 20×6 年 12 月 31 日的期间发生净亏损 ZZZ;20×6 年 12 月 31 日,公司流动负债超过总资产 YYY。这些情况,连同附注 X 列举的其他事项,表明存在重大不确定性,可能对公司持续经营能力产生重大疑虑。本段内容不影响已发表的审计意见。
**其他重大不确定性——诉讼事项**
  假设在财务报表附注中的披露是充分的,强调事项段的措辞如下:
**强调事项**
  我们提醒财务报表使用者关注财务报表附注 X。该公司是一起诉讼案中的被告,被诉侵犯某项专利权,并被索赔特许权使用费和惩罚性赔偿等。公司已提出反诉,两个案件的预备听证会和调查取证正在进行中。该事项的结果现在无法确定,未在财务报表中对可能导致的任何债务计提准备。本段内容不影响已发表的审计意见。

## 24.3 其他事项段

其他事项段可能有必要用来强调未在财务报表中披露的事项,但这些事项可能与财务报表使用者理解审计工作、审计师的责任和/或审计报告相关。

其他事项段可以被用于强调下列事项:

- 审计报告分发的限制——由于财务报表(使用通用目的编制基础)有时为特定目的而编制,其他事项段能够声明审计报告旨在为预期使用者提供,不应当分发给其他方或被其他方使用;
- 强调额外的责任——某些国家或地区特定的法律法规或被普遍接受的惯例可能要求或允许审计师详细说明审计师的责任。
- 无法解除审计业务约定——如果审计师不能解除业务约定或放弃审计业务,其他事项段能够用来解释其原因。

下列情况适用于使用其他事项段的情形:

图 24.3-1

| 条件 | 注释 |
| --- | --- |
| 事项未在财务报表中披露 | 提及未在财务报表中列报或披露的事项。此外,其他事项段不应当包括要求管理层提供的信息。 |
| 不禁止披露 | 法律法规或其他职业准则,如与信息保密相关的准则,不禁止该项披露。 |
| 披露与使用者相关 | 该披露与财务报表使用者理解审计工作,审计师的责任,或审计报告相关。 |
| 不相互矛盾 | 列报的信息不应当与审计意见,或财务报表中披露或列报的项目相互矛盾。其他事项段不影响审计意见。 |
| 紧跟审计意见之后 | 该事项段紧跟审计意见和所有强调事项段之后,或者如果其他事项段的内容与其他报表责任部分相关,位于审计报告的其他位置。 |
| 声明该披露不是必须的 | 其他事项段的内容表明,该事项段未被要求在财务报表中列报或披露。 |

下列国际审计准则提及了可能增加其他事项段的情况:

图 24.3-2

| 国际审计准则 | 标题 | 段落编号 |
| --- | --- | --- |
| ISA560 | 期后事项 | 12(b), 16 |
| ISA710 | 比较信息:对应数据和比较财务报表 | 13—14, 16—17, 19 |
| ISA720 | 审计师对含有已审计财务报表的文件中的其他信息的责任 | 10(a) |

# 25. 比较信息

| 本章内容 | 相关国际审计准则 |
|---|---|
| 为对比较信息获取充分、适当的审计证据以及审计师的责任提供指引。 | ISA710 |

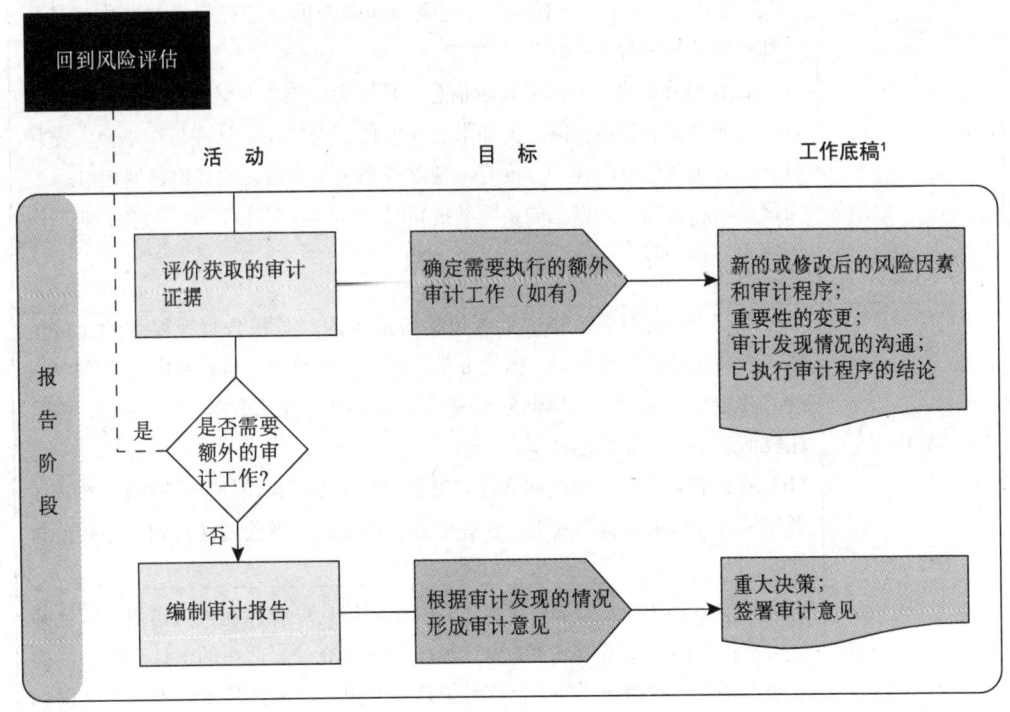

图 25.0-1

注：
1. 所要求的更为完整的工作底稿清单，请参见 ISA230。
2. 计划审计工作（ISA300）是一个持续的、不断修正的过程，贯穿于整个审计过程中。

| 条款 | 国际审计准则的目标 |
|---|---|
| ISA710.5 | 审计师的目标是：<br>（a）获取充分、适当的审计证据，确定在财务报表中包含的比较信息是否在所有重大方面按照适用的财务报告框架有关比较信息的要求进行列报；<br>（b）按照审计师的报告责任出具审计报告。 |

| 条款 | 国际审计准则相关内容摘录 |
|---|---|
| ISA710.6 | 就国际审计准则而言，对下列术语给予以下定义：<br>（a）比较信息——是指包含于财务报表中的、符合适用的财务报告框架的、与一个或多个以前期间相关的金额和披露；<br>（b）对应数据——属于比较信息，是指作为本期财务报表组成部分的上期金额和其他披露，这些金额和披露只能与本期相关的金额和其他披露（称为"本期数据"）联系起来阅读。对应金额和列报的详细程度主要取决于其与本期数据的相关程度；<br>（c）比较财务报表——属于比较信息，是指为了与本期财务报表相比较而包含的上期金额和其他披露，但如果已经审计，则将在审计意见中提及。比较财务报表包含信息的详细程度与本期财务报表包含信息的详细程度相似。<br>当比较信息包括一期以上的金额和披露时，本国际审计准则所指"上期"应理解为"以前数期"。 |
| ISA710.7 | 审计师应当确定财务报表中是否包括所适用的财务报告框架要求的比较信息，以及比较信息是否得到恰当分类。基于上述目的，审计师应当评价：<br>（a）比较信息是否与上期财务报表列报的金额和其他披露一致，如果必要，比较信息是否已经重述；<br>（b）在比较信息中所反映的会计政策是否与本期所采用的会计政策一致，或者如果会计政策已发生变更，这些变更是否得到恰当处理并得到充分列报与披露。 |
| ISA710.8 | 在实施本期审计时，如果审计师注意到比较信息可能存在重大错报，审计师应当根据实际情况追加必要的审计程序，获取充分、适当的审计证据，以确定是否存在重大错报。如果已审计上期财务报表，审计师还应当遵守《国际审计准则第560号——期后事项》中的相关规定。如果上期财务报表已经得到更正，审计师应当确定比较信息与更正后的财务报表一致。 |
| ISA710.9 | 按照《国际审计准则第580号——书面声明》的规定，审计师应当获取与审计意见中提及的所有期间相关的书面声明。对于更正上期财务报表中影响比较信息的重大错报的任何重述，审计师还应当获取特定书面声明。（参见：第A1段） |

续表

| 条款 | 国际审计准则相关内容摘录 |
|---|---|
| ISA710.10 | 当列报对应数据时,除第11段、第12段和第14段描述的情形外,审计意见不应提及对应数据。(参见:第A2段) |
| ISA710.11 | 如果以前针对上期财务报表发表了保留意见、无法表示意见或否定意见,且导致非无保留意见的事项仍未解决,审计师应当对本期财务报表发表非无保留意见。在审计报告的导致非无保留意见的事项段中,审计师应当分下列两种情况予以处理:<br>(a) 在该事项对本期数据的影响或可能的影响重大时,在对导致非无保留意见事项的描述中同时提及本期数据和对应数据;<br>(b) 在其他情况下,说明由于未解决事项对本期数据和对应数据之间可比性的影响或可能的影响,因此发表了非无保留意见(参见:第A3-A5段)。 |
| ISA710.12 | 如果审计师已经获取上期财务报表存在重大错报的审计证据,而以前对该财务报表发表了无保留意见,且对应数据未经适当重述或恰当披露,审计师应当就包括在财务报表中的对应数据,在审计报告中对本期财务报表发表保留意见或否定意见。(参见:第A6段) |
| ISA710.13 | 如果上期财务报表已由前任审计师审计,且法律或法规未禁止审计师提及前任审计师对对应数据出具的审计报告,而审计师也决定提及时,审计师应当在审计报告的其他事项段中说明:<br>(a) 上期财务报表已由前任审计师审计;<br>(b) 前任审计师发表的意见的类型,如果是非无保留意见,说明发表非无保留意见的理由;<br>(c) 前任审计师出具的审计报告的日期。(参见:第A7段) |
| ISA710.14 | 如果上期财务报表未经审计,审计师应当在审计报告的其他事项段中说明对应数据未经审计。但这种说明并不减轻对审计师获取充分、适当的审计证据,以确定期初余额不含有对本期财务报表产生重大影响的错报的要求。 |
| ISA710.15 | 当列报比较财务报表时,审计意见应当提及列报财务报表所属的各期,以及发表的审计意见涵盖的各期。(参见:第A8-A9段) |
| ISA710.16 | 当因本期审计而对上期财务报表发表审计意见时,如果对上期财务报表发表的意见与以前发表的意见不同,审计师应当按照《国际审计准则第706号——在独立审计师报告中增加强调事项段和其他事项段》在其他事项段中披露导致不同意见的实质性原因。(参见:第A10段) |
| ISA710.17 | 如果上期财务报表已由前任审计师审计,除非前任审计师对上期财务报表出具的审计报告与财务报表一同对外提供,审计师除对本期财务报表发表意见外,还应当在其他事项段中说明:<br>(a) 上期财务报表已由前任审计师审计;<br>(b) 前任审计师发表的意见的类型,如果是非无保留意见,说明发表非无保留意见的理由;<br>(c) 前任审计师出具的审计报告的日期。 |

续表

| 条款 | 国际审计准则相关内容摘录 |
|---|---|
| ISA710.18 | 如果审计师认为存在影响上期财务报表的重大错报,而前任审计师以前出具了无保留意见的报告,审计师应当就错报与适当层级的管理层沟通,并要求告知前任审计师。审计师还应当与治理层进行沟通,除非治理层全部成员参与管理被审计单位。如果上期财务报表已经更正,且前任审计师同意对更正后的上期财务报表出具新的审计报告,审计师应当仅对本期财务报表出具报告。(参见:第 A11 段) |
| ISA710.19 | 如果上期财务报表未经审计,审计师应当在其他事项段中说明比较财务报表未经审计。但这种说明并不减轻审计师获取充分、适当的审计证据,以确定期初余额不含有对本期财务报表产生重大影响的错报的责任。 |

## 25.1 概述

在被审计单位财务报表中列报的比较信息的性质,取决于适用的财务报告框架的要求。审计师的报告责任,将根据所采用的列报比较信息的方法来确定,而该方法由法律、法规以及业务约定条款来确立。

与比较信息列报相关的方法有两大类。说明如下:

图 25.1-1

| 方　法 | 说　明 |
|---|---|
| 对应数据 | 上期金额和其他披露作为本期财务报表的组成部分,且只能与本期相关的金额和其他披露联系起来阅读。<br>审计意见应当仅提及本期财务报表。 |
| 比较财务报表 | 包括上期金额和其他披露,是为了与本期财务报表进行比较。但是,如果上期金额和其他披露已经审计,则在审计意见中分别提及。比较财务报表包含信息的详细程度与本期财务报表包含信息的详细程度相似。<br>审计意见应当提及列报财务报表所属的各期。 |

## 25.2 审计程序

图 25.2–1

| 任 务 | 程 序 |
|---|---|
| 获取必要的审计证据 | 获取充分、适当的审计证据，证明比较信息符合适用的财务报告框架的要求，以及比较信息已被恰当分类。<br>这包括评价：<br>• 反映在比较信息中的会计政策是否与本期采用的会计政策一致，或者，如果会计政策发生了变更，这些变更是否得到了恰当处理，并得到了充分列报；<br>• 比较信息与上期列报的金额和其他披露一致，或比较信息是否已经重述（如适用）。 |
| 识别所有潜在的错报 | 在可能的情况下，如果在执行本期审计时，识别了比较信息中存在的重大错报，审计师应当：<br>• 根据实际情况实施必要的追加审计程序，以确定是否存在重大错报；<br>• 如果上期财务报表已经更正，确定比较信息与更正后的财务报表一致。<br>如果审计师审计了上期财务报表，审计师还应当遵守 ISA560 关于期后事项的相关要求。关于这些讨论，请参见第 1 卷第 13 章。 |
| 获取书面声明 | 要求获取审计意见提及的所有期间的书面声明。对于为更正上期财务报表中的重大错报而做出的所有重述，审计师还应当获取特定书面声明。 |

## 25.3 对应数据

报告责任列示如下：

图 25.3–1

| | 程 序 |
|---|---|
| 审计意见不提及比较数据 | 审计意见不应当提及对应数据，除非上期审计报告包括未解决的事项。审计师应当通过下列方式对本期财务报表发表非无保留意见：<br>• 如果未解决事项对本期数据产生的影响或可能产生的影响是重大的，审计师应当同时提及本期数据和对应数据；<br>• 由于未解决事项对本期数据和对应数据的可比性产生影响或可能产生影响，审计师应当说明对本期财务报表发表了非无保留意见。 |

续表

| 程　序 | |
|---|---|
| 要求的任何重述？ | 当上期财务报表存在重大错报，且同时存在下列情形时，就要求审计师对本期财务报表发表保留意见或否定意见：<br>• 以前对上期财务报表发表了无保留意见；<br>• 对应数据未经适当重述，或没有作出恰当披露。 |
| 上期数据由另一家会计师事务所审计 | 如果法律法规不禁止审计师提及前任审计师的审计报告，且现任审计师决定做出这样的提及，审计师应当在审计报告中的其他事项段中说明：<br>• 上期财务报表已由前任审计师审计；<br>• 前任审计师发表的意见的类型，如果是非无保留意见，还当说明发表非无保留意见的理由；<br>• 前任审计师出具的审计报告的日期。 |
| 上期数据未经审计 | 在审计报告的其他事项段中说明对应数据未经审计。<br>但是，这种说明并不减轻审计师为获取充分、适当的审计证据，以确定期初余额不包含影响本期财务报表的重大错报的责任。如果识别了重大错报，就应当要求重述对应数据，并作出恰当的披露。<br>如果重述或披露是不可能的，审计师就应当对包含的任何对应数据发表非无保留意见。 |

## 25.4 比较财务报表

报告责任列示如下：

图 25.4 – 1

| 程　序 | |
|---|---|
| 提及列报财务报表所属的各期 | 审计意见应当提及列报财务报表所属的各期以及发表的审计意见涵盖的各期。 |
| 对之前发表的审计意见所需的任何改变 | 如果审计师对上期财务报表发表的意见与以前发表的意见不同，审计师应当在其他事项段中披露导致不同意见的实质性原因。 |

续表

| 程 序 | |
| --- | --- |
| 上期数据由另一家会计师事务所审计 | 除对本期财务报表发表意见外,审计师应当在其他事项段中说明以下内容(除非前任审计师的审计报告随财务报表重新签发):<br>• 上期财务报表已由前任审计师审计;<br>• 前任审计师发表的意见的类型,如果发表了非无保留意见,还应当说明发表非无保留意见的理由;<br>• 前任审计师出具的审计报告的日期。 |
| | 如果存在影响上期财务报表的重大错报,而前任审计师以前出具了无保留意见的审计报告:<br>• 与适当层级的管理层和治理层沟通该错报;<br>• 要求通知前任审计师。<br>如果上期财务报表已经更正,且前任审计师同意对已更正的上期财务报表出具新的审计报告,后任审计师就应当仅对本期财务报表出具审计报告。 |
| 上期数据未经审计 | 在审计报告的其他事项段说明比较财务报表未经审计。<br>但是,这种说明并不减轻审计师为获取充分、适当的审计证据,以确定期初余额不包含影响本期财务报表的重大错报的责任。如果识别了重大错报,就应当要求重述对应数据,并作出恰当的披露。<br>如果重述或披露是不可能的,审计师就应当对包含的任何对应数据发表非无保留意见。 |